하루 **10**분

철학이 필요한
시간

하루 **10**분

철학이 필요한
시간

삶에 대해 미치도록 성찰했던 철학자 47인과의 대화

위저쥔 | 박주은 옮김 | 안광복 감수

알레

일러두기

1. 본문 하단의 각주와 괄호 안에 있는 설명은 지은이의 것이며, 옮긴이의 주는 괄호 안에 넣고 '–옮긴이'를 덧붙여 구분했다.

2. 본문에서 언급한 책, 영화 등이 국내에서 번역 출간되거나 개봉된 경우 그에 따랐으며 원어 제목은 병기하지 않았다.

3. 책, 잡지, 신문, 논문은《 》, 시, 명화, 영화, 연극, 텔레비전 프로그램, 노래 제목은〈 〉로 표기했다.

4. 동명의 번역본이 여러 권인 경우 가장 정본으로 여겨지는 도서로 선정했으며, 절판된 도서는 원서 제목을 병기했다.

우리의 삶에는
왜 숙고가 필요한가

기원전 399년, 아테네의 어느 조용한 법정 안. '신성을 모독'하고 '청년들을 오도했다'며 고소당한 노인이 있었다. 이 노인이 바로 고대 그리스의 철학자 소크라테스다. 그는 평소 아테네의 광장에 있는 사람들에게 질문 던지기를 좋아했는데, 그의 질문은 사람들을 아주 난감하게 만들었다. 돈을 많이 번 상인에게 다가가 '부富란 무엇입니까'라고 묻거나, 유명한 정객政客에게 '정의란 무엇입니까', 용맹한 장수에게 '용기란 무엇입니까'라고 묻는 식이었기 때문이다.

그냥 간단해 보이는 질문이지만, 소크라테스는 질문을 계속해서 이어나가다가 상대방의 대답 속에서 그럴 듯해 보이는 허점이나 모순을 끄집어냈다. 이에 상대방은 부끄러워하다가 점차 소크라테스에게 원한을 품었다. 당시 아테네의 법률에 따라, 남성 시민 가운데 추첨으로 501인의 배심원단을 구성했다. 첫 번째 재판에서는 배심원들이 피고의 유죄 여부에 대해서 투표하고, 여기서 유죄 판정을 받으면 두 번째 재판에서 그에 상응하는 형벌이 정해졌다. 첫 번째 배심원 투표에서 소크라테스는 단 18표 차이로 유죄 판정을 받았다. 이에 소크라테스는 법정에서 직접 자기 자신을 위한 변론을 펼친다.

그런데 소크라테스의 변론 이후 진행된 두 번째 투표에서 배심원단은 압도적인 표차로 소크라테스에게 사형을 판정했다. 한마디로 소크라테스는 자기 자신을 위해 변론했다가 '사형'을 이끌어낸 셈이었다. 그러나 이날 소크라테스의 자기 변론은 철학사에 길이길이 남는다. 이 변론에서 소크라테스는 "숙고하지 **않은 삶은 살 가치가 없다** A life which is unexamined is not worth living. Apology, 38a"라는 유명한 말을 남겼기 때문이다. 여기서 '숙고'는 반성 혹은 성찰로도 번역할 수 있다.

소크라테스는 왜 고소를 당했을까? 사람들에게 원한을 샀기 때문이다. 사람들에게 왜 원한을 샀을까? 그들을 난감하게 만드는 질문을 던졌기 때문이다. 그의 질문들은 어째서 사람들을 난감하게 만들었을까? 그의 질문은 소위 2차적 문제second-order question(문제에 대한 문제-옮긴이)였기 때문이다. 소크라테스에게 질문을 받은 사람들은 거상, 정객, 장군 등으로, 지금의 기준으로 보면 굉장히 성공한 사람들이었다. 이들의 성취는 돈을 번다거나 정치를 한다거나 전쟁을 수행하는 등의 '1차적 문제'에서 능력을 발휘한 결과였다. 그런데 소크라테스는 정반대의 방향에서 질문을 던졌다. 소크라테스는 그들에게 "어떻게 돈을 벌었느냐"라고 묻지 않고 "부란 무엇이냐"라고 물었다. 그것은 이제껏 돈만 벌어온 거상으로서는 한 번도 생각해본 적이 없는 2차적 문제였다.

그러나 그것은 사실 지금, 여기를 꿰뚫어보는 보편적 질문이다. 지금도 사람들은 책을 많이 읽고, 학력을 높이고, 돈을 많이 벌고, 견식을 넓히고자 한다. 그럼에도 지금 자신의 삶을 충만하게 잘 살아가고 있는 사람은 그리 많지 않다. 이유가 무엇일까? 2차적 문제에 대해 질문할 줄 모르기 때문이다. 지금 당장 누군가에게 다가가 "행복한 삶을 원하느냐"라고 물으면, 대부분 "그렇다"라고 대답할 것이다. 그런데 바로 이어서 "그렇다면 당신에게 행복이란 무엇을 의미하나요?"라고 물으면 명확하게 대답하는 사람이 거의 없을 것이다. '행복이란 무엇인가', 바로 이것이 전형적인 2차적 문제다. 다소 거창하고 추상적으로 보이지만, 어떤 사람들에게는 이런 질문이야말로 구체적이고 절실해 답하지 않을 수가 없는 문제다.

'행복이란 무엇인가'에 대해서라면 그 시대만의 '표준 답안'이 존재한다고 믿는 이들이 많다. 하지만 그렇지 않다. 오히려 유일무이한, 표준의, 모범적 틀에 맞춰진 행복을 추구하려 들수록 그것이 불행의 시작이 되기 쉽다. 우리가 어릴 때부터 십 년도 넘게 받아온 교육 방식 때문에 많은 사람들이 세상 모든 문제에는 단 하나의 정답이 존재한다는 미신에 빠져들기 쉽다. 일부 진지한 사람들은 세상의 많은 문제에는 '답이 없다', 즉 풀 수 없다는 사실을 깨닫는다. 또 다른 지혜로운 사람들은 문제의 '답이 하나가 아닐 수 있다'는 것, 어느 한 가지 답이 무조건 다른 답보다 더 정확한 것은 아니라는 사실을 깨닫는다. 그런가 하면, 어떤 사람들은 인생의 근본적인 문제에 대한 답을 '아웃소싱' 하기도 한다. 다른 사람들이나 전문가에게 물어보는 것으로 자신이 찾아야 할 답을 대신하는 것이다. 법적 문제에 대해 잘 모르겠으니 변호사에게 자문을 구하고, 건강관리에 대해 잘 모르겠으니 헬스 트레이너나 영양관리사, 가정의학 전문의에게 물어보는 식으로 해당 서비스를 구매하거나 전문가에게 가서 호소한다.

그런데 자기 삶의 근본적인 문제를 아웃소싱 할 수 있을까? 존재의 근본적인 문제는 남들이 나의 대답을 대신 해줄 수 없다. 남들이 나의 결정을 대신 해줄 수 없기 때문이다. 이 점에서만은 소비주의 논리도 만능이 될 수 없다. 이 세상에 나보다 더 나를 잘 알고 있는 사람은 없다. 내가 걷어차 버린 선택지를 나 대신 이어받아 제대로 실현시켜줄 사람 역시 어디에도 존재하지 않는다. 그러므로 거듭 따져 묻는 방식으로 상대가 2차적 문제에 대한 자신만의 답을 찾아나가도록 했던 철학자 소크라테스는, 그래서 '생각의 산파'로 불리기도 했다.

"숙고하지 않은 삶은 살 가치가 없다." 이 말은 어디까지나 소크라테스가 자기 자신에게 했던 대답이므로 우리가 이것을 그대로 받아들일 필요는 없다. 우리는 각자 자신의 대답을 내놓으면 된다. 당신에게는 어떤 삶이 살 가치가 있는가? 어떤 삶이라면 살 가치가 없는가? 그 대답이 설령 당신 자신을 설득시키는 데 성공한 답이라 해도 진실로 그렇게 살아가기는 결코 쉽지 않을 것이다. 더욱이 그것은 다른 누구도 대신 해주지 않는, 오롯이 당신 자신에게서 비롯된 숙고이자 성찰이어야 한다. 그런 의미에서 철학은 본질적으로 '자조自助'의 학문이다.

'자조'란 자기 멋대로, 그저 편하게 군다는 의미가 아니다. 사실 지금 같은 인터넷 혹은 디지털 시대에는 언제 어디서든 자신이 바라는 정보를 널리 쉽게 얻을 수 있다. 어디에나 철학책이 있고, 대중 교양 강의도 쉽게 접할 수 있다. 세상 널리 진수성찬이 펼쳐져 있는데 어디로 손을 뻗어야 할지 알 수 없을 뿐이다. 무엇을 먼저, 어떻게 읽어야 할지 참으로 난감한 심정이랄까. 대중을 상대로 철학을 강의하는 것도 사실 쉬운 일은 아니다. 자칫하면 소크라테스와 같은 신세가 될 수도 있기 때문이다.

사람들은 흔히 철학에 대해 막연히 어려워하며 멀리하는 태도를 보인다. 철학의 난해하기만 한 개념들, 딱딱하기 그지없는 문장은 누구라도 겁을 먹고 달아나게 만들기 딱 좋다. 그래도 대학에서라면 넉넉히 주어진 시간 동안 철학의 유파에서부터 철학자의 사상적 배경에 이르기까지 찬찬히 논하는 철학사 강의가 가능하겠지만, 일반 대중 앞에서는 그런 여건이 갖추어져 있기 힘들다. 더욱이 많은 사람들의 머릿속에는 철학에 대한 어느 정도의 '선입견'도 존재한다. 그럼에도 이 책에서는 철학자들이 철학의 고전에서 다루었던 문제들을 그대로 주된 주제로 삼을 것이다. 먼 길을 단숨에 질러가지 않기 때문에 힘든 여정이 될 수도 있지만, 철학의 매력은 사실 모두의 마음속에 깊이 감춰져 있던 근본적인 물음을 끄집어낸다는 데 있다. 어린 시절에 내심 품었던 의문이라든가 인생의 위기 혹은 중대한 결정의 순간에 직면했던 문제가 모두 그런 것들이다. 철학자들의 논증과 사고를 자신의 말로 다시 이야기해보거나 철학적 추론을 칠판에 써보는 과정에서도 정말 중요한 것은 결론이 아니라 전체적인 추론 과정이다. 그래야만 우리는 교조적 철학이 아닌, 사유 방식Denkweise을 배울 수가 있다. 칸트도 말했듯이 "철학은 배우는 것이 아니라, 철학적으로 사고하는 법을 배우는 것Philosophie kann man nicht lernen, man kann nur lernen zu philosophieren"이기 때문이다. 그래서 나는 이 책에서도 '나의' 태도나 입장은 최대한 개입되지 않도록 나 자신을 덜어내고자 했다.

아울러 이 책은 분량이 적은 편이 아니므로 처음부터 끝까지 꼭 순서대로 읽을 필요는 없다고 일러두고 싶다. 관심이 가는 문제나 흥미로운 챕터 혹은 익숙한 철학자나 저서가 나오는 곳부터 읽어나가도 좋다. 물론 당신의 심장이 튼튼하고 탈모 걱정도 없다면 '대머리 지수'(난이도)가 높은 챕터부터 과감하게 도전해도 좋다. 큰 수확이 있는 배움이나 사귐은 언제나 불편하고 때로는 고통이 따르기도 하는 법이다.

이 책은 2017년 중국의 히말라야 FM喜马拉雅 FM(중국의 팟캐스트 앱-옮긴이)에 업로드 했던 오디오 강의인 '위저쥔의 푸단復旦 철학 강의'에서 시작되었다. 한 해 동안 200여 회의 강의를 업로드 한다는 것은 결코 쉽지 않은 도전이었지만, 그 덕에 온라인상에서 수많은 히말라야 애청자와 철학의 동행들을 만날 수 있었다. 히말라야 강의를 업로드 하고 나면, 밤 12시 이후에 가장 높은 조회수를 기록한다는 것도 데이터로 확인할 수 있었다. 그만큼 고독하고 깊은 밤에 난해한 철학 이야기를 듣고자 하는 사람이 많다는 뜻일 수도 있고, 철학이라는 음성 콘텐츠가 '꿀잠을 부르기 때문'일 수도 있겠다. 후자의 이유라 하더라도, 번잡한 세상에서 나의 음성으로 누군가의 숙면에 도움이 되었다면 그 또한 큰 공덕이려니 생각하고 있다.

이후 몇 년의 시간이 더 흐르는 동안 더 많은 사람들이 '숙면'에 큰 도움을 받은 듯하다. 그렇게라도 나의 업데이트 강의를 널리 들어주었기를 바라는 마음이다. 단, 너무 무리하는 것은 좋지 않다. 실제로 나는 한동안 긴 휴식기를 갖기도 했다. 당시 중국에는 비슷한 포맷의 온라인 강의가 수없이 쏟아지고 있었기 때문에 진지하게 뭔가를 배우고자 하기만 하면 자신에게 적합한 책이나 강의를 얼마든지 찾아낼 수 있었다. 그러나 한편으로는 '대다수' 사람들을 한꺼번에 아우르려고 하다 보니 유사한 스타일의 강의 콘텐츠가 넘쳐나는 부작용도 있었다. '한 단계, 한 단계' 밟아가면서 좀 더 깊이 들어가고자 하는 사람들은 자신만의 진지한 갈망을 충족시키기 어려워졌다.

《장자》「외물外物」편에서 "통발은 물고기를 잡기 위해 있지만, 물고기를 잡고 나면 통발은 잊어버린다"라고 말했다. '통발'은 댓살을 엮어 만든 고기잡이 도구다. 평소 생각하기를 좋아하는 사람은 장자가 말한 것과 같은 그런 느낌이 있을 것이다. 목표는 어디까지나 물고기였으므로, 물고기를 잡으면 물고기를 잡기 위한 도구였던 통발은 자연스럽게 기억에서 멀어지게 돼 있다. 그런 의미에서 보면 이 책도 바로 그런 '통발'이다. 철학자의 이름과 철학 유파, 명제, 대략적인 사상 등을 어느 정도 이해했다면, 그 후에 반드시 다다라야 할 목표는 원저작을 읽는 것이다. 그래야 그 철학자의 사고 맥락 속으로 깊이 들어가, 2차, 3차, N차 저자의 손을 거치지 않고도 해당 사유의 원래 참맛을 음미할 수 있기 때문이다. 사실 대중을 위한 강의와 원저작 사이에는 적지 않은 간극이 존재한다. 이 책은 여러분이 철학적 사유의 전당에 들어서기까지 한 층 한 층 오르는 데 필요한 사다리가 되고자 한다. 뜻을 얻었다면 말은 잊어도 좋다. 철학 고전의 가치는 다른 무언가로 대체될 수 있는 것이 아니다. 사람은 결코 한평생 밥만 먹고 돈만 벌면서 살 수는 없는 법이다.

이 책이 출판되기까지 많은 이들의 도움이 있었다. 먼저 팟캐스트의 콘텐츠 제작에 힘써주었던 히말라야 FM 제작팀의 예화葉驊, 우쓰위吳思瑜, 주잉잉朱瑩瑩에게 감사의 말을 전한다. 이들은 초반 기획 단계에서부터 전문적인 조언을 아끼지 않았고, 후반 운영 과정에서도 지속적으로 관심을 기울여주었다. 대학에서 나와 같이 철학을 공부한 천스위陳詩好는 강의의 음성 콘텐츠를 출판 원고로 정리하는 과정에서 잘못된 부분을 정확히 고쳐주었다. 이 자리를 빌어 감사의 말을 전한다. 아울러 중신출판사 편집부의 차이신蔡欣, 자오퉁趙瞳, 샤밍하오夏明浩에게도 감사드린다. 이들은 특유의 전문성과 창조성으로 이 책을 더욱 다채롭고 풍성하게 만들어주었다. 마지막으로 나의 아내 선치란沈奇嵐에게도 감사드린다. 아내는 내가 안락지대에서 벗어나 철학 강의에 전념하도록 격려해주고, 창작의 병목에 빠져 있을 때면 불안과 초조함을 달래주었다. 그녀의 전방위적인 지지와 격려, 위로가 없었다면 이 책의 출간은 상상도 할 수 없었을 것이다.

철학하는 즐거움을 느낄 수 있는
좋은 입문서

"모든 분노는 2차 감정이다." 심리학자 알프레드 아들러의 말이다. 섭섭함, 초조함, 서운함, 애정에서 오는 실망 등등, 상대의 격한 표정 뒤에는 다양한 느낌이 숨어 있다. 관계를 잘 꾸려가려면 분노 뒤에 있을 '1차 감정'을 섬세하게 헤아려 보듬을 줄 알아야 한다. 그러지 않으면 건건이 목소리 높이고 핏대 세우느라 일상이 흔들릴 터다.

이 책의 저자인 위저퀸 교수도 비슷한 말을 한다. 어떻게 돈을 잘 벌지, 정치를 훌륭하게 펼치려면 어찌해야 할지, 전쟁에서 이기기 위해 무엇을 해야 할지는 '1차적 문제'다. 이를 잘 풀어나가려면 그 아래에 깔린 '2차적 문제'부터 제대로 다루어야 한다. 예컨대, "어떻게 돈을 잘 벌까?"에 대한 제대로 된 해법을 얻으려면 "부富란 과연 무엇인지"부터 제대로 가늠해야 한다. 그러지 않으면 돈을 많이 모은 후에도 헛헛함이 가시지 않아 끊임없이 돈에만 매달리는 수전노의 불행에 빠질 수도 있기 때문이다.

이 책은 삶의 뿌리에 놓인 가장 중요한 지혜인 '2차적 문제'들을 흥미진진하면서도 깊이 있게 풀어낸다. 저자는 중국 최대 팟캐스트 플랫폼 히말라야 FM에서 700만 조회수를 기록할 만큼 대중들의 눈높이에 맞추어 철학의 혜안을 풀어낼 줄 아는 능력자다. 이 책에는 아리스토텔레스의 《형이상학》에서 가다머의 《진리와 방법》에 이르기까지 철학에서도 가장 어렵다고 여기는 고전들이 소개돼 있다. 하지만 저자는 너무도 간명하게 이 모든 고전들의 속살을 헤집어 지혜를 건네준다. 그렇다고 내용이 가볍지는 않다. 저자는 서문에서 칸트의 말을 들려준다. "철학은 배우는 것이 아니라 철학적으로 사고하는 법을 배우는 것이다." 저자의 최종 목적은 독자들 스스로 깊이 있고 체계적이며 철학적으로 생각해 삶을 튼실하게 하는 데 있다. 책의 50개 강의를 튼실하게 소화한 독자라면 자신의 영혼이 한결 단단해졌음을 확인할 수 있을 터다.

모든 철학책이 그렇듯, 이 책에도 진입장벽은 있다. "세상에 대한 궁극적 의문"을 다루는 1장은 철학에서도 가장 심도 있는 형이상학의 주제를 다룬다. 독자들로서는 책머리에서부터 급경사의 산길을 만나는 셈이다. 버겁다면 완만한 비탈길을 찾아 돌아가는 편이 좋겠다. 저자는 친절하게도 '대머리 지수'를 꼭지마다 달아놓았다. 탈모를 일으킬 만큼 두뇌 노동이 심한 내용을 꼭 지금 이해해야 할 필요는 없다. 일단 대머리 지수가 낮은, 쉬운 내용부터 더듬으며 이성의 근육을 천천히 키워나가도 좋다. 이 책은 독자가 50개 강의 중 어느 편을 먼저 읽어도 될 만큼 친절하게 꾸려져 있다.

아울러, 이 책은 우리와 문화가 비슷한 중화권의 철학자가 쓴 만큼 서구 필자들의 글보다 쉽고 부드럽게 읽힌다는 장점도 있다. 강의마다 소개돼 있는 '더 읽으면 좋은 책'도 요긴한 정보다. 국내에 소개되지 않은 저작들은 책 마지막에 '미출간된 더 읽으면 좋은 책'으로 정리해놓았다. 중국의 철학자들은 관련 분야에 대해 어떤 자료들을 살펴보고 있는지 가늠할 수 있다는 점에서 매우 흥미롭다. 사회주의 국가임에도 철학함에 있어 교조적이지 않다는 사실, 폭넓게 보고 생각하며 철학을 한다는 사실이 인상적이다.

원서에는 대중을 상대로 한 팟캐스트 내용을 책으로 풀어내는 과정에서 소소한 내용의 착오와 사실관계가 틀린 부분들도 있었다. 물론, 내용을 이해하는 데 문제가 없을뿐더러 학계에서 논란이 될 만한 수준의 흠집도 아니었다. 하지만 번역가 박주은 선생님은 이 모두를 정성껏 꼼꼼하게 잡아냈다. 친절하게도, 소개된 자료들의 번역본 역시 철학에 진심인 초보 독자들의 부담을 덜어주려고 최대한 가독성 높은 것들로 골라주셨다. 감수하는 내내 박주은 선생님의 독자들에 대한 따뜻한 배려가 진심으로 다가왔다. 그래서 저자의 위트 있는 글이 더욱 울림 깊게 다가올 수 있었다.

아무쪼록 많은 독자들이 이 책을 통해 삶을 튼실하게 가꿀 철학의 깊은 지혜를 얻으셨으면 좋겠다. 아울러, 철학하는 즐거움을 한껏 누리셨으면 하는 바람이다. 이 책은 인류 지성의 깊은 지혜를 맛보게 하는 '좋은 철학책'이다. 자신 있게 권한다.

_안광복, 중동고 철학교사, 철학박사, 《처음 읽는 현대 철학》 저자

차례

1장 │ 우리는 어디서 와서 어디로 가는가 : 세상에 대한 궁극적 의문

2장 | 나를 알고 세상을 알기 : 세상을 보는 서로 다른 방식

3장 | 무엇이 공평이고 무엇이 행복인가 :
우리 이상 속의 행복한 삶

4장 | 모순을 직시하고 현 상태에 질문하기 :
현대의 삶에 관한 성찰

5장 | 내면으로 돌아가 자아 발견하기 : 우리들 자신은 어떻게 살아야 하는가

1장

우리는 어디서 와서
어디로 가는가 :

세상에 대한 궁극적 의문

1

아리스토텔레스
《형이상학》

만물 배후의
궁극적 원인은 무엇일까?

‖ 대머리 지수 ‖

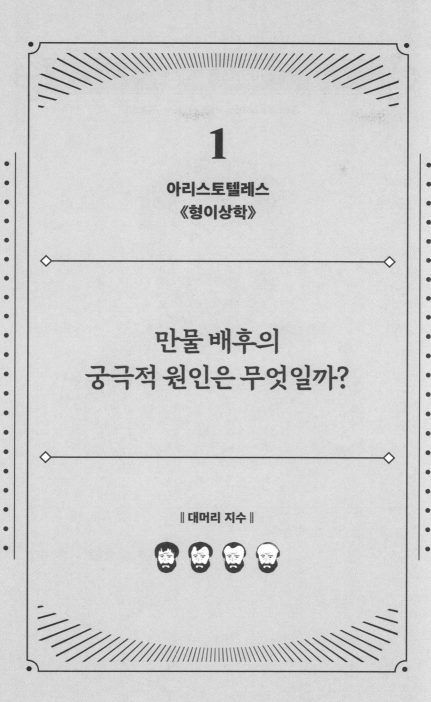

아리스토텔레스

Aristoteles, 기원전 384~322

알고자 하는 것은 인간의 본성이다.

— 아리스토텔레스, 《형이상학》

들어가며

우리는 흔히 모든 일에는 "결과가 있으면 원인도 있다"라고 말한다. 원인이 결과를 만들어내고, 그 결과는 또 다른 결과의 원인이 되기도 한다. 우리는 이 세상에 원인 없는 결과는 없으며 온 세상 만물은 인과로 연결돼 있다고 믿는다. 인과는 우주 만물이 운행하는 기본 원칙이다. 심지어 나 자신도 이러한 연결 고리의 일부를 이루고 있다. 그러므로 나의 원인이 무엇이냐고 물을 때 그것은 '내가 어떻게 존재하게 되었나, 나는 왜 여기에 있나, 나는 왜 이런 모습인가'라고 묻는 것과 같다. 나의 결과가 무엇이냐고 물을 때 그것은 '나의 미래를 알고 싶다, 나는 최종적으로 어디로 가는가'라고 묻는 것과 같다. … 그렇다면 인과란 대체 무엇일까? 궁극적 원인은 단 하나일까? 고대 그리스의 철학자 아리스토텔레스는 이 문제에 대해 체계적으로 고민했다.

아테네 아카데메이아의 '정중앙' 인물 :
플라톤과 아리스토텔레스

◆◆◆

16세기 초, 르네상스 시기의 화가이가 건축가였던 라파엘로는 바티칸 교황청의 명을 받아 거대한 프레스코 벽화를 완성한다. 이 벽화가 바로 세기의 명작 〈아테네 학당〉이다. 라파엘로는 투시법을 통해 벽면을 무대처럼 드러나 보이게 했다. 고대 그리스, 고대 로마, 르네상스 시기를 거치는 동안 이탈리아에는 수많은 위대한 철학자, 예술가, 과학자가 등장했는데, 이런 무대의 '정중앙'을 차지하고 있는 인물이 바로 플라톤과 그의 제자 아리스토텔레스다. 손가락으로 하늘을 가리키고 있는 플라톤의 모습은 그가 저 높이 있는 이상을 탐구하고 있음을, 손바닥으로 땅을 가리키고 있는 아리스토텔레스의 모습은 그의 연구가 구체적인 경험으로부터 시작되고 있음을 보여준다.

침착하고 성실하며 명예로웠던 아리스토텔레스는 전형적인 아카데메이아학파의 학자로, 20년간 플라톤을 따르며 공부했다. 아리스토텔레스가 "나는 나의 스승을 사랑하지만 진리를 더 사랑한다"라고 했던 말에서 '나의 스승'이 바로 플라톤이다. 아리스토텔레스는 알렉산더 대제의 스승이 돼 7년 동안 가르쳤고, 아테네로 돌아온 후에는 리케이온Lykeion이라는 학교를 새로 지었다. 아리스토텔레스는 학교 안의 긴 복도와 정원을 거닐며 학생들과 토론하기를 즐겼는데, 이 때문에 '소요학파'라는 이름이 생겨났다.

　플라톤은 모든 감각의 대상은 우연적이고 가변적이며, 모든 변화하는 것들은 그 배후에 불변하는 무언가를 전제로 하고 있다고 생각했다. 하지만 아리스토텔레스는 플라톤 사상 체계를 이루고 있는 이러한 '이념론'에 의문을 품었다. 플라톤 사상에서는 감각 세계(현상)와 이념 세계(이데아)라는 두 종류의 세계가 대립적으로 존재하고 있었다. 감각 세계의 구체적인 사물은 '분유分有'(이데아의 보편적 본질을 나누어 받음. 분유가 끝나면 개별 사물은 이데아를 잃고 다른 것으로 변한다-옮긴이)하거나 이데아를 '모방'함으로써 존재하는 것이었다. 그러나 아리스토텔레스는 스승의 이러한 가르침을 곧이곧대로 받아들일 수 없었다. 아리스토텔레스가 보기에는 감각 세계야말로 진실한 연구의 대상이며, 이념 세계는 감각 세계에 대한 연구의 결과로 유도되고 추상화되는 것이었다. 그러므로 실체substance, 즉 모든 사물을 그러한 모습일 수 있게 하는 본질은 개별 사물로부터 떨어져 나와 독립적으로 존재할 수 없는 것이며, 이데아 또한 현상에 내재돼 있는 것이었다.

4원인설

✦✦✦

아리스토텔레스가 세상의 존재 원인을 탐구한 최초의 철학자는 아니었다. 고대 그리스에는 이미 수많은 자연철학 유파가 존재하고 있었다. 당시 사람들의 의문은 크게 두 가지였다. 세상의 근본 원리는 무엇인가, 변동하는 것과 불변하는 것은 어떻게 해석할 수 있는가. 여기서 근본 원리란 시원始原, 즉 세상 만물을 존재하게 하는 최초의 토대라고도 할 수 있다.

서양 철학사에 가장 처음으로 등장하는 이름인 탈레스Thales는 대지 위를 흐르며 만물을 생성시키는 물이야말로 만물의 근원이라고 생각했다. 이런 이론은 오늘날 우리의 눈으로 보기에는 다소 조잡하지만, 고대 사람들에게는 분명 세계를 이해하는 시발점이었다. 탈레스 이후에는 그의 제자인 아낙시만드로스Anaximandros가 만물의 근원을 바람, 불, 물, 흙으로 보는 이론은 잘못되었다면서 만물의 근원은 아페이론apeiron(무한정자無限定者 - 옮긴이)이라고 주장했다. 아페이론은 볼 수도 느낄 수도 없으며, 한정할 수도 규정할 수도 없는 상태로 변화 속에서 영원히 존재하는 것이다. 아낙시만드로스는 차가움과 뜨거움, 건조함과 습함 등 '아페이론'에 함축된 대립하는 힘의 작용으로 만물이 생겨난다고 보았다. 한편 헤라클레이토스Herakleitos는 만물의 근원이 불이라고 주장했다. 불은 어느 정도에 이르면 타오르고, 어느 정도에 이르면 소멸한다. 이러한 어느 '정도'에는 생성과 소멸을 만들어내는 질서인 로고스logos의 가능성이 내재돼 있다. 그러나 엘레아학파Eleatics의 철학자 파르메니데스Parmenides는 헤라클레이토스와 반대로,

실재reality는 불변하고 지각될 수 없는 것이며 "생성되지도 소멸되지도 않고 나뉘지도 않는 온전한 하나"라고 주장했다.

이렇듯 각양각색의 다채로운 주장이 펼쳐졌던 자연철학의 기초 위에서 아리스토텔레스는 자신만의 형이상학을 발전시켰다. 그렇다면 그는 변화와 불변에 대해 그리고 만물의 변화 배후의 원인에 대해 어떻게 생각했을까?《형이상학》5권 2장에서 아리스토텔레스는 만물의 4가지 원인에 관한 학설인 4원인설을 제시한다. 4원인은 각각 질료인meterial cause, 형상인formal cause, 동력인efficient/moving cause, 목적인final cause이다.

아리스토텔레스는 소크라테스 조각상을 예로 들며 설명한다. 조각상을 만들기 위해서는 먼저 재료를 선택해야 한다. 나무, 석고, 청동, 대리석 등의 재료가 바로 사물의 첫 번째 원인인 질료인이다. 또, 이 조각상은 글자를 새긴 비석이 아니라 사람의 형상이다. 그것도 반드시 미켈란젤로의 미남형 다비드 상이 아닌, 뭉툭한 코에 툭 튀어나온 눈과 입, 대머리와 불룩한 배로 이루어진 소크라테스의 형상이어야 한다. 어떤 재료로 조각하더라도 이 형상만큼은 바뀔 수 없다. 이것이 바로 사물의 두 번째 원인인 형상인이다. 세 번째 원인인 동력인은 변화와 운동을 추동하는 힘이다. 나무나 돌 자체가 스스로 조각상으로 변할 수 없으므로 반드시 조각가가 조각을 해야 한다. 마지막으로 목적인이다. 아리스토텔레스는 세상 만물에는 그것이 존재하는 목적이 있다고 생각했다. 소크라테스 조각상을 만드는 목적은 무엇인가. 바로 소크라테스라는 위대한 철학자를 추모하기 위함이다.

4원인설은 다시 둘씩 묶어 나누어볼 수 있다. 첫 번째 묶음은 질료와 형상이다. 질료는 끊임없이 변화하지만 형상은 불변한다. 형상은 '그것이 그 모습'으로 존재하는 근거이며, A가 B가 아닌 A이도록 결정하는 요인이다. 아리스토텔레스는 이를 '본질' 혹은 '실체substance'라고 불렀다. 두 번째 묶음은 동력과 목적이다. 이 둘은 질료의 본성에 따라 형상을 실현시키는 요인이다. 이 지점에서 반드시 언급해야 할 것이 아리스토텔레스의 중요한 개념인 가능태potentiality와 현실태actuality이다. 나무의 씨앗에서 싹이 트는 과정을 통해 우리는 본성을 실현시키는 과정을 볼 수 있다. 싹이 트기 전까지의 씨앗은 아직 '나무가 될 수 있는' 가능태이다. 그러나 햇빛이 비추어 성장의 동력을 제공하고 씨앗이 수분과 양분이라는 질료를 흡수하면, 씨앗은 원래의 목적대로 하늘 높이 자라난 나무가 된다.

최초의 추동자 : 부동의 동자

✦✦✦

4원인설을 파고들어 가다 보면, '동력인'에 내포돼 있는 또 하나의 추리를 발견할 수 있다. 조각상을 만들기 위해서는 조각가가 있어야 하고, 씨앗이 발육하기 위해서는 외부의 양분과 햇빛이 필요하다. 이렇듯 모든 구체적 사물은 그 자신이 동력인이 될 수 없다. 모든 움직이는 것은 다른 무언가로 인해 움직이게 된 것이다. A는 B에 의해 추동되고, B는 C에 의해 추동되고 … 그렇다면 이 모든 움직임을 가장 처음 추동하는 제1의 동자first mover가 있으리라는 것도 유추할 수 있다. 그 자신은 움직이지 않으면서 우주 만물을 움직이게 하는 제1의 동자, 아리스토텔레스는 이것을 '부동의 동자unmoved mover'라고 불렀다.

그렇다면 이 부동의 동자는 질료와 형상에서 어떤 역할을 할까? 형상인은 그 사물이 '무엇이다'라는 본질 속성을 결정하고, 질료는 구체적인 사물의 물질 속성을 이룬다. 생물을 예로 들어보자. 한 사람을 미시적으로 관찰해보면, 하나의 세포는 세포막이나 미토콘드리아 등의 질료로 이루어져 있고, 이 세포들이 다시 간과 두뇌 등의 기관을 이루는 질료가 된다. 혹은 그 세포들이 기관의 형상을 실현하는 데 기여한다고도 할 수 있다. 그리고 각각의 기관은 다시 전체 한 사람을 이루는 질료가 돼, 인체의 형상을 실현한다. 이렇듯 고등한 사물은 하등의 사물이 이루는 형상이 되며, 하등의 사물은 고등한 사물의 질료가 된다. 이런 논리를 끝까지 밀고 나가다 보면, 한 가지 의문에 다다르게 된다. 아무런 구체적 물질 없이 우주 제1의 동자가 될 수 있는가, 만약 그렇지 않다면 그것으로 형상을 이루는 더 고등한 사물이 존재할 수 있는가, 라는 것이다. 만약 그렇다면 무한 퇴행infinite regress이라는 논리적 오류에 빠져들 수 있다. 그러므로 유일하게 가능한 결론은 제1의 동자는 비물질인 동시에 순수 형상이어야 한다는 것이다. 이것은 우주의 최고 형상이다.

세상의 모든 만물은 질료가 형상에 앞서고, 가능태가 현실태에 앞선다. 오직 제1의 동자만이 형상이 질료에 앞서고, 현실태가 가능태에 앞선다. 그러므로 아리스토텔레스는 제1의 동자만이 절대적이며 완전하다고 생각했다. 순수한 비물질의 존재는 정신이나 사상이라고 생각하는 사람도 있다. 고대 그리스 사람들은 그것을 누스nous라고 불렀다. 수백 년 후 기독교의 신학자들도 이 '제1의 동자'를 하느님이라고 해석했다. 아리스토텔레스는 제1의 동자가 없다면 세상에는 어떤 운동도 발생할 수 없다고 생각했다. 비유하면, 하느님이 우주를 한 번 건드렸기에 마치 수많은 도미노가 뒤따라 무너지듯 만물이 보편적 운동 상태에 있게 되었다는 것이다.

'형이상학'이란

中국의 중·고등학교에서는 '형이상학'을 변증법과 대립하는 오류의 사상이라고 가르치기 때문에 많은 중국인들에게 형이상학은 부정적인 단어로 느껴진다. 그러나 아리스토텔레스의 '형이상학'은 사회주의 국가 중국의 학교에서 가르치는 '형이상학'과 완전히 다르다. 그렇다면 철학에서의 '형이상학'은 어떤 의미일까? 형이상학은 영어로 metaphysics, 즉 meta와 physics가 합쳐진 말이다. meta는 '무언가의 너머'라는 뜻이고 physics는 자연학을 가리킨다. 그러므로 metaphysics는 '자연학 너머에 있는 것'을 의미한다. metaphysics가 아리스토텔레스의 저서 제목이긴 하지만, 아리스토텔레스가 직접 지은 제목은 아니다. 기원전 1세기에 로도스의 안드로니쿠스 Andronicus of Rhodes라는 인물이 아리스토텔레스의 여러 저작물을 정리하면서 《자연학physika》 뒤에 오는 책"이라고 이름 붙였다. 아리스토텔레스가 여러 원고에서 자연계에서의 물체의 운동 변화에 대해 언급하고 있었기 때문이다. 사실 그 원고에서 다루고 있는 내용은 물리학보다 좀 더 원초적이며 추상적인 세계의 기본 원리였다. 아리스토텔레스에게 형이상학 연구란 존재로서의 존재being qua being, 즉 만물의 근원 혹은 궁극적 원인을 고찰하는 것이었다. 아리스토텔레스 자신은 그 책의 내용을 가장 근본이 되는 학문이라는 의미에서 '제1철학'이라고 불렀다. 형이상학은 서양 철학사에서 가장 중요한 위치를 차지하고 있기 때문에 철학의 왕관에 박혀 있는 가장 빛나는 보석으로 여긴다.

한자 명칭인 '형이상학'은 여러 차례 복잡한 의미 변화를 겪었다.

《주역》「계사상전繫辭上傳」에는 "형상 너머의 것은 도라 하고 형상 아래의 것은 기라 한다形而上者謂之道, 形而下者謂之器"라는 문구가 나오는데, 일본 메이지 시대의 철학자 이노우에 데츠지로井上哲次郎가 이 문구에 나오는 '형이상학'이라는 말로 metaphysics를 번역했다. 한편 만청 시대의 학자 옌푸嚴復는 노자의 《도덕경》에 나오는 "현묘하고도 현묘해 모든 오묘함의 문(근원)이 된다玄之又玄, 衆妙之門"라는 문구로부터 metaphysics를 '현학'이라고 번역하기도 했다. '현학'이라는 말에는 이 학문이 깊고도 오묘해 이해하기 어렵다는 의미가 담겨 있다.

아리스토텔레스의 사상은 서양에 천여 년에 걸쳐 영향을 미쳤고, 근대에 이르러서는 경험과학(경험되는 사실만을 대상으로 하는 과학으로 실질과학이라고도 하며, 자연과학과 정신과학으로 나뉜다–옮긴이)이 흥기하면서 아리스토텔레스의 기본 관점이 다시 한번 크게 주목을 받았다. 르네상스 시기의 이탈리아 시인 단테는 아리스토텔레스에게 "모든 지식인의 스승"이라는 영예로운 칭호를 부여했다.

더 읽으면 좋은 책

1 《아리스토텔레스의 형이상학》 아리스토텔레스, 서광사, 2022
2 《아리스토텔레스 선집》 아리스토텔레스, 길, 2023
3 《모두를 위한 아리스토텔레스》 모티머 J. 애들러, 마인드큐브, 2016

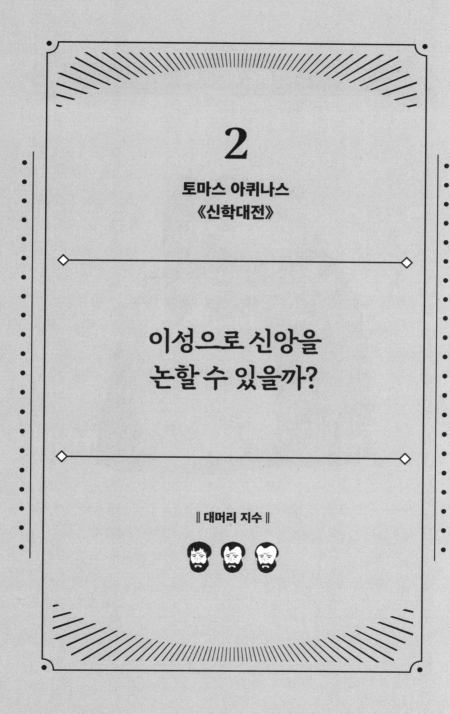

2

토마스 아퀴나스
《신학대전》

이성으로 신앙을
논할 수 있을까?

‖ 대머리 지수 ‖

토마스 아퀴나스

Thomas Aquinas, 1225~1274

하느님은 진리 자체다. 그러므로 하느님이 존재한다는 것은 자명한 것이다.

— 토마스 아퀴나스, 《신학대전》

들어가며

현대인은 스스로 이성적이라고 자처하며 이를 무척 자랑스러워한다. 그러나 우리는 인류의 역사에서 신앙이 중요한 위치를 차지했다는 것도 잘 알고 있다. 그러나 지금은 신앙이라고 하면 각종 사건·사고의 주인공인 광신도들이 먼저 떠오르기도 한다. 대체 신앙과 이성은 어떤 관계일까? 둘은 반드시 충돌하는 것일까?

서양 문명에서 이성과 신앙을 상징하는 두 도시가 있다. 바로 아테네와 예루살렘이다. 철학의 탄생지인 아테네는 수많은 철학 유파의 발원지이며, 예루살렘은 아브라함 종교인 유대교, 기독교, 이슬람교의 성지다. 아테네와 예루살렘은 서양 문명을 이루는 중요한 두 축으로, 어느 하나도 없어서는 안 된다. 이 두 축은 영원히 만나지 않는 평행선이 아니다. 두 축은 역사 속에서 끊임없이 뒤엉키면서 한때는 아테네가 더 강했다가 한때는 예루살렘이 더 강해지곤 했다. 유럽의 중세는 두 축이 단단히 얽혀 분리할 수 없는 시대였다. 사실 유럽의 중세는 전통적으로 교과서에서 정의하는 것과 같은 '암흑시대'가 아니었다. 중세 유럽에는 평생에 걸쳐 이성의 방식으로 신앙에 대해 사유한 학자가 있었으니, 그가 바로 토마스 아퀴나스다. 그리고 그의 사상은 위대한 저작 《신학대전》에 집대성돼 있다.

'벙어리 소' 토마스와 《신학대전》

❖❖❖

13세기 중엽, 파리 대학에 한 젊은 신학 교수가 있었다. 이 교수는 거구의 체격에 과묵하고 성품이 온화해서 '시칠리아의 벙어리 황소'라고도 불렸다. 젊은 나이에 두각을 나타내어 저명한 신학자이자 철학자가 된 이 사람이 바로 토마스 아퀴나스다.

토마스 아퀴나스는 서양 철학사에서 중세의 '스콜라 철학' 전통에 속해 있다. 스콜라 철학Scholasticism이란 수도사 중심의 학자들이 수도원이나 교회 내 연구기관에서 연구했던 철학을 가리킨다. 스콜라 철학의 목적은 사제를 양성하고, 교리와 교의에 철학적 기초를 제공하는 것이었다. 이를 위해 학자들은 수준 높은 논리학, 수사학 교육도받아야 했다. 스콜라 철학이 12, 13세기 들어 급속히 발전한 것은 중세의 대학(현대 대학의 원형)과 밀접한 관련이 있다. 중세의 대학에는 신학, 법학, 의학, 철학 등 4개 분과가 설치돼 있었다. 그중 가장 지위가 높은 것은 단연 신학이었고, 이 시기의 철학은 자연과학에 대한 연구까지 포괄하고 있었다. 그 당시 파리 대학이 유럽에서 가장 오랜 역사를 자랑하는 대학이었다면, 토마스 아퀴나스는 스콜라 철학의 최고봉을 상징하는 인물이었다.

1259년, 토마스 아퀴나스는 가톨릭교회 수도원의 신학 고문이 되면서 《신학대전》을 집필하기 시작했다. 《신학대전》은 중세의 스콜라 철학을 집대성한 토마스 아퀴나스의 대표작이다. 무려 십여 년에 걸쳐 완성한 《신학대전》은 613개의 토론 제목에 3,000개 넘는 절을 통해 신학과 철학의 제반 문제에 대해 논하고 있는, 백과사전과도 같은 방대한 저작이다.

극강의 논변으로 이루어진 《신학대전》은 전형적인 스콜라 철학 색채를 띠고 있다. 맨 먼저 '신은 유일한 존재인가' '앎은 덕성인가 아닌가'와 같은 토론 문제를 제시하고, 뒤이어 그 문제에 대해 토마스 아퀴나스 자신이 자기 자신과 토론 배틀을 벌이는 듯한 구조로 돼 있다. 각 주제마다 첫 번째 부분은 상대측의 논박에 해당하는 '질의'와 해당 문제에 대한 반론과 구체적 논증으로 이루어져 있고, 두 번째 부분은 반대로 자신이 지지하는 논제에 대한 증거와 논증을 제시하고 있다. '답안' 성격의 세 번째 부분은 토마스 아퀴나스 자신의 의견과 분석을 정면으로 기술하고, '반론' 성격의 마지막 부분에서는 향후에 다시 제기될 수도 있는 반대 의견에 대해 다시 한번 조목조목 반박한다. 각각의 논제하에 절마다 기술돼 있는 내용은 하나같이 지극히 빼어난 논변으로 이루어져 있다.

계시와 자연 : 과학의 길을 열다

❖❖❖

《신학대전》에서 가장 처음으로 제기하는 문제는 '철학 이외의 학문도 필요한가'이다. 현대인에게는 논쟁할 필요조차 없는 지극히 당연한 사실이지만, 토마스 아퀴나스의 시대에는 대단히 중요한 문제였다.

토마스 아퀴나스는 여러 학문에 따라 인식 방법은 제각기 다를 수 있다고 생각했다. 예를 들어, '지구는 둥글다'는 명제에 대해 천문학자라면 수학의 방법을 사용해 증명할 것이고, 물리학자라면 또 다른 방법을 통해 연구할 것이다. 이렇게 각기 다른 방법을 통하더라도 최종적으로 다다르는 결론은 일치할 수 있고, 방법상의 차이 때문에 모순이 초래될 수도 있다. 그래서 토마스 아퀴나스는 지식의 종류를 둘로 나누었다. 하나는 신으로부터 오는 계시이고, 다른 하나는 자연으로부터 오는 지식이다. 신학의 관점에서는 전자를 계시신학, 후자를 자연신학으로 구분한다. 토마스 아퀴나스의 《신학대전》에 따르면, 삼위일체라든가 성육신, 원죄와 같은 기독교의 기본 교의는 계시의 신념이지 일반적인 지식이 아니다. 반면 자연신학에서는 인간의 경험과 이성만으로 신의 존재를 증명할 수 있고, 다른 어떤 종교 경전이나 계시도 필요로 하지 않는다. 이런 인식은 중세의 철학에 대단히 중요한 전환이 되었다. 지식 가운데 일부는 신앙에서 벗어나 독립적 지위를 가질 수 있음을 의미했기 때문이다. 이러한 전환은 근대 유럽에 자연과학이 발전할 수 있게 하는 길을 열어주었다.

이성으로 신의 존재를 증명할 수 있는가?

❖·❖·❖

기독교에서 신은 전지, 전능, 참된 선이라는 세 가지 지고무상至高無上 (지극히 높아 다른 모든 것들의 위에 있음-옮긴이)의 속성을 지닌다. 많은 사람들이 신은 어디까지나 신앙의 대상이며, 신의 존재는 증명이 필요 없는 자명한 진리라고 생각한다. 그러나 토마스 아퀴나스에게 신은 신앙의 대상일 뿐 아니라 이성의 대상이기도 했다. 이런 생각은 얼핏 종교의 교의에 위배되는 불경한 발상으로 보이기도 한다. 도대체 이성이 신의 존재를 증명하는 데 어떤 역할을 한단 말인가? 하지만 이렇게도 생각해보자. 인간이 이성을 통해 신의 존재를 증명한다면, '신의 존재' 는 그야말로 틀림없이 확실한 사실이 되지 않겠는가?

토마스 아퀴나스는 《신학대전》 1부에서 '신의 존재'를 증명할 수 있는 다섯 가지 논증을 제시한다. 후대에는 이를 '다섯 가지 신 존재 증명'이라고 불렀다.

첫 번째 논증은 아리스토텔레스의 '부동의 동자' 개념으로부터 시작된다. 모든 운동하는 물체는 필연적으로 다른 운동하는 물체에 의해 추동된 것이다. 하지만 이런 추론을 무한정 계속할 수는 없으므로 반드시 '제1의 동자'가 존재할 수밖에 없다. 바로 그 제1의 동자, 즉 최초의 추동자가 신이다.

두 번째 논증 역시 아리스토텔레스의 생각에서 시작된다. 4원인설에 따르면, 어떤 사물도 그 자신이 동력인이 될 수는 없다. 즉 모든 사물의 운동은 다른 사물에 의해 추동된 것이며, 그 운동의 동력인은 반드시 그 자신이 아닌 다른 사물이다. 이런 추론을 끝까지 밀고 나가다

보면, 필연적으로 최초의 동력인이 존재할 수밖에 없다. 그 최초의 동력인이 바로 신이다.

세 번째 논증은 우연성에 대해 논하며 시작된다. 세상에는 많은 사물이 필연적이 아닌 우연적으로 존재한다. 그러나 모든 사물이 우연히 존재할 수는 없다. 만약 모든 사물이 그저 우연히 존재하는 것이라면 어느 시점에는 아무것도 존재하지 않는 때도 있어야 한다. 그렇다면 어느 시점 어느 상황에선가는 무언가 하나가 필연적으로 존재해야만 한다. 그 하나의 필연적 존재가 바로 신이다.

네 번째 논증은 만물의 성질에 따른 위계를 바탕으로 한다. 만물에는 우열과 높고 낮음의 구분이 있고, 어떤 성질이든 그것에 맞는 위계가 있다. 이러한 위계에는 필연적으로 최고위가 존재하는데, 그 최고위는 다른 모든 하급 위계의 원인이 된다. 그러므로 '완벽'과 '존재'의 최고위는 필연적으로 다른 모든 완벽과 존재의 원인이 된다. 이 최고위가 바로 신이다.

다섯 번째 논증은 목적인目的因 논증이라고도 한다. 이 논증 역시 아리스토텔레스의 영향을 받았다. 씨앗이 자라 꽃을 피우고 나무가 되는 것처럼 세상 만물에는 제각기 목적이 있다. 세상 만물의 목적은 각각 다르지만 조화로운 질서를 이루며 공존할 수 있다. 이런 조화로운 질서는 최고의 목적이 있기에 존재하는 것이다. 그 최고의 목적이 바로 신이다. 이 논증은 '설계론 논증'이라고도 한다. 신은 대단히 지혜로운 설계사(디자이너)이기 때문에 세상 만물, 생물의 존재 목적을 설계했을 뿐 아니라 그 모든 것들이 조화로이 질서를 이루며 살아가도록 했다는 것이다.

그러나 아퀴나스의 이 다섯 가지 논증은 모두 반박 가능한 것이기도 하다. 첫 번째 논증만 하더라도 뉴턴역학이 나타나면서 바로 부정되었다. 나머지 논증에 대한 반박은 독자 여러분 스스로 생각해보길 바란다.

인간은 왜 악을 피하고 선을 행해야 하는가?

✦✦✦

《신학대전》 2부에서는 윤리 문제에 관해 논한다. 이 부분은 다른 부분에 비해 유난히 길다. 토마스 아퀴나스는 '인간의 가장 높은 목표는 행복'이라는 아리스토텔레스의 관점을 계승한다. 그러나 토마스 아퀴나스가 말하는 행복은 단순히 쾌락이나 부유함, 명예, 혹은 다른 어떤 육체적 감각을 의미하는 것이 아니다. 토마스 아퀴나스가 보았을 때 행복은 이성과 도덕이 서로 일치하는 활동 안에 존재하는 것이었다. 나아가 토마스 아퀴나스는 아리스토텔레스의 행복에 대한 규정을 만족시키는 것은 이성적 활동이며, 이성적 활동의 최고 형식은 신의 본질에 대한 사색이라고 생각했다. 아퀴나스는 기독교 신앙의 관점에서 자연 덕성natural virtues과 신학 덕성theological virtues(가톨릭에서는 향주덕向主德, 대신덕對神德이라고도 한다-옮긴이)을 구분했다. 자연 덕성을 지닌 인간이 추구하는 것은 이 세상에서의 선과 행복, 즉 진리에 대한 추구와 욕망에 대한 통제다. 그러나 신학 덕성은 기독교의 성삼덕聖三德인 '믿음' '소망' '사랑'으로, 초월적이며 인간의 본성을 뛰어넘는 것이다. 토마스 아퀴나스는 인간이 이러한 신학적 미덕을 갖추고 살아갈 때 내세의 행복과 영혼의 행복을 누릴 수 있다고 생각했다.

아퀴나스 윤리학의 핵심은 '자연법'이다. 자연법은 인류 도덕 준칙의 근원이다. 중세의 스콜라 철학에서 말하는 자연법은 오늘날 우리가 말하는 자연법칙이나 자기 보존, 이익 추구와 같은 인간 본성을 가리키는 것이 아니다. 아퀴나스가 말하는 자연법은 인간이 갖춘 이성의 능력으로 한 단계씩 나아가는 삶이다. 아리스토텔레스의 목적론에 따르면, 인간은 지고의 선이라는 최종 목적을 향해 나아가고자 하는 경향이 있다. 그러나 이 과정에는 한 가지 기본 전제가 필요하다. 인간이 이성으로 세상을 파악할 수 있는 것도 기본적인 논리 규칙—동일률, 모순율, 배중률—을 사용하기 때문인 것처럼 말이다. 토마스 아퀴나스가 말하는 자연법은 인간의 이성과 도덕적 판단의 실천을 기본 원칙으로 한다. 그중 '선'의 가장 기본적인 정의는 자아를 성취하는 것이며, 가장 기본이 되는 실천은 '악을 피하고 선을 행하는' 것이다. 자연법에는 의심의 여지없이 자명한 원칙과 판단도 포함되며, 그러한 원칙, 판단은 식사 등 가정이나 사회에서의 특정 생활에도 적용할 수 있다. 토마스 아퀴나스는 인간은 보편적으로 선을 지향하며, 자연법은 인간을 윤리적 실천으로 이끈다고 생각했다.

더 읽으면 좋은 책

1 《신학대전 1~28》 토마스 아퀴나스, 바오로딸, 1989~2022
2 《신학요강》 토마스 아퀴나스, 길, 2022

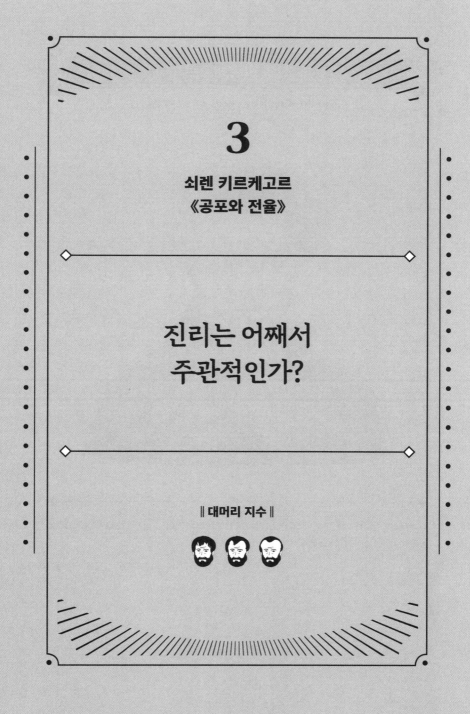

3

쇠렌 키르케고르
《공포와 전율》

진리는 어째서
주관적인가?

‖ 대머리 지수 ‖

쇠렌 키르케고르

Søren Kierkegaard, 1813~1855

나는 오직 무한히 포기할 때 영원의 가치를 의식할 수 있다. 인간은 오직 믿음을 통해 서만 실존을 장악했다고 말할 수 있다.

— 키르케고르, 《공포와 전율》

들어가며

《성경》의 구약 「창세기」 22장에는 하느님이 아브라함에게 외아들 이삭을 희생물로 바치라고 요구하는 이야기가 나온다. 여기서 '희생'이란 죽어서 제물로 바치는 것을 의미한다. 아브라함은 75세가 됐을 때 하느님으로부터 자식을 약속받았지만 100세가 됐을 때에야 적자嫡子로 이삭을 얻었다. 이토록 어렵게 얻은 자식이었음에도 아브라함은 하느님의 명대로 이삭을 제물로 바치기로 결심한다. 아브라함이 아들 이삭을 제물로 바치기 위해 칼을 들어 죽이려고 할 때 하느님의 천사가 내려와 그를 제지한다.

당신이 만약 아브라함이라면, 아들을 죽여서 제물로 바칠 수 있는가?

이 이야기는 생명과 죽음에 관한 문제일 뿐 종교적 믿음과는 직접적인 관련이 없어 보일 수도 있다. 사실 누구나 자신의, 혹은 자식의 생사와 관련해 불안과 염려로 괴로워할 때가 있다. 가족이나 친척의 건강 검진 결과를 기다릴 때, 혹은 자녀의 입시나 자신의 취업, 배우자의 승진 결과를 기다릴 때도 마찬가지다. 생사의 고비 못지않은 절체절명의 관문 앞에서도 우리는 이렇듯 가슴 졸이며 염려하고 괴로워한다. 이것 아니면 저것, 즉 둘 중 하나를 택하는 순간 다른 하나는 포기해야만 하는 냉엄한 순간이라면 특히 그렇다. 어느 쪽을 택하더라도 100% 만족스럽지는 않을 것 같을 때 선택은 더더욱 어렵기만 하다. 그러나 모든 선택에는 책임이 따른다. 그 책임의 무게는 자신의 생명, 생사의 무게와도 같다. 당신도 그런 순간을 경험해본 적 있는가?

19세기 덴마크의 철학자 쇠렌 키르케고르의 책을 읽다 보면, 그에게는 '진심으로 기쁜' 때라고는 한순간도 없어 보인다. 그는 한평생에 걸쳐 이것이냐 저것이냐 하는 절망적인 선택 앞에서 죽음에 이르도록 고뇌했다.

키르케고르는 '지질남'이었나?

1813년 5월 5일, 덴마크의 코펜하겐에서 태어난 키르케고르의 삶은 평생이 음울한 색채로 뒤덮여 있었다.

키르케고르는 27세 되던 해, 당시 열일곱 살이었던 레기네 올센이라는 여성과 결혼을 약속했다. 이때만 해도 그는 전도유망한 청년이었다. 별다른 일만 없다면 그는 장차 루터교 목사가 될 터였고, 곧 아리따운 아내도 맞이할 예정이었다. 그런데 이듬해 여름, 키르케고르는 돌연 파혼을 선언한다. 그는 레기네에게 쓴 편지에서 자신은 그녀와 결혼할 수 없다고만 말할 뿐 정확한 이유는 설명하지도 않은 채 약혼반지마저 그대로 돌려주었다. 그러나 그가 파혼을 택했다고 해서 레기네에 대한 사랑의 감정이 없었다고는 말할 수 없다. 그는 레기네에게 편지를 쓴 뒤 며칠간 침대에 엎드려 펑펑 울었다. 그러면서도 자신에게 울며 매달리는 레기네를 한사코 거절했다. 당시 덴마크에서는 이런 식으로 약혼을 취소하는 것은 양측 모두의 명예를 크게 훼손하는 것이었기에 굉장히 난감한 일이었다. 훗날 레기네는 결국 다른 남자와 결혼했다.

키르케고르는 '지질남'이었을까? 어째서 그는 그녀를 사랑하면서도 그녀와의 결혼으로부터 도망친 것일까? 여기에는 특별한 사정이 숨어 있다. 키르케고르는 레기네를 진심으로 사랑했고, 그녀와 파혼한 뒤로는 다른 어떤 여성도 가까이하지 않았다. 심지어 그의 저작 대부분이 레기네를 위해 썼다고 해도 과언이 아닐 정도다. 그는 임종을 앞두고도 자신의 재산 전부를 레기네에게 유산으로 남겼다. 즉 키르케고르가 거부한 것은 레기네가 아니라 결혼 그 자체였다. 아니, 더 깊은 의미에서는 자기 자신을 거부한 것이었는지도 모른다.

1843년 10월,《공포와 전율》이라는 책이 출간되었다. 키르케고르가 요하네스 데 실렌티오Johannes de Silentio('침묵의 요하네스'라는 뜻-옮긴이)라는 필명으로 쓴 이 작품은 제목과 내용 모두 읽는 사람을 두려움에 떨게 만드는 책이었다. 사람이라면 누구나 한평생 안락하고 평온하게 살기를 바라마지 않을 것이다. 그런데 누군가를 두려움에 사로잡혀 떨게 만드는 것이 있다면, 그게 대체 무엇일까?《공포와 전율》은 서두에서 '아브라함이 이삭을 제물로 바친 이야기'를 인용한다. 일반적으로 이 이야기는 성경의 하느님이 아브라함의 믿음과 순종을 시험하기 위해서였다고 알려져 있다. 그런데 아브라함의 입장에서 하느님의 요구는 죽음에 가까운 고통으로 느껴지는 괴로운 일이었을 것이다. 하느님의 의도를 의심하는 것도, 아들 이삭의 생명을 제 손으로 거두어야 하는 것도 그에게는 가슴이 찢어지는 일이었다. 아브라함은 결국 하느님이 명한 대로 행하기 위해 인간 세상의 윤리를 거스르기로 한다. 키르케고르가 보기에 성경의 이 이야기 안에는 대단히 중요한 심리적 감정에 대한 기술이 빠져 있었다. 그것은 바로 공포에 관한 것이다.

키르케고르는 모든 사람이 자신의 신념에 따라 살아가야 한다고 생각했다. 그것은 곧 자신이 정말로 중요하다고 생각하는 것을 택하기 위해서는 다른 무언가를 희생해야 한다는 뜻이기도 했다. 이를테면, 키르케고르가 레기네와 하느님 가운데 하나를 택하는 과정에서 레기네와의 혼인을 포기한 것도 일종의 희생이었다. 키르케고르에게 하느님과 레기네와의 관계는 하느님과 아브라함 그리고 이삭과의 관계와 비슷했다. 너무나 아이러니한 것은 그가 하필 진정한 사랑 앞에서 신앙에 대한 결심을 두고 단호한 결정을 내려야 했다는 사실이다. 키르케고르는 레기네를 진심으로 사랑했기 때문에 그녀를 떠나기로 선택해야만 했다. 마찬가지로, 아브라함 역시 이삭을 진심으로 사랑했기에 다름 아닌 이삭을 희생 제물로 바쳐야 했던 것이다. 왜 그래야 하는가? 만약 이삭이 아브라함이 진심으로 사랑하는 아들이 아니었다면 하느님은 이삭을 희생 제물로 요구하지 않았을 것이다. 마찬가지로, 키르케고르 역시 레기네를 진심으로 사랑하지 않았다면 파혼이라는 선택이 그토록 고통스럽지는 않았을 것이다.

신앙의 기사는 목숨을 건 도약을 감행해야 한다

❖❖❖

키르케고르는 자신이 살고 있는 시대에 격정passion이 결여돼 있다고 생각했다. 대다수 사람들은 그저 아무 생각 없이 되는 대로 살아가고 있을 뿐이었다. 그들은 단지 여기저기서 들은 말을 앵무새처럼 옮기기만 하거나, 자기 자신만의 정련된 생각 없이 세상 널리 퍼져 있는 세속적 견해를 되풀이할 뿐이었다. 대중은 개성 없는 학설을 추종하는 것으로 안전감을 누리려고만 할 뿐 사실을 있는 그대로 대면하거나 자기 자신을 책임지려고 하지는 않았다. 키르케고르는 "아무도, 아무도 감히 자기 자신을 말하려 하지 않는다"라며 한탄했다. 이렇듯 몰개성적이고 무책임한 대중의 행태를 '복화술'이라고 비판하기도 했다. 키르케고르는 자신의 신념을 위해 생명의 희생까지도 감당할 준비가 돼 있는 사람의 말이어야만 읽거나 들을 가치가 있다고 생각했다. 그런 사람만이 자기 생명의 무게를 짊어짐으로써 진정으로 자기 자신이 될 수 있기 때문이다. 즉 진정한 가치와 의의는 오직 개체(개인)에게 있는 것이었다.

《공포와 전율》에서 키르케고르는 인간의 실존을 심미적, 윤리적, 종교적 단계로 구분한다. 이 세 단계의 인간은 각각 자기 자신을 위해, 타인을 위해, 하느님을 위해 산다. 그리고 이 세 단계의 실존은 상호 배타적이며 높고 낮음이 존재한다. 심미적 단계가 가장 낮고, 윤리적 단계는 중간이며, 종교적 단계가 가장 높다. 심미적 실존은 오로지 자기 자신을 위해서만 사는 것이다. 돈 후안Don Juan(호색한 또는 난봉꾼으로 알려진 전설상의 인물로, 그의 행적으로 알려진 여러 전설들은 다수의 희곡과 오페라 작품으로도 만들어졌다-옮긴이) 같은 바람둥이의 삶이 대표적이다. 이런 삶은 쾌락의 충족에서 나락으로, 다시 새로운 쾌락의 추구를 반복할 뿐이며 불안과 절망이 끝없이 따라다닌다. 그래서 '가장 낮은' 단계의 실존이라고 하는 것이다. 인간이라면 반드시 그보다 나은 윤리적 단계에 진입해야 한다. 윤리적 실존은 자기 자신만을 생각하지 않고 타인도 고려하며, 자신의 행동이 보편적 도덕률에 부합하도록 노력한다. 이 정도만 해도 충분히 훌륭할 것 같은데, 키르케고르는 사실 인간은 도덕률을 따를 능력이 없을뿐더러 고의로 도덕률을 위배하는 존재라고 보았다. 마치 키르케고르 자신의 방탕했던 청년 시절처럼 말이다. 그러므로 인간은 한 단계 더 나아가, 자신의 유한성을 극복하기 위해 노력해야 한다. 그것이 바로 세 번째 단계인 종교적 실존이다.

종교적 실존이란 하느님을 향해 살아가는 것을 말한다. 키르케고르는 "신은 절대적인 사랑을 요구한다"라고 말한다. 그 사랑은 부부간의 사랑이나 부모 자식 간의 사랑을 뛰어넘는 것이다. 키르케고르는 《공포와 전율》에서 "윤리적으로 부합하는 일에 신학적으로 회의할 수 있는가"라고 묻는다. 혹은 '윤리적 차원과 신앙적 차원을 어떻게 다루어야 하는가'라고 물을 수도 있겠다. 이 지점에서 키르케고르는 비극적 영웅과 신앙의 기사라는 두 종류의 인간을 제시한다. 여기서 비극적 영웅은 고대 그리스의 비극에 나오는 아가멤논 왕을 가리킨다. 아가멤논은 전쟁에서 승리하기 위해 자신의 딸을 제물로 바치도록 요구받는다. 이 이야기는 성경에 나오는 아브라함이 이삭을 희생 제물로 바치는 이야기와도 비슷해 보인다. 그러나 키르케고르는 두 이야기는 본질적으로 다르다고 보았다. 아가멤논의 경우는 국왕으로서의 의무가 딸에 대한 아비로서의 의무를 압도한 것이다. 이것은 어디까지나 윤리적 범주 안에 머물러 있다. 그러나 아브라함이 이삭을 바치는 이야기에는 아무런 윤리적 목적이 없다. 아브라함이 자신의 아들을 죽이는 것은 대체 무엇을 위한 것이란 말인가? 아브라함 자신의 경건한 믿음을 증명하는 것 외에는 다른 아무런 목적도 없다. 아브라함의 이 야기에는 윤리학에 대한 신학적 회의가 담겨 있다. 아브라함은 살인 범이 되거나, 아니면 신앙이 깊은 인간이 된다. 이 두 신분 사이에는 건널 수 없을 것 같은 거대한 심연이 존재한다. 이 거대한 심연 앞에 서 신앙의 기사knight of faith는 믿음의 도약을 감행해야만 한다. 이것은 대단히 위험천만한 일이다. 윤리적 고려까지도 포기한 채 자신의 모 든 것을 신께 바치는 것이기 때문이다. 무한히 포기하는 단계는 곧 신 앙의 마지막 단계로, 키르케고르 자신이 바로 이렇게 무한히 포기하 는 기사였다.

진리는 주관적이다

✦✦✦

그리하여 키르케고르는 대단히 이상한 명제를 하나 내놓는다. 진리는 주관적이며, 주관적인 것만이 실재라는 것. 우리는 이 말을 어떻게 이 해해야 할까? 이 지점에서 서양 근대 철학의 중요한 특징 한 가지를 언급할 필요가 있다. 데카르트에서 칸트에 이르기까지, 서양의 근대 철학에서 주체는 언제나 한 발 물러나 있는 고요한 방관자였다. 심지 어 데카르트에게는, 이 고요한 관찰자에게 육신이 있을 필요조차 없 었다. 그러나 키르케고르에게 주체란 행동하는 사람이었다. 행동하는 자는 그저 조용히 세상을 바라만 보고 있을 수 없다. 그는 의식적으로 삶에 참여하는 존재다. 그러나 세상은 거대한 불확실성으로 덮여 있고, 모든 개인은 언제나 얼마간의 위험을 감수해야 하며, 자기 자신의 책임을 짊어져야 한다. 그러나 대다수 사람들은 책임과 위험으로부터 도피하고 싶어 한다. 그래서 찾는 것이 소위 '객관성'이라는 것이다. 여기서 객관성이란 다른 권위 있는 존재에게 문제 해결을 의존하는 것을 의미한다. 그러나 키르케고르는 인간은 스스로의 선택을 통해 자기 자신을 만들어나가는 존재라고 생각했다. "진정으로 독립적이고자 하는 인간은 자기 자신의 양심의 충고만을 듣는다. 그렇다면 그는 영웅이라 할 수 있다." 키르케고르는 신앙의 문제에서도 이러한 개체성을 옹호하며 말했다. "신앙은 일종의 역설이다, 개체성이 보편성보다 더 높이 존재한다" "인간의 모든 삶을 하나로 아우르는 것은 격정이며, 신앙이 곧 격정이다"라고.

1843년 2월, 키르케고르는 《공포와 전율》을 출간하기 전에 《이것이나 저것이냐Enten-Eller•》를 세상에 내놓는다. 이 책의 제목은 당시 유럽을 휩쓸고 있던 헤겔 철학에 직접적으로 반대하기 위한 것이었다. 키르케고르가 보았을 때 '정-반-합'의 헤겔 변증법에서 '합'은 '정'과 '반'의 내용을 모두 담고 있어야 한다. 그러므로 헤겔 철학의 핵심은 결국 '이것이면서 저것both, and'이라는 것이다. 그러나 키르케고르가 보기에 인간의 실존에 '이것이면서 저것'은 없다. 모든 사람은 결국 '이것 아니면 저것'이라는 선택에 직면한다. 그리고 그 사람의 선택이 최종적으로 그 자신의 삶을 구성한다. 키르케고르는 인간은 '나'가 어떤 선택을 할 것인지 알아야 하며, 바로 그 선택을 통해 자아의

• Either/Or

존재가 진실하게 드러난다고 생각했다. 키르케고르에게 "삶에서 가장 중요한 것은 자기 자신이 되는 것"이었다. 여기서 말하는 '나'는 거대한 추상 정신의 일부가 아니라, 자기 자신의 책임을 떠안는 살아 있는 주체다. 어떤 일이든 그 일은 '나'가 떠맡는 것이며, '나'만이 사랑, 미움, 불안, 공포, 절망 같은 감정의 주체일 수 있는 것이다.

더 읽으면 좋은 책

1   《공포와 전율》 쇠렌 키르케고르, 다산글방, 2015
2   《사랑의 역사役事 1, 2》 쇠렌 키르케고르, 다산글방, 2015
3   《이것이냐 저것이냐》 쇠렌 키르케고르, 다산글방, 2015

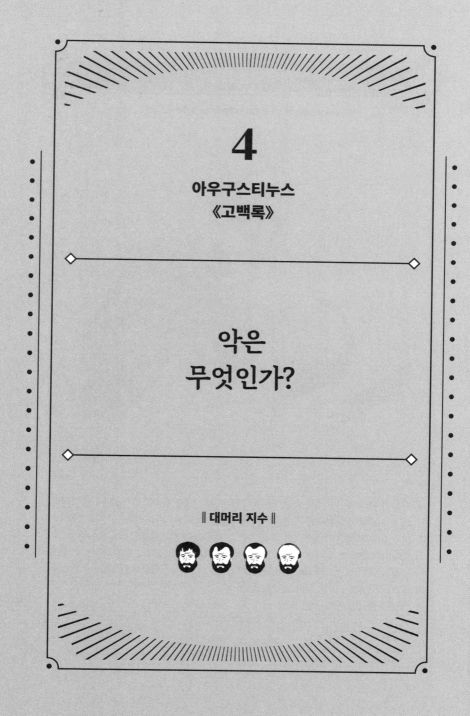

4
아우구스티누스
《고백록》

악은
무엇인가?

‖ 대머리 지수 ‖

아우구스티누스

Aurelius Augustinus, 354~430

우리 집 소유의 포도원 부근에는 배나무가 한 그루 있었습니다. 이 나무에 열린 과일은 색이나 모양이 아름다운 것도, 맛과 향이 좋은 것도 아니어서 누구도 따 먹으려 하지 않았습니다. 그런데 어느 날, 우리는 평소 습관대로 늦은 밤까지 거리에서 놀다가 이 배나무를 흔들어 열매를 모두 가져가 버렸습니다. 그렇게까지 많이 훔쳐갔던 이유는 우리가 먹기 위해서가 아니라 돼지우리에 던지기 위해서였습니다. 우리는 그 와중에 몇 개 집어 들어 맛만 조금 보았을 뿐입니다. 우리가 이렇게 했던 이유는 단지 그것이 금지된 일이었기 때문입니다.

— 아우구스티누스, 《고백록》

들어가며

할리우드 영화를 보면 언제나 영웅과 악당이 나온다. 그리고 둘은 언제나 뚜렷이 구분된다. 슈퍼맨, 배트맨, 스파이더맨은 영웅, 타노스, 조커, 로키는 악당. 선과 악은 언제나 흑과 백처럼 자명하게 대립해 있는 것처럼 보인다. 모든 문화에서는 먼저 무엇이 선이고 무엇이 악인지부터 확립한다. 부모 역시 자녀에게 착한 아이가 돼라 하고, 자라서는 좋은 사람이 돼야 한다고 말한다. 사람들에게 선택해보라고 해도, 협박 등 부득이한 경우가 아니라면 누구나 좋은 사람이 되고 싶다고 답할 것이다.

그렇다면 악은 대체 어디에서 오는 것일까? 악이라는 것은 대체 무엇인가? 이것은 서양의 기독교 전통에서 더더욱 두드러지는 문제였다. 만물을 창조하신 하느님은 전지전능하고 지고한 선의 존재인데, 어째서 이런 모순이 생겨나는 것일까? 하느님이 참된 선이라면, 왜 이 세상에는 이토록 많은 악이 존재한단 말인가? 중세의 철학자 아우구스티누스는 바로 이런 문제를 깊이 사색하며 《고백록》을 썼다.

악은 '실체'인가?

❖ ❖ ❖

친구들과 함께 집 근처 정원의 과실나무에 열린 과일을 모조리 훔쳐 가는 불량소년이 있었다. 자신이 먹기 위해서도 아니고 돼지우리에나 던질 거면서 말이다. 이 소년은 그저 '훔치기 위해 훔친' 것이다. 오직 범죄의 자극과 스릴을 즐기기 위해. 이 일화는 《고백록》 제2권에 나오는 철학자 아우구스티누스의 젊은 시절의 이야기다. 아우구스티누스는 훗날 위대한 신학자가 되었고, 가톨릭교회는 그를 성인으로 시성했다. 어린 시절의 그는 구제불능의 불량소년이었으나 훗날 신앙에 귀의한 뒤로 무엇이 악인가, 인간은 왜 악을 저지르는가라는 문제에 대해 치열하게 고민했다. 아우구스티누스는 자신이 혼자였다면 그런 일을 저지를 담력이 없었을 거라고 고백한다. 여럿이 무리 지어 덤빈 일이었기에 쉽게 죄를 지을 수 있었다는 것이다. 인간은 타락하기 쉽고, 죄는 도처에 존재한다. 그렇기에 인간에게는 신앙의 은총이 필요하다고 말한다.

선과 악은 어느 사상 전통에서나 끊임없이 논의되고 있는 개념이다. 선이라는 관념은 어디에서 오는가? 인간은 왜 악을 저지르는가? 둘 사이에는 어떤 역동적 관련성이 있는가? 인류는 수천 년 역사에 걸쳐 이 문제를 고민해왔다 해도 과언이 아니다. 많은 고대 문명에서 선과 악은 완연히 대립된 양극단에 위치해 있다. 선에는 선의 원류가 있고 악에는 악의 근원이 있으며, 둘 사이에 타협의 여지는 없다. 어떤 사람들은 선과 악은 각기 다른 두 종류의 힘이며, 선이 최종적으로 승리한다고 믿는다. 마블 애니메이션이 대표적이다. 어벤져스는 타노스를 제압하고 최종 승리를 거둔다. 그러나 이런 식의 이원론으로는 결코 풀리지 않는 의문이 존재한다. 인간은 왜 악을 버리고 선을 행하는가, 어째서 광명이 어둠을 제압한다고 하는가?

모두가 알다시피 기독교는 유일신교다. 《성경》의 구약 「창세기」에는 전지전능하며 참된 선이신 하느님이 어떻게 세상을 창조했는지 기술돼 있다. 뿐만 아니라 성경에서는 사탄에 대해서도 언급하고 있다. 사탄은 원래 천사였다가 타락한 존재로, 결코 신과 동등한 지위에 있지 않다. 그렇다면 한 가지 의문이 든다. 이 세상은 신이 창조한 것이고 신은 지고무선의 존재인데, 어째서 세상에는 이토록 악과 재난이 넘쳐나는 것일까?

바로 이것이 신의론神義論, theodicy(신정론神正論, 변신론辯神論이라고도 한다. '신은 바르고 의로운 것'이라는 이론으로, 악의 존재가 신의 속성과 모순되는 것이 아니며 악의 존재 또한 신의 섭리로 보는 논의-옮긴이)에서 변론하고자 했던 의문이다. 아우구스티누스 또한 《고백록》에서 거듭 "악은 무엇인가" "악은 어디에서 오는가"라고 묻는다. 그리고 치열한 고뇌 끝에 다음과 같은 결론을 내놓는다. "악은 선의 결여다." 이러한 사상의 원류는 플라톤의 이데아론이다.

악에 대한 논의는《고백록》제7권에서 펼쳐진다. 아우구스티누스는 16장에서 이렇게 말한다. "나는 악이란 무엇인가를 탐구한 끝에 악은 실체가 아님을 발견했다. 악은 손상된 의지, 최고 본위에 대한 배반이다. 하느님을 배반하고 스스로 기울어져 나락에 떨어진 것"이라는 것이다. 하느님이 창조한 만물은 마치 플라톤이 말한 '이데아의 분유'처럼 그 본성natura(자연)이 모두 선하다. 예를 들면, 사람도 평상시에는 대체로 건강하고 병이 생기는 것은 일시적이다. 병은 단지 건강이 결여된 상태인 것이다. 아우구스티누스는 형이상학의 관점에서 선과 악을 논하며 이렇게 말한다. "하느님은 참된 선이며 영원하다. 그러므로 하느님은 악을 창조할 수 없다. 악은 실체성을 지니고 있지 않다. 악은 일종의 선의 배반, 선을 결여한 상태다." 아우구스티누스는 말년에 집필한《엔키리디온Enchiridion》(기독교 교리에 관한 짧은 해설서-옮긴이)에서 악을 물리적 악, 인식의 악, 윤리적 악으로 구분한다. 물리적 악은 자연재해나 신체적 결함 같은 것으로, 자연 만물이 하느님의 완전성을 결여한 상태다. 인식의 악은 인간의 이성의 유한성, 즉 하느님의 전지全知를 결여한 상태다. 윤리적 악은 참된 선에 대한 배반이다. 그런데 앞의 두 가지 악과 달리, 윤리적 악은 하느님이 만들어낸 것이 아니라 인간 자신이 선택한 것이다. 다른 말로 하면, 인간의 자유의지에서 비롯되었다는 것이다.

선과 악은 모두 인간 자신의 선택

❖❖❖

아우구스티누스는 《고백록》 외에 《자유의지론》에서도 대화 형식으로 더욱 체계적으로 악의 유래와 인간의 도덕적 타락에 대해 논한다. 그는 이 대화에서 날카로운 질문을 던진다. "인간이 자유의지로 악을 저지르게 되었다면, 하느님은 왜 애초에 인간에게 자유의지를 주었는가?" 그는 하느님이 인간에게 자유의지를 주신 것은 마음껏 악을 행하라는 뜻이 아니라 인간 스스로의 의지로 선을 행하고 하느님께 가까이 가기를 선택하라는 뜻에서 자유의지를 주신 것이라고 말한다. 하느님이 인간의 두 손을 창조한 것도 무기를 들어 살상을 저지르라는 것이 아니라 두 손으로 아름다움을 창조하고 미덕을 실천하기를 바란 것과 같다. 아우구스티누스는 말한다. "인간이 스스로 자기 안의 선을 인식했다면, 그것을 오용하는 인간만 바라보기보다 그것을 주신 하느님을 찬미할 것이며, 자유의지는 신성한 선의 부여이므로 마땅히 그것을 받아들여야 한다. 인간은 이러한 자유의지가 없다면 누구도 올바르게 살아갈 수 없다."❋ 하느님은 인간이 악을 저지를 것을 미리 알고 계시며, 악인은 마땅히 자신의 악에 따른 벌을 받게 될 것이다. 그러나 그의 악행은 그 자신의 선택이지 하느님의 잘못이 아니다. 하느님은 분명 자유의지 없는 세계를 창조할 수도 있었다. 그러나 만약 그랬다면, 인간 스스로 선택한 윤리적 삶이라는 것은 존재하지 않았을 것이다. 인간은 이러한 자유의지로 미덕을 함양하고 진리를 추구

❋   아우구스티누스, 《고백록》 제2권 18장 48절

할 수도 있으며, 육체적 향락에 빠질 수도 있다는 점에서 일종의 '중간 선'이다. 인간 자신의 덕행에 대한 책임은 최종적으로 그 자신에게 있으며, 하느님은 그 사람을 최종적으로 심판하실 것이다.

신앙의 의의

✦✦✦

아우구스티누스에게는 자신이 기독교로 귀의하는 과정이 곧 탕아의 귀환이자 악에서 선으로의 이행이었다. 이 과정에서 기독교 신앙이 결정적인 역할을 했다.

354년, 아우구스티누스는 당시 로마제국 아프리카 속주의 타가스테에서 태어났다. 타가스테는 오늘날 알제리의 수크아라스 지역이다. 아우구스티누스 가족은 북아프리카 지역 출신으로, 오늘날 우리가 생각하는 전형적인 유럽 백인은 아니었다. 아우구스티누스는 기독교에 귀의하기 전까지 한마디로 '불효막심한 탕아'였다. 그는 《고백록》에서도 자신의 청년기를 돌아보며 어머니와 연인에게 가장 미안하다고 할 정도였다. 그러던 그는 스물아홉 살 되던 해 로마로 유학을 떠난다. 어머니는 아들이 떠나는 것을 반대하지만, 아우구스티누스는 거짓말로 어머니의 만류를 뿌리친다. 그랬던 그도 《고백록》 제9권에서는 어머니의 임종을 회고하며 절절한 그리움을 토로한다. 열아홉 살에는 카르타고에서 한 여인을 만나 사랑에 빠진다. 이후 15년간 그녀와 함께 살면서 아들도 낳았지만, 결혼은 하지 않았다. 그러자 여인은 다시는 어떤 남자와도 사귀지 않기로 결심하고, 아들을 그에게 남기고 떠났다.

아우구스티누스가 자신의 마음과 영혼 전부를 하느님께 바치기로 한 때는 386년의 어느 날이었다. 밀라노의 거처에 있는 정원을 홀로 걷고 있던 그는 자신의 방탕하고 타락했던 지난 삶을 떠올리며 내적으로 괴로워하고 있었다. 그때, 그의 마음속에서 강렬한 외침이 울려 퍼졌다. "언제까지 이럴 생각이야? 지금 당장 더러운 과거를 끝장 내야지!" 바로 그때, 정원 어디에선가 아이들의 목소리가 들려왔다. "어서 집어 들어 읽어요, 어서 읽어요." 그는 곧바로 손에 들고 있던 성경을 펼쳐 보았다. 그의 눈에 들어온 것은 로마서 13장 13~14절이었다. "또 낮에와 같이 정직하게 행하며 흥청거리거나 술 취하지 말고 침실을 더럽히거나 방탕하지 말며 다투거나 시기하지 말라. 오직 너희는 주 예수 그리스도로 옷 입고 육신의 정욕을 채우기 위해서 육신에게 기회를 주지 말라." 이 문구가 그의 가슴에 강하게 와 부딪혔다. 그는 하느님께로 돌아가기로 결심했다. 그리하여 이듬해에 세례를 받았다. 이 사건은 '밀라노 정원에서의 체험'으로 불린다. 아우구스티누스는 그렇게 신앙을 회복한 뒤 철저히 개변했다. 바람 따라 물결 따라 정처 없이 떠돌던 작은 배가 마침내 방향을 정하고 돛을 올리는 순간이었다.

"나는 빛을 등지고 있지만, 빛을 받아 반짝이는 것과 마주하고 있습니다. 내 눈은 빛을 받아 반짝이는 것을 볼 수 있지만, 내 몸은 빛의 비추임을 받지 못하고 있습니다."《고백록》제6권에서 아우구스티누스는 어느 거지 이야기를 한다. 어느 날 그는 밀라노의 거리를 걷다가, 술에 취한 채 즐거워하고 있는 거지를 보게 된다. 그러고는 바로 옆에 있는 친구에게 말했다. "당장은 욕망의 자극에 취해 꿈이라도 꾸 듯 살고 있지만, 그럴수록 불행의 짐이 더욱 무겁게 그의 삶을 내리누 를 걸세." 한때 아우구스티누스 자신이 그토록 갈망했던 안락과 쾌락 을 지금 눈앞의 거지가 모두 누리고 있었다. 그러나 아우구스티누스 는 기독교에 귀의한 뒤로 이전의 방탕했던 생활과 공명을 추구했던 욕심을 철저히 반성했다. "지난날 내가 배웠던 학문은 그저 남들의 환 심을 사는 잔재주에 지나지 않았기에 나에게는 아무런 즐거움도 되지 못했습니다. 그 시절의 학문은 누군가를 가르치기 위한 것도 아니고, 그저 남들에게 대단해 보이기 위한 것이었을 뿐입니다." 이후 생명의 기운으로 충만해진 그는 더 이상 혼란과 고뇌에 방황하지 않았다. 하 느님을 안다는 것이 행복이었기 때문이다. 아우구스티누스에게 하느 님은 생명의 전부를 의미했다.

더 읽으면 좋은 책

1 《고백록》아우구스티누스, CH북스(크리스천다이제스트), 2019
2 《자유의지론》아우구스티누스, 분도출판사, 1998
3 《사랑 개념과 성 아우구스티누스》한나 아렌트, 필로소픽, 2022
4 〈히포의 아우구스티누스Agostino d'Ippona〉로베르토 로셀리니Roberto Rossellini, RAI-Radiotelevisione Italiana, TV영화, 1972

5

바뤼흐 스피노자
《지성 개선론》《에티카》

인간은 어떻게 '최고선'을
추구해야 하는가?

‖ 대머리 지수 ‖

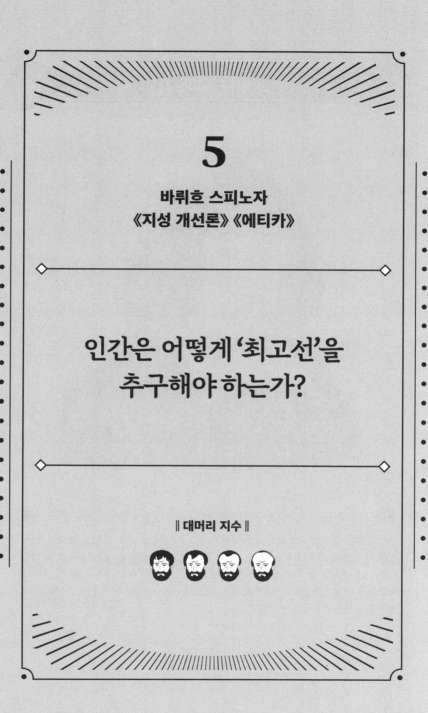

바뤼흐 스피노자

Baruch de Spinoza, 1632~1677

사람이 한평생 얼마나 절제하고 소박할 수 있는지 상상도 하기 어려울 것이다. 그는 매일 3펜스짜리 버터와 우유에 적신 빵을 먹고, 3.5펜스에 살 수 있는 맥주 한 병 정도를 마셨을 뿐이다. 또 다른 날은 건포도 몇 알에 오트밀 죽 한 그릇을 먹은 게 전부다. 매일의 식사에 드는 돈은 4.5펜스를 넘지 않았다. 그는 하숙집 방 한 칸에서 자기 생애의 마지막 5년 반을 그렇게 살았다.

— 레온 로스Leon Roth, 《스피노자Spinoza》

들어가며

《대학》에는 "지극한 선에 머문다止於至善"라는 말이 있다. 이것은 중국인에게는 최고의 목표이자 경지이다. 지극한 선은 최고의 가치이자 완벽한 아름다움이기 때문이다. 그러므로 '지극한 선에 머문다'는 것은 영원히 추구할 수 있을 뿐 궁극적으로 다다르기 어려운 최고 경지다. 누군가 자신은 지극한 선에 다다랐노라 말하는 사람이 있다면, 그런 말 자체가 지극한 선의 경지로부터 멀리 떨어져 있다는 뜻이다. 지극한 선은 아무리 노력해도 다시금 영원히 추구해야 할 목표인 것이다. 그렇다면 인간은 이러한 '지극한 선'을 어떻게 추구해야 할까?

17세기 유럽에서 스피노자라는 철학자가 바로 이 지극한 선에 관해 탐구했다. 스피노자는 《지성 개선론》과 《에티카》에서 최고선을 인생의 가장 높은 목표라고 말하며, 인간은 이러한 최고선을 어떻게 추구해야 하는가에 대해 체계적으로 논한다.

부와 명예, 감각적 쾌락은 인간을 헤매게 한다

◆◆◆

평생 독신으로 살다 간 스피노자는 네덜란드 암스테르담의 한 유대인 가정에서 태어났다. 원래는 가족 기업의 경영을 이어받을 기회가 있었지만, 스물네 살 때 유대교 회당 랍비의 신학 관념에 반대하다 유대교 교회로부터 파문당하고 유대인 사회에서 영원히 추방되었다. 자신이 속해 있던 공동체로부터 추방당한다는 것은 그 당시로서는 엄청난 비극이었다. 그러나 스피노자는 모든 일을 담담히 받아들이고 암스테르담을 떠나 근처의 레인스뷔르흐에서 5년간 지내면서 《지성 개선론》과 《에티카》를 집필했다.

《지성 개선론》은 1661년 겨울부터 1662년 봄 사이에 철학 방법론과 인식론에 대해 스피노자가 라틴어로 쓴 유작이다. 이 책의 부제는 '지성이 사물에 대한 참된 인식으로 이끌어주는 최선의 길에 대한 논문'. 미완성 저작임에도 불구하고 풍부한 독립적 사유가 담겨 있으며, 그의 대표작이라 할 수 있는 《에티카》의 입문서에 해당된다. 《에티카》는 1665년에 완성되었지만, 스피노자가 세상을 떠난 뒤에야 출간될 수 있었다.

스피노자는《지성 개선론》1장에서 철학의 목적에 대해 이야기한다. 스피노자의 철학은 시종 윤리학의 관점에서 인식론에 대해 논하는 가운데, 인간의 행복이라는 근본적인 문제에 대한 관심도 놓지 않는다. 스피노자가 찾은 행복은 인간이라면 누구나 누릴 수 있으며, 한 번 얻으면 항구적으로 향유할 수 있는 최상의 즐거움이다.

대다수 사람들에게 행복이란 무엇을 의미할까? 스피노자가 보기에 대다수 사람들이 추구하는 행복은 부와 명예, 감각적 쾌락, 이 세 가지를 넘지 않는다. 그러나 실제로는 인간의 마음을 가장 교란시키는 것이 바로 이 세 가지다. 인간은 감각적 쾌락에 빠져 있을 때 다른 어떤 것도 생각하지 않는다. 하지만 감각적 쾌락을 충족시킨 뒤에는 대개 번뇌가 뒤따른다. 부와 명예 또한 그것을 목적으로 추구하고자 할 때는 지불해야 하는 대가가 있다. 남들이 원하는 삶을 본보기로 삼아, 남들이 좋는 것을 좇고 남들이 피하는 것은 피해가면서 살아야만 한다. 그리고 이 과정에서 필연적으로 자아를 잃고 헤매게 된다. 그러므로 이 세 가지는 스피노자가 추구하는 항구적인 최상의 즐거움을 가져다줄 수 없다.

그렇다면 스피노자에게는 무엇이 최고선summum bonum이었을까? 바로 '인간의 정신과 자연 자체의 합일을 인식하는 것'이었다. 이성적인 인간이라면 누구나 이러한 품격에 다다를 수 있으며, 그 방법은 자연에 대한 참된 인식이다. 스피노자는 그러기 위해서는 먼저 모든 방법을 동원해 인간의 지성을 치유하고 정화시킬 필요가 있다고 생각했다. 그래야만 비로소 확실하고 완전하게 사물을 인식할 수 있기 때문이다. 스피노자는 이것이 모든 과학의 최종 목적이라고도 생각했다. 이를 위해 스피노자가 제안한 삶의 규칙은 다음의 세 가지다. 첫째, 언어는 반드시 대중이 이해할 수 있는 것이어야 한다. 우리의 목적을 방해하는 것이라면 그게 무엇이든 확고히 걷어내야 한다. 둘째, 쾌락을 즐기는 것은 어디까지나 건강을 유지할 수 있는 한도 내에서여야 한다. 셋째, 금전이나 다른 무엇을 얻고자 할 때 그것은 어디까지나 자신의 생명과 건강을 지키는 한도 내에서여야 한다. 우리의 목적을 위배하지만 않는다면, 다른 어떤 습속이라도 존중하며 따를 수 있다.

지식과 신

✦✦✦

최고선에 대한 스피노자의 관점은 지식에 대한 분류, 신에 대한 관점과도 밀접하게 연결돼 있다.

스피노자는《지성 개선론》2장에서 지식의 유형을 네 가지로 나눈다. 첫 번째 유형은 그저 전해 들었거나 임의로 제시된 명칭, 부호 등 간접적으로 얻은 지식이다. 기독교의 권위, 신앙적 지식, 어떤 사람의 생일이나 집안 형편, 하느님의 천지창조 등이 모두 여기에 해당된다. '지식은 진리가 아니'라고 했던 헤겔의 말처럼 이성의 확인을 거치지 않은 지식은 믿을 수 없다.

두 번째 유형은 얕은 경험으로 얻어진, 그러나 아직 이성을 통해 제대로 규정되지는 않은 지식이다. 스피노자는 그와 상반된 경험이 존재하지 않거나 반박할 수 없다면, 그런 지식도 부인될 수는 없다고 생각했다. 예를 들어, 인간의 경험을 통해 기름으로 불을 지필 수 있다거나 물로 불을 끌 수 있다는 것을 알게 된 것 등이 여기에 속한다. 그러나 이렇게 경험으로 알게 된 것들은 많은 부분 '표면에 대한 인지일 뿐 이면의 원리를 꿰뚫고 있는 것은 아니'다. 이런 지식은 이성의 논증과 연역적 추리를 거치지 않았기에 논리적 필연성이 없다.

세 번째 유형은 추리와 논증으로 얻은 지식이다. 한 사물의 본질은 다른 사물에 대한 추리를 통해 얻어진다. 이것은 간접적인 이성적 인식이다. 그러나 이것은 결과로 원인을 알아내는 방식이어서, 기껏해야 '원인'의 어느 한 가지 특질을 알아낼 수 있을 뿐 사물 전체의 본질은 여전히 알 수 없다. 시각적 원리를 예로 들면, 물체가 가까이 있으면 크게 보이고 멀리 있으면 작게 보인다. 이를 통해 우리는 태양이 우리의 눈동자보다 크다는 사실을 미루어 알 수 있다. 그러나 태양이 정확히 얼마만 한 크기인지는 여전히 알 수 없다.

네 번째 유형은 이성으로 사물의 본성 혹은 본질을 직접적으로 인식하는, 즉 직관으로 얻는 지식이다. 이것은 데카르트가 말한 '명석판明哲判明(데카르트가 진리 인식의 기준으로 내세운 조건. 한 개념의 내용이 명료한 사태事態를 명석이라고 하고, 명석하면서 동시에 다른 개념과의 구별이 충분함을 판명判明이라고 한다-옮긴이)한' 지식으로, 우리에게는 추론의 확실한 근거가 된다. 예를 들어, '3+2=5'라든가 '두 개의 직선이 제3의 직선과 평행하면 그 두 개의 직선도 반드시 평행하다' 같은 것이 여기에 해당한다. 스피노자는 철학에서 가장 근본적인 명제는 필연성과 항구성을 갖춘 직관지scientia intuitiva라고 생각했다.

지식에 대한 스피노자의 이런 분류는 앞선 철학자들의 작업에서 크게 벗어나지 않은 것이다. 스피노자는 데카르트의 방법에 동의하지만 데카르트의 심신이원론이 남긴 기본적인 문제, 즉 '물질과 정신이라는 서로 완전히 다른 두 실체 사이에서 어떻게 상호작용이 일어나는가?'라는 문제를 그냥 넘어가지 않았다. 그리고 이 지점에서 스피노자는 사람들을 깜짝 놀라게 할, 세상에서 유일무이한 형이상학을 제시한다. '오직 하나의 실체, 신이 존재한다'는 것. 그러나 여기서 신은 아브라함 종교의 인격화된 신이 아니다. 스피노자는 모든 제도화된 종교를 경계했다. 스피노자는 '신, 즉 자연Deus sive Natura'이라는 공식을 내놓는다. 신과 자연은 호환이 가능하다는 의미다. 하느님이 곧 자연이며 신은 곧 우주라는 것.

《에티카》 1부에서 스피노자는 신을 이렇게 정의한다. "신이란 절대 무한의 존재다. 하나하나가 영원하고 무한한 본질을 표현하는 무한히 많은 속성으로 이루어진 실체." 여기서 실체란 그것의 개념을 형성하기 위해 다른 것의 개념을 필요로 하지 않는 것을 의미한다. 즉 실체는 자기 이외의 다른 원인을 갖지 않으며, 자기 안에 자기원인이 있다. 신은 무한히 많은 속성으로 이루어져 있지만, 인간의 지성은 유한하기 때문에 우리 인간은 신의 속성 가운데 사유와 연장extention(물리적으로 공간을 차지한다는 의미-옮긴이)이라는 두 가지 속성만을 이해할 수 있다. 연장 속성에 대응하는 것은 물체와 운동에 관한 모든 법칙들, 즉 기하학과 물리학 같은 것이다. 사유 속성에 대응하는 것은 사유에 관한 모든 법칙들, 즉 논리학과 심리학 같은 것이다. 이 또한 데카르트의 이원론과 호응한다. 그러나 스피노자에게 사유와 연장은 서로 다른 독립된 두 가지 실체가 아니라 단일 실체의 서로 다른 두 가지 활동 방식일 뿐이다.

스피노자의 신은 우주 안의 어느 미세한 입자에도 존재하는 무소부재한 존재다. 그런데 이 신은 어떤 의미에서 대단히 게으르기도 하다. 우주와 우주의 기본 규칙을 창조해놓기만 하고 그 어떤 관여도 하지 않는다. 믿는 이들의 기도도 듣지 않고, 그들의 바람도 이루어주지 않고, 정한 규칙은 바꾸지 않으며, 악인을 직접 징벌하지도 않는다. 스피노자의 이런 생각에는 공리성만을 좇는 사람들의 행태와 신앙을 대하는 태도에 대한 비판이 숨어 있다.

현자의 영혼은 '정념'에 흔들리지 않는다

❖❖❖

스피노자에게 있어 하느님과 자연은 서로 호환된다. 그런데 자연은 능산적 자연natura naturans과 소산적 자연natura naturata으로 구분된다고 말했다. 뭘까, 이건. 스피노자가 라임에 맞춰 랩이라도 하는 걸까? 사실 이 두 개념은 전혀 복잡하지 않다. 능산적 자연이 자연(신) 안의 여러 속성의 활동을 통해 변화를 만들어내는 능동적 원칙이라면, 소산적 자연은 그러한 원칙으로 산출된 결과물을 가리킨다. 후자에는 구체적 실물만이 아니라 추상적인 자연법칙까지 포함된다.

이 세상은 신의 속성이 활동해 만들어진 것이다. 그러므로 스피노자는 인간 자신을 포함한 세상 만물은 필연성에 따라 활동한다는 결론을 얻어냈다. 그렇다, 스피노자는 확고한 결정론자였다. 그는 "사물의 본성에는 그 무엇도 우연적이라 할 만한 것이 없다. 모든 것은 일

정한 방식으로 존재하고 작용하도록 신의 본성의 필연성에 의해 결정
돼 있다""인간의 욕망과 행동은 선, 면, 입체를 다루는 일만큼이나 정
확하다"라고 썼다. 그렇다, 그는 '자유의지'의 반대자였다.

그렇다면 이 지점에서 생겨나는 윤리적 의문이 하나 있다. '인간에
게 자유의지가 없다면 도덕이 가능한가?' 하는 것이다. 스피노자는 도
덕 문제를 다룰 때 스토아주의자가 된다. '우리는 우리의 원칙을 강
요해가며 자연을 바꿀 수 없다. 그러나 이성으로 욕망을 통제하는 능
력으로 인간 자신의 태도를 통제할 수 있다'는 것이 스피노자의 원칙
이었다. 또한, 그는 '정신이 적합한 관념을 만들어내지 못하면 그것은
정념passion'이라고 말한다. 무언가에 대한 환상이나 지나친 사랑, 이
성 기능의 불완전 등에서 비롯되는 것이 바로 정념이다. 서로 다른 정
념들 사이에는 충돌이 일어날 수 있다. 그러나 이성을 따르는 사람은
그것들을 조화시킬 줄 안다. 스피노자는《에티카》의 마지막에서 이렇
게 쓰고 있다. "현자는 그가 현자로 여겨지는 한, 영혼이 거의 흔들리
지 않고, 자신과 신과 사물을 영원한 필연성에 의해 인식하며, 존재하
는 것을 결코 멈추지 않고, 늘 영혼의 참다운 만족을 누린다." 스피노
자는 '신에 대한 사랑'에 대해서도 말하지만, 이 사랑은 어느 신성한
인격에 대한 경외나 경배를 의미하지 않는다. 오히려 수학 공식이나
과학 연구에 매진할 때 느낄 수 있는 정신적 희열이나 만족에 더 가깝
다. 이것이 바로 스피노자가 말한 항구적인 지고무상의 행복이다.

스피노자는 지행합일의 인간이었다. 그는 후반생을 헤이그에서 보
냈고, 평생 결혼하지 않았다. 낮에는 생업으로 렌즈 세공을 하고, 밤에
는 집에서 담배를 태우며 철학적 사색에 잠겼다. 그의 좋은 친구들과

열렬한 추종자들은 그가 혹여 궁핍해질세라 물심양면 지원을 아끼지 않았다. 그 덕에 스피노자는 철학 연구에만 몰두할 수 있었으나, 대부분의 물질적 지원을 사실상 거절했다. "대자연은 많은 것을 필요로 하지 않는다. 대자연이 그러하다면 나 또한 그러하다"라고 말하며. 그의 작업실은 비좁았고, 렌즈 세공에는 많은 유리 먼지가 날렸다. 이렇게 수년이 흐르는 사이 그는 폐결핵을 앓게 되었다. 1677년 2월 20일, 스피노자는 세상을 떠났다. 이때 그의 나이는 겨우 44세였다.

더 읽으면 좋은 책

1 《에티카를 읽는다》 스티븐 내들러, 그린비, 2013
2 《스피노자 서간집》 베네딕투스 데 스피노자, 아카넷, 2018
3 《지성 개선론》 베네딕투스 데 스피노자, 서광사, 2015
4 《에티카》 베네딕투스 데 스피노자, 책세상, 2019

6

고트프리트 빌헬름 라이프니츠
《모나드론》

양철 나무꾼은
어떻게 자기만의 심장을
갖게 되는가?

‖ 대머리 지수 ‖

고트프리트 빌헬름 라이프니츠

Gottfried Wilhelm von Leibniz, 1646~1716

그(라이프니츠를 가리킴)의 모나드설은 중국을 대표하는 3대 철학인 노자, 공자, 불교에서 말하는 '도道' 개념과 놀라우리만치 일치하는 부분이 있다 … 라이프니츠와 공자는 종교(기독교를 포함한 모든)의 정수는 실제 생활에 있으며, 종교의 목적은 민중을 교육하는 데 있다고 생각했다. 그들의 이런 행보는 사회의 이익에 부합하는 것이었으며 … 두 사람 모두 사상의 가장 숭고한 목적인 선을 최고의 즐거움으로 여기는 품덕品德을 보여주었다.

— 아돌프 라이히바인Adolf Reichwein, 《18세기 중국과 유럽의 문화 접촉China and Europe - Intellectual and Artistic Contacts in the Eighteenth Century》

들어가며

소설이나 영화로 〈오즈의 마법사〉를 본 적 있는가? 원작은 미국의 동화작가인 라이먼 프랭크 바움의 동화이며, 가장 고전적인 판본은 1939년에 메트로 골드윈 메이어 영화사에서 제작한 영화다. 주요 스토리는 칙칙한 시골 마을에 살던 소녀 도로시가 어느 날 불어닥친 회오리바람에 휩쓸려 '오즈'라는 환상세계에 도착하면서 펼쳐지는 이야기다. 도로시는 에메랄드 시티에 사는 마법사만이 집으로 돌아갈 수 있도록 도와줄 수 있다는 먼치킨들의 말에 에메랄드 시티로 향한다. 그 길에서 양철 나무꾼, 허수아비, 겁쟁이 사자를 만나는데, 이들은 저마다 자신만의 고민을 안고 있었다. 양철 나무꾼은 '심장'이 없었고, 허수아비는 '뇌'가 없었고, 겁쟁이 사자는 위풍당당한 겉모습과 달리 '담력'이 없었다. 이들은 모두 도로시와 함께하는 모험 속에서 각자 자신이 원했던 따뜻한 마음, 지혜, 용기를 키워나간다. 그중 온몸이 하얀 철로 덮여 있는 양철 나무꾼은 주전자 모양의 머리에, 손에는 도끼를 든 모습을 하고 있다. 양철 나무꾼은 온몸이 철로 돼 있어서 물에 닿으면 녹이 슬기 때문에 물을 두려워하고, 수시로 자신의 관절에 기름칠을 한다. 이 양철 나무꾼은 자신에게는 심장이 없다면서 심장을 갖고 싶어한다. 여기서 말하는 심장은 신체 기관으로서의 심장만이 아니라 희로애락 등 감정을 느끼는 능력과 정신적 활동 능력을 가리킨다.

양철 나무꾼의 소망은 상당히 철학적이기도 하다. 양철 나무꾼의 온몸을 이루고 있는 철은 말 그대로 물질이다. 이렇게 물질로만 이루어진 몸으로 어떻게 정신적인 마음을 얻을 수 있을까? 양철 나무꾼의 고민은 데카르트 철학의 고민이기도 했다. 양철 나무꾼이 심장을 갖게 되었다는 것은 마음 내지 영혼을 갖게 되었다는 의미다. 마음과 영혼은 어떻게 물질적인 철의 신체와 소통하는 것일까? 물질세계와 정신세계가 어떻게 소통하는가는 데카르트 이원론이 남긴 중요한 문제였다.

17세기 독일의 철학자 라이프니츠는 모나드론이라는 천재적 발상으로 이 문제를 해결한다.

원자론에서 모나드론으로

✦✦✦

대륙 합리주의 전통의 바통은 데카르트, 스피노자를 거쳐 독일의 한 철학자에 손에 건네졌다. 그가 바로 고트프리트 빌헬름 라이프니츠다. 다재다능한 천재 소년이었던 라이프니츠는 17세기의 아리스토텔레스로도 불린다. 라이프니츠와 뉴턴 가운데 누가 먼저 미적분을 발명했는가는 지금까지도 분분한 논쟁거리다. 루드비히 포이어바흐 Ludwig Feuerbach는 "라이프니츠의 철학은 보이지 않는 미세한 사물까지 보일 수 있게 하는 현미경"이라고 평하기도 했다. 그런데 '보이지 않는 사물'이 뭘까? 라이프니츠는 그것을 '모나드Monad'라고 불렀다.

라이프니츠의《모나드론》은 1712년에서 1714년 사이, 비엔나에서 완성되었다. 처음에는 프랑스어로 쓰인 책이었으나, 독일의 철학자 하인리히 쾰러Heinrich Köhler가 독일어로 번역해 1720년에 출간했다. 여기서 한 가지 분명히 해야 할 것은 라이프니츠의 모나드론은 고대 그리스 철학의 원자론과는 다르다는 사실이다. 데모크리토스와 피타고라스가 주장한 원자론은 세상이 충만과 공허로 나뉘어 있으며, 충만한 부분은 원자로 이루어져 있다는 것이었다. 그러나 라이프니츠의 모나드론은 이러한 원시적 물질 관념을 배척한다.

라이프니츠는 "복합실체는 모나드들의 집합이다. 모나드의 어원인 모나스Monas는 '하나' 또는 '1이 되는 것'을 뜻하는 그리스어로 … 단순실체, 생명, 영혼, 정신은 모두 단일체"라고 말했다. 모나드는 연장이라는 속성을 갖지 않으며, 형상이 없고 부분이 없다. 더 이상 나눌 수 없는 최후의 점으로, 조합하거나 분해될 수도 없다. 모나드는 실체로 이해될 수 없으며, 오히려 그 반대로 3차원적이지 않은 힘 혹은 에너지다. 모나드는 외부 힘의 작용에 의지하지 않으며, 모나드 자신의 힘이 곧 그의 활동의 원인이다. 라이프니츠는 아리스토텔레스 철학의 개념을 빌어 이 힘을 엔텔레케이아entelecheia(완전현실태 : 잠재적인 것을 실현하거나 현실화하는 것-옮긴이)라고 표현했다. 엔텔레케이아는 자아의 발동자, 즉 생명이라고도 할 수 있다. 라이프니츠에게 있어 모나드는 욕구와 지각이 있으며, 제각기 다르고 독립적이다. 모나드는 영혼이며, 형체 없는 자동기계다. 모나드의 생성과 소멸은 신의 의지에 따라 결정된다. 어찌 보면 모나드론은 물활론物活論(모든 물질은 살아 있으며 정신이 있다고 믿는 철학적 관점-옮긴이)적 색채를 띤 세계를 창조했다고도 할 수 있다. 라이프니츠는《모나드론》에서 다음과 같은 시의詩意 가득한 표현을 쓰고 있기도 하다. "각 부분 부분의 자연이 다 식물로 뒤덮인 정원, 물고기로 가득 찬 연못과 같다. 식물의 모든 가지, 동물의 모든 지체肢體, 그 한 방울 한 방울의 즙액이 또다시 그러한 하나의 정원이자 연못인 것이다." "정원 안 식물들 사이사이의 흙과 공기가 곧 식물은 아니며, 연못 안 물고기들 사이사이의 물 또한 물고기는 아니다. 그러나 그것들은 또다시 식물로 뒤덮인 정원, 물고기로 가득 찬 연못으로 이루어져 있다. 우리가 미처 파악할 수도 없는 아주 미세한 것일지라도."

라이프니츠의 모나드론은 데카르트의 이원론이 남긴 난제를 극복하고자 할 뿐 아니라, 모든 실재성을 신/자연이라는 단일 실체로 귀결시켜 자연 안의 여러 다른 요소들 사이의 차이를 설명할 수 없었던 스피노자의 '신, 즉 자연'의 한계를 뛰어넘는 것이기도 하다. 모나드론이 이런 한계를 돌파할 수 있는 것은 모나드에는 질적 다양성이 있을 뿐 양적 다양성은 없기 때문이다. 모나드론에 따르면, 자연계에 서로 완전히 같은 두 개의 모나드는 존재하지 않으며, 모나드들 사이의 차이는 서로에게 비추어진다. 후대의 물리학자들은 라이프니츠의 모나드론에는 '물질의 가장 미세한 입자는 에너지의 한 형태'라는 사상이 함축돼 있다고 생각했다.

예정조화설

❖❖❖

라이프니츠는 모나드론으로 데카르트의 일원론을 극복했지만, 모나드론 자체에 제기되는 의문도 존재했다. 라이프니츠의 모나드론에 따르면, 모나드에는 다른 무엇도 끼어들 틈이 없으며 서로 영향받지 않고 독립적이며 각각의 모나드는 모두 자신만의 활동 법칙과 힘을 가지고 있다. 그렇다면 모나드들은 어떻게 서로 상호작용하는가? 사실 모나드론의 설명은 사람들 사이에조차 사랑과 미움, 복잡한 은원관계가 존재할 만큼 세상 만물은 서로 관계를 맺고 있다고 하는 우리의 소박한 세계 인식과 상반된다. 이에 라이프니츠는 모나드들이 하느님을 통해 서로 공존한다고 설명한다. 이를 '예정조화설'이라 한다. 대륙의 합리주의 철학자들은 하느님, 자연, 인간 사이의 관계를 해명하는 데 온 힘을 기울여왔다고 해도 과언이 아니다. 라이프니츠도 예외가 아니었다. 스피노자는 하느님이 곧 자연이라고 생각했지만, 라이프니츠는 하느님과 자연을 확연히 구분한다. 신은 라이프니츠 철학 체계의 출발점이자 주춧돌이다. 어느 한 모나드와 다른 모나드 사이의 작용은 하느님의 중개를 통해서만 이루어진다. 라이프니츠에게 하느님은 우주의 조화를 확정짓고 모든 모나드들에 대한 계획을 예비해놓은 우주의 설계자이자 입법자였다.

라이프니츠도 스피노자처럼 결정론자였기에 스피노자에게 제기되었던 것과 똑같은 문제가 존재했다. 그렇다면 인간의 자유는 대체 어떻게 설명할 수 있을까? 라이프니츠에게 인간의 자유는 '임의 선택'이라는 의지적 결정을 의미하지 않았다. 자신의 발전 방향에 순응하면서 방해 없이 자아를 실현하는 것, 자신에게 예정돼 있는 존재로 되는 능력이 곧 자유라고 보았다. 사람은 자신이 무엇을 할지, 장차 무엇이 될지 어느 정도 의식하고 있다. 그 어느 정도의 의식이 곧 자유인 것이다.

'예정조화설'은 다소 난해하고 심지어 황당무계해 보이기도 한다. 그러나 오늘날의 컴퓨터 과학을 생각해보았을 때, 우주와 우주의 정신성은 그보다 높은 차원의 영혼을 닮은 것 아닐까 하는 생각도 든다. 그렇다면 인간 자신의 영혼 또한 슈퍼컴퓨터가 창조한 '모나드'는 아닐까?

가능한 세계 중 가장 좋은 세계

❖◆❖

1676년, 라이프니츠는 헤이그에 살고 있던 스피노자를 찾아갔다. 이 때 두 사람이 토론한 핵심 주제는 신이었다. 스피노자는 자연신론자였고, 라이프니츠는 은밀한 가톨릭 신자였다. 라이프니츠는 마치 어벤져스 시리즈의 '닥터 스트레인지'에 나오는 모든 '가능한 세계(멀티유니버스-옮긴이)'처럼 하느님도 세상을 창조하시기 전에 무한한 가능성을 고려했을 거라고 생각했다. 그러나 현실에서 실제로 실현된 것은 수많은 가능성 중 하나일 뿐이다. 라이프니츠는 《모나드론》 53절에서 "하느님은 세상을 창조할 때 가능한 세계 중에서 가장 좋은 것으로 창조했다"라고 썼다. 그의 또 다른 저작인 《변신론》 1부 8장에서도 "하느님은 최고의 지혜, 무한한 선의 존재이므로 가장 좋은 것을 택하지 않았을 리 없다"라고 말한다. 그렇다면 이 세상에는 왜 이렇게 많은 악이 존재하는 걸까? 이에 대해, 가능한 많은 것들이 다양하게 용납될 때 선의 가능성도 최대가 된다는 것이 라이프니츠가 이해한 '가장 좋은' 세계다. 그러나 이 세상이 완벽할 수는 없다. 왜냐하면 "하느님은 피조물이 하느님이 되게 할 만큼 피조물을 완벽하게 창조하지는 않았기 때문"이다. 세상의 악은 하느님에게서 비롯된 것이 아니라 피조물 자신의 유한성 때문이다. 우리는 여기서 아우구스티누스의 그림자를 엿볼 수 있다. 그러나 라이프니츠는 현존하는 세계에서의 악에 대한 선의 비율은 다른 어떤 가능한 세계에서보다 높다고 생각했다. 그러므로 현존하는 세계는 여러 가능한 세계 중 최선이라는 것이다. 후대의 사람들은 라이프니츠의 이런 생각을 '낙관주의'라고 불렀다.

라이프니츠는 크게 두 가지 세계의 가능성이 있다고 보았다. 하나는 죄악이 있을 수 있는 자유의 세계, 다른 하나는 자유도 없고 죄악도 없는 세계이다. 둘 중 하나를 택한다면 라이프니츠는 전자를 택하겠다고 말했다. 죄악이 있지만 그래도 자유가 있는 세계이기 때문이다. 사실 악 자체는 그것에 대항할 용기를 불러일으키는 동력이 되기도 한다. 그리고 이것은 선으로 향하는 데 꼭 필요한 과정이기도 하다.

라이프니츠와 《주역》

❖ ❖ ❖

라이프니츠는 중국에 대한 관심도 지대했다. 라이프니츠 자신의 연구와도 관련이 컸기 때문이다. 라이프니츠는 널리 통용될 수 있고 계산에도 쓸 수 있으며 숫자처럼 엄밀한 부호로 의사를 표현할 수 있는 보편문자의 창제를 주장했다. 보편문자가 실현되면 하느님이 인류를 갈라놓은 원인이었던 바벨탑을 무너뜨리고, 전 세계 사람들이 하나의 문자로 소통할 수 있기 때문이었다. 라이프니츠는 이런 체계를 '연산철학'이라고 불렀다. 그런가 하면, 계산 방식으로 사고하는 '만능산학'도 구상했다. "그런 것이 있으면, 형이상학과 도덕 문제에 대해서도 기하학과 수학 분석처럼 추론할 수 있다." "설령 논쟁이 발생하더라도 두 회계원 사이에는 논증이 필요하지 않듯 두 철학자 사이에도 논변할 필요가 없다. 단지 석필을 들고 석판 앞에 앉아 '어디 한번 계산해 봅시다' 하기만 하면 그만이니."

시대를 한참이나 앞선 발상이었다. 그는 이진법으로 컴퓨터 연산의 기초를 다졌을 뿐 아니라 컴퓨터의 응용에 대한 전망도 예언했다.

더 읽으면 좋은 책

1 《변신론》 고트프리트 빌헬름 라이프니츠, 아카넷, 2014
2 《신인간지성론 1·2》 고트프리트 빌헬름 라이프니츠, 아카넷, 2020
3 《라이프니츠가 만난 중국》 고트프리트 빌헬름 라이프니츠, 이학사, 2003

2장

나를 알고
세상을 알기 :

세상을 보는 서로 다른 방식

7

르네 데카르트
《성찰》

"나는 생각한다, 고로 존재한다",
의심할 수 없는
마지막 하나는 무엇인가?

‖ 대머리 지수 ‖

르네 데카르트

René Descartes, 1596~1650

이 책은 가상의 일기 형식으로 6일간의 사고 과정을 기술한 것이다. … 6일 중의 매일 하루가 한 편의 '성찰'에 해당한다. … 「제1성찰」에서 데카르트는 그 자신의 모든 생각에 객관적 대응물이 존재하는지에 대해 회의한다. 여기서 그는 모든 물질 객체에 대한 신뢰를 내던지고, 심지어 물질만의 순수한 본질이라는 것도 더 이상 믿지 않는다.

— 톰 소렐Tom Sorell, 《데카르트Descartes : A Very Short Introduction》

들어가며

중국에는 "들은 것만으로는 믿을 수 없지만 눈으로 봤다면 확실하다"라는 말이 있다. 사람은 어쨌거나 감각기관에 의지해야 외부 세계를 인식할 수 있다는 뜻이기도 하고, 사람의 지각에는 한계가 있어 얼마간 틀릴 수밖에 없다는 뜻이기도 하다. 그러므로 틀림없이 확실한 지식 체계를 세우고자 한다면 인간의 감각에 대해 먼저 검토할 필요가 있다. 사유와 지각, 대뇌와 신체는 어떻게 상호작용하는 것일까? 우리는 무엇이 진실이고 허구인지, 무엇이 맞고 틀렸는지 어떻게 판단할 수 있을까? 만약 인간의 어떤 지각도 믿을 수 없다면, 이것만은 의심할 수 없다고 확신할 수 있는 것은 과연 무엇일까?

17세기 유럽에서 침대에 누워 이것저것 생각하기 좋아했던 어느 철학자가 극단적인 의심을 제기한 뒤 철저한 결론을 얻어냈다. 바로 프랑스의 철학자 데카르트가 《성찰》에서 제시한 중요한 명제, "나는 생각한다, 고로 존재한다"였다.

왜 모든 것을 일단 의심해봐야 하는가?

❖❖❖

르네 데카르트는 1596년에 프랑스의 한 귀족 가정에서 태어났다. 그의 아버지는 브루타뉴 지방법원의 법관이었다. 데카르트는 어릴 때 예수회 학교로 보내져 우수한 교육을 받았는데, 날 때부터 워낙 허약한 체질이었던 탓에 아침 체조를 면제받을 수 있었다. 이후 그는 늦게까지 자고 일어나 침대 위에서 생각하는 습관을 갖게 되었다. 그의 많은 저작도 바로 이렇게 따뜻한 침대 위에서 쓰였다. 심지어 그의 철학 가운데 일부는 꿈을 꾸다가 받은 자극에서 시작되었다. 어느 날 그는 갑자기 꿈에서 깨어나 스스로에게 이렇게 물었다. "꿈속인지 현실인지를 어떻게 구분하지?" 꿈과 현실을 구분할 수 없다면, 참과 거짓은 어떻게 알 수 있단 말인가? 그리하여 그는 성찰과 숙고를 거치지 않은 채 맹목적으로 받아들였던 모든 교조와 전통을 일단 의심해보기로 한다. 그는 절대적으로 믿을 수 있는 출발점 위에서만 지식을 쌓아나가고자 했다. 그래야만 인류가 수학처럼 명료한 경로를 통해 지식을 얻어나갈 수 있다고 생각했기 때문이다.

1641년에 출간된《성찰》은 데카르트가 라틴어로 쓴 책으로, 여기에는 데카르트의 철저한 형이상학 체계가 담겨 있다. 그는 자신의 또 다른 저서인《철학의 원리》에서 이렇게 말한다. "모든 철학은 뿌리가 형이상학, 줄기는 자연학으로 이루어진 한 그루 나무와 같다. 이 줄기에서 뻗어 나온 가지들이 바로 의학, 역학, 도덕학 등의 다른 과학들이다." 즉 데카르트는 형이상학을 제1철학이라고 보았던 것이다. 데카르트에게 형이상학은 지식에 관한 지식을 연구하는 학문이었다. '인간은 사유를 통해 어떻게 지식을 얻는가? 무엇이 진리를 판단하는 기준인가? 현실의 정확한 본질은 무엇인가?'와 같은 의문을 탐구하는 학문인 것이다.

　　데카르트는 지식의 건축물을 쌓아 올리기에 앞서, 토대를 견실하게 다지는 것을 최우선 목표로 삼았다. 이를 위해 데카르트가 택한 방법을 '보편적 회의' 혹은 '체계적 회의'라 한다. 일단 모든 것을 의심한 뒤, 더 이상 의심할 수 없는 지점을 하나하나 찾아나가는 것이다. 그가 이렇게 극단적인 방법을 택한 이유는 당시의 철학과 신학이 복잡한 논리에 따른 논증을 이어가고 있었는데, 그 전제부터가 믿을 만하지 않다고 생각했기 때문이다. 전제가 믿을 만하지 않다면, 그로부터 도출한 결과도 믿을 수 없는 것은 당연지사. 그래서 그는 자신의 첫 번째 저서인《방법서설》을 통해 이렇게 말한다. "우리는 성인이 되기 전 유년기에 우리의 감각기관 앞에 놓인 사물에 대해 여러 다양한 판단을 내린다. 그런데 이때 자신의 이성이 충분히 발휘하기도 전에 먼저 주입된先入 편견偏이 우리의 진리 인식을 방해할 수도 있다. 그러므로 우리는 이러한 편견의 속박에서 벗어나기 위해 일생에 한

번쯤은 조금이라도 의심스러운 것이라면 일단 모조리 의심해볼 필요가 있다.”

이러한 의심은 모든 것을 그저 부정하기 위한 의심이 아니라, 하나의 방법으로서의 회의일 뿐이다. 이전까지의 모든 지식을 일단 한번 의심하고 검토함으로써 더 이상 의심의 여지를 남기지 않는다. 포대자루 안에서 썩은 감자가 하나라도 발견되었다면, 일단 포대 안의 감자를 모두 쏟은 뒤 썩은 감자를 가려내자는 것이다. 그는 지식에 관해서라면 일말의 거짓도 남기지 않고자 했다. 그는 “확실한 것은 아무것도 없다”라고 말했다. 이 말은 “모든 것을 의심하라”라는 말과 같았다. 그것은 지식을 흐르는 모래 위에 세울 수 없다는 의미였다.

‘나는 생각한다’는 것으로 감각의 악마를 이겨낸다

❖❖❖

《성찰》의 「제1성찰」에서는 의심할 만한 모든 것들을 일단 의심한다. 데카르트는 가장 먼저 자신의 감각기관을 의심했다. 자신이 겨울 외투를 입고 손에는 종이 한 장을 든 채 난로 옆에 앉아 있다고 가정해보자. 그런데 실은 꿈속에서 그것과 똑같은 경험을 하고 있는 것일 수도 있다. 이것이 꿈속의 경험인지 현실인지 어떻게 분간할 수 있을까? 바로 이것이 데카르트가 제기한 첫 번째 의심이다. 우리 자신이 진실하다고 느끼는 감각도 실은 허상일 가능성이 있기 때문이다. 그러므로 감각은 절대적으로 신뢰할 수 없다.

그렇다면 인간은 자신이 경험한 모든 종류의 감각을 다 의심해볼 수 있다. 이를 위해 데카르트는 하느님만큼이나 강력하면서도 음험한 악마의 존재를 상상해냈다. 이 악마는 인간이 보는 하늘이며 호흡하는 공기, 밟는 대지, 나아가 각종 사물의 모양, 색깔, 소리에 이르기까지 모든 것을 가상으로 지어내 인간을 속일 수 있다. 이렇게 되면 인간은 눈, 코, 귀, 손발 등의 감각기관을 통해서는 세상을 올바로 지각할 수 없게 된다. 그 모든 것은 악마가 만들어낸 환상일 수도 있기 때문이다. 그렇다면, 그러한 감각기관이 모여 있는 신체는 환상이 아니라고 확신할 수 있을까? 인간은 과연 어떤 무기로 악마의 이런 속임수를 떨쳐낼 수 있을까? 데카르트가 생각한 무기는 인간의 사유 자체였다. '2+3=5'라는 사실, '삼각형의 모든 내각의 합은 180도'라는 수학의 공리처럼 사유는 가장 순수하고 근본적인 것이었다. 수학자이기도 했던 데카르트는 대수학, 기하학 연구의 명확성만은 의심하지 않았다. 물리학, 천문학, 의학과 같은 복합적 학문에는 얼마간 의심의 여지가 존재할 수 있어도, 수학만은 순수하고 확실한 진리라고 생각했다. 데카르트는 이렇게 현실에서든 꿈속에서든 달라지지 않고 왜곡되지 않는 진리를 '본유관념本有觀念, innate idea'이라고 불렀다.

데카르트는 이렇게 인간의 모든 감각을 의심의 대상으로 삼는 단호한 길을 택했다. 그렇다면 인간 자신에 대해 가장 정확하고 의심할 필요가 없는 것은 무엇일까? 바로 이 지점에서, 우리가 모두 아는 데카르트의 명언이 도출되었다. "나는 생각한다, 고로 존재한다(라틴어 : Cogito, ergo sum, 영어 : I think, therefore I am)." 이것은 데카르트의 《방법서설》 4부에 나오는 결론이다. "내가 의심하고 있다는 것은 내가 생각을 하고 있다는 것이다. 내가 생각하고 있으므로 나는 존재한다. 내가 의심하고 있을 때에는 의심하고 있는 나 자신의 존재를 의심할 수 없다." 여기서 '나'는 순수한 사유의 주체로, 감각이나 육신은 포함되지 않는다. 또한 그는 《방법서설》에서 이렇게 말한다. "나는 나 자신이 실체임을 인식한다. 이 실체의 모든 본질 혹은 본성은 오직 사유다." 이어, 그는 「제2성찰」에서도 비슷한 말을 한다. "엄밀하게 말해서, 나는 오직 사유하는 존재, 하나의 정신, 하나의 지성, 하나의 이성이다…" 이러한 데카르트 사상은 서양 근대 철학의 토대가 되었다.

데카르트는 말한다. "내가 내 영혼의 존재를 의심하고자 한다면, 그것은 의심하고 있는 나 자신을 의심하는 것임을 발견하게 된다. 나 자신이 의심하고 있음을 의심한다면, 나는 실제로 의심을 하고 있는 것이다." 그러므로 "내가 의심하고 있다는 이 사실만은 의심할 수 없다". "내가 생각하고 있다는 이 사실만은 잘못 생각할 수 없다. 내가 생각하고 있다는 것에 대해 생각하고 있다는 것 자체가 내가 생각하고 있음을 증명하기 때문이다." 이로써 서양 근대 철학은 특수한 길을 걷게 되었다. 이성, 정신, 지성이 흔들리지 않는 '아르키메데스의 점'(아르키메데스가 "움직이지 않는 한 점만 주어진다면 충분히 긴 막대기를 지렛대로 삼아 지구를 들어 올리겠다"라고 주장한 데서 '아르키메데스의 점'은 흔들림 없이 확실한 지식의 기초, 모든 지식의 궁극적 토대를 의미하는 말로 쓰이게 되었다-옮긴이)이 된 것이다.

심신이원론

✦ ✦ ✦

데카르트는 정신과 물질은 각각 독립적인 실체라고 말했다. "모든 실체에는 주요 속성이 있다. 사유thought는 정신의 속성, 연장extension(길이, 넓이, 높이, 형상 등)은 물체의 속성이다." '나'는 '생각하는 존재로서의 나'를 생각하는 나를 명석판명하게 인식하며, 생각하는 것은 육체를 필요로 하지 않는다. 그러므로 '나'의 영혼과 육체는 분명히 구별된다. 영혼 혹은 마음은 정신적인 것이고, 육체는 물질적인 것으로 일정한 공간을 차지하고 길이, 넓이, 높이, 크고 작음, 위치, 형상을 가지고 있으며 운동할 수 있는 확장성을 가진다. 이렇게 마음과 신체를 분리해서 사고하는 것이 데카르트의 심신이원론이다.

그러나 데카르트는 신체와 영혼이 긴밀하게 연결돼 있음을 분명히 인정했다. "조타수가 그의 배 안에 있는 것처럼 나는 나의 신체 안에 깃들어 있다. 뿐만 아니라, 나와 나의 신체는 밀접하게 연결돼 있고 거의 혼합돼 일체를 이루고 있다." 훗날 영국의 철학자 길버트 라일Gilbert Ryle은 이런 모습을 '기계 속의 유령'이라고 표현했다. 그런데 이런 연결은 심신이원론에 대해 한 가지 의문을 불러일으킨다. 영혼과 신체가 서로 완전히 다른 것이라면, 둘은 어떻게 해서 연결되는가? 손가락이 베였는데 왜 고통이 느껴지는가. 이런 간단한 문제에 대해 데카르트는 제대로 설명하지 못했다. 육체에 손상이 가해졌는데 영혼에 그것이 반영돼 고통을 느낀다? 이러한 연결은 대체 어떻게 해서 일어나는 것인가? 과학이 충분히 발달하지 못했던 당시, 데카르트는 송과선(pineal gland 혹은 pineal body-옮긴이)이 마음과 신체의 연결을 매개한다고 말했을 뿐이다.

심신이원론의 이런 문제에 대해 후대의 많은 철학자는 곤혹스러워했다. 정신과 육체를 분리하는 데카르트의 생각은 마치 사유하는 사람이 자신의 관념의 섬 안에 갇힌 외로운 로빈슨 크루소를 연상시킨다. 비록 데카르트가 육신과 지각의 의의를 완전히 부정하지는 않았으나, 후대의 철학자들은 극단적 이성주의에 잠재된 위기를 충분히 감지했다. 사실 인간은 감각과 욕망, 그리고 열정으로 충만한 존재다. 그렇지 않은가? 인간은 감각을 통한 경험으로 세상을 이해하고 여러 감정들을 체험하면서 삶이 더욱 풍부해진다.

데카르트는 1650년 2월 11일, 54세의 나이로 세상을 떠났다. 데카르트는 죽기 전에 이렇게 말했다. "그토록 오래 갇혀 있던 나의 영혼은 이제 육체의 무거운 짐을 벗어던지고 감옥을 떠난다. 영혼과 육체가 분리되는 고통을 기꺼이 받아들일 수 있도록 당신은 용기를 북돋아주어야 한다."

그렇다면 그때까지 그를 가둔 것은 대체 무엇일까. 생각일까, 육신일까?

더 읽으면 좋은 책

1 《제일철학에 관한 성찰》 르네 데카르트, 문예출판사, 2021
2 《방법서설》 르네 데카르트, 문예출판사, 2022
3 〈데카르트Cartesius〉 로베르토 로셀리니Roberto Rossellini, Coines edizioni, TV영화, 1974

8

조지 버클리
《인간 지식의 원리론》

존재하는 것은
지각되는 것이다?

‖ 대머리 지수 ‖

조지 버클리

George Berkeley, 1685~1753

그(버클리)는 버뮤다 군도에 대학을 세울 계획으로 미국으로 갔다. … "서쪽으로 제국이
방향을 틀도다"라는 유명한 시 구절이 있다. 이 시를 쓴 사람이 바로 버클리, 그의 이
름을 따서 명명한 도시가 캘리포니아주 버클리시다.

— 버트런드 러셀,《서양철학사》

들어가며

우리가 눈을 감고 있어도 세상은 여전히 존재할까? 대부분의 사람들이 "당연히 그렇죠!"라고 답할 것이다. 그렇다, 우리 자신이 사라진 뒤에도 세상은 여전히 존재한다. 그런데 '당신이 그걸 어떻게 아느냐'고 묻는 철학자가 있었다. 그것은 단순한 추측인가, 아니면 다른 어떤 이유가 있는가?

철학자들은 종종 이렇게 당연해 보이는 상식에도 의문을 품는다. 이 철학자는 우리에게 이렇게 말한다. 세상이 존재한다는 것을 아는 것은 당신이 그것을 지각했기 때문이라고. 손으로 책상과 책을 만지고, 눈으로 휴대폰을 보고, 코로 주방에서 흘러나오는 닭고기수프 향을 맡고, 혀로 과즙의 맛을 맛보는 식으로 말이다. 이 말은 감각을 떠나서는 세상에 대해 아무것도 말할 수 없다는 뜻이기도 하다. 그러므로 '세상이 거기 있다'고 단언하기보다 '우리는 단지 감각기관을 통해 세상이 어디에 있다는 것을 지각할 수 있을 뿐'이라고 말해야 한다.

이런 생각을 끝까지 밀어붙인 한 철학자가 '존재하는 것은 지각되는 것'이라는 명제를 내놓았다. 그 철학자의 이름은 조지 버클리. 그런데 누군가 이 명제를 풍자하기 위한 그림을 그렸다. 절벽 끝에 서 있는 사람이 두 눈을 꼭 감은 채 한쪽 발로 허공을 밟으려 하고 있다. 두려운 기색이라고는 하나도 없이. 그 풍자 화가는 그림에 이렇게 썼다.

"두 눈을 꼭 감기만 하면, 이 세상에 허공이란 없다."

버클리와 로크의 '배틀'

❖ ❖ ❖

조지 버클리는 1685년에 영국 아일랜드에서 태어났다. 청년 시절에 신학을 공부한 뒤 성공회 목사가 되었고, 나중에는 주교가 되었다. 1710년에 출간된《인간 지식의 원리론》에서 그는 '존재하는 것은 지각되는 것'이라는 명제를 제시한다. 사실 이 책의 원래 제목은 굉장히 길다.《인간 지식의 원리론 : 회의주의에 기반한 과학, 무신론, 반종교 사상의 오류와 고난의 주요 원인에 대한 고찰》. 제목에서도 알 수 있듯이, 이 책은 그가 잘못되었다고 생각하는 사상들에 대해 재검토하고 인간 지식의 본질에 대한 자신의 견해를 제시하기 위해 쓴 것이다. 버클리가 이 책을 통해 반박하고자 했던 대상은 당시 막강한 영향력을 미치고 있었던 두 철학자, 프랑스의 합리주의자 데카르트와 영국의 경험주의자 로크였다.

데카르트와 로크가 뭘 어쨌기에 버클리는 그토록 불만이었던 걸까? 우선 로크에 대해 알아보자. 로크는 영국의 경험론을 대표하는 인물로 "인간의 마음은 백지tabula rasa"라는 말로도 유명하다. 로크는 인

간이 확실한 지식에 이르는 능력('본유관념'을 의미-옮긴이)을 타고났다
는 데카르트의 말에 동의하지 않았다. 그는 모든 사람의 지식은 후천
적 경험을 통해 획득하는 것이라고 생각했다. 그렇다면 인간은 외부
세계에 대한 관념을 어떻게 획득하는가? 로크는 마음속 관념은 인간
이 외부 세계를 직접적으로 경험하면서 생겨나는데, 사물 자체의 속
성이 그러한 관념을 생겨나게 한다고 생각했다.

　로크는 《인간지성론》에서 사물의 속성을 두 종류로 구분한다. 그중
1차 성질은 '사물 자체와 분리될 수 없는 속성'으로 부피, 연장, 형상,
운동과 정지, 수량 같은 것들이고, 2차 성질은 색깔, 온도, 맛 같은 것
들이다. 이 가운데 2차 성질은 대상 자체가 지닌 특성이 아니라, 1차
성질을 통해 인간의 몸에 생겨나는 여러 감각이다. 빨간 사과를 예로
들어보자. 로크의 구분법에 따르면, 이 사과의 크기와 무게는 1차 성
질에 속한다. 1차 성질은 측정을 통해 얻을 수 있는 객관적인 수치로
관찰자에 따라 달라지지 않는다. 로크는 이러한 것들이야말로 분명
하고 확실한 관념이라고 생각했다. 그러나 사과의 색과 향, 산미 등의
2차 성질은 사람에 따라 달라지기 때문에 객관적인 기준이 없다. 같
은 사과라도 먹는 사람에 따라 달다고 느낄 수도 있고, 시다고 느낄
수도 있다. 그러므로 로크는 1차 성질만이 사물 자체의 진정한 속성
이며, 2차 성질은 사람의 마음속에 생겨난 감각일 뿐이라고 믿었다.

　그런데 외부 사물의 속성에 대해서는 한 가지 더, 긴요하지만 다
루기 어렵고 논쟁을 불러일으키는 문제가 하나 있었다. 바로 '실체
substance는 존재하는가?'라는 것이었다. 기체基體로도 번역되는 실체는
철학에서 대단히 중요한 개념이다. 로크에 따르면, 실체는 높은 건물

의 토대와 같은 것으로 우리가 받아들이는 모든 성질을 지탱하는 기저다. 실체가 없다면 사물의 크기, 경도, 무게, 색깔, 향기 등의 성질은 모두 유령처럼 사라져버리고 말 것이다. 그러나 로크는 실체의 존재를 추리해냈을 뿐, 인간이 진정으로 '실체'를 접한 적은 없다고 말했다. 그는 이 세상이 실재하지만, 실재란 무엇인가에 대해 분명히 말할 수 없다는 것을 인정했다. 또한 외부 세계에 대한 인식은 인간의 내면에 표상된 관념을 통해 간접적으로 이루어진다. 즉 인간이 외부 사물을 직접적으로 인식할 수는 없다고 생각했다.

　로크의 여러 논증은 물질이 인간의 감각기관과 접촉한 뒤 인간의 마음에 관념을 만들어낸다고 간주하는 것처럼 보인다. 마침 이것은 데카르트의 심신이원론도 제대로 처리하지 못한 문제였다. 데카르트는 물질과 사유를 서로 다른 별개의 실체로 구분했으면서도, 서로 다른 두 실체 사이에 어떻게 상호작용이 일어나는가에 대해서는 제대로 설명하지 못했다. 이런 근본적인 의문을 제대로 해결하지 못하면, 이를 바탕으로 세워진 모든 사상적 체제가 흔들릴 위험이 있었다. 바로 이러한 배경하에서 버클리는 얼핏 봐서는 도무지 이해하기 어려운 '존재하는 것은 지각되는 것'이라는 명제를 내놓은 것이었다.

존재하는 것은 지각되는 것

❖❖❖

버클리는 《인간 지식의 원리론》의 1부 2절 말미에서 "관념이 존재하는 것은 지각되고 있다는 것"이라고 말했다. 그 유명한 '존재하는 것은 지각되는 것(라틴어 : esse est percipi, 영어 : to be is to be perceived)'
이라는 명제다. 이 말은 여러 가지 뜻으로 해석될 수 있으므로 자칫 버
클리의 의도를 곡해할 수도 있다. 많은 사람들이 버클리의 말을 '사람
이 지각하지 못하는 사물은 존재하지도 않는 것'이라는 뜻으로 오해
하고 있다. 마치 '누군가가 벼랑 끝을 지각하지 못하기만 했다면, 그대
로 몸을 날려도 상관없다'는 듯이 말이다. 이것은 당연히 상식적인 이
치에도 어긋나는 것이다. 과연 버클리 같은 철학자가 그런 것도 의식
못했을까? 버클리가 진정으로 말하고 싶었던 것은, 어떤 사물이 존재
한다면 누구든 그 사물을 지각할 수 있고, 우리가 그 사물을 지각할 때
라야 그 사물이 존재한다는 것을 확증할 수 있다는 것이다. "내가 이
글을 쓰고 있는 책상이 존재한다고 말할 수 있는 것은 내가 눈으로 책
상을 보고 손으로 만질 수 있기 때문이다. 내가 서재에서 나간 뒤에도
그 책상이 존재한다고 말할 수 있는 것은, 내가 여전히 서재에 있다면
책상을 보고 만질 수 있기 때문에, 혹은 다른 정신이 지금 그 책상을
보고 있기 때문인 것이다." 예를 들어, 베이컨이 자신의 서재에 있는
의자를 본 뒤 서재에서 나갔다 해도, 그의 비서인 홉스가 여전히 그 의
자를 볼 수 있다면 베이컨의 시각이 방에서 떠났어도 의자는 사라지
지 않는다는 뜻이다. 그러나 베이컨이 의자의 존재를 지각할 수 있었
던 것은 어디까지나 베이컨 자신의 시각과 촉각에 의해서였다.

　사실 버클리의 이런 견해는 로크보다 훨씬 더 멀리 나아간 것이다.
'실체'라는 것에 대해 로크는 단언할 수 없다는 태도를 견지했지만,
버클리는 물질적 실체란 없고 지각된 존재만 있을 뿐이라고 말했다.
버클리는《인간 지식의 원리론》에서 "그렇다면 로크가 제기한 1차 성

질과 2차 성질의 구분은 없어져야 한다"라면서 길이, 높이, 부피 등의 성질은 순수하게 객관적인 것이 아니라고 말한다. 극히 미세한 작은 생물에게는 먼지 한 톨도 거대하게 보일 테니 말이다. 1차 성질이라는 것도 실은 인간 마음의 산물일 뿐 인간의 마음 바깥에 존재하는 독립적인 속성이 아니라는 뜻이었다. 그러므로 버클리가 보기에 1차 성질과 2차 성질이라는 구분은 맞지 않는 것이었다. 실은 모든 것이 2차 성질이기 때문이다. 물론 여기서 자아와 신이라는 개념은 예외다. 버클리는 "감각기관을 무시하는 인간은 어리석다. 감각기관이 없으면 인식할 수도 없고 사유할 수도 없다" "우리가 지각하는 것은 오직 우리의 감각"이라고 말했다. 버클리는 결코 외부 사물의 존재 자체를 부정하지 않았다. 그가 부정한 것은 '실체'의 존재였다. 그에게 사물이란 어디까지나 지각된 성질(=관념-옮긴이)의 집합일 뿐이었다.

버클리의 '맹점' : 신은 어떻게 지각되는가?

❖❖❖

《인간 지식의 원리론》 6장에서 버클리는 이렇게 말한다. "우주 안의 모든 물체는 인간의 마음 바깥에 있는 독립된 존재가 아니다. 그것들은 인간의 마음에 지각되고 인식됨으로써 존재하는 것이다. 나에게 지각되지 않으면 그것들은 나의 마음속이나 다른 피조물의 정신에도 존재하지 않는다. 그렇다면 그것들은 아예 존재하지 않거나, 아니면 영원한 정신의 마음속에 존재하는 것이다." 영원한 정신? 그게 뭘까. 그렇다, 바로 신이다! 버클리는 인간이 보고 있지 않을 때에도 사물이 사라지지 않고 지속적으로 존재하는 것은 신이 시시각각 모든 것을 보고 있기 때문이라고 생각했다. 앞에서 예로 든 의자처럼, 선생님이나 학생들의 시각이 의자에서 떠났더라도 교실의 의자가 사라지지 않은 것은 신이 계속 그 의자를 보고 있기 때문이다. 그래서 버클리는 신을 '영원한 정신'이라고 했던 것이다.

버클리는 또한 신만이 유일한 실체이며 인간의 모든 지각은 신으로부터 주어지는 것이라고 생각했다. 즉 신이 존재하기 때문에 인간은 지각할 수 있고, 지각은 인간이 만물을 체험할 수 있도록 신이 인도하는 등불인 것이다. 하지만 이런 버클리의 사유를 그대로 따라갔을 때 맞닥뜨리게 되는 문제가 하나 있다. 그렇다면 신은 지각될 수 있는가? 이 문제는 버클리의 맹점으로도 보인다. 신은 누구에게도 지각될 수 없다. 신은 관찰될 수 있는 물리적 대상이 아니기 때문이다. 그러나 성직자인 버클리는 신을 믿는 사람이었다. 버클리에게 과학 연구란 신의 작품을 연구하고 신의 원고를 읽는 일이었다. 그러므로 과학자의 일은 사실 신을 향하는 일이었다. 신이 모든 규칙을 만물에 부여했기 때문이다. 과학 연구의 본질 또한 여러 관념들 속에서 규칙성을 발견하는 일이었다.

버클리는 당시 자신과 서신을 주고받던 친구인 영국 작가 새뮤얼 존슨Samuel Johnson에게 자신의 반박 논리를 써서 보낸 적이 있다. 그러자 편지를 받은 새뮤얼 존슨은 돌을 발로 차면서 "반박이라면 이렇게 할 것이지!"라고 말했다고 한다. 돌을 발로 차면 발이 아플 테니, 되도 않는 반박을 하고 싶거든 그냥 이렇게 하면 되지 않냐는 조롱이었다. 그러나 이런 행위예술식의 반박은 버클리의 이론을 조금도 흔들지 못했다. 돌을 발로 차면 고통이야 느껴질 수 있지만, 그것이 곧 돌을 지각한 것은 아니라는 것이 버클리의 생각이었다. 돌을 발로 차서 지각할 수 있는 것은 돌의 단단함일 뿐이다. 그것만으로는 '실체'가 존재한다는 증명이 될 수 없다는 것이었다.

버클리가 해명해야 할 반박은 또 있었다. 착각은 왜 일어나는 것인가? 모든 존재하는 것이 단지 인간의 지각일 뿐이라면, 착각과 지각은 어떻게 구분할 수 있나? 물이 든 컵에 빨대를 넣으면 굴절로 인해 왜곡 현상이 발생한다. 하지만 실제로 빨대는 곧은 형태 그대로다. 이런 감각기관의 문제에 대해 버클리는 제대로 해명하지 못했다. 바꾸어 말하면, 인간의 마음이 다양한 감각을 어떻게 종합하는지에 대해 체계적으로 설명하지 못했다고 할 수 있다.

프랑스의 철학자 드니 디드로Denis Diderot는 버클리를 '미친 피아노'로 비유하며, "지각할 수 있는 어떤 피아노가 미친 나머지, 자신만이 세상에 존재하는 유일한 피아노이며 우주의 모든 조화가 자신에게 일어난다고 믿고 있다"라고 말했다. 심지어 그는 "물체의 존재 자체를 반대한다는 것은 도저히 참고 이겨낼 수 없는 고난"이라며, "황당무계한 논리일수록 가장 반박하기 어렵다. 이런 식의 사고는 인간의 마음과 철학에 대한 수치"라고 말했다.

더 읽으면 좋은 책

1   《인간 지식의 원리론》조지 버클리, 계명대학교출판부, 2010
2   《하일라스와 필로누스가 나눈 세 편의 대화》조지 버클리, 숭실대학교출판부, 2017
3   《새로운 시각 이론에 관한 시론》조지 버클리, 아카넷, 2009

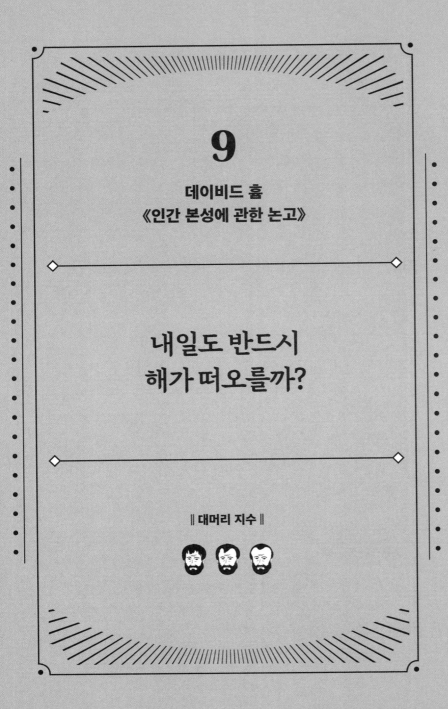

9

데이비드 흄
《인간 본성에 관한 논고》

내일도 반드시
해가 떠오를까?

‖ 대머리 지수 ‖

데이비드 흄

David Hume, 1711~1776

인간의 마음은 다양한 지각이 끊임없이 출현하는 무대다.

— 데이비드 흄, 《인간 본성에 관한 논고》

들어가며

최근 몇 년 사이 우리는 '블랙 스완Black Swan'이라는 말을 부쩍 자주 듣게 되었다. 이 말은 주로 정치나 경제 영역에서, 절대 일어날 것 같지 않아 예상할 수도 없었지만 일단 일어나면 엄청난 충격과 파급 효과를 가져오는 일을 가리킨다. 이런 '블랙 스완'은 인식론에서도 매우 중요한 문제다. 대항해 시대(Age of Discovery, 15~17세기 중반) 이전까지 유럽인들이 유럽, 아시아, 아프리카 대륙을 통틀어 한 마리, 두 마리… N마리의 백조를 볼 때까지 백조는 모두 흰색이었다. 그래서 '모든 백조는 하얗다'는 결론을 얻었다. 그런데 어느 날, 호주에 도착한 유럽인이 처음으로 검은 백조를 보게 되었다. 이에 유럽인의 백조에 대한 인식은 완전히 뒤집어졌다. 귀납법은 믿을 수 없으며, 특칭 혹은 단칭 명제(한 마리 혹은 일부 백조는 하얗다)에서 전칭 명제(모든 백조는 하얗다)에 이르기까지, 백조와 색깔 사이의 연결은 필연적이지 않다는 뜻이었기 때문이다. 이것은 이 세상에 현존하는 모든 백조를 보았다 해도 미래에 나타날 백조까지 모두 하얗다고 보증할 수는 없다는 뜻이기도 했다. 그렇다면 마찬가지로, 인류의 선조에게 기억이 있던 시절부터 지금까지 매일 해가 동쪽에서 떠오르는 것을 보았다 해도, 내일도 해가 동쪽에서 떠오르는 것을 보증할 수는 없다는 뜻일까? 이런 문제를 철학에서는 회의론이라 한다.

왜 회의하는가 : 지식은 어디에서 오는가?

◆◆◆

철학자들은 왜 자꾸 상식에 의문을 제기하는 걸까? 사람들을 피곤하게 만들기 위해? 철학자들의 존재에는 크게 두 가지 의의가 있다. 하나는 사람들의 의혹과 혼란을 풀어주어 머릿속을 환하게 만들어주는 것이고, 다른 하나는 낡은 관습과 편견을 전복시켜 사람들로 하여금 스스로 사고하도록 자극하는 역할이다. 데이비드 흄은 후자였다. 그는 26세에 쓴《인간 본성에 관한 논고》(1736)에서 체계적으로 블랙스완식 회의懷疑론을 전개하면서 인간 지식의 근원을 파고든다. 독일의 철학자 칸트는 "흄의 저서를 읽고 비로소 독단의 잠에서 깨어났다"라고 말했을 정도다.

흄은 서양 철학사에서 경험주의자에 속한다. 그는 로크, 버클리와 마찬가지로 인간의 모든 지식은 경험에서 유래한다고 생각했다. 그는 인간의 지식을 두 종류로 나누었는데, 훗날 사람들은 이렇게 두 종류로 나누어 진술하는 방식을 '흄의 포크Hume's Fork'라고 불렀다. 흄은 인간의 지식을 '관념들 사이의 관계relation of ideas'와 '사실matters of fact'

로 나누었다. '관념들 사이의 관계'란 직관성과 논리적 필연성을 갖춘 지식, 즉 직관, 수학, 논리적 연역 등의 지식을 가리킨다. 진위 판단은 인간의 경험에 의지할 필요 없는 선험적a priori 지식이다. 그러나 '사실'은 눈 감은 채 생각만 해서는 알 수 없고, 반드시 경험에 의지해야만 판단할 수 있다. 이런 지식은 참일 수 있지만 거짓일 수도 있어서, 경험을 통해 검증해야만 참인지 거짓인지 확정할 수 있다. 예를 들어, 외투의 주머니 안에 차표가 있는지 없는지 알기 위해서는 손으로 주머니 안을 뒤져보거나 주머니를 뒤집어서 눈으로 확인해봐야 한다.

인과는 마음의 습관

❖❖❖

그런데 흄의 지식 분류 방법에는 한 가지 문제가 존재했다. 사람들이 굳게 믿고 있는 인과율(예: 태양은 매일 아침 동쪽에서 떠오른다)은 대체 어떤 지식에 속하는 걸까? 선험적인 관념들 사이의 관계인가? 이를테면, '만물의 생장은 태양에 의지하고 있다'라는 판단은 1+1=2처럼 인간의 지각 경험과는 독립된 추론으로 얻어진 지식이 아니다. 이에 흄이 얻은 결론은, 인과율은 '사실'에 관한 지식이라는 것이었다.

일상에서 흔히 볼 수 있는 예로, 당구를 칠 때 한 공이 다른 공에 부딪히면 부딪힌 공의 위치가 바뀌고, 핀으로 풍선을 찌르면 풍선이 터지는 모습 등 같은 행동을 할 때마다 같은 결과가 나온다. 그러면 우리는 보통 앞의 행동이 원인이고 뒤의 사건이 결과이며, 둘 사이에는 필연적 인과관계가 있다고 생각한다. 그러나 흄은 이런 결론을 거부했다. 그는 만물 사이에는 오직 상시적 연접constant conjunction이 존재할 뿐 인과적 관계는 없다고 보았다. 그런데 인과관계를 '사실에 관한 지식'이라는 범주에 넣으면, 선험적 지식과 마찬가지로 인간의 경험으로부터 독립된 필연성을 갖게 된다. 이 말은 곧 '사실에 관한 지식'인 인과관계도 거짓으로 증명될 수 있다는 뜻이 된다. 그러나 흄은 그렇게 반복적으로 일어나고 있는 일이 마침내 또다시 반복되리라는 것을 증명할 만한 충분한 증거를 사람들은 가지고 있지 않다고 생각했다. "우리가 경험해본 적 없는 사례가 우리가 경험해본 적 있는 어떤 사례와 비슷하다면, 자연히 그 진행 과정도 동일하게 반복될 것"이라고 가정할 수 있지만, 이를 증명할 방법은 없다. 이 가정에 동원된 두 가지 특성을 '불변성constancy'과 '정합성coherence'이라 한다.

앞서 나온 당구의 예—당구는 흄이 즐겨 드는 예였다—에서, 만약 당신이 십 년간 당구를 쳐봤는데 단 한 번의 예외도 없이 앞에 친 공이 그 공에 맞은 공을 움직이게 했다 하더라도 흄은 그러한 사실에는 아무런 인과관계가 없다고 말할 것이다. 흄의 정의에 따르면, 당신에게 익숙한 것은 단지 공이 움직이고 있다는 인상뿐이다. 당구공이 당신이 친 공에 맞고도 움직이지 않을 가능성이 정말 만에 하나도 없을까? 사람들은 매일 아침 해가 떠오른다고 믿고 있지만, 그것은 단지 인류가 먼 옛날부터 해가 떠오르는 것을 매일 봐왔기 때문일 뿐이다. 흄은 이렇게 무한히 반복되는 사건은 사람들의 마음에 일종의 '습관'을 만들어낸다고 생각했다. 그러나 이것은 일종의 습관일 뿐 아무것도 보증하지 않는다. 이것이 흄의 회의론이다.

자아는 지각의 다발

❖❖❖

《인간 본성에 관한 논고》에서 흄은 이렇게 말한다. "일부 철학자들은 우리가 시시각각 우리의 자아를 분명히 의식하고 있다고 말한다. … 그러나 내가 소위 나의 자아를 경험할 때 마주하는 것은 차가움이나 뜨거움, 밝음이나 어두움, 사랑이나 미움, 고통이나 쾌락 같은 특수한 지각들이다. 나는 지각 없이는 한시도 자아를 붙잡을 수 없고, 다른 어떤 사물도 관찰할 수 없다. 관찰할 수 있는 것은 오로지 지각뿐이다." 흄은 회의의 방법을 끝으로 밀고 나간 끝에 '나'라는 존재까지도 회의한 것이다.

데카르트 이래 '나'는 의심의 여지가 없는 출발점으로 여긴다. 인식 주체로서의 '나'는 근대 철학의 초석이었다. 그러나 흄은 "'나'가 '나'에 대해 반성할 때, 나에 대한 지각의 다발을 지각하는 것 이외에 다른 것은 없다"라고 말한다. 그렇다면 어째서 실체로서의 '나'를 남겨 두어야 하는가? 그래서 흄은 이렇게 말한다. "마음은 일종의 무대다. 온갖 다양한 지각이 끊임없이 출현한다 … 끊임없이 출현하는 그 지각들이 마음을 구성하는 것이다." 소위 '나'란 끊임없이 출현하는 일련의 지각일 뿐이다.

이성은 정념의 노예

❖❖❖

《인간 본성에 관한 논고》에 나오는 유명한 말이 있다. "이성은 정념의 노예일 뿐이다. 이성은 정념에게 봉사하고 복종하는 것 외에 다른 어떤 직무도 탐낼 수 없다." 여기서 'passion'은 일반적으로 감정, 특히 격정이나 정념 등으로 번역되지만, 흄의 철학에서는 그 이상의 의미를 담고 있다. 'passion'은 욕망, 애정, 미움, 공포 등 인간의 온갖 정서를 함축하는 말이다.

'이성'은 18세기를 대표하는 키워드다. 그러나 흄은 이성에 대해 신중한 태도를 취했다. 그는 인간의 정념과 이성 가운데 정념이 우위를 차지하고 있다고 생각했다. 사람들은 대부분 자신의 감정에 따라 판단을 내리고 선택한다. 소수의 사람만이 이성을 동원하며 사고할 뿐이다. 설령 이성적으로 사고한다 해도 그것은 감정으로 내린 결론을 보조하는 경우가 대부분이다. 자본주의 시대인 지금은 더더욱 그러하지 않은가. 매년 연말 블랙 프라이데이가 되면, TV에서 평소 좋아하는 연예인이 나오는 멋진 광고를 보면, 우리는 충동적으로 그 물건을 너무나 사고 싶어 한다. 나아가 그 물건을 꼭 사야만 하는 '합리적'인 이유를 '논리적'으로 찾아내려고 노력한다. 이렇듯 우리의 행동을 추동하는 것은 대개 욕망이다.

반면 18세기는 이성을 숭배하던 시대였다. 그런데 모든 철학자들이 이성의 능력을 높이 평가했을까? 흄이 보기에 이성은 격렬하지만 않을 뿐 온화한 격정에 지나지 않았다. 심지어 그는 이렇게까지 극단적으로 말하기도 한다. "나는 온 세상을 불태울지언정 내 손가락이 베이긴 싫다. 이것은 이성과 충돌하지 않는다." 이 말은 곧, 내가 세상을 불태우려는 걸 막는 힘이든, 내 손가락을 다치지 않게 보호하는 힘이든, 둘 다 이성이 아닌 정념이라는 뜻이기도 하다. 세상이 불타 없어지는 것도, 내 손가락이 다치는 것도, 내 마음에 증오와 불쾌의 감정을 불러일으키기는 마찬가지니까.

흄은 《인간 본성에 관한 논고》 3권에서 도덕의 문제를 논한다. 그는 소위 도덕적 이성주의에 반대했다. 그의 이런 입장은 후에 도덕적 감정주의 혹은 도덕적 주관주의로 불리게 된다. 흄은 도덕적 판단은 이성을 통해서만 이루어질 수 없으며 주관적 감정의 영향을 많이 받을 수밖에 없다고 생각했다. 도덕은 사변의 학문이 아닌 실천의 학문에 속하므로, 도덕은 이성의 대상이 아니라는 것이었다. 흄은 "이성은 우리의 감정과 행동에 아무런 영향도 미치지 않는다. 이성을 통한 추론으로 도덕을 발견한다는 것은 완벽히 헛수고다. … 이성은 전적으로 무력inert해서 어떤 행위나 감정도 만들어내거나 방해할 수 없다"라고 말했다. 이성의 역할은 참/거짓을 발견하는 것이지만, 우리의 감정과 의지는 참/거짓과 아무 관련이 없고, 다만 사실 문제에 부합하거나 부합하지 않을 수 있을 뿐이다. 어떤 사람이 다른 사람에게 구타당하는 모습을 내가 보게 되었다고 가정해보자. 이때 우리는 단지 어떤 사람이 다른 사람에게 구타당한 사실이 발생했다거나 발생하지 않았다는 것에 대해서만 판단할 수 있을 뿐, 그 사람이 맞을 만했다거나 상대가 때릴 수밖에 없었다는 등의 판단은 또 다른 문제라는 것이 흄의 생각이었다. 즉 단순 '사실'로부터 '당위'를 끌어낼 수는 없다는 것이다. 전자는 사실 판단이고, 후자는 가치 판단이기 때문이다. 이것이 그 유명한 '흄의 법칙'이다.

따라서 흄은 선과 악은 인간의 주관적인 느낌이라고 생각했다. "누군가가 어떤 행위나 품성이 악하다고 말할 때 그 말은 그 사람의 본성

구조에서 나오는 것이다. 그가 대상에 대해 숙고하는 가운데 비난하는 마음이 들었기 때문이다. 그러므로 소리나 색깔, 온도와 비교했을 때 선악은 객체의 속성을 지닌 것이 아니라 머릿속에 드는 느낌이다." 즉 도덕적 판단을 내리게 하는 것은 이성이 아니라 '도덕감'이라는 것이다. 도덕감은 인간으로 하여금 유쾌하게 느껴지는 일을 하게 만들고, 고통스럽게 느껴지는 일을 피하게 만든다. 흄은 도덕적 문제에서 인간의 내면에 유쾌함이나 고통을 불러일으키는 것은 동정심, 즉 공감하는 능력이라고 말했다. 그런데 이런 해석에서 한 가지 드는 의문이 있다. 우리가 거리에서 만난 노인을 부축하며 길을 건너는 동기가 남을 도움으로써 내가 즐거움을 얻고 싶어서라면, 그것은 순수하게 이기적인 행동이 아닌가? 그러나 흄은 이런 가설을 부인한다. 우리가 도덕에 동조하는 감정이 드는 것은 이기적인 마음이 아니라 판단력이나 신중함, 진취성, 성실, 검약, 지혜, 통찰력과 같은 인간의 덕성이라고 생각했다. 인간은 즐거움이나 만족감을 얻기 위해 도덕적 행동을 하는 것이 아니라, 인간 자신에게 그러한 덕성이 있기 때문에 도덕적 행동을 했을 때 즐거움과 만족감이 드는 것이다.

더 읽으면 좋은 책

1   《데이비드 흄 : 인간 본성에 관한 논고》 이준호, 살림, 2005
2   《도덕에 관하여 : 인간 본성에 관한 논고 3》 데이비드 흄, 서광사, 2008
3   《인간의 이해력에 관한 탐구》 데이비드 흄, 지식을만드는지식, 2012
4   《흄의 「자연종교에 관한 대화」 입문》 앤드류 파일, 서광사, 2022

10

이마누엘 칸트
《순수이성비판》

객관성은 어떻게
'나'에게서 비롯되는가?

‖ 대머리 지수 ‖

이마누엘 칸트

Immanuel Kant, 1724~1804

1782년, 《고타Gotha 학술보》에서는 … 이 책은 … "인류의 고귀하고 섬세한 이성의 전범"이라고 평하면서도, "대다수 사람들이 이해하기 어려운 내용일 것"이라고 말했다.

— 만프레드 쿠언Manfred Kuehn, 《칸트Kant : A Biography》

들어가며

우리는 종종 "색안경을 낀 채 세상을 본다"라고 말한다. 색이 들어가 있는 안경으로 세상을 본다는 것은 주관적이라는 의미다. 그러므로 이 말에는 색안경을 벗고 있는 그대로의 객관적인 세상을 봐야 한다는 암시가 깔려 있다. 그러나 우리는 자신의 눈으로 세상을 볼 수밖에 없다. 그렇지 않은가? 본다는 행위 자체가 각자의 몸에 있는 눈, 즉 육안의 작용이기 때문이다. 그렇다면, 차라리 모든 인류가 공통으로 공유하는 색안경이 있다고 해야 하지 않을까? 우리가 인간인 이상 벗을 수 없는 종류의 색안경 말이다. 이런 물음에 대해 독일의 철학자 칸트는 세기의 명작 《순수이성비판》에서 놀라운 대답을 내놓는다.

집돌이 성향이 강했던 칸트는 80세까지 사는 동안 쾨니히스베르크를 벗어난 적이 거의 없었고, 평생 결혼하지 않았다. 그의 생활 방식은 시계처럼 정확했다고 알려져 있다. 매일 새벽 4시 55분이면 하인들이 돌돌 말린 이불 속에서 자고 있는 그를 깨웠고, 그렇게 일어난 뒤에는 담배를 피우고 차를 마신 뒤 하루 일과를 시작했다. 아침 7시부터 9시까지는 강의를 하고, 12시 45분이 되면 점심을 먹었다. 친구들과 함께 먹는 이 점심이 하루 중 유일한 정찬이었고, 점심시간에 친구들과 나누는 대화가 곧 그의 사교 활동이었다. 함께 밥을 먹는 친구의 수는 대체로 3명 이하였고, 아무리 많아도 9명을 넘지 않았다. 심지어 이 대화조차도 자유로운 수다라기보다 정규 학술회의에 가까웠다. 대화는 최근 있었던 일에 대한 이야기로 시작해서 그 일에 대한 반성적 토론이 이어진 뒤에야 끝났다. 오후 4시 반이 되면 쾨니히스베르크 거리를 여덟 번 돌며 산책을 했는데, 이때 집 안에 있던 주민들은 산책하는 그를 보며 시계의 시간을 다시 맞추었다고 한다. 한 번은 칸트가 루소의 《에밀》을 읽다가 푹 빠져 산책 시간을 놓쳤는데, 주민들은 칸트가 시간을 어겼을 리 없으므로 교회의 종탑 시계가 고장났다고 생각할 정도였다. 칸트는 밤 10시가 되면 바로 침상에 누워 몸을 이불로 돌돌 감싼 뒤 키케로의 이름을 반복적으로 되뇌었다. 이렇게 하면 쉽게 잠이 들 수 있었다고 한다.

선험적 종합판단이란

❖❖❖

칸트가 살던 시대에는 대륙의 합리론과 영국의 경험론이라는 양대 철학 전통이 있었다. 라이프니츠로 대표되는 합리론은 수학의 형식 위에 세워진 철학으로, 관념 간의 확정적, 필연적 상호 관계를 강조한다. 합리론자들에게는 수학처럼 명석판명한 선험적 지식이 만능 묘약이었다. 칸트가 받았던 대학 교육도 이런 전통에 속해 있었다. 또 다른 전통은 로크, 버클리, 흄으로 대표되는 영국의 경험론이었다. 경험론에서 중시하는 것은 사물의 실제 정황, 사물들 사이의 혹은 관념들 사이의 관계다. 경험론자들도 선험적 지식의 중요성을 부정하지는 않았지만, 새로운 지식은 반드시 경험을 통해 얻어진다는 것을 강조했다. 두 진영의 대립을 비유적으로 묘사하자면, 경험론자들이 세상에 대한 모든 지식을 외부 세계에서 구하려 드는 거지 무리 같았다면 합리론자들은 "뭘 그리 외부에서 구하나? 우리에게는 날 때부터 지닌 '선험적 지식'이라는 황금 열쇠가 있는데!"라고 자부하는 귀족 집안 자제들 같았다.

칸트가 자처한 임무는 이런 두 진영의 사상을 조화시키는 것이었다. "경험 없는 사고는 텅 비었고, 사고 없는 경험은 눈멀었다"라는 것이 칸트의 진단이었다. 칸트 연구자인 윌리엄 월시William Henry Walsh는 "과학의 권위를 견지한 채 도덕의 자치를 수호한" 것이 칸트 철학의 의도였다고 말한다. 또, 칸트 자신의 말을 인용하면서 "이성을 제한함으로써 신앙에 자리를 내어주었다"라고 말한다. 이 말은 무슨 뜻일까? 이 말을 이해하기 위해서는 칸트의 3대 비판을 총체적으로 들여다볼 필요가 있다. 칸트는 《순수이성비판》의 서두에서 '철학에서 가장 중요한 세 가지 물음'을 제시한다. '나는 무엇을 알 수 있는가, 나는 무엇을 해야 하는가, 나는 무엇을 희망해도 되는가.' 칸트의 3대 비판은 각각 이 세 가지 물음에 답하기 위한 것이다. 그리고 이 모든 것은 네 번째 물음인 '인간이란 무엇인가'에 답하기 위한 준비이기도 하다. 칸트의 '비판'은 인간의 이성적 능력에 대해 명확히 인식하고, 이성이 무엇을 다룰 수 있으며 다룰 수 없는지를 분명히 함으로써 인간이 다룰 수 있는 것이 무엇인지 분명히 말하고, 다룰 수 없는 것에 대해서는 섣불리 망동해서는 안 된다는 것을 분명히 했다.

《순수이성비판》이 해결하고자 한 물음은 '선험적 종합판단'이 어떻게 가능한가였다. 바꾸어 말하면, 과학적 지식은 어떻게 가능한가라고도 할 수 있다. 칸트는 판단을 선험적 판단과 후천적 판단으로 구분한다. 이것은 근대 철학에서 지식을 구분할 때 자주 사용하는 방식이다. 1+1=2라는 것이 선험적 판단이라면, 후천적 판단은 경험적 명제, 즉 '사과는 빨갛다' 같은 것이다. 여기서 칸트는 또다시 중요한 구분을 한다. 분석판단과 종합판단이 그것이다.

분석판단이란 무엇인가? 칸트의 말에 따르면, 주어 안에 술어의 개념이 포함된 것이다. 예를 들면, '물체란 부피가 있는 것'이다. 우리는 부피가 없고 연장 속성이 없는 물체는 상상할 수 없기 때문이다. '인간의 생명은 유한하다'는 것도 마찬가지다. 영원히 죽지도 늙지도 않는 사람은 없기 때문이다. 이렇듯 분석판단이 참인 이유는 주어(물체/사람)와 술어(부피가 있다, 유한하다) 사이에 논리적 관계가 존재하기 때문이다. 분석판단을 부정한다는 것은 논리적 모순에 빠져듦을 의미한다. 논리적 모순의 전형적인 예는 '둥근 것은 각져 있다'와 같은 말이다. 반대로 말하면, 종합판단에서는 주어와 술어 사이에 논리적 관계가 존재하지 않으며, 술어의 내용이 주어에 포함되지 않는다는 뜻이기도 하다. 우리는 오직 경험을 통해서만 '사과가 빨갛다'거나 '지구의 자전 주기는 24시간'이라는 것을 알 수 있다. 그러므로 칸트는 모든 경험적 판단은 일종의 종합판단이라고 말했다.

분석판단에는 논리적 필연성이 존재한다. 그래서 칸트는 분석판단을 다시 선험적 분석판단, 후천적 종합판단, 선험적 종합판단으로 나누었다. 이 가운데 칸트가 중요하게 다룬 것은 '선험적 종합판단'이었다. 문제는 이렇게 경험에 기반한 판단이 선험적이라는 것을 어떻게 설명할 것인가였다. 선험적이라는 것 자체가 경험으로부터 독립적이라는 뜻 아닌가? 칸트는 수학, 물리학, 윤리학, 형이상학을 예로 들며, 이러한 것들은 모두 선험적이면서도 종합적인 판단이라고 했다. 예를 들어, '5+7=12'라는 것은 분명 선험적 종합판단이다. 우리는 단순히 5와 7을 분석하는 것만으로는 둘의 합이 12라는 결론을 얻을 수 없다. '두 점 사이의 최단 거리는 직선뿐'이라는 기하학 명제 또한 직관을 통해 얻은 공리이므로 선험적 종합판단이다.

칸트는 《순수이성비판》에서 선험적 종합판단을 다시 순수수학적인, 자연과학적인, 형이상학적인 것으로 나누었다. 모든 물리학은 선험적 종합판단이다. 심지어 형이상학에도 선험적 종합판단이 존재한다. '인간은 자유롭게 선택할 수 있다'는 명제가 그 예다. 만약 이 명제가 성립하지 않으면, 인간의 자유의지는 견고하게 보증될 수 없다.

코페르니쿠스적 혁명 :
객관성은 '나'에게서 비롯된다

❖❖❖

칸트는 선험적 종합판단이 광범위하게 존재한다고 말했다. 그렇다면 우리는 이렇게 물을 수 있다. 선험적 종합판단은 어떻게 가능한가? 선험적 종합판단은 인간의 마음과 대상 사이의 관계와 관련된 것이다. 이 관계에 대해 칸트는 혁명적 해석을 내놓는다. 앞서 흄의 이론에서는, 우리가 실제로 경험한 사물의 관념만이 유효한 것이었다. 우리는 관찰을 통해 태양이 둥글다는 것을 안다. 그러나 인과율에 대한 흄의 회의는 경험적 지식의 항상성과 필연성을 부정했고, 이는 과학 지식조차 믿을 수 없게 만드는 재난적인 결과로 이어졌다. 그러나 과연 그러한가? 뉴턴이 세운 고전물리학은 흄의 회의에 대한 가장 좋은 반례反例다. 인간의 마음이 정말 흄이 생각한 대로와 같다면, 인간의 마음은 그저 수동적으로 정보를 받아들여 특정 대상에 대해서 각각의 독립적인, 아무런 연관성 없는 인식만 얻게 된다. 하지만 정말로 이렇다면, 보편적인 과학 이론도 성립될 수가 없다. 그래서 칸트는 인간의 '마음과 대상'의 관계를 다룬 흄의 방식에 문제가 있다고 생각했다.

칸트는 '우리의 인식이 대상에 그대로 부합하는' 것이 아니라, 그와 반대로 '대상이 우리의 인식에 부합하는 것'이라고 가정했다. 우리는 보통 외부의 사물을 인식할 때 그 사물이 시간과 공간에 놓여 있다고 전제한다. 그런데 시간과 공간은 감각기관의 경험하는 재료가 아니며, 다른 어떤 대상의 속성도 아니다. 시간과 공간은 우리에게는 인식의 범주다. 모든 인간은 시간과 공간을 벗어나 세상을 볼 수 없다. 이러한 시간과 공간을 칸트는 '감성적 직관의 형식'이라고 불렀다. 그밖에도 칸트는 아리스토텔레스의 논리학을 기초로 판단의 범주를 총 12개로 분류했다. 분량, 성질, 관계, 양상 안에 각각 세 종류씩 판단 형식이 포함돼 있다. 이러한 범주는 인간의 마음 안에 있는 인식 틀 혹은 인식 능력이라 할 수 있다. 우리는 이러한 틀을 바탕으로 사물의 수량과 사물들 사이의 관계를 인식하며, 무엇은 가능하고 무엇은 불가능하다는 등의 판단을 내린다. 인과관계도 12개의 범주 가운데 하나다.

칸트가 제시한 이성적 사유의 도구는 사람이 날 때부터 갖추고 있는 색안경과 같다. 우리는 모두 필연적으로 이 색안경을 통해 세상을 인식한다. 인간의 마음은 자기 자신이 대상을 인식하는 방식대로 대상을 인식한다. 모든 인간이 그렇기 때문에 우리의 경험적 판단은 보편적이다. 그러므로 객관성은 외부 세계에서 비롯되는 것이 아니라, 자신의 내부로부터, 자기 자신이라는 인식의 주체에서 비롯된다. 인간의 마음과 인식 대상을 새로운 각도에서 바라본 칸트의 방식은 '코페르니쿠스적 혁명'으로도 일컬어진다. 태양이 지구를 돌고 있는 것이 아니라 지구가 태양 주위를 돈다고 제시한 것처럼, 인간의 마음도 대상을 있는 그대로 인식하는 것이 아니라 대상이 마음의 작용을 거친 결과가 곧 인식이라는 구조를 제시한 것이다.

인식할 수 없는 물자체

❖❖❖

대상이 인간의 마음에 다가와 작용한 것이란, 우리가 인식한 것은 대상 그 자체가 아니라 마음의 작용을 거친 대상임을 의미한다. 우리는 항상 모종의 색안경을 걸친 채 세상을 보고 있는 것이다. 그렇다면 세상의 실제 색상은 어떤 색깔일까? 이 물음에 대해 칸트는 고개를 내젓는다.

칸트는 세계를 현상과 물자체(독일어 : das Ding an sich, 영어 : thing-in-itself)로 구분한다. 우리가 인식하는 것은 어디까지나 현상일 뿐이며, 물자체는 영원히 알 수 없다. 물자체는 초험적超驗的(경험의 한계를 넘어서 있다는 의미-옮긴이) 영역에 속해 있는 것으로, 시간과 공간 그리고 지성의 범주로는 다룰 수 없는 대상이다. 우리는 경험을 통해서만 세계를 인식할 수 있다. 이는 어디까지나 현상 영역에 국한된 일로 물자체에는 다다를 수 없다.

칸트는 어째서 현상과 물자체를 구분했을까? 이는 인간의 인식에 경계를 그은 대단히 중요한 구분이다. 인간의 지성은 경험을 통해 현상을 인식할 수 있을 뿐이다. 그러므로 만약 인간이 범주를 통해 감

성 세계 이외의 대상—예를 들면, 신—을 인식하려고 하면 문제가
생긴다.

칸트의 위대함은 그의 비판성에 있다. 여기서 비판이란, 근거를 찾
은 뒤에 경계를 그음을 의미한다. 칸트는 과거에, 심지어 앞으로도 많
은 사람이 실상 아무 의미 없는 쓸데없는 말을 하고 있다고 생각했다.
그렇게 쓸데없는 말을 하는 이유는 그 사람이 단지 말이 많아서가 아
니라, 인간의 이성이 유효한 범주를 벗어나 있는 것까지 말하려고 하
기 때문이다. 1804년에 죽은 칸트의 묘비에는 이렇게 써 있다. "생각
하면 생각할수록 나를 놀라움과 경건함으로 채우는 두 가지가 있다.
하나는 밤하늘에 반짝이는 별, 다른 하나는 내 마음속의 도덕률이다."

[더 읽으면 좋은 책]

1 《순수이성비판》 이마누엘 칸트, 박영사, 2019
2 《학문으로 등장할 수 있는 미래의 모든 형이상학을 위한 서설/자연과학의 형이상학
     적 기초원리》 이마누엘 칸트, 한길사, 2018
3 《실천이성비판》 이마누엘 칸트, 아카넷, 2019

11

게오르크 헤겔
《정신현상학》

실재하는 모든 것은
합리적인가?

‖ 대머리 지수 ‖

게오르크 헤겔

Georg Wilhelm Friedrich Hegel, 1770~1831

헤겔의 《정신현상학》은 의식의 여러 형태를 추적하고 각 형태를 내면에서 있는 그대로 바라보며 제한적인 형태의 의식이 어떻게 해서 적절한 형태의 의식으로 필연적으로 발전했는지 밝혀낸다. 헤겔 자신은 이 기획을 일컬어 "지知의 현상화하는 모습을 논했다"라고 표현했다.

— 피터 싱어, 《헤겔》

들어가며

"실재하는 모든 것은 합리적이다"라는 철학 명제는 독일의 고전 철학자 헤겔의 말이다. 그런데 중국에서는 사람들이 이 말을 인용할 때 '이미 존재하는 것이기만 하면 모두 옳고 정당하므로 어느 정도 불합리하게 느껴지더라도 받아들여야 한다'는 식으로 변질돼 쓰인다. 그러나 이런 오용은 헤겔 철학에 대한 거대한 오해이자 헤겔에 대한 모욕이다.

이 명제는 1820년에 출간된 《법철학》에서 제시된 것이다. "모든 합리적인 것은 실재하는 것이고, 실재하는 모든 것은 합리적이다.(독일어 : Was vernünftig ist, das ist wirklich ; und was wirklich ist, das ist vernünftig. 영어 : What is rational is actual and what is actual is rational.)" 여기서 '실재하는' 것이란 통상적인 의미의 '그냥 존재하는' 것이 아니라 정신의 외화로 자기 자신을 확립하고 실현해가는 '과정'을 의미한다. '합리合理, rational' 또한 어디까지나 '이성理에 부합合한다'는 뜻일 뿐, 도덕적 정당성이나 옳음을 의미하지는 않는다. 즉 헤겔의 명제는 '사유와 존재의 동일성'을 강조하는 말인 것이다. 헤겔은 역사의 진행 과정은 이성의 자기 전개인 변증법적 운동이며, 그 구체적인 표현은 자유에 대한 추구라고 말했다. 즉 헤겔은 절대정신의 발전 과정에 대해 설명한 것이지, 어느 구체적인 개인의 행위에 대해 말한 것이 아니다. 그런데 대다수 중국인들이 헤겔의

명제를 오해하는 이유는 글만 보고 대충 뜻을 짐작해서이거나, 헤겔 철학 체계의 출발

점을 근본적으로 이해하고 있지 못해서다. 이 출발점이 바로 《정신현상학》이다.

정반합 : 끊임없이 운동하는 '체계'

✦ ✦ ✦

헤겔이 1805년부터 쓰기 시작한 《정신현상학》은 1806년 10월 13일 예나-아우어슈테트 전투(1806년 10월 14일에 독일 튀링겐주의 예나, 아우어슈테트 일대에서 나폴레옹 1세의 프랑스군이 프로이센군을 격파한 전투-옮긴이)의 전야에 완성되었다. 마르크스는 "헤겔의 체계를 보려거든 《정신현상학》을 봐야 한다. 《정신현상학》은 헤겔 철학의 진정한 탄생지요, 비밀"이라고 말했다. 이는 매우 정확한 평가다. 헤겔은 모든 것을 망라하는 철학 체계를 확립하는 데 필생의 노력을 쏟아부었다. 헤겔의 저작으로는 《정신현상학》 외에도 《논리학》 《철학적 학문의 백과전서 강요》 《법철학》 등이 있다. 《역사철학강의》 《미학 강의》 《종교철학》 등은 헤겔의 강의를 기반으로 강의 원고와 학생들의 노트 등을 후대에 정리해 출간된 책이다.

헤겔의 철학에서 인류의 사유는 낮은 단계에서 높은 단계로 발전하는 과정으로 여겨진다. 그런데 헤겔의 《철학적 학문의 백과전서 강요》(《철학 강요》라고도 한다-옮긴이)는 논리학, 자연철학, 정신철학 등

3부로 이루어져 있다. 그중 1부인 '논리학'에서는 존재와 본질, 개념 등에 대해 다룬다. 헤겔의 논리학을 형식 논리(사유의 내용이 아닌, 올바른 논증의 형식적 구조와 형식적 원리를 연구하는 학문-옮긴이)로 이해하면 안 된다. 이 책에서 헤겔은 논리학과 형이상학은 일치한다고 주장했다. 헤겔 철학의 핵심 관점은 사유와 존재는 동일하며, 주관과 객관은 이념 안에서 통일되기 때문이다.

2부인 '자연철학'에서는 역학, 물리, 유기학의 문제를 다룬다. 과학자들의 일을 대신하려는 것은 아니고, 이 글에서는 다만 이념과 자연의 변증법적 관계에 대해 논한다. 헤겔은 자연은 독립적 의지가 없고, 정신이 발전하는 과정 중의 한 단계일 뿐이라고 보았다. 그에 반해 정신은 자유이며, 자연의 제약에서 벗어나 자기 자신으로 새롭게 귀환하고자 한다.

그리하여 필연적으로 세 번째 단계인 '정신철학'으로 진입한다. 이 단계는 다시 주관정신, 객관정신, 절대정신이라는 세 단계로 나뉜다. 객관세계는 주관정신이 자기의 바깥으로 외화된 것으로, 물질적 자연이 아니라 법률, 도덕, 국가와 같은 정신과 문화의 세계다. 이 정신은 다시금 자기소외를 지양하고 새로운 자기 자신으로 귀환하는데, 이것이 바로 예술, 종교, 철학과 같은 절대정신이다.

아마도 헤겔은 3이라는 숫자를 가장 좋아했을 것이다. 그의 변증법도 정립, 반정립, 종합이라는 세 단계로 이루어져 있다. '정반합'을 아주 쉽게 이해하기 위해 지극히 일상적인 장면을 예로 들어보자. 엄마가 아들에게 "계란 노른자도 먹어야지"라고 말한다. 아들은 "저는 노른자 싫어요. 흰자만 먹을래요"라고 말한다. 이렇게 엄마와 아들의 입장이 팽팽히 맞서는 가운데 밥이 좀처럼 줄어들 기미를 보이지 않자, 엄마가 한 가지 방법을 생각해낸다. "안 되겠다, 계란국 끓여줄게." 이런 해결법이 바로 '종합'이다. 결국 아들은 딱히 흰자를 먹는 것도 노른자를 먹는 것도 아니지만, 새로운 방식으로 흰자와 노른자가 종합돼 맛과 형태가 모두 달라진 계란국을 먹게 되는 것이다.

헤겔의 변증법은 그의 철학 모든 면면에 녹아들어 있는데, 그중 최고봉이 《정신현상학》이다. 이 책은 낮은 의식이 절대 지식에 이르기까지의 기나긴 과정을 보여준다. 그래서 《정신현상학》은 헤겔 철학 체계의 도입부 내지 서막으로도 여긴다. 기존의 학자들은 《정신현상학》에 대해 마치 약속이라도 한 듯, 이 책을 읽는다는 것은 한 사람의 정신적 성숙 과정을 읽는 것과 같다고 해설하곤 했다. 혹은 《정신현상학》에서 묘사하고 있는 것은 정신 자체의 발전 논리와 내재적 구조이며, 이러한 논리와 구조는 최종적으로 인류의 역사에서 전개되는 것이라고 말하기도 한다. 마치 헤겔의 역사철학처럼.

실체는 곧 주체다

❖❖❖

《정신현상학》에 나오는 이 말은 대체 무슨 뜻일까? 헤겔은 우리에게 전체 인류 의식의 발전사 혹은 정신의 발전사를 펼쳐 보인다. 인류의 의식은 변증법을 통해 갈등과 모순을 거쳐 발전함으로써 현상과 본질의 일치에 이른다.

그런데 여기서 헤겔이 사용한 의식과 정신이라는 말에는 의미상 약간의 차이가 있다. 넓은 의미에서 의식은 인류의 모든 활동과 자아의식, 이성, 정신, 절대정신을 포함하며, 넓은 의미의 정신 또한 의식, 자아의식, 사회의식, 그리고 절대정신을 포함한다. 헤겔은 《정신현상학》 서문 '과학적 인식을 논하는' 부분에서 한 가지 중요한 관점을 제기한다. "모든 문제의 관건은, 참된 것 혹은 진리는 실체로 이해되고 표현될 뿐 아니라 주체로 이해되고 표현된다는 데 있다." 한마디로, '실체가 곧 주체' 혹은 '절대정신이 곧 주체'라는 의미다.

'실체'라는 개념은 서양 근대 철학에서 철학자들이 무수히 연구하고 해석해온 것이다. 한마디로, 실체란 실재하는 것이다. 헤겔은 실체와 사유의 대립이라는 관점에 반대했다. 그는 인류의 이성이 실재하는 것에 내재된 본질에 다다를 수 있다고 믿었다. 실체, 자연, 정신을 연결하는 것이 바로 변증법적 운동 과정에 있는 인간의 사유이기 때문이다. 그러므로 헤겔은 실체를 사유 안에 포괄한다. 뿐만 아니라 실체는 멈추어 있는 것이 아니라 활동하는 것이며, 자연 속에서 자신을 외화하고 자신의 동일성을 재건한다. 바꾸어 말하면, 실체는 현실 세계에서 자기 자신을 전개하고 풍부한 내용을 획득하므로 현실적 wirklich이다.

이 말을 이해하기 위해서는 먼저 헤겔의 변증법을 이해할 필요가 있다. 그동안 사람들은 변증법이 뭐 하는 것인지 제대로 알지 못했다. 변증법은 헤겔이 운동과 변화를 어떻게 이해했는가와 관련이 있다. 헤겔은 변화를 낭만주의의 방식으로 이해하는 데 반대했다. 당시 독일의 낭만주의와 신비주의 사조에서는 세계의 변화는 비이성적이므로 논리의 방식으로 표현할 수 없고, 언어로도 전달될 수 없으므로 신비 체험이나 신의 계시에 호소할 수밖에 없다고 생각했다. 그러나 언어로 표현할 수 없는 것은 모두에게 개방된 지식이 될 수 없었다. 그래서 헤겔은 이런 계시류의 지식에 반대했던 것이다. 헤겔은 매우 형식화된 언어로 변화를 묘사했다. 바로 이렇게 고도로 형식화된 언어와 서술 방식을 헤겔은 '논리학'이라고 불렀다. 그러나 헤겔의 변증 논리는 형식 논리와 다르다. 헤겔의 변증법은 전체에 대한 장악이기 때문이다.

헤겔은 왜 변증 논리를 사용했을까? 그러자면 먼저 형식 논리의 특징에 대해 이야기해야 한다. 형식 논리에는 동일률, 모순율, 배중률이라는 세 가지 기본 원칙이 있다. A는 A다(동일률), A는 A 아닌 것이 아니다(모순율). A는 A이거나 A 아닌 것이지 그 중간은 없다(배중률). 이러한 형식 논리에서 하나의 대상인 A는 항구 불변해야 한다. A는 계속해서 A여야만 한다는 뜻이다. 문제는 이러한 형식 논리로는 변화를 다룰 수 없다는 데 있다. 이를테면, 씨앗이 자라 나무가 되는 것처럼. 형식 논리에 따르면, 원래의 씨앗이 A라면 그것이 자라서 된 나무는 A가 아니다. 그렇지만 둘은 결코 아무런 상관도 없는 별개의 존재가 아니다. 씨앗이 자라면서 나무가 되는 과정은 운동의 여러 단계를 보여준다. 바로 이 지점에서 반드시 언급해야 할 헤겔 철학의 중요한 개념이 있다. 바로 지양(독일어 : Aufheben, 영어 : sublation)이다. 지양止揚이란 소멸했으나 남겨진 것으로, 변증법에서는 '종합'의 가능성으로 이어진다. 자, 씨앗에서 싹이 트고 자라서 나무가 되었다. 그렇다면 원래의 씨앗은 남아 있나 없어졌나? 씨앗 자체는 사라졌지만, 그 씨앗이 나무로 변했다. 이것은 소멸한 것이 아니라, 씨앗의 모든 요소가 나무

안에 새롭게 자리한 것이다. 반대로, 씨앗이 만약 자신의 원래 형태를 버리지 못했다면, 즉 자아부정이 없었다면, 훗날의 높게 자라난 나무도 없을 것이다. 단, 헤겔의 변증 논리는 정신 활동의 내재적 동력과 인류 역사 전체의 발전 과정을 설명하기 위한 것으로, 모든 세세하고 구체적인 사건에 직접 적용되지는 않는다. 변증법은 헤겔이 인류 역사를 해부하기 위해 발명한 거대한 칼과 같다. 그것을 손바닥만 한 천에 수를 놓는 데 쓸 수는 없는 것과 비슷하다.

주인과 노예의 변증법

❖❖❖

《정신현상학》에서 가장 유명한 부분은 4장에 나오는 주인과 노예의 변증법이다. 이것은 헤겔 변증법의 가장 고전적인 예다.

헤겔이 《정신현상학》 4장에서 탐구한 것은 자기의식self-consciousness이다. 헤겔은 인간의 자기의식은 자기 외부의 대상을 통해 자신을 돌아봄으로써 확립된다고 말한다. 이 말은 곧 어떤 사람이 태어난 뒤로 아무것도 없는 방 안에서 어떤 사람이나 사물과도 접촉하지 않은 채 살아가면 자기의식을 확립할 수 없다는 뜻이기도 하다. 자기의식의 확립에는 또 다른 중요한 단계가 있는데, 바로 또 다른 자기의식의 승인을 얻어야 한다는 것이다. 이러한 승인은 종종 상호적이다. 그렇다는 것은 승인자와 피승인정자가 따로 고정적으로 존재할 수도, 즉 자기의식에 대한 승인이 일방적일 수도 있는가?

이에 대해 헤겔은 다음과 같은 가설을 내놓는다. 원시사회에서는 전쟁이 일어나면 패배한 쪽이 노예가 돼 목숨을 지키고, 이긴 쪽은 기꺼이 주인이 된다는 가설을 세웠다. 그런데 노예와 주인이라는 지위는 단독으로 성립되지 않는다. 예를 들어 주인이 노예를 잃으면, 그는 더 이상 주인일 수 없게 된다. 주인이라는 지위는 노예의 승인을 얻는다. 그러나 노예는 주인으로부터 아무런 승인도 얻을 수 없다. 그런데 이렇게 시간이 흐르다 보면, 주인은 노예에게 명령하고 일을 시킨 뒤 가만히 앉아 누리는 데 익숙해진다. 노예는 고된 노동을 하며 외부 사물을 '가공하고 개조해' 창조한 부를 주인에게 바친다. 그런데 이렇게 외부 사물을 가공하고 개조하는 과정에서 노예에게는 점차 자기의식이 생긴다. 노예는 자신의 창조물을 통해 자기 자신을 인식하게 되는 것이다. 이와 반대로, 주인은 자신의 모든 생활을 노예에게 의존한다. 노예는 부를 창조하고 부를 지배하는 과정에서 점차 주인을 지배하게 된다. 마지막에 가서 주인과 노예의 관계는 역전된다. 주인이 노예가 되고, 노예가 주인이 되는 것이다. 주인과 노예의 변증법을 통해 헤겔은 어떤 사물이든 발전 과정에서 자신 안에 내재된 모순 운동을 통해 자기 자신의 대립면으로 변화한다는 것을 증명했다.

헤겔은 자신에 이르러 철학이 종결되었다고 생각했다. 그는 최후의 백과사전적 사상가이자 체계의 철학자였다. 이후의 마르크스와 실존주의 철학은 모두 헤겔 철학의 영향을 깊이 받았다. 헤겔은 현대 철학에 우뚝 선 높고 거대한 봉우리이다.

더 읽으면 좋은 책

1 《정신현상학 1·2》 G. W. F. 헤겔, 아카넷, 2022

2 《헤겔의 「정신현상학」 입문》 스티븐 홀게이트, 서광사, 2019

3 《헤겔》 피터 싱어, 교유서가, 2019

4 《헤겔 : 그의 철학적 주제들》 프레더릭 바이저, b(도서출판비), 2012

5 《법철학》 G. W. F. 헤겔, 지식을만드는지식, 2020

12

게오르크 헤겔
《역사철학강의》

역사에도 법칙과
목표가 있는가?

‖ 대머리 지수 ‖

게오르크 헤겔

Georg Wilhelm Friedrich Hegel, 1770~1831

헤겔은 《역사철학강의》의 머리글에서 자신이 생각하는 전체 인류 역사의 방향과 목표를 명징하게 기술하고 있다. "세계사는 자유 의식이 전진하는 과정이다." 바로 이 문장이 《역사철학강의》 전체를 아우르는 테마다.

— 피터 싱어, 《헤겔》

들어가며

영국 BBC에서 인터뷰이들에게 "할 수만 있다면 서양 역사의 어느 시대로 돌아가고 싶은가?"라고 물은 적이 있다. 같은 질문을 중국인에게 던졌다면 대부분 강성했던 '대당大唐' 시기라고 대답할 것이다. BBC의 질문을 받은 서양인들은 중세에서 18세기 말 사이의 베네치아공화국으로 가고 싶다고 대답했다. 베네치아공화국은 통일된 거대 제국이 아니지만, 그 시대의 베네치아 사람들은 문화적으로나 물질적으로 풍요로운 삶을 누렸기 때문이다. 물론 과거에 대한 상상은 과도하게 미화되기 쉽다. 사실 생활의 질만 놓고 본다면, 현대의 일반 서민이 고대 제국의 왕보다 훨씬 풍요롭고 안락하다.

그렇다면 이 지점에서 드는 철학적 의문이 하나 있다. 인류는 항상 진보하는가? 인류라는 종의 역사는 대략 5~6만 년에 이른다. 그러나 인류의 모든 문명은 약 1만 년 전에야 출현했다. 그중 인류의 물질적 생활은 지난 100여 년 사이에 폭발적으로 발전했다. 그렇다면 지난 한 세기 동안 일어난 제1, 2차 세계대전과 아우슈비츠 수용소, 중동의 전쟁, 날로 심해지고 있는 환경오염 등은 과연 어떤 의미에서 '진보'라고 할 수 있을까?

인류는 진보하는가에 대해 철학자들의 관점은 제각기 다르다. 플라톤은 《국가론》에서 인류의 역사가 황금시대에서 백은시대로, 다시 청동시대로, 마지막에 가서는 흑철시대로 퇴보해왔다고 기술한 바 있다. 이와 반대로 마르크스는 인류의 역사가 원시시대, 노예사회, 봉건사회, 자본주의 사회를 거쳐 사회주의 사회로 발전한다고 말했다.

이러한 관점은 철학의 한 갈래인 역사철학에서 특히 핵심이 되는 문제다. 역사철학에서 역사는 필연인가 우연인가, 역사의 발전을 추동하는 것은 개인인가 집단인가, 우리는 역사 속에서 보편적인 법칙을 발견할 수 있는가, 인류의 역사를 이끌어가는 힘은 무엇인가, 라고 끊임없이 묻는다. 만약 독일의 고전 철학자 헤겔이 다시 살아 돌아온다면, 그는 분명 이렇게 말할 것이다. 역사에는 법칙과 목표가 있다고. 《역사철학강의》에서 헤겔이 내놓은 대답은 오늘날 우리에게도 매우 의미심장하다.

변증의 역사철학

❖❖❖

헤겔은 전형적인 사변적 역사철학(역사의 표면에 드러난 사건들이 아닌, 그 사건들이 이어지는 과정에서 나타난 의미와 목적, 역사 발전의 유형 등을 탐구하는 철학-옮긴이)을 대표한다. 그의 역사철학은 시종 정-반-합이라는 '3단계 형식'으로 이루어져 있다. 이것은 정신이 역사 속에서 자기를 전개하고, 자기를 인식하고, 자기 자신으로 회귀하는 순환의 형식이자 '지양'의 과정이다. 헤겔은 인류가 보편적으로 자유를 인식하고 자유를 보편적 현실로 만드는 것이 역사가 전진하는 목적이라고 보았다.

헤겔의 역사철학은 그의 역사철학 강연에서 구체적으로 드러난다. 《역사철학강의》는 1822년에 베를린 대학교의 역사철학 강의에 사용된 초고다. 헤겔 사상의 중요한 특징은 논리와 역사의 통일이다. 헤겔의 역사철학은 그의 웅대한 사상 체계의 한 갈래 길에 해당한다. 역사철학을 통해 우리는 역사의 우연성을 벗어던진, 순수한 정신의 발전 과정을 볼 수 있다. 인류에게 있어 그 정신은 곧 자유이며, 인류의 역사 발전 과정은 자유를 인식하고 실현하는 과정인 것이다. 최종적으로 '자유'는 철저히 현실이 됨으로써 정신은 세계 안에서 자기를 실현한다.

헤겔은 우리가 일반적으로 역사라고 말하는 것을 세 단계로 나눈다. 그중 첫 번째인 근본적 역사는 역사적 사실을 최대한 진실하게 기록한 것이다. 서양의 역사가 가운데 헤로도토스, 투키디데스가 이를 대표한다. 두 번째인 반성적 역사는 역사가가 자신의 입장과 필요에 따라 역사를 통합적으로 기술하는 것이다. 현재 우리가 보는 대부분의 역사서가 이러한 형식을 띠고 있다. 세 번째인 철학적 역사는 역사에 대해 사상적으로 고찰하는 것이다. 헤겔 자신의 말대로 "역사철학은 역사의 사유에 대한 고찰에 다름 아닌 것"이다. 심지어 어떤 학자는 "헤겔의 철학은 모두 정신철학이며 역사철학"이라고까지 말한다. 양자는 서로를 보완하며 완성된다.

세계사의 발전 단계

✦✦✦

헤겔은 인류의 전체 역사는 절대정신의 전개이자 전진이며, 정신의 핵심은 자유라고 생각했다. 이러한 전개 과정에는 내재된 단계가 있다. 헤겔은 이러한 세 단계에 따라 세계사를 각각 "정신을 전개하는, 자유의식을 전개하는, 자유를 실현하는 발전 과정"으로 나누었다.

첫 번째는 전제 시기다. 이 시기의 중국, 인도, 페르시아, 이집트 등 동양의 여러 나라들은 세계 역사의 기점이기도 했다. 전제 시기의 특징은 전제군주 한 사람을 제외한 모든 사람이 절대적으로 부자유하다는 것이다. 이 시기의 사람들은 '자유'라는 것에 대해 근본적으로 인식조차 할 수 없었다. 그렇다면 전제군주는 자유로운가. 전제군주는 일견 자유로워 보이지만, 그것은 제멋대로 굴 수 있는 비이성의 자유일 뿐이다. 헤겔의 말처럼 "이 사람의 자유는 짐승의 충동에 찬, 조야한 방종에 지나지 않는" 것이었다. 동방 전제 시기의 신민과 군주의 관계는 절대적인 신앙과 복종으로 이루어져 있었고, 주체 의식은 깨어나지 않은 상태였으며, 개인들은 자주, 독립적 의식과 판단을 알지 못했다. 생활의 원식은 오로지 습속에 기대어 있었기에 법률과 도덕의 구분이 없었다.

두 번째는 고대 그리스와 고대 로마 시기다. 이 시기의 사람들은 각각 민주제와 귀족제를 채택해 시민으로서의 권리를 소유하고 있었고, 소수의 사람들은 자유를 누렸다. 그러나 헤겔이 보기에는 그 소수의 자유도 진정한 의미의 자유는 아니었다. 고대 그리스 도시국가의 시민들은 자유롭게 공공의 사무에 참여할 수 있었지만, 그것은 추상적 자유 원칙에 따른 자유의식이 아니라 단지 습속에 대한 존중일 뿐이었다. 무엇보다 고대 그리스와 고대 로마의 사람들은 신탁이라는 외부 힘에 기대어 자신의 행동을 결정했다. 물론 고대 그리스가 철학의 탄생지였다는 것도 잊어서는 안 된다. 델포이의 신탁인 "너 자신을 알라"도 소크라테스에게는 비판의식과 반성의식을 소환하는 말이었고, 이것은 분명 자유의 시작이었다.

세 번째는 게르만 세계의 군주정 시대다. 헤겔은 특이하게도 중세이래의 역사 단계를 '게르만 세계'라고 불렀다. 마르틴 루터의 종교개혁에 중점을 두었기 때문이다. 종교개혁은 "모든 개인이 신 앞에 선 단독자"임을 외쳤다. 이를 통해 주체의 자유의식에 대한 보편적 각성이 이루어졌고, 이후 3세기 동안에도 가능할 수 있었다. 헤겔은 그 자신이 살던 시기의 독일이 세계의 역사 발전의 종점이자 최고봉이라고 생각했다.

이토록 위풍당당하고 목표 명확한 세계 역사의 대로에서, 각 민족들은 앞서거나 뒤서거나 하며 계주를 이어나가는 듯 보였다. 사람들은 세계사의 각 시기를 한 사람의 인생에 대비해보기도 했다. 동방의 전제 시기는 아동기, 고대 그리스의 민주제 시기는 청년기, 고대 로마의 귀족제 시기는 성인기, 게르만 세계의 군주정 시기는 노년기. 인류가 진보하고 있다는 말은 '자유의 실현'이라는 차원에서 그러하다는 의미다.

시대가 영웅을 만드는가, 영웅이 시대를 만드는가

❖❖❖

시대가 영웅을 만드는가, 영웅이 시대를 만드는가. 역사를 돌아볼 때면 항상 드는 의문이다. 이에 대해 헤겔은 이성이 개인을 이용해 역사의 사명을 실현한다고 말했다. 이성은 어둠 속에서 조용히 제 뜻을 안배하고 있기라도 하다는 뜻일까? 이것이 그 유명한 '이성의 간지 List der Vernunft', 즉 "이성의 간지가 인간에게 열정을 불러일으켜 제 일을 하게 만든다"는 관점이다. '이성의 간지'라는 개념은 헤겔의 《정신현상학》에서, 그리고 1817년의 「소논리학 노트」에서 "이성은 교활한 동시에 위력적이다. 이성의 교활함은 주로 도구를 이용하는 활동으로 표현된다. 이러한 이성의 활동은 사물들로 하여금 그 자신의 본성에 따라 서로에게 영향을 미쳐 서로를 쇠약하게 만들기도 하지만, 결코 그 자신이 직접적으로 그 과정에 관여하지는 않는다. 그러면서도 동시에 그 자신의 목적을 실현하는 것이다"라고 명확하게 제시하고 있다. 후에 헤겔은 《역사철학》에서 이 관념을 더욱 충실히 보강한다. 보편적 이념은 마치 솜씨 좋은 연출자처럼, 그 자신이 극에 개입해가며 극을 전개시키지는 않지만 모든 배우들이 자신의 의도대로 연기하게 만듦으로써 최종적으로 자신이 원했던 작품을 만들어낸다.

헤겔은 역사의 실현 주체로 두 종류의 인간이 있다고 보았다. 하나는 맹목적 개인들, 즉 평범한 군중이고, 다른 하나는 소수의 세계사적 개인이다. 평범한 군중은 오직 자신의 이익을 위해서만 행동한다. 그들은 대부분 시야가 좁아서 단기적 이익밖에 내다보지 못하고, 어떻게 하면 편안하고 즐겁게 지낼까 하는 궁리뿐이다. 헤겔은 "노예의 눈에 보이는 영웅은 없다"라고 말했다. 상대가 영웅이 아니어서가 아니라, 그 상대를 보는 사람의 눈이 노예의 시야와 안목밖에 가지고 있지 않기 때문이다. 세계사적 개인은 나폴레옹과 같은 시대의 영웅이다. 그들은 결코 완전무결한 성인이라고는 할 수 없지만, 그들이 소유한 열정만은 일반 대중을 크게 뛰어넘는다. 하여 그들은 개인의 희생에 아랑곳하지 않고, 자신의 행복과 쾌락마저 기꺼이 내던져가며 역사의 결정적 순간에 기여한다. 그들은 그렇게 세계사적 운동의 맥박을 쥐는, 혹은 시대의 진보적 추세에 걸맞은 열정을 발휘하는 것이다. 헤겔은 이성이 인간의 열정을 이용해 그 자신의 목적을 실현한다고 보았다. 그러나 한편으로는 역사의 조류에 휩쓸리는 맹목적 개인들이 없다면 역사 또한 동력을 잃게 된다.

결국 헤겔의 관점으로 보면, 시대와 영웅이 서로를 만드는 것처럼 보이나 그들의 배후에는 위대하고도 은밀한 절대정신이 작용하고 있다. 러시아 출신의 프랑스 철학자 알렉상드르 코제브Alexandre Kojève는 심지어 헤겔이 나폴레옹의 자기의식이라고 말했을 정도다.

헤겔은 《법철학》에서 다음과 같은 유명한 말을 남겼다. "철학은 세계에 대한 사고다. 그것은 현실의 역사가 하나의 시대를 형성하고 완료했을 때 비로소 제 모습을 드러낸다. … 미네르바의 부엉이는 황혼이 돼서야 날기 시작한다."* 역사는 이성의 자기 발전 과정에서 불가피하게 다다르는 정신의 자각 과정, 혹은 정신이 자기 자신을 이해하는 과정이라는 것이다. 헤겔에게 역사란 두루마리와 같은 것이어서 그것을 철저히 펼쳐내지 않으면 역사의 국한된 일면밖에 볼 수 없고, 역사의 진정한 의의도 온전히 이해할 수 없는 것이었다. 역사는 우연한 사건의 연속이 아니며 아무런 목표도 없는 과정은 더더욱 아니다. 역사는 자유의 방향을 향해 나아간다. 헤겔은 고산의 가장 높은 봉우리에 서서 이 모든 것을 주시하는 듯하다.

헤겔은 최후의 체계 철학자, 혹은 역사상 가장 방대한 철학 체계를 창건한 학자라고 할 수 있다. 거인이 쓰러진 뒤 수많은 비평가와 계

• 미네르바는 고대 로마의 지혜의 여신으로, 고대 그리스 시대에는 아테나로 불렸다. 이 여신은 항상 부엉이를 동반하고 다녔는데, 이 때문에 미네르바의 부엉이는 지혜의 상징이 되었다.

승자들이 그의 뒤를 이어갔다. 그중에는 니체, 키르케고르, 마르크스, 데리다, 푸코 등의 저명한 철학자들도 있다. 헤겔의 죽음은 한 시대의 획을 긋는 기념비와도 같았다. 서양철학은 그의 죽음을 건너 근대에서 현대로 진입했다.

더 읽으면 좋은 책

1   《역사철학강의》 G. W. F. 헤겔, 동서문화사, 2016
2   《헤겔의 역사철학》 김균진, 새물결플러스, 2020
3   《헤겔의 세계》 위르겐 카우베, 필로소픽, 2023

13

버트런드 러셀
《철학의 문제들》

"현재의 프랑스 국왕은 대머리"라는 말에 무슨 문제가 있나?

‖ 대머리 지수 ‖

버트런드 러셀

Bertrand Russell, 1872~1970

현재의 프랑스 국왕은 대머리인가에 대해 토론하던 중 우리(나와 화이트헤드)는 여러 복잡한 요소들과 이 흥미로운 문제 사이의 상관관계를 발견하고 깜짝 놀랐다. 나중에 가서 우리가, 현재의 프랑스 국왕은 머리카락이 나고 있지 않은데도 그가 대머리가 아니라고 생각한다면? 모종의 경험이 있는 사람이라면 그가 가발을 썼으리라고 추측하겠지만, 그런 추론은 틀렸다.

— 레이 몽크Ray Monk, 《버트런드 러셀Bertrand Russell : The Spirit of Solitude 1872~1921》

들어가며

우리가 하는 모든 말에는 단어가 들어 있다. 그 말이 지시하는 대상은 우리가 보거나 만질 수 있는 무언가일 때도 있지만, 산타클로스나 볼드모트(〈해리포터〉 시리즈에 등장하는 악당-옮긴이)처럼 완전히 허구의 대상일 때도 있다. 심지어 같은 말이라도 사람에 따라 다른 의미를 가질 때도 있다. 어떤 지역에서는 습관적으로 쓰이는 관용구가 다른 지역에서는 전혀 알아들을 수 없는 말인 경우도 있다. 이 지점에서 아주 기본적인 철학 문제가 드러난다. 단어, 구句와 세계는 어떤 관계에 있는가? 언어는 다른 어떤 뜻으로도 해석될 수 없을 만큼 정확할 수 있는가?

이런 난제를, 영국의 철학자 버트런드 러셀은 다음과 같은 문구로 표현했다. "현재의 프랑스 국왕은 대머리다." 이 말은 어법상 아무 문제도 없다. 그러나 우리는 이 말이 맞는지 틀린지 말할 수 없다. 일단 우리는 현재의 프랑스가 국왕이라는 존재가 없는 공화국인지 아닌지조차 알지 못하기 때문이다. 그렇다면 우리는 어떻게 해야 이런 기이한 상태에서 빠져나올 수 있을까? 러셀은 바로 이런 난제를 해결하기 위해 이 책을 썼다 해도 과언이 아니다. 머리가 지끈거리다 못해 열이 날 것 같은 이 난제를 조금이라도 쉽게 이해하려면, 20세기에 일어난 언어론적 전회에 대해 먼저 이야기해야 한다.

언어론적 전회의 시작 : 샛별은 곧 개밥바라기?

❖❖❖

이전까지의 철학자들은 언어 자체를 크게 중시하지 않았다. 하지만 인간의 생각은 분명 언어를 통해서만 표현된다. 언어는 인간이 외부 세계와 소통하고 연결되는 교량이기도 하다. 이에, 20세기의 일부 철학자들은 인간이 과거에 언어의 논리적 형식 자체를 중시하지 않은 탓에 생겨난 언어상의 '오용'이 쓸데없는 토론거리를 너무 많이 만들어내고 있다고 생각했다. 이후의 철학적 작업을 의미 있게 진행하기 위해서는 언어 자체를 검토하고 바로잡을 필요가 있었다. 우리가 어떤 작업을 시작하기에 앞서, 그 작업에 필요한 도구들을 꺼내 확인하고 검사해보는 것과 비슷하다. 20세기 철학계에 일어난 이 중요한 변화는 후대에 '언어론적 전회linguistic turn'라고 불리게 된다.

일반적으로 언어철학자는 크게 논리분석파와 일상분석파, 두 부류가 있다. 논리분석파는 언어의 논리적 형식을 찾아내는 것을 다른 무엇보다 중시한다. 그중 일부는 심지어 우리가 일상적으로 쓰는 용어를 폐기하고, 컴퓨터 언어처럼 논리적 오류 없이 정확한 인공 언어를 만들자고 하는 급진파도 있다. 버트런드 러셀이 바로 이런 논리분석파의 대표 인물이다. 이와 반대로 일상분석파는 언어 철학자들이 언어를 유희 도구로 삼은 것일 뿐 언어 자체에는 아무런 문제가 없다고 본다.

러셀의 사유로 들어가기에 앞서, '수리논리학과 분석철학의 창시자'인 독일의 철학자 고틀로프 프레게Gottlob Frege에 대해 소개할 필요가 있다. 프레게가 가장 관심을 기울인 것은 논리 문제였다. 논리학의 가장 근본 임무는 문구의 참/거짓을 판단하는 것이다. 문구의 참/거짓을 판단하기 위해서는 먼저 그 문구의 뜻을 이해해야 한다. 문구의 뜻을 이해하기 위해서는 기본적으로 그 문구를 이루고 있는 각 단어의 뜻을 이해해야 한다.

1892년, 프레게는 《뜻과 지시체에 관하여》(독일어 : Über Sinn und Bedeutung, 영어 : Sense and Reference)라는 중요한 논문을 발표한다. 당시 세상을 깜짝 놀라게 했던 이 논문은 20세기 언어론적 전회의 서막을 열었다. 왜 그런지를 설명하기 위해서는 먼저 프레게가 말한 '의미'와 '지시체(지칭 대상)'가 각각 어떤 의미인지를 명확히 해야 한다. 프레게는 이 논문에서 천문학의 '샛별'과 '개밥바라기'를 예로 든다. 샛별은 이른 새벽에 지평선 위로 떠오르는 별이고, 개밥바라기는 초저녁에 가장 먼저 나타나는 별이다. 오늘날 우리는 두 별이 모두 금성을 가리킨다는 사실을 알고 있지만, 옛날 사람들은 알지 못했다. 하나는 새벽에 뜬 별이고, 다른 하나는 초저녁 하늘에 처음 보이는 별이므로 각각 다른 별이라고 생각했던 것이다. 여기서 '샛별'과 '개밥바라기'라는 단어가 바로 프레게가 말하는 '뜻' 혹은 '의미' '내포'라 할 수 있다. 두 단어가 지시하는 대상은 모두 금성이지만, '샛별'과 '개밥바라기'라는 지칭은 동시에 외연(일정한 개념이 적용되는 사물의 전 범위. 금속이라는 개념에 대해서는 금, 은, 구리, 쇠 따위가 속한다-옮긴이)이기도 하다. 프레게 이전까지 사람들은 보통 그 단어의 지칭이 곧 그 단어의 의미라고 생각했다. 바꾸어 말하면, 대부분의 사람들은 한 단어의 내포와 외연을 엄격하게 구분하지 않았다고도 할 수 있다. 그러나 프레게는 샛별과 개밥바라기가 동일한 대상을 지칭한다 해도, 둘의 의미는 전혀 다르다고 말한다.

프레게는 다음과 같은 비유를 들어 의미와 지칭의 차이를 설명한다. 어떤 사람이 망원경으로 달을 관찰하고 있다. 여기서 달 자체는 지칭이자 대상이다. 그러나 사람들이 말하는 '달'은 망원경 렌즈와 관찰자의 안구 망막에 투사된 상像이지 달 자체가 아니다. 달 자체가 아닌 투사된 상이야말로 사람들이 사용하는 말의 내포(의미)인 것이다. 그러나 프레게는 우리가 단어를 사용할 때 그 단어가 지시하는 대상이 있다는 것을 미리 가정한다고 보았다. 혹은 그 단어에 의미가 있으려면 지시하는 대상이 있어야 한다. 즉 우리가 '황금산'이나 '유니콘'이나 '산타클로스'를 말할 때에는 그것들이 존재한다고 미리 가정하고 있다는 것이다. 그러나 버트런드 러셀은 이런 관점에 반대했다.

기술 이론 : 프랑스 국왕은 대머리인가?

❖◆❖

러셀의 이러한 철학적 입장을 논리적 원자론Logical atomism라고 한다. 러셀은 케임브리지 대학교 재학 시절, 역사 속의 위대한 철학자들도 종종 사람들을 언어적 혼란에 빠뜨렸다는 사실을 발견했다. 어떤 때는 그 자신도 자신이 무슨 말을 하는지 명확하지가 않았다. 그래서 그는 수리논리가 지배하는 상식의 영역으로 돌아와야 한다고 생각했다. 그는 단어와 대상이 일대일로 대응하는 원자주의적 언어를 구상하기도 했다. 하나하나가 독립적이고 다른 무엇으로도 환원되지 않는 원자처럼, 어느 한 대상에는 하나의 단어만 대응하도록 하는 것이다. 예를 들어, '소크라테스'라는 주어와 '붉다'와 같은 술어에는 이 이상 더 분석할 여지가 없다. '붉은 사과 한 개'와 같은 문구에서처럼 더 이상 분해할 수 없는 간단한 사실을 '원자적 사실', 원자적 사실을 진술한 명제를 '원자적 명제'라 한다. 여기에 논리어('그리고' '혹은' '…가 아닌' '만약' 등 논리적 판단과 관련된 말—옮긴이)가 동원돼 가장 기본적인 언어 구조를 만든다. 그런데 러셀이 보기에 우리가 일상적으로 사용하는 언어는 너무도 모호하고 부정확했다. 그는 다른 논리학자들처럼 오해를 만들어낼 여지가 없는 정확한 언어를 만들고자 시도했다. 그런 언어가 있다면 사람 간의 소통에서도 오해를 만들어내지 않을 뿐 아니라 언어의 의미를 컴퓨터로 연산할 수도 있을 것이라고 생각했다.

러셀의 공헌은 일상 언어에서 고유명사와 기술을 구분했다는 데 있다. 이런 구분은 러셀이 1905년에 발표한 논문《지칭에 관하여On Denoting》에서 제기된 것이다. 고유명사는 뭐고 기술은 뭔가? 고유명사proper name는 오직 하나뿐인 대상을 지칭하는 명사다. 예를 들어, 칼 마르크스, 도널드 트럼프, 위저권 등은 그 명칭이 지시하는 특정인 한 사람만을 의미한다. 그래서 고유명사다. 기술description은 명칭이나 명사가 아니고, 어떠한 속성에 대해 묘사하거나 풀어 쓰는 것이다. '황금산'이라는 단어에는 '황금'으로 이루어진 '산'이라는 두 가지 속성이 중첩돼 있다. 황금산이라는 것은 상상할 수 있지만 현실에서는 발견된 바 없다. 그런데 기술구에서는 경험상 존재하지 않을 뿐 아니라 상상할 수도 없는 것까지 기술할 수 있다. 마치 '둥근 네모'처럼.

우리는 보통 일상 언어에서 고유명사와 기술을 마구 섞어서 사용하고 있다. 이에 대해 러셀은 "현재의 프랑스 국왕은 대머리"라는 문구를 예로 들었다. '현재의 프랑스 국왕'은 고유명사가 아니라 한정 기술구이다. 그런데 많은 사람들이 이런 기술구를 고유명사로 여기는 잘못을 범한다. '현재의 프랑스 국왕'이 특정 대상을 지시하는 듯 여기는 것이다. 러셀이 살던 시대의 프랑스에는 국왕이라는 존재가 없었다. 그러므로 이 한정 기술구가 지시하는 대상은 존재하지 않는다. 바꾸어 말하면, 이 한정 기술구는 사실 지칭을 할 수 없다. 그럼에도 사람들은 이 한정 기술구를 고유명사로 받아들여 이 문구가 지칭하는 대상이 있는 것처럼 여긴다는 뜻이다. '현재의 프랑스 국왕은 대머리'의 부정 명제는 '현재의 프랑스 국왕은 대머리가 아니다'가 아니다. 사실 이 문구에는 두 종류의 부정형이 존재한다. 첫 번째는 '오늘날 국왕은 존재하지 않는다'이고, 두 번째는 '만약 현재 프랑스에 국왕이 존재한다면, 그는 대머리가 아니다'이다. 러셀은 '현재의 프랑스 국왕은 대머리'라는 문구를 명제의 형식으로 바꾸어 쓰기를 제안한다. 예를 들면, C라는 대상이 있다고 할 때, 1) 어느 한 대상이 현재의 프랑스 국왕이다. 2) 하나뿐인 대상이 있는데 그 대상은 C와 같다. 3) C는 대머리다. 이 세 가지 조건이 동시에 충족되면 아무런 오해도 발생하지 않는다. 러셀은 한정 기술구가 "너무 애매하고 모호한 나머지 수많은 오류의 철학을 만들어내는 근원이 된다"라고 했다. 이런 혼란이 빚어지는 이유는 사람들이 단지 어법으로 인해 잘못된 길로 이끌리기 때문이다.

직접지와 기술지

✦✦✦

러셀은 인류의 지식을 두 종류로 나누었다. 첫 번째는 직접적인 관찰이나 경험에 의한 '직접지'이다. 직접지는 추론이 필요하지 않으며 다른 것의 매개도 필요로 하지 않는다. 예를 들어, 내가 설탕 한 알갱이를 먹고 단맛을 느꼈다면, 이런 것이 바로 직접지이다. 러셀은 감각 자료 외에도 추억이나 성찰 또한 그 근원을 소급하면 모두 직접지라고 보았다. 우리는 이 지점에서 러셀이 영국 경험주의의 영향을 받았음을 엿볼 수 있다. 두 번째는 기술에 의한 지식이다. 기술지는 일종의 언어 표현식이다. 러셀은 기술구를 한정 기술구와 비한정 기술구로 나눈다. 예를 들어, '어느 한 고양이'는 지시 대상이 명확하지 않으므로 비한정 기술구이나, '이 고양이'는 한정 기술구이다.

러셀은 어떤 명제가 제대로 이해되기 위해서는 직접지를 포함하고 있어야 한다는 기본 신념이 있었다. 우리는 직접지를 통해서만 사물과 직접적으로 접촉할 수 있기 때문이다. 21세기의 우리들은 진시황을 직접 본 적이 없다. 진시황에 대한 우리의 지식은 모두 역사서를 통해 간접적으로 접한 것들뿐이다. 이 경우, 모든 역사서의 기록은 러셀이 말한 기술구인 셈이다. 그러나 이 기술구의 근원을 거슬러 올라가면, 최초의 기록은 어쨌거나 진시황 가까이에 있던 신하들과 궁중 호위, 기록 담당자인 사관 등의 직접지였다. 기술구가 전달하고 있는 내용이 간접지이기는 하지만, 그것이 의미 있는 지식인가의 여부는 직접지의 감각 재료를 통해 얻어진 것이냐에 달려 있다. 그러나 러셀이 '논리적 고유명사'라고 부른 고유명사, 즉 '이것' '저것' 같은 지시대명사는 결코 기술구로 표현될 수 없다.

지식에 대한 러셀의 구분은 사실상 지식들을 효과적으로 이어주는 사슬이 된다. 기술구는 그야말로 긴밀하게 이어지는 하나의 사슬인 것이다. 이 사슬은 매우 길지만, 처음으로 거슬러 올라가면 반드시 직접지와 만나게 된다. 바꾸어 말하면, 간접지는 필연적으로 직접지 위에 세워지는 것이며, 이렇게 축조된 지식의 건축물은 그 토대가 튼튼하고 안정적이라는 의미다.

러셀은 "사랑에 대한 갈망, 진리에 대한 추구, 인류의 고난에 대한 억제할 수 없는 동정심, 이 단순하고도 강렬한 세 가지 감정이 나의 일생을 지배했다"라고 말했다. 러셀에게 언어는 분명 진리를 추구하는 과정에서 가장 중요한 부분이었다.

더 읽으면 좋은 책

1 《철학의 문제들》 버트런드 러셀, 이학사, 2000
2 《러셀, 북경에 가다》 버트런드 러셀, 천지인, 2009
3 《행복의 정복》 버트런드 러셀, 사회평론, 2005

14

**지그문트 프로이트
《꿈의 해석》**

꿈을 꾼다는 것은
무엇을 의미하는가?

‖ 대머리 지수 ‖

지그문트 프로이트

Sigmund Freud, 1856~1939

《꿈의 해석》이 출간된 지 얼마 되지 않았을 때 프로이트는 다음과 같은 편지를 써서 친구에게 보낸 적이 있다. "언젠가는 이런 문구를 새긴 대리석 비석이 이 집 안에 놓일지도 모른다네.

1895년 7월 24일, 이 방에서
지그문트 프로이트 박사가 꿈의 비밀을 파헤치다

물론 지금으로서는 그럴 희망이 전혀 보이지 않지만."

— 조너선 리어Jonathan Lear, 《프로이트Freud》

들어가며

우리는 밤에 자면서 종종 꿈을 꾼다. 어떤 사람은 끔찍한 악몽을 꾸고, 어떤 사람은 달콤한 행복의 꿈을 꾼다. 그런데 우리는 대부분 꿈에서 깨어날 때에야 그것이 꿈이었다는 사실을 깨닫는다. 꿈에서 일어나는 모든 일은 논리라고는 하나도 없이 뒤죽박죽 엉망진창이지만, 바로 그러한 꿈속에서 우리의 소망은 충족된다. 오랫동안 사람들은 꿈을 꾸는 것은 비이성적인 능력이며, 꿈속 광경은 아무 의미도 없는 것이라고 생각했다. 그래서 이런 꿈으로부터 그저 빨리 깨어나기만 바랐다.

19세기 중후반, 맹렬한 기세를 자랑하던 계몽주의 시대로부터 100여 년이 지난 어느 시점. 이성의 기치를 높이 든 유럽 사람들은 정확하고 규칙적인 기계음 속에서, 과학자들의 치밀한 연산, 추론을 통해 자신들의 운명을 확실히 장악했다는 확신에 차 있었다. 오랜 시간 사람들이 이성으로 쌓아 올린 지식의 탑을 와르르 무너뜨리는 한 사람이 나타나기 전까지만 해도. 그는 이성적인 의사였음에도, 인간이 본질적으로 심층의 욕망에 따라 움직이는 비이성적인 존재라고 선언했다. 이 사람이 바로 오스트리아의 심리학자 지그문트 프로이트다. 프로이트의 《꿈의 해석》은 인류의 사상사에서 코페르니쿠스와 다윈을 잇는 세 번째 혁명의 계기가 되었다.

프로이트의 한여름 밤의 꿈

1895년 어느 여름밤, 비엔나 전체를 조망할 수 있는 어느 야산에서 지그문트 프로이트는 꿈의 비밀을 열어젖히고 있었다. 그가 간밤에 꾼 꿈에 나타난 것은 자신이 치료하고 있던 환자 엠마였다. 프로이트에게 엠마는 상당히 까다로운 환자였다. 그녀가 대단히 희귀한 난치병을 앓고 있어서가 아니라, 엠마의 가족과 프로이트의 가족이 오랫동안 서로 교유해온 사이인 탓에 프로이트에게 심리적으로 압박감을 주었던 것이다. 결국 얼마간의 시간이 더 흐르고 나서도 엠마의 병은 별다른 치료 효과를 보지 못한 채 치료는 그대로 중단되고 말았다. 그런데 어느 날, 프로이트의 동료 의사인 오토가 엠마를 방문하고 온 뒤 프로이트에게 이렇게 말했다. "전보다 나아진 것 같긴 한데 안색은 여전히 좋지 않더군." 프로이트는 오토가 의사로서 자신의 실력이 형편없음을 꾸짖는 것만 같았다. 그는 그 자리에서 오토에게 뭐라고 말을 하려다 말고, 그날 밤 엠마의 치료 과정에 대한 장문의 편지를 써서 다른 동료 의사인 M에게 보냈다. 자신의 치료 방법에는 아무런 문제가 없었다는 것을 다른 동료 의사만이라도 알아주기를 바라서였다.

며칠 뒤, 프로이트는 또다시 꿈을 꾸었다. 꿈속에서 그는 많은 손님들이 모인 응접실 한가운데 서 있었다. 손님 중에는 엠마도 있었다. 프로이트는 엠마가 자신의 치료법을 제대로 따르지 않았다며 한참이나 원망을 퍼부은 뒤, 그녀의 입 속을 검사하다가 하얀 반점을 발견하게 되었다. 프로이트는 동료 의사인 M에게 다시 검진을 맡겼다. 검진을 마친 M은 엠마의 병은 세균 감염에 의한 것이며, 감염의 원인은 오토가 엠마에게 비위생적인 주사기를 사용했기 때문이라고 말했다.

프로이트는 꿈에서 깨어나자마자 꿈의 내용을 기록하고, 자기 자신을 해부하기 시작했다. 분석 끝에, 이 꿈은 며칠 전 자신이 했던 생각이 변형돼 보상으로 나타난 것이었음을 발견했다. 오토의 말에 가시가 있다고 느낀 프로이트는 엠마의 치료에 별다른 효과가 없는 이유를 내심 오토의 책임으로 돌리고 싶었던 것이다. 프로이트는 모든 책임을 오토에게 전가하고 그 자신은 압박감에서 벗어나기 위해 꿈에서 복수를 한 것이었다. 프로이트는 이렇게 자신의 꿈을 분석하면서 꿈에는 모종의 의미가 있다고 여기게 되었다. 당시 일부 작가들은 꿈이란 단지 뇌세포의 불완전한 활동의 결과에 지나지 않는다고 말하고 있었다. 그러나 프로이트가 꿈을 분석한 끝에 발견한 것은 꿈은 일종의 소망의 충족이라는 것이었다.

인간의 의식은 3층으로 이루어진 집

❖❖❖

1900년, 세기의 명작 《꿈의 해석》의 독일어 초판이 출간되었다. 프로이트 이전까지만 해도 사람들은 꿈과 초자연적 능력이 불가분의 관계에 있다고 생각했다. 꿈에서 보는 광경은 귀신의 농간이거나 미래에 대한 조짐이라고 여기기도 했다. 중국의 민간에는 '꿈에서 나타나 알려준다' '꿈속에서 부탁한다'는 말도 있었다. 그러나 프로이트는 이렇게 이상야릇하고 오묘한 꿈에 대해 분석을 시도했다. 《꿈의 해석》의 속표지에는 베르길리우스의 서사시인 《아이네이스》 7권 312행의 시구가 써 있다. "천국을 움직일 수 없다면, 지옥을 움직이리라." 그러나 프로이트가 이 시구를 인용한 이유는 종교에서 말하는 천국, 지옥과 무관하다. 그의 책에서 천국과 지옥은 사람의 의식구조와 의식의 억압을 가리킨다.

정신분석이라는 건축물은 프로이트의 위대한 발견의 토대 위에 세워졌다 해도 과언이 아니다. 프로이트는 인류의 의식에는 억압이 존재하고, 억압하는 대상은 욕망이라고 말한다. 여기서 욕망은 많이들 들어보았을 리비도libido다. 많은 사람이 리비도는 곧 성욕이라는 식으로 편협하게 이해하고 있는데, 성욕이 리비도의 핵심이기는 하나 결코 전부는 아니다. 리비도의 발현은 일정한 규칙을 따르며, 특정 정도 내지 강도를 지니고 있다. 리비도는 또한 '생의 본능life drive'에서 비롯된다. 이 본능은 단순히 먹을 것에 대한 욕심이나 성욕을 만족시키는 것만이 아니라 사람 사이의 애정, 연결, 나아가 번성하고자 하는 욕망까지 포함된다. 생의 충동에서 비롯된 리비도가 행동의 추동력이라면 왜 그것을 억압할까 하는 의문이 들 수 있다. 리비도는 만족을 모른다는 특성이 있기 때문이다. 현실에서 과연 누가 시시각각 자신의 욕망을 충족시키며 살 수 있을까? 그렇기에 정상적으로 사회적 역할을 수행하는 사람이라면, 그 사람의 리비도는 항상 억압 상태에 있다.

프로이트는 자신의 의식구조 이론을 설명하기 위해 놀라운 비유를 든다. 인간의 의식은 3층으로 이루어진 집과 같다는 것. 가장 높은 층에 거주하는 의식은 가장 안정적이고 질서를 추구하며 가장 고상한 일가족과 같다. 두 번째 층에 거주하는 전의식은 점잖게 자기 본분을 지키며 살아가는 일가족이다. 가장 아래층에 사는 무의식은 거칠고 난폭한 데다 충동적이며 시도 때도 없이 시끄럽게 구는, 교양이라고는 찾아볼 수 없는 무식한 일가족이다. 그런데 1층과 2층을 오가는 계단에는 문지기가 있다. 문지기의 역할은 무의식이 위층으로 뛰어올라가 의식을 방해하는 일이 없도록 철저히 가로막는 것이다. 그런데 이 문지기도 가끔은 피곤해서 경계를 소홀히 하는 때가 있다. 무의식은 이 틈을 타고 위층으로 올라가버린다. 때로는 변장을 하면서까지 문지기를 속이고 올라간다. 프로이트는 이 문지기가 바로 '억압'이라는 방어기제라고 말한다.

프로이트는 의식의 3층 구조와 마찬가지로, 인간의 성격 구조 또한 3층으로 제시한다. 성격을 이루는 각각의 층은 초자아, 자아, 이드다. 이 가운데 전의식에 대응하는 자아ego는 아동기에 형성되며, 사고 활동을 담당한다. 인간은 자아의 규범을 통해 비로소 현실 사회에서 이탈하지 않을 수 있게 된다. 가장 아래층에 있는 것은 이드Id. 리비도가 바로 이 이드에 포함돼 있기 때문에 가장 터무니없고 황당무계하다. 가장 높은 층에 있는 초자아superego는 아이의 마음속에 있는 엄한 아버지와 같은 것으로 사회규범, 윤리 도덕, 가치관 등을 대표한다. 프로이트는 이런 비유를 들며 말한다. "자아와 이드의 관계는 기수와 말의 관계와 비슷하다. 말은 움직이는 힘을 제공하고, 기수는 목표를 정하는 동시에 그 동물의 방향과 움직임을 제어한다. 그러나 자아는 때때로 이드라는 말이 달려나가는 방향을 통제하지 못해 속수무책이 되기도 한다."

꿈은 소망의 충족이다

✦✦✦

프로이트의 기본 이론을 이해했다면, 꿈이란 꿈을 꾸는 당사자도 미처 알지 못하는 '무의식의 관념'이라는 것을 알 수 있을 것이다. 프로이트는《꿈의 해석》제3장에서 이렇게 말한다. "꿈은 그저 아무렇게나 꾸는 것이 아니다. 아무 의미 없지도 않으며 황당무계하지도 않다. 자는 듯 마는 듯 혼몽한 상태의 산물도 아니다. 꿈은 의미 있는 정신 현상이다. 꿈은 소원의 성취이며, 깨어 있을 때의 정신 활동의 연속이다. 꿈은 고도로 복잡하게 뒤섞인 지적 활동의 산물이다." 오랫동안 억압돼 있던 무의식은 문지기를 속일 기회를 잡기가 쉽지 않다. 그래서 꿈속에서 제멋대로 내달려버리는 것이다. 이것이 바로 프로이트가 말한 "억제된 소망의 위장된 충족, 억압된 충동과 자아의 감시 및 방해 사이에서 일종의 타협으로서의 꿈"이다.

사실 프로이트는 자신의 체험을 통해 이런 결론을 얻었다. 의사였던 그는 매우 바빴으므로 항상 잠을 실컷 자고 싶었다. 그런데 그때마다 자신은 꿈속에서 이미 일어나 머리를 빗고 세수를 하고 있었다. 그러면 일어나야 한다는 생각에 괴로워하지 않을 수 있었기 때문에 결국 그렇게 쿨쿨 더 잘 수 있었다. 프로이트는 말한다. "꿈의 형성 동인은 종종 소망을 충족하고 싶어서다. 그러나 소망의 충족이라는 황당무계한 이유가 꿈의 형성 동인으로 여겨지지 않는 것은 꿈의 형성 과정이 정신의 검열을 받기 때문이다." 이것이 바로 '꿈은 소망의 충족'이라는 원칙이다.

욕망이 충족되지 못해 문명이 생겨났다

❖❖❖

억압이라는 방어기제를 통해 프로이트는 당시 사람들을 놀라 나자빠지게 만든 결론을 도출한다. 아동에게도 성의식이 존재한다는 것. 그는 한 발 더 나아가, 인간의 성욕은 영유아기부터 시작되지만 아동의 의식과 무의식은 아직 분화되지 않은 상태에 있다고 하는, 대단히 중요한 가설을 제시한다. 아동은 자라면서 부모의 가르침을 받는 가운데 여러 심리성적 발달단계로 진입한다. 이것이 바로 프로이트가 말한 구강기, 항문기, 남근기, 잠복기, 생식기다. 이 가운데 남근기에는 아동의 성본능이 무목적(구체적 대상이 없는) 상태에서 외부의 사물을 향해 안정적으로 발달하는데, 이 단계에서 오이디푸스 콤플렉스 Oedipus complex가 나타난다. 오이디푸스 콤플렉스는 고대 그리스의 오이디푸스 왕 신화를 그 원형으로 하고 있다. 프로이트는 이 단계의 남아는 자기 어머니에게는 사랑의 감정을, 아버지에게는 질투의 감정을 느끼는데, 자신이 아버지를 죽여 어머니를 차지하고자 하는 욕망을 품는다고 말한다. 그러나 아버지에게 강한 두려움—거세 불안—을 느낀 나머지 어머니에 대한 성욕을 억압하고 아버지를 선망하며 동일시하는데, 이것이 초자아의 일부가 된다.

프로이트의 이론 가운데에는 인류 문명에 대한 흥미로운 관점도 있다. 프로이트는 욕망이 충족되지 못하면 승화돼 문학이나 예술을 만들어낸다고 생각했다. 예술가들은 자신의 영유아기의 성욕을 본능이 아닌 다른 방식을 사용해 작품으로 풀어낸다는 것이다. 음악, 조각, 회화와 같은 고상한 예술도 프로이트가 보기에는 그 기본 동력이 리비도였다. 가만히 생각해보면, 프로이트의 말에도 일리가 있다. 진정한 천재 예술가들은 색과 형상, 음악을 통해 언어로는 표현할 수 없는 것들을 표현해내지 않던가. 프로이트는 마지막 저작인 《인간 모세와 유일신교》에서는 종교의 기원에 관한 이론을 제시한다. 프로이트는 인류의 무력감에서 종교가 시작되었다고 말한다. 인간 스스로는 도저히 아무것도 할 수 없다고 느껴지기에 자연히 아버지의 형상으로부터 보호와 도움을 구하게 되었고, 이러한 심층적 심리적 요구 때문에 인류는 신이라고 하는 종교적 형상을 만들어냈다는 것이다.

더 읽으면 좋은 책

1   《꿈의 해석》지그문트 프로이트, 돋을새김, 2014
2   《정신분석 강의》지그문트 프로이트, 열린책들, 2020
3   《새로운 정신분석 강의》지그문트 프로이트, 열린책들, 2020
4   《인간 모세와 유일신교》지그문트 프로이트, 부북스, 2016
5   《문명 속의 불만》지그문트 프로이트, 열린책들, 2020
6   《프로이트 Ⅰ·Ⅱ》피터 게이, 교양인, 2011
7   〈현대 세계의 천재Genius Of The Modern World〉베타니 휴즈Bettany Hughes, 3화,
    BBC 다큐멘터리, 2016

15

루트비히 비트겐슈타인
《논리-철학 논고》《철학적 탐구》

말을 제대로 하기가
왜 이렇게 어려운가?

‖ 대머리 지수 ‖

루트비히 비트겐슈타인

Ludwig Wittgenstein, 1889~1951

"철학이 당신에게 모든 것을 준다고 해도, 그것으로 심오한 논리적 문제들에 대해 그럴 듯하게 떠들어대기만 할 뿐 일상생활의 중요한 문제를 잘 해결할 수도 없을 거라면, 철학이 대체 무슨 쓸모가 있단 말인가?"라고 비트겐슈타인은 물었다.

— 레이 몽크,《비트겐슈타인 평전》

들어가며

마싼리馬三立(만담 형식의 중국 민간예술인 '상성'의 대가-옮긴이)의 상성相聲 가운데 '가서 놀아요'라는 대목이 있다.

어떤 집에 어머니와 다섯 살짜리 아들이 살고 있었는데, 하루는 어머니가 아들에게 말했다. "엄마는 안에서 일하고 있을 테니까, 밖에 누가 오면 '이름이 뭐예요?'라고 물어본 다음 엄마한테 와서 알려줘."

아들은 "네, 알았어요"라고 대답했다.

그러던 어느 날, 집에 도둑이 들었다. 도둑은 마당에 걸려 있는 옷들을 노리고 있었다. 아들이 마당의 도둑을 보고 달려가 물었다. "이름이 뭐예요?"

그러자 도둑이 말했다. "가서 놀아."

아들은 곧장 어머니에게 가서 말했다. "엄마, 마당에 누가 있어요."

엄마가 "그 사람 이름이 뭔데?"라고 묻자, 아들은 "'가서 놀아'요"라고 대답했다. 어머니는 아들이 나가서 놀자는 줄 알고, 하던 일이나 마저 했다. 그런데 잠시 후 빨래를 걷으러 마당에 나가 보니, 빨랫줄에 걸린 옷이 다 없어졌다. 이미 도둑은 도망간 뒤였다.

이 상성의 핵심은 언어와 이해다. 언어는 우리의 생활 곳곳에 어디에나 있지만, 언어의 본질과 기능에 대해 깊이 사고하는 사람은 많지 않다. 우리는 종종 말로도 뜻이 다 전달되지 않는 때가 있다는 것을 경험한다. 말로 인해 오해가 더 깊어지기도 한다. 우리에게 언어란 무엇일까? 단순히 소통의 도구인가? 대상을 기술하는 것 이외에 다른 기능도 있을까? 언어에 존재하는 한계는? 20세기의 오스트리아 철학자 비트겐슈타인은 이런 문제에 대해 누구보다도 깊이 사고한 철학자였다.

《논리-철학 논고》와 언어그림 이론

루트비히 비트겐슈타인은 20세기 철학사에서 가장 전기적인 인물이다. 오스트리아의 '철강왕' 집안에서 태어났고, 학창 시절에는 히틀러와 같은 반이기도 했다. 제1차 세계대전이 끝난 뒤에 거액의 유산을 상속받았지만, 전부 남들에게(가난한 문인, 예술가들과 형제자매들에게-옮긴이) 주었다. 대학에서는 당시의 저명한 철학자인 버트런드 러셀에게서 철학을 배웠다. 하지만 논문심사장에서 러셀에게 "제 논문을 이해하지 못했다고 너무 낙담하지 마세요. 어차피 당신들이 이해할 거라고 기대하지 않았어요"라고 말하기도 했다. 논문은 별 어려움 없이 통과되어 박사학위를 받았다. 그는 한평생 자살에 대해 생각했다. 한때는 시골 마을의 초등학교 교사였으나 정원사, 문지기가 되었다가 한동안 사람들에게서 벗어나 은거하기도 했다.

비트겐슈타인의 생전에 출간된 저서는 1921년에 발표한《논리-철학 논고》한 권뿐이다. 이 책의 내용 대부분은 전쟁의 참호 안에서 쓰였다. 중국어 번역본으로 몇십 페이지밖에 되지 않을 만큼 짧지만, 이 작은 책에는 비트겐슈타인이 평생에 걸쳐 심혈을 기울인 철학의 정수가 담겨 있다. 그는 한평생 언어의 미궁에서 벗어나고자 시도했다. 그는 인간은 언어를 벗어나 사고할 수 없으며, 언어는 사고를 제한하는 한계라고 생각했다.

《논리-철학 논고》의 주요 사상은 '언어그림 이론'에 담겨 있다. 이 책은 전체가 '언어란 무엇인가'라는 가장 기본적인 물음에 답하기 위한 것이다. 비트겐슈타인은 위의 물음에 대해, 언어는 어떤 사태에 대해 그림을 그리듯 묘사하는 것이라고 답한다. 비트겐슈타인은 왜 이런 대답을 했을까? 어느 날 그는 신문에서 법정에서 차량 모형으로 교통사고 발생 과정을 재현하고 있다는 기사를 본다. 모형 트럭과 모형 자전거로 충돌 과정을 재현했다는 내용이었다. 여기에는 두 가지의 대응 관계가 존재한다. 하나는 모형이 각각 현실의 대상물에 대응하는 것이다. 모형 트럭은 현실의 트럭에, 모형 자전거는 현실의 자전거에 대응한다. 다른 하나는 모형들 사이의 관계가 현실의 사건 속의 관계에 대응하는 것이다. 즉 모형 자전거가 모형 트럭에 부딪혀 쓰러지는 모습은 현실의 자전거가 현실의 트럭에 부딪혀 쓰러지는 사태에 대응한다. 비트겐슈타인은 이런 모형이 드러내는 그림이 언어에서의 명제와 같다고 생각했다. 명제에서의 각 부분은 그림 속의 각 부분에 하나하나 대응한다. 바꾸어 말하면, 언어와 사유와 세계, 삼자 사이에 동일한 구조를 갖추고 있다고도 할 수 있다. 동일한 구조를 갖추고 있으므로 언어로 세계와 사유를 그림 그리듯 묘사할 수 있는 것 아니겠는가.

그러나 비트겐슈타인의 생각은 단순 묘사에 머무르지 않았다. 그는 논리적으로 가능한 모든 세계를 고려했다. 비트겐슈타인은 '사태 Sachverhalt'와 '사실Tatsache'을 구분했다. 그가 보기에, 어떤 그림도 세계에 있을 가능성이 있었다. 명제가 조합될 수 있는 방식(사태)은 현실에서 일어나는 일(사실)보다 훨씬 많다. 사태는 논리적 공간을 구성하고, 그 공간은 발생 가능한 사건들로 채워진다. 이것은 사유의 세계이며, 사실만이 현실 세계를 구성한다. 다시 법정에서의 모형 재현으로 돌아와보자. 가능성만 놓고 보았을 때 자전거는 트럭과 부딪힌 뒤 쓰러졌을 수도 있고, 쓰러지지 않았을 수도 있다. 그러나 현실에 존재하는 것은 반드시 둘 중 하나다. 트럭과 자전거가 충돌했다고 가정할 때 우리는 여전히 사실과 반대되는 정황을 상상할 수 있고, 그것과는 또 다른 현실의 정황을 상상할 수도 있다. 예를 들어, 그 트럭이 자전거를 싣고 있었다거나, 자전거를 끌고 갈 수도 있는 것이다. 그러나 우리는 '트럭이 자전거를 속였다'는 식의 그림은 상상할 수 없다. 이에 비트겐슈타인은 그전까지 세상에 존재했던 것과는 전혀 다른 형이상학을 내놓는다. 세계의 본질은 사물도 아니고 정신도 아닌 '사태'이며, 대상들 간의 관계 연결이라고.

비트겐슈타인은 언어는 어디까지나 사태의 그림이지, 언어가 지시하는 대상의 그림이 아니라고 생각했다. 그러므로 기본적인 의미는 그림 안에 존재하고 명제 안에 존재하는 것이다. 우리가 타인과 소통할 수 있는 것은 타인 또한 그 자신의 머릿속에서 우리가 말로 그려내는 그림을 '볼 수 있'기 때문이다. 사람들 사이에 오해가 발생하는 이유는 한 사람의 언어가 그려내는 그림을 상대방이 제대로 이해하지 못하기 때문이다. 어쩌면 '과도한 이해' 때문일 수도 있다. 앞서 언급한 '가서 놀아요'라는 상성에서 아이는 말을 전달했으나, 그림을 정확히 전달하지는 못했다. 그래서 어머니가 오해하게 된 것이다.

말할 수 있는 것과 말할 수 없는 것

❖·❖·❖

우리는 항상 숨을 쉬고 있지만 공기의 존재를 거의 의식하지 않듯이, 일상에서 항상 말을 하고 살면서도 언어 자체에는 별 관심을 기울이지 않는다. 또한 언어는 그 자체가 논리 구조라는 중요한 사실도 간과한다. 우리는 언어를 통해 이해하고, 언어를 통해 세계를 묘사한다. 언어는 타인과 소통하는 도구일 뿐 아니라 어쩌면 유일한 도구라고도 할 수 있다. 이에 대해 비트겐슈타인은 또 다른 기본 명제를 내놓는다. 언어의 한계는 어디에 있는가? 이에 대한 답으로, 그는 《논리-철학 논고》에서 '말할 수 있는 것'과 '말할 수 없는 것'을 구분한다. 이 책의 머리말에서 그는 이렇게 쓰고 있다. "말할 수 있는 것에 대해서는 명료하게 말하고, 말할 수 없는 것에 대해서는 침묵해야 한다." 이것은 또한 이 책에 나오는 일곱 번째 명제이기도 하다. 말할 수 없는 것에 대해 우리는 침묵해야 한다Wovon man nicht sprechen kann, darüber muss man schweigen. 그렇다면 대체 무엇이 '말할 수 있는 것'일까? 그는 《논리-철학 논고》에서 무의미한 헛소리와 논리적 오류가 모두 배제된 언어를 가정한다. 이런 언어여야만 사태 혹은 사실을 묘사할 수 있고, '말할 수 있는' 언어라고 할 수 있을 것이다.

그렇다면 '말할 수 없는 것'은 무엇일까? 비트겐슈타인은 이 지점에서 말하기saying와 보여주기showing를 구분한다. 그는 보여지는 것은 대개 말할 수 없는 것이라고 생각했다. 그림 그리듯 묘사할 수 없는 모든 것은 다만 보여질 수 있을 뿐이다. 말할 수 없는 것 첫 번째는 명제 자체의 논리적 형식이다. 우리가 논리어를 사용해서 단어를 연결하고 문구를 완성하면, 그 문구는 그것에 대응하는 그림을 그려낼 수 있다. 그러나 논리적 형식 자체는 어떤 그림으로도 그려낼 수 없다. 우리의 모든 말과 사유는 논리적 조직으로부터 떼어낼 수 없다. 그러므로 논리는 언어의 한계이자, 세계에 긋는 한계선이 된다. 말할 수 없는 것 두 번째는 윤리, 미학, 종교 등의 관념이다. 이러한 영역에서 언어는 사태를 묘사하는 것이 아니라 평가를 내리거나, 규범을 내놓거나, 삶의 의미와 목표를 제시하기 때문이다. 비트겐슈타인은 이러한 영역이 전혀 중요하지 않다고는 생각하지 않았다. 그는 다만 우리의 언어가 이러한 영역에서는 유효한 그림을 그려낼 수 없음을 강조했을 뿐이다.

비트겐슈타인은 "내 언어의 한계는 내 세계의 한계다"라고 말했다. 심지어 그는 "세계의 의의는 세계의 밖에 있어야 한다"라고 말한다. 또한 《논리-철학 논고》의 결말부에서도 비슷한 말을 한다. "모든 있을 수 있는 과학적 물음에 답을 얻었다 해도, 우리의 인생에 대한 의문은 제대로 답을 얻지 못할 것이다." 그래서 많은 철학자들은 비트겐슈타인의 철학에는 신비주의 요소가 있다고 말한다.

비트겐슈타인에게 있어 철학은 학설이 아니라 활동이었다. 그가 보기에 철학의 근본 임무는 사유를 명료하게 하는 것, 사유 자체에 한계를 긋는 것이었다. 그런데 그는 후기의 저작인 《철학적 탐구》에서 자신의 이런 관점을 철저히 뒤집는다.

《철학적 탐구》와 언어게임

✦✦✦

비트겐슈타인의 《논리-철학 논고》가 출간되자 많은 철학자들이 감탄과 찬사를 쏟아냈다. 이런 분위기에 부담을 느낀 비트겐슈타인은 시골 마을로 내려가 은거한다. 그럼에도 논리실증주의 학자들은 백방으로 수소문한 끝에 그를 찾아가 철학적 질문을 던졌다. 그런데 바로 이 시기에 비트겐슈타인은 자신의 전반기 사상을 돌연 부정한다. 자신의 언어에 대한 사고에 큰 착오가 있음을 깨달았기 때문이다. 이에 대해 이야기하자면 비트겐슈타인이 케임브리지에 있던 시절로 돌아가야 한다. 한번은 케임브리지 대학에 있던 한 이탈리아 경제학자가 비트겐슈타인과 철학 토론을 벌이던 중 가운데 손가락을 들어올리며 물었다. "자, 이런 손가락 자세의 논리적 구조가 무엇인지 말해보게." 순간, 비트겐슈타인은 뭐라 말을 잇지 못했다. 훗날 그는 그날 가지란 가지는 모조리 잘린 나무가 된 느낌이었다고 회고했다. 그런데 바로 그때, 자신이 지금까지 언어의 한 가지 기능, 즉 세계를 묘사하는 기능에만 집중하고 있었음을 깨달았다. 모든 종류의 언어에는 저마다 나름의 명확한 논리적 구조가 있었음에도 말이다. 그리고 언어에는 또 다른 중요한 기능이 있었다. 그것은 바로 '유희'다. 앞에 나온 상성의 '가서 놀아요'에서도 도둑은 언어의 유희 기능을 이용해 아들과 어머니 모두 그의 이름을 오해하게 만들었다.

비트겐슈타인은《철학적 탐구》에서 그 유명한 언어게임language game이라는 개념을 제시한다. 우리가 어떤 게임을 이해하기 위해서는 먼저 그 게임의 규칙을 이해해야 한다. 장기에서 '마馬'가 무엇인지, 어떤 규칙하에서 어떻게 움직이는지 알아야 장기를 둘 수 있는 것과 비슷하다. 언어도 마찬가지다. 말의 뜻은 그 말이 사용되는 언어 환경의 규칙에 따라 달라진다. 서양의 언어에서 '게임'이 의미하는 것은 매우 광범위하다. 트럼프 카드, 체스, 사방치기, 숨바꼭질 등이 모두 게임이다. 언어는 결코 통일된 의미 체계가 아니다. 언어도 게임처럼 그 형식이 매우 다양하다. "연기, 노래, 수수께끼, 농담, 이야기, 번역, 간청, 감사, 꾸짖음, 인사, 기도 등에서 언어의 용법은 명제가 아니며, 여기에는 그 어떤 일치된 본질도 존재하지 않는다." 비트겐슈타인은 이전에 자신이 구상했던 '이상적 언어'의 한계를 보았다. 그는《철학적 탐구》에서 일상 언어에 대한 연구로 방향을 전환한다. 언어의 언설은 행동의 일부이거나 생활 형식의 일부임을 깨달았기 때문이다. 그는 "언어는 행위다"라고 말한다.

또한 그는 언어의 용법에는 "일치된 본질이 없다"고도 말한다. 이건 또 무슨 뜻일까? 이에 대해 비트겐슈타인은 '가족 유사성'이라는 개념을 제시한다. 대가족의 가족 구성원들을 보면, 누구와 누구는 매부리코가 비슷하고 누구와 누구는 턱의 윤곽이 비슷하다는 것을 발견하게 된다. 그러나 단지 가족이라고 해서 가족 구성원 전체가 공유하는 공통된 특징은 없다. 비트겐슈타인은 이렇게 가족 유사성을 비유로 들면서, 언어의 광범위한 용도 사이에는 서로 비슷한 부분이 존재한다고 말한다. 그렇지 않다면 우리는 이 모든 것을 묶어서 '언어'라고 부를 수도 없었을 것이다. 그러나 우리는 모든 언어가 본질적으로 똑같은 규칙, 기능, 의미를 갖지 않는다는 것을 안다. 비트겐슈타인은 이렇게 본질주의에 반대하는 입장을 드러내기도 했다.

우리는 우리가 매일 하는 말이 철학자의 눈에는 얼마나 복잡한 것일 수 있는지 알았다. 그럼, 이제부터는 좀 더 '제대로' 말할 수 있을까?

더 읽으면 좋은 책

1 《논리-철학 논고》루트비히 비트겐슈타인, 책세상, 2020
2 《철학적 탐구》루트비히 비트겐슈타인, 책세상, 2019
3 《비트겐슈타인의 추억》노먼 맬컴, 필로소픽, 2013
4 《비트겐슈타인 평전》레이 몽크, 필로소픽, 2019
5 《비트겐슈타인의 논리철학론 이렇게 읽어야 한다》R. M. 화이트, 서광사, 2011
6 〈멋진 삶A Wonderful Life〉 크리스토퍼 사이크스Christopher Sykes, Christopher Sykes Production, 다큐멘터리, 1989

16

토마스 쿤
《과학혁명의 구조》

어째서 과학에도
혁명이 일어나는가?

‖ 대머리 지수 ‖

토마스 쿤

Thomas Kuhn, 1922~1996

혁명 이후 과학자들이 마주한 것은 완전히 다른 세계였다.

— 토마스 쿤, 《과학혁명의 구조》

들어가며

수성은 태양계의 여덟 행성 가운데 태양으로부터 가장 가까이 있는 행성이다. 공전 속도도 가장 빠르고 공전 궤도 역시 가장 짧다. 그런데 1859년, 프랑스의 천문학자 위르뱅 르베리에Urbain Le Verrier는 '수성의 세차운동Precessional motion'이라는 이상한 현상을 발견하게 된다. 수성의 세차운동이란, 수성의 근일점近日點(태양을 도는 천체의 타원궤도 안에서 천체가 태양과 가장 가까워지는 지점-옮긴이)이 고정돼 있지 않고 계속해서 이동하는 현상을 말한다. 그런데 망원경으로 수성의 세차운동을 발견한 천문학자들은 뉴턴역학에 따라 수성의 근일점 이동이 100년에 38각초角秒(1도의 1/3600-옮긴이)씩 빨라진다는 이론값을 구해냈다. 당시의 모든 과학자들은 작게는 미립자부터 크게는 천체에 이르기까지 모든 사물의 운동 규칙을 뉴턴역학으로 풀 수 있다고 생각했다. 뉴턴이 틀릴 리 없다고 생각한 르베리에는 수성보다 더 태양 가까이에 있는 어떤 미지의 행성이 수성의 궤도에 영향을 미치고 있다고 추측했다. 르베리에는 이 보이지 않는 행성을 '벌컨Vulcan'이라고 이름 지었다. 전 세계의 천문학자들은 눈을 크게 뜨고 수년간 하늘을 관측했지만, 벌컨으로 추정되는 행성을 끝내 찾아내지 못했다.

1916년, 아인슈타인이 일반 상대성 이론을 발표했다. 이 이론에서는 태양의 질량이 너무나 큰 나머지 태양 부근의 공간이 휠 수 있다고 주장했다. 수성은 바로 이렇게 약간

휜 공간에서 궤도운동을 하고 있다는 것이었다. 이러한 상대성 이론에 따라 예측한 결과, 수성의 근일점 이동은 100년에 43각초씩 빨라진다는 계산이 나왔다. 앞에서 계산한 값보다 이 결과치가 실제 관측 결과에 훨씬 가까운 것이었다. 1919년 연말, 영국의 왕립학회는 브라질 북부와 아프리카 서부 연해의 프린시페섬에서 이루어진 영국 천문학자들의 관측 결과, 3월 29일에 일식이 있을 것이라고 발표했다. 이때 관측한, 빛이 태양에 근접할 때의 굴절각도 정확히 아인슈타인의 예측과 맞아떨어졌다. 이를 계기로 아인슈타인의 상대성 이론은 뉴턴역학을 꺾고 과학계의 무대에 새로이 오르게 된다.

뉴턴역학도 과학이고, 아인슈타인의 상대성 이론도 과학이다. 과학은 흔히 있는 그대로의 진리를 대표하는 것으로 여겨진다. 그런데 새로 등장한 이론이 기존의 이론을 꺾었다니, 그렇다면 지난 몇 세기 동안 굳게 믿어온 뉴턴역학은 틀린 것이었단 말인가? 설마 과학사조차 패권 전쟁의 역사일 뿐이란 말인가? 20세기 철학자 토마스 쿤의《과학혁명의 구조》는 과학사에서 종종 일어나는 이러한 '왕조 교체'에 대해 설명한다. 그는 과학의 발전사는 지식이 단순히 축적되기만 하는 창고가 아니며, '양'의 축적이 반드시 비약적 발전을 촉진하는 것도 아니라고 말한다. 과학의 진보에는 분명 축적이 필요하지만, 그보다 더욱 필요한 것은 '계단식 혁명'이다.

토마스 쿤 : 이과남에서 과학철학자로

✦✦✦

토마스 쿤은 미국 오하이오주 신시내티에서 태어났다. 성실하고 고지식한 '이과남'이었던 그는 열일곱 살에 하버드 대학교에 진학해 물리학을 전공한 뒤 순조롭게 물리학 석사, 박사 학위까지 받았다. 그런데 그는 우연한 계기로 '문과로 전향'하게 된다.

어느 날, 하버드 대학교에서 박사과정 공부를 하고 있던 쿤에게 지도교수가 17세기 역학의 기원에 대한 강의를 맡겼다. 쿤은 이 강의를 준비하면서 과학사를 공부하기 시작, 나중에는 아리스토텔레스와 중세 물리학도 연구하게 된다. 뉴턴과 아인슈타인의 이론을 수용하고 있는 20세기의 물리학자들에게 아리스토텔레스의 물리학은 형이상학이나 주술에 더 가까워 보이는 전前 과학prescience에 지나지 않아 과학이라고 부를 수도 없어 보였다. 그런데 쿤은 아리스토텔레스의 저작들을 읽어나가던 중 불현듯 아리스토텔레스의 말이 왜 일리가 있는지 깨닫는다. 그는 아리스토텔레스의 '자연학'에서 다루는 운동, 질량 등의 개념이 뉴턴역학에서의 개념과 완전히 다르다는 것을 발견했다.

195

그렇다고 해서 아리스토텔레스의 물리학이 '나쁜' 물리학이라고는 할수 없었다. 그것은 단지 뉴턴과 다른 물리학이었을 뿐이다. 그전까지사람들은 과학의 지식은 축적되기만 한다고 여겼다. 그러나 이런 생각은 잘못되었다는 것이 쿤의 관점이었다. 오히려 과학사에는 꽤 많은 '단절'이 나타난다. 아리스토텔레스의 체계와 뉴턴의 체계 사이, 그리고 뉴턴의 체계와 아인슈타인의 체계 사이에서도 마찬가지였다. 이에 토마스 쿤은 과학철학과 과학사 연구에 몰두하기 시작한다.

쿤이 하기로 한 연구는 철학의 한 분과인 과학철학에 해당한다. 우리는 일상적으로 "그런 말은 과학적이지 않다"라거나 "그런 설명은 비과학적"이라고 말한다. 대체 과학이 무엇이기에? 이 세상에는 종종 자신들의 연구가 유사 이래 인류의 가장 중요한 문제들을 모두 해결했노라 자부하는 사람들이 있다. 그런데 그들의 연구가 가치 있고 방법론이 타당하다는 것을 우리가 대체 어떻게 알 수 있단 말인가? 그래서 과학철학은 '과학이란 무엇인가' '과학의 기준은 무엇인가'부터 파고든다. 이러한 물음은 곧 '무엇이 과학을 과학이게 하는가' '과학과비과학, 즉 과학과 종교, 철학, 예술 등의 차이는 어디에 있는가' '우리는 어째서 과학이 다른 것들(점성술이나 명리학)보다 더 믿을 만하다고여기는가'라고도 할 수 있다.

과학에도 혁명이 일어난다

✦✦✦

《과학혁명의 구조》는 1962년에 미국 시카고 대학교 출판사에서 처음 출간되었다. 분량은 그다지 많지 않지만, 역사상 인용률이 가장 높은 책이다. 쿤은 이 책에서 귀납주의와 반증주의(과학의 이론과 가설은 '반증'을 통해 검증되고 발전한다는 주의—옮긴이)를 비판적으로 수용하고 있다. 그는 과학이 인류의 역사에서 직선적으로 발전하지 않고 '계단식 혁명'을 겪어왔다고 말한다. 과학사의 어느 시점마다 어느 한 가지 이론적 틀이 다른 이론적 틀로 철저히 대체돼왔다는 것이다. 쿤은 과학이 '전 과학—정상과학—위기—혁명—새로운 정상과학'의 단계를 거치며 발전한 뒤 또다시 새로운 위기를 맞는다고 말한다. 역사 속에서 끊임없이 이루어지는 왕조 교체처럼.

쿤은 또, '과학 공동체'에는 모두에게 공통으로 받아들여지는 신념이 있다고 말한다. 이렇게 과학 공동체가 공통으로 준수하는 규범과 신념을 그는 '패러다임paradigm'이라고 부른다. 과학자들은 이러한 패러다임 안에서 공통된 가설을 내놓고 공통의 방식으로 연구를 진행한다. 이런 과학을 '정상과학normal science'이라고 한다. 연구에 '패러다임'을 제공할 수 있는가에 따라 과학은 전 과학과 구별된다. 즉 패러다임의 확립은 어느 한 과학 영역의 발전·성숙의 지표라고도 할 수 있다. 뉴턴의 역학, 맥스웰의 전자기학 등이 바로 이렇게 새로운 패러다임을 제공했다. 반면 샤머니즘이나 점성학 같은 비과학은 이러한 패러다임을 제공할 수 없다. 쿤은 "과학자들은 패러다임을 배척함과 동시에 과학자일 수 없다"라며 패러다임 없이는 과학도 없다고 믿었다. 일단 패러다임이 확립되고 나면, 학과를 개설하고 정기간행물을 발간하고 연구비를 받고 강의를 개설하고 학회를 만드는 등 그 분야의 연구 활동이 '말이 질주하듯' 활발해진다. 이 시기에는 모두의 인

197

식이 일치하기 때문에 과학의 기본 개념과 규범에 대해 굳이 논쟁할 필요가 없다.

쿤은 과학사를 정상과학 단계와 혁명 단계로 구분한다. 어느 한 영역에서 모든 사람이 특정 형이상학과 연구 방법이 의심의 여지없이 적합하다고 여기고 있을 때, 이 시기의 과학자들이 하는 연구가 바로 정상과학이다. 그들은 기존에 확립된 패러다임에 따라 연구를 지속하기만 하면 된다. 마치 뉴턴의 역학 체계가 확립되자, 뒤이어 다니엘 베르누이Daniel Bernoulli와 레온하르트 오일러Leonhard Euler가 유체역학을 확립하고 조제프 루이 라그랑주Joseph Louis Lagrange가 분석역학을 발전시킨 것처럼 말이다. 정상과학 단계에서는 "자연계 전체를 패러다임이라는 상자 안에 집어넣기라도 한 듯" 순조롭게 발전한다.

그런데 혁명 단계에서는 사람들이 기존의 패러다임에 의문을 품기 시작하고, 하나둘 도전자가 생겨난다. "하나의 패러다임이 혁명을 통해 새로운 패러다임으로 이행하는 것은 성숙기에 다다른 과학이 통상적으로 겪는 과정이다." 앞에서 언급한 수성의 근일점 이동에 관한 연구도 아인슈타인의 상대성 이론 패러다임이 뉴턴역학의 패러다임을 격퇴시킨 전쟁이었다고 할 수 있다. 그러나 쿤은 오래된 패러다임에서 새로운 패러다임으로 전환되는 과정은 전통적 이성주의로는 설명할 수 없다고 강조한다. 그렇다면 정상과학 단계에서 발생하는 혁명은 대체 무엇으로 설명해야 할까?

'과학혁명'은 변칙에서 시작된다

❖❖❖

기존의 패러다임에 난제가 출현하게 된다. 쿤은 이것을 '변칙anomaly' 이라고 부른다. 변칙이 출현했다는 것만으로 기존 패러다임이 부정되지는 않는다. 하지만 기존의 패러다임으로는 해결하지 못하는 문제가 많아지면서 기존의 패러다임에 대한 사람들의 믿음이 흔들리기 시작한다. 이러한 신뢰의 위기는 일단 발생하면 다음의 세 가지 결과로 이어진다. 첫 번째 결과는 정상과학이 결국 위기를 해결하고 기존의 정상과학 단계로 되돌아가는 것이다. 두 번째 결과는 문제가 끝내 해결되지 않아서, 해결되지 않은 문제들을 기록으로 남겨두고 언젠가 해결되기만을 기다리는 것이다. 세 번째 결과는 새로운 패러다임과 기존의 패러다임이 병존한 채 경쟁하다가 '패러다임 전쟁'에 진입하는 것이다. 앙투안 라부아지에Antoine-Laurent Lavoisier가 등장하기 전까지만 해도 '플로지스톤'설(18세기 독일의 화학자 슈탈G. Stahl의 주장으로, 물질이 연소하면 모든 물질에 있는 플로지스톤이라는 원소가 튀어나가 물질의 질량이 감소한다고 주장한 가설-옮긴이)로 연소의 원리를 설명했었다. 그러나 훗날 라부아지에는 산소와의 결합으로 연소의 원리를 설명했다. 이렇게 라부아지에가 새로운 방식으로 연소의 원리를 설명할 때도 기존 '플로지스톤'설의 도움은 전혀 필요하지 않았다. 뉴턴역학이 나타나기 전까지 사람들은 접촉을 통해서만 힘의 작용이 발생한다고 믿었다. 그러나 뉴턴의 만유인력 법칙은 물체와 물체 사이에 직접적인 접촉이 없어도 상호 간에 인력이 발생한다고 설명한다.

즉 과학혁명은 '패러다임이 전환paradigm shift'되면서 실현되는 것이다. 쿤은 이러한 패러다임의 전환을 '게슈탈트 전환gestalt switch(또는 gestalt shift, 동일한 이미지가 보는 이의 시각이 바뀜에 따라 전혀 다른 형태로 보이는 것-옮긴이)'이라고도 부른다. 쿤은 새로운 패러다임은 점진적으로 출현하지 않고 "어느 순간 갑자기, 때로는 한밤중에, 위기에 빠진 사람들의 머릿속에" 불쑥 나타난다고 말한다. 새로운 패러다임은 너무나 얼토당토않게 보이기 때문에 기존의 패러다임을 고수하고 있던 과학자들은 '정통'의 이름으로 새로운 패러다임에 항거한다. 용기와 담력, 새로운 것에 대한 탐구 정신이 부족한 사람들도 기존의 틀을 감히 부수지 못한다. 쿤을 포스트모더니즘 사상가로 분류하는 사람도 있다. 쿤은 '과학이 직선적으로 발전하며 지속적으로 축적된다'는 기존 관점에 철저히 회의적이기 때문이다. 쿤이 보기에, 과학의 발전은 불연속적이며 통약 불가능incommensurability(서로 다른 두 이론을 비교, 측정할 수 있는 동일한 방법이나 척도가 존재하지 않음-옮긴이)하고 통일적이지도 않다.

아인슈타인은 과학자의 유형을 몰두형, 표현형, 꿀벌형으로 분류한 바 있다. 몰두형 과학자는 과학을 자신의 신앙으로 삼아 열광적으로 몰두하며 헌신을 다한다. 표현형 과학자는 마치 스포츠 대회에 참가한 운동선수처럼 자신의 총기와 재능을 증명하기 위한 수단으로 과학 연구를 한다. 이들에게 과학 연구는 고급 두뇌게임 같은 것이다. 반면 꿀벌형 과학자에게는 과학 연구가 일종의 직업이자 생계 수단이다. 그들은 그저 일을 하듯 열심히 성실하게 과학 연구를 한다. 쿤의 이론에 따르면, 정상과학 단계의 과학자들은 대부분 꿀벌형일 가능성이 높다. 그러나 혁명 단계에서는 몰두형과 표현형 과학자들이 더욱 화려한 빛을 내뿜는다.

당신이 쿤의 관점에 동의하건 아니건 간에, 패러다임 전환 등 쿤의 많은 용어와 개념은 이미 사회 전반에 걸쳐 광범위하게 사용되고 있다. 사실 과학의 역사에서도 진정으로 사람들을 매료시키는, 나아가 격동시키는 순간은 과학자들이 '아, 생각났어!'라고 외치는 바로 그때가 아닐까.

더 읽으면 좋은 책

1   《과학혁명의 구조》 토마스 쿤, 까치, 2013
2   《과학철학》 사미르 오카샤, 교유서가, 2017
3   《과학철학의 형성》 한스 라이헨바흐, 선학사, 2002

17

존 설
《마음, 두뇌, 프로그램》

인공지능은 왜 인간을
대체할 수 없나?

‖ 대머리 지수 ‖

존 설

John Rogers Searle, 1932~

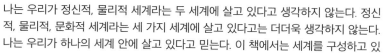

나는 우리가 정신적, 물리적 세계라는 두 세계에 살고 있다고 생각하지 않는다. 정신적, 물리적, 문화적 세계라는 세 가지 세계에 살고 있다고는 더더욱 생각하지 않는다. 나는 우리가 하나의 세계 안에 살고 있다고 믿는다. 이 책에서는 세계를 구성하고 있는 수많은 부분적 요소들 간의 관계에 대해 기술할 것이다.

— 존 설, 《정신, 언어, 사회》

들어가며

2016년에는 인공지능 바둑 프로그램인 알파고가 한국의 바둑기사 이세돌과의 대국에서 압도적인 승리를 거두었다. 이 장면을 지켜본 사람들은 인공지능이 인간의 지능을 뛰어넘을 수 있다는 사실에 경악했다. 사실 스마트폰의 음성명령 기능이나 자동차의 내비게이션 등 우리의 일상은 많은 부분이 이미 인공지능과 관련돼 있다. 과연 인공지능은 인류에게 축복일까 재앙일까?

아직은 인공지능의 능력이 프로그램의 설정에 따라 특정 작업을 수행하는 정도로 제한적이라 해도, 언젠가는 '강한 인공지능'이 출현해 신처럼 인간의 지능을 압도할지 모른다고 많은 이들이 우려하고 있다. 스티븐 호킹, 일론 머스크, 빌 게이츠 등도 슈퍼 인공지능이 등장하게 될 특이점singularity(인공지능이 비약적으로 발전해 인간의 지능을 뛰어넘는 기점, 나아가 인간이 인공지능을 통제하지 못하게 되는 지점-옮긴이)에 대해 경계의 목소리를 높이고 있다. 그러나 다른 쪽에서는 미래의 인공'지능'이 점점 '똑똑'해질 수는 있겠지만, 인공지능이 정말로 인간처럼 마음과 의식을 가질 수 있겠느냐고 묻는다. 미래의 인공지능은 정말 〈터미네이터〉〈아이, 로봇〉 같은 영화에서처럼 인간을 통제할 정도로 반격해올까? 정말로 그런 때가 온다면, 우리는 과연 인간과 인공지능을 제대로 구분할 수 있을까?

이런 문제에 대해 가장 할 말이 많은 사람들은 인공지능 분야의 종사자일 것이다. 그러나 이런 문제에 대해서는 철학자도 깊이 생각해볼 수 있다. 그중 미국의 철학자 존 설은 위에 언급한 우려에 대해 단호히 반대 입장에 서 있다. 그는 인공지능이 아무리 똑똑해져도 인간의 의식 내지 마음을 가질 수는 없다고 말한다.

모방 유희와 튜링 테스트

◆◆◆

17세기의 철학자 데카르트는 언어는 인간만이 가진 능력이며, 어떠한 기계장치도 인간의 물음에 합당한 답을 내놓을 수 없다고 생각했다. 그로부터 4세기가 흐른 지금, 손바닥 안에 스마트폰이라는 기기를 쥐고 음성명령으로 기기와 대화를 나누는 사람들을 보고 있으면 데카르트의 판단은 틀린 것 같다. 사실 이 모든 발전은 영국의 수학자이자 '인공지능의 아버지'인 앨런 튜링Alan Turing의 공이다.

튜링은 기계의 '지능'을 판별하는 데 중요한 기준을 제시한 바 있다. 이른바 '튜링 테스트'다. 튜링 테스트는 '기계가 독자적으로 사고할 수 있는가'를 판단하기 위해 제시되었다. 1950년에 튜링은 '계산기계와 지능'이라는 논문에서 한 가지 사고실험을 제안한다. 여기에는 한 남자, 한 여자, 그리고 질문자가 등장한다. 질문자가 있는 방은 남자, 여자가 있는 방과 격리돼 있다. 질문자의 임무는 두 사람 중 누가 남자이고 여자인지 판단하는 것이다. 단, 질문자는 상대방의 목소리로 성별을 판단하면 안 되기 때문에 질문자와 남자, 여자와의 대화는 전신 타자기로만 진행된다. 튜링은 이 사고실험에서, 우리가 현재 컴퓨터라고 부르는 기계로 남자 혹은 여자 역할을 대신했을 때 질문자가 상대방의 성별을 구분하지 못하고, 심지어 상대가 사람인지 기계인지조차 구분하지 못한다면 이것은 기계가 질문자를 속인 것이냐고 물었다. 그는 기계가 사람을 대신한다는 것은 그만큼 어려운 일이라고 생각했다.

그런데 튜링은 1952년 BBC와의 인터뷰에서 기준을 조금 낮추어 만약 30% 이상의 사람들이 자신과 대화한 상대가 컴퓨터가 아닌 사람이라고 판단한다면, 그 기계는 튜링 테스트를 통과한 것이라고 말했다. 이후 많은 소프트웨어 개발자들이 바로 이 튜링 테스트를 통과하고자 시도했다. 그러다 2014년 6월 7일, '유진 구스트만Eugene Goostman'이라는 대화 프로그램이 튜링 테스트를 통과했다. 그렇다면, 이 대화 프로그램은 사람과 동일한 지능을 갖춘 것이라고 할 수 있을까?

중국어 방 사고실험

❖❖❖

존 설은 1980년에 한 편의 논문을 발표한다. 미국 캘리포니아 대학교 버클리 분교의 철학 교수였던 그는 언어철학이 주요 연구 분야였고, 영국 옥스퍼드 대학교에서 공부하던 시절에는 철학자 존 오스틴John Langshaw Austin이 지도교수였다. 존 설이 발표한 논문의 제목은《마음, 두뇌, 프로그램Minds, brains, and programs》. 이 논문에서 그는 유명한 사고실험이자 인공지능에 관한 흥미로운 질문이기도 한 '중국어 방 논증Chinese room argument'을 제시한다.

존 설은 논문의 서두에서 인공지능을 두 종류로 구분한다. 첫 번째 유형은 '약한 인공지능'이다. 약한 인공지능은 인간의 마음 혹은 정신에 관한 연구에서 정확하고도 엄밀한 방식으로 일련의 가설들을 체계적으로 진술하고 검증할 수 있도록 돕는 도구가 될 수 있다. 두 번째 유형은 '강한 인공지능'이다. '강한 인공지능'을 지지하는 학자들은 잘 프로그래밍된 컴퓨터는 이해력과 기타 인지능력을 지니고 있다고 여기므로 이런 컴퓨터는 사실상 마음이라고 주장한다. 그 당시 미국의 인공지능 연구자 사이에서는 이런 관점이 주류를 이루고 있었다. 그러나 존 설은 중국어 방 논증을 통해 강한 인공지능이라는 관점을 반박한다.

존 설은 그 자신이 방 안에 갇혀 있고, 방 안에는 몇 가지 중국어 텍스트가 있다고 가정한다. 여기서 중국어는 실제로 존 설 자신이 전혀 모르는 언어이기 때문에 택한 설정이라고 한다. 이어지는 가정에서는, 방 바깥에 있던 사람들이 그에게 두 번째 중국어 텍스트와 영어로 써 있는 규칙 문서를 전달한다. 이 규칙 문서는 존 설 자신이 첫 번째 중국어 텍스트와 두 번째 중국어 텍스트의 연관 관계를 이해할 수 있게 해주는 문건이다. 간단히 말하면, 중영사전과 영중사전, 그리고 둘의 사용법에 관한 설명서를 준 것이라고 할 수 있다. 이어, 방 바깥에 있는 사람들이 다시 그에게 세 번째 중국어 부호와 영어로 된 규칙 문서를 준다. 이것은 세 번째 중국어 부호와 앞의 두 텍스트 사이의 관계를 이해할 수 있게 해주는 문건이다. 다들 눈치챘겠지만, 이 가운데 존 설이 이해할 수 있는 것은 영어로 된 문건뿐이다. 그는 영어로 된 규칙 문서를 보면서 유려한 중국어 문장을 조합할 수 있지만, 그 문장이 무슨 뜻인지는 하나도 모른다. 예를 들어, 존 설은 영어 설명서에 써 있는 규칙대로 '새해 복 많이 받으세요'라는 문장 옆에 '세뱃돈 주세요'라는 말을 골라 조합할 수 있지만, 그는 여전히 그 말이 무슨 뜻인지 모를뿐더러 그 두 문장이 왜 어울리는 연결인지도 알지 못한다. 그러나 방 밖에 있는 사람들은 번번이 적절한 대답이 나오는 것을 보면서 방 안에 있는 그가 중국어를 잘 안다고 잘못 생각할 수 있다.

존 설이 중국어 방 논증을 통해 하려는 말은, 제아무리 잘 프로그래밍된 컴퓨터가 정해진 명령대로 올바른 작업을 수행했다 해도 그것은 컴퓨터가 언어를 이해한 것이라고 말할 수는 없으며, 나아가 컴퓨터가 마음 혹은 의식을 갖추었다고 말할 수는 없다는 것이었다. 존 설의 이 논문은 즉각 각계에 엄청난 반향을 불러일으켰다. 어떤 학자는 "지난 25년간 나온 논문 가운데 인지과학과 인공지능 분야에 가장 큰 영향력을 미친 논문"이라고 평했다. 물론 반박도 존재했다.

존 설의 중국어 방 논증에 대한 반박

❖❖❖

미래학자 레이 커즈와일Ray Kurzweil의 '시스템 논변systems reply'은 존 설의 중국어 방 논증에 대한 가장 강력한 반박에 속한다. 방 안에 있는 존 설은 중국어를 모르지만, 존 설과 방 안의 도구들은 하나의 시스템을 이루고 있으며, 존 설은 다만 그 시스템의 일부라는 것이 커즈

와일의 대답이었다. 존 설 자신은 중국어를 몰랐을지 몰라도 전체 시스템은 중국어를 '알고' '이해했'으므로, 정확한 대답을 한 것은 사실 존 설이 아니라 전체 시스템이라는 것이다.

인공지능 철학 연구자인 마거릿 보든Margaret Boden 역시 자신의 논문《중국어 방에서 탈출하기Escaping from the Chinese room》를 통해 존 설의 논증을 반박한다. 그는 존 설이 "두뇌의 판단 능력과 신경단백질의 특성은 서로 연관돼 있지만, 금속과 실리콘 사이에는 그러한 연관이 없다"라고 하면서 두뇌의 사고 능력을 사실상 두뇌의 생물화학적 특성으로 환원시키고 있다고 말한다. 그는 존 설이 범주의 오류를 범하고 있다고도 지적한다. 보든은 "두뇌가 인과 판단의 토대이긴 하지만, 그 인과 판단을 두뇌의 세포와 신경 조직이 직접 하지는 않는다"라고 하면서 "인간이 사고 활동을 할 때 두뇌에서 사고와 판단이 이루어지는 메커니즘을 잘 연구할 수 있다면 우리는 금속으로도 인간의 두뇌와 똑같은 기능의 또 다른 두뇌를 만들어낼 수 있을 것"이라고 말했다.

이렇듯 존 설의 중국어 방 논증은 인공지능 분야에서 엄청난 논쟁을 불러일으켰다. 비록 그 논쟁의 대부분은 인공지능 분야 종사자들의 반박이었지만 말이다. 튜링 테스트마저 뚫은 인공지능 엔지니어들은 이제 더 높은 목표를 향해 도전하고 있다.

지향성이라는 난제

✦✦✦

인공지능 분야에서 더 높은 목표란 무엇일까? 존 설은 인간만이 지닌 특성으로 지향성을 든 바 있다. 아마 이것이 인공지능의 더 높은 목표일 것이다. 지향성intentionality라는 게 뭘까? 우리가 어떤 단어를 말할 때 우리의 의식은 어떤 대상을 지시하고 있다. 그러나 기계가 똑같은 단어를 음성으로 내놓을 때는 '달'이라는 소리를 모방할 뿐 '달'이라는 대상을 지시하고 있지 않다. 우리가 컴퓨터 운영체제에서 특정 문건의 제목만 바꾸고 내용은 하나도 바꾸지 않았을 때, 컴퓨터는 그 둘을 서로 다른 문건으로 간주한다. 인간은 지향성이 있기 때문에 대상의 동일성 여부를 판단할 수 있다. 지향성은 중세 유럽의 스콜라 철학에서 처음 제시된 개념이다. 인간의 의식은 지향성 내지 의도성을 지니고 있으며, 이것은 인간의 의식과 정신의 근본 특성이다.

그런데 이러한 지향성이 반드시 생물만의 특성이라고 할 수 있을까? 지폐 계수기와 돈 세는 사람 사이에는 무슨 차이가 있을까? 미국의 철학자 대니얼 데닛은 지폐 계수기는 진정한 의미의 계산을 하는 것이 아니라 단지 기어가 돌아가는 것일 뿐이라고 말한다. 아니, 지폐 계수기는 사실 기어가 돌아간다기보다 물리적 규칙을 따르는 것에 더 가깝다. 그렇다면 인간에게도 그런 관점을 적용해볼 수 있다. 인간 역시 진정으로 계산한다기보다 심리적 부호를 조작하는 것일 뿐이라거나, 심리적 부호를 조작한다기보다 뇌 안의 뉴런을 자극하는 것일 뿐이라거나, 아니, 인간 스스로 뉴런을 자극한다기보다 물리학 법칙에 따라 뉴런이 자극되는 것이라고 말이다. 데닛의 이러한 입장은 전형적인 자연주의라는 점에서 존 설의 입장과 완전히 다르다. 데닛의 이론에서 인간의 의식, 지능, 정신은 많은 부분에서 기계와 본질적으로 차이가 없다.

인간의 의식과 기계 사이에 엄청난 차이가 존재하든 그렇지 않든, 인공지능은 이미 우리의 생활 속에 깊이 파고들어 있다. 번역기를 통한 번역이라든가 자율주행, 안면인식, 증시에서의 극초단타매매 등이 모두 인공지능 기술을 활용한 것이다. 우리는 인공지능의 발달이 더 나은 미래를 가져다주리라고 기대하고 있지만, 인공지능의 발달 속도는 인간의 윤리적, 법적 검토의 속도를 뛰어넘고 있다. 2016년 1월, 중국 허베이성에서는 전 세계에서 처음으로 테슬라의 자율주행 차량인 모델S에 의한 교통사고 사망 사건이 발생했다. 모델S의 자율주행 소프트웨어는 자차의 전방에 있던 공사 차량을 제때 피하게 만들 수 없었다. 이런 사건에 대해서는 누구에게 책임이 있을까? 아직까지 이에 대한 법률적 규정이 없다. 그래서인지 법원에서도 사건을 심리하고는 있지만 판결은 계속해서 늦어지고 있다. 우리는 이 지점에서 '트롤리 딜레마Trolley Dilemma(제동 장치가 고장난 트롤리가 선로 위를 달리고 있는데 선로 위의 다섯 사람을 구하기 위해서는 선로 밖에 있는 한 사람을 밀쳐서 트롤리를 멈추게 하거나, 선로 밖의 한 사람을 희생시킬 수 없다면 선로 위의 다섯 사람은 죽게 될 수밖에 없을 때의 윤리적 선택에 관한 딜레마-옮긴이)'가 떠오르지 않을 수 없다. 인공지능 차량이 도로에서 달리고 있는데 갑자기 아이들 다섯 명이 도로에 뛰어들었다고 가정해보자. 이때 차량은 갑자기 속도를 제어하기 힘들 만큼 빠르게 달리고 있고, 차 안에는 엄마와 갓난아기가 타고 있다. 이때 자율주행 소프트웨어가 가장 우선으로 보호해야 할 대상은 차량 안에 있는 탑승자일까, 차량 바깥에 있는 사람들일까? 인공지능을 둘러싼 토론은 결코 기술적 문제 하나에만 국한되지 않는다. 인공지능에 관한 문제는 우리의 생활 전반에 걸쳐져 있고, 심지어 인류의 미래와도 연관돼 있다. 그러므로 인공지능에 관한 토론장에는 기술적 전문가와 과학자만이 아니라 사회학자, 법률가도 자리해야 한다. 아, 물론 철학자도 빠질 수 없다.

더 읽으면 좋은 책

1 《정신, 언어, 사회》 존 설, 해냄, 2000
2 《신경생물학과 인간의 자유》 존 설, 궁리, 2010

18

대니얼 데닛
《의식의 수수께끼를 풀다》

인간의 머릿속에는
'극장'이 있다?

‖ 대머리 지수 ‖

대니얼 데닛

Daniel Dennett, 1942~

누구든지 듣자마자 무릎을 탁 치면서 "그래, 맞아. 당연하지!"라고 여길 만한 사고실험의 설계를 나는 '직관펌프'라고 부른다. 나는 존 설의 '중국어 방' 사고실험에 대해 공개적으로 비판하면서 이 말을 처음으로 떠올렸다.

— 대니얼 데닛, 《직관펌프, 생각을 열다》

들어가며

우리는 종종 애니메이션에서 주인공의 머릿속에 여러 감정과 능력을 담당하는 난쟁이들이 있는 장면을 보게 된다. 부지런한 난쟁이가 게으른 난쟁이를 이기면, 주인공은 따뜻한 이불을 박차고 나와 학교에 가서 열심히 공부한다. 물론 때로는 게으른 난쟁이가 부지런한 난쟁이를 이기면 주인공은 자명종 시계를 꺼버리고 그대로 푹 자다가 학교에 지각하고 만다. 당신의 머릿속에도 이런 내면의 극장이 있는가? 그런데, 이런 상상에는 어떤 문제가 있을까?

20세기의 미국 철학자 대니얼 데닛은 위에서 묘사한 것과 같은 이미지를 정면으로 반박한다. 그는 자신의 저서 《의식의 수수께끼를 풀다》를 통해 인간의 마음과 의식의 활동을 재검토한다. 대니얼 데닛의 이런 연구를 최근 철학계의 최전방에서 새롭게 떠오르고 있는 심리철학philosophy of mind이라 한다. 여기서 '심리'가 의미하는 것은 우리 자신의 느낌, 매분 매초의 생각, 정서적 체험 등 매우 광범위하다. 한마디로, 인간의 머릿속에서 일어나는 모든 일이라고 할 수 있다. 현대에 들어 날로 가속화되고 있는 기술 발전 때문에 심리철학이 다루어야 할 까다로운 문제도 점점 많아지고 있다. 가상현실을 만들어내는 기술은 인간에게 어떤 의미인가? 인공지능도 인간의 마음을 가질 수 있는가? 이런 문제들은 단순히 기술적 접근만으로는 해결할 수 없다. 반드시 심리철학의 참여가 필요하다.

인간의 머릿속에는 극장이 없다

✦✦✦

1991년에 출간된 《의식의 수수께끼를 풀다》라는 책의 영어 원제는 Consciousness Explained로, '의식의 문제는 이미 해결되었다'고 하는 대니얼 데닛의 자부심이 담겨 있다. 《의식의 수수께끼를 풀다》에서 취하고 있는 글쓰기 방식은 '선 논박, 후 정립'이다. 데닛은 가장 먼저 의식 문제에 관한 기존 틀을 부순다. 그는 기존의 연구에서 인간의 두뇌에는 컴퓨터의 CPU에 해당하는 중앙 사고 구역이 있고, 눈과 귀 등의 감각기관이 외부 세계의 정보를 받아들여 두뇌의 중앙 사고 구역으로 보내면, 그 사고 구역에서 이러한 정보들을 일괄 통제하고 명령을 내리는 식의 지각 체계가 있다는 듯 간주하고 있다고 말한다. 과거에 사람들은 우리의 모든 기억도 이런 중앙 사고 구역에 저장된다고 믿었다. 이런 종류의 중앙 사고 구역을 데닛은 '데카르트 극장'이라고 부른다. 17세기의 데카르트가 두뇌에 있는 송과선이 이런 사고 구역 역할을 한다고 주장했기 때문이다. 데카르트가 말하는 송과선은 외부에서 입력된 정보를 처리하고, 신비로운 전환을 거쳐, 물질과 정신을 연결시키는 매개였다. 이후 해부학이 발달하면서 사람들은 점차 두뇌와 다른 신체 부위가 각각 다른 기능을 담당한다는 것을 알게 됐지만, 여전히 '두뇌가 신체의 중심'이라는 관념은 계속 남아 있었다. 인간은 두뇌라는 중심을 통해 비로소 외부 세계와 구별되는, 전체적으로 통일된 '나'를 경험할 수 있다고 생각했다.

데닛은 이렇듯 수많은 오해와 문제의 근원이 되는 데카르트 극장에 반대하는 입장에 있다. 현대의 생리학과 뇌신경과학에서도 인간의 두뇌에는 CPU와 같은 중앙처리장치가 존재하지 않는다고 말한다. 데닛이 제시하는 것은 '다중원고 모형'이다. 데닛은 신체에 수용된 여러 감각들이 다양한 병렬 궤도에서 해석 및 세분화를 거치면서 다양한 지각이 두뇌에서 완성된다고 보았다. 시각이나 후각, 청각 등에는 각각 독립적인 기제가 존재하며, 모든 감각기관은 제각기 독립적으로 신경 활동을 한다. 우리의 두뇌에서 정보의 가공은 순차적으로 연결되는 것이 아니라, 병렬 상태로 제각기 이루어진다. 예를 들어, 당신이 영화를 볼 때 당신의 시각과 청각은 각각 독립적으로 일하면서 동시적으로 정보를 가공한다. 뿐만 아니라, 시각과 청각은 서로 경쟁하기도 한다. 예를 들어, 당신이 영화를 보다가 자막에서 오타를 발견했다 해도 그대로 계속 영화를 보는 데 아무런 지장이 없다. 이것은 눈과 귀의 경쟁에서 귀가 승리했다는 것을 의미한다.

데닛의 '다중원고 모형'은 두뇌에서 이루어지는 정보의 가공에는 이렇다 할 중심이 없고, 별도의 자아의식이 생겨나지도 않음을 강조한다. 모든 것은 뒤죽박죽 병렬로 진행되고 있을 뿐이다. 다중원고 모형에서 의식은 끊임없이 유동하고 있으며, 수많은 기억들은 순식간에

엎치락뒤치락하다가 사라진다.

스탈린 방식과 오웰 방식

❖ ❖ ❖

데닛은 왜 데카르트 극장에 반대하는 걸까? 그 이유를 설명하기 위해
서는 그전에 한 가지 심리적 현상에 대해 이야기해야 한다. 이 현상
은 영어로 phi phenomenon, 번역하면 '파이현상' 혹은 '가현운동
apparent movement'이라고도 한다. 실제로는 움직이지 않는 어떤 물체가
마치 움직이는 것처럼 느껴지는 심리적 현상을 가리킨다. 독일의 심
리학자 막스 베르트하이머Max Wertheimer가 1912년에 한 정기간행물
에 기고한 글에서 제시한, 지각의 착각 현상이다. 예를 들어, 붉은 점
과 푸른 점이 4도 각도 차이로 벌어져 있을 때 두 점이 번갈아가며 반
짝이면, 실제 두 점의 위치에는 아무런 변화가 없음에도 불구하고 우
리의 눈에는 붉은 점이 푸른 점을 향해 이동하다가 푸른 점으로 바뀌
는 것처럼 보인다. 각각의 점의 위치는 실제 전혀 달라지지 않았다.
그런데 왜 우리에게는 두 점이 이동하는 것처럼 보일까? 그것은 우리
의 두뇌가 외부에서 들어온 신호를 가공하기 때문이다.

데닛은 데카르트 극장에 따르면, 외부 신호에 대한 두 가지 가공
방식이 존재해야 한다고 말한다. 데닛은 이를 각각 오웰 —디스토피
아 소설인《1984》의 작가 조지 오웰— 방식과 스탈린 방식이라고 불
렀다. 오웰 방식은 두뇌에서 의식이 형성된 후 기억을 수정하는 방식,
즉 중간에 각색을 하는 방식이다. 나중에 앞의 두 점에 대한 기억을

떠올릴 때, 자신은 붉은 점이 푸른 점 쪽으로 이동하다가 푸른 점으로 바뀌었다고 느끼지만, 이것은 사실 수정된 기억인 것이다. 이런 수정은 점을 의식한 뒤에 이루어진다. 스탈린 방식은 두뇌의 편집실에서 일어나는 지연이다. 붉은 점 화면인 A가 먼저 도착하고 푸른 점 화면인 B가 나중에 도착하면, 편집실의 감독이 그 중간에 새로운 화면을 만들어내서 끼워 넣는 방식이다. 붉은 점이 푸른 점으로 바뀌는 화면을 A와 B 사이에 끼워 넣은 뒤, 이것이 의식에 진입하는 것이다. 그러나 데닛은 우리가 오웰 방식과 스탈린 방식을 구분할 방법은 없다고 말한다. 바꾸어 말하면, 데카르트 극장의 근본적인 문제는 '앞 경험'과 '뒷 경험'의 내용을 구분할 수 없다는 데 있다고도 할 수 있다. 그러나 데닛의 다중원고 모형에서는 이런 문제에 직면할 필요가 없다.

데닛은 다중원고 모형의 우수함을 설명하기 위해 다음과 같은 예를 든다. 우리는 종종 동시에 두 가지 일을 끝내놓고, 그중 하나를 어떻게 끝냈는지 기억하지 못하는 경우가 있다. 길을 걸으면서 상대와 이야기를 나눌 때도 마찬가지다. 나중에 시간이 흘렀을 때 상대가 무슨 말을 했는지는 기억이 나지만, 어떤 길을 어떻게 지나왔는지는 기억나지 않는다. 데카르트 극장에 따르면, 둘 중에서 길을 걸은 것은 무의식중에 진행된 일이 된다. 그러나 다중원고 모형에서는 길을 걸은 것도 의식적인 경험이었고, 동시에 우리의 두뇌는 다른 여러 원고도 처리하고 있었던 것이 된다. 즉 여러 가지 의식의 흐름 혹은 원고 작업이 동시에 이루어지고 있다가 뒤의 의식에 모두 덮인 것이다.

왜 '철학적 좀비'가 나타나는가?

❖❖❖

데닛이 제안하는 의식에 대한 방법론은 '타자현상학heterophenomenology'이다. 전통적인 철학에서는 시간에 대한 체험이라든가 음악에 대한 느낌 등 자신의 내적 체험을 1인칭으로 기술해왔다. 언제나 '나'로 시작해서 1인칭 복수인 '우리'로 나아가는 식이었다. 이에 대립하는 것이 급진적 과학주의의 입장이다. 급진적 과학주의에서 1인칭은 아무 의미 없다고 보기 때문에 1인칭을 철저히 취소 혹은 환원시킨다.

데닛이 타자현상학을 제시한 것은 앞에서 언급한 두 가지 가공 방식을 비판하고, 기능주의를 변호하기 위해서다. 기능주의에서는 마음이라든가 의식은 어떤 신비한 것이 아니며, 그저 생리 활동의 결과일 뿐이라고 생각한다. 데닛은 이렇게 말한다. "하나의 시스템이 유기분자들로 이루어져 있느냐, 실리콘으로 이루어져 있느냐에는 원칙적으로 아무런 차이가 없다, 둘 다 같은 역할을 하기만 한다면." "심장, 폐, 신장이 기계인 것과 마찬가지로 두뇌 역시 하나의 기계라 할 수 있다. 이런 기관들의 모든 기능은 결국 한 기계의 다양한 해석이다." 우리는 모든 행동의 배후에는 의식을 가진 마음이 있다고 간주한다. 그렇지 않으면 그 행동에 책임을 질 실질적 행위자도 없게 될 테니 말이다. 우리는 그 의식이 나의 두뇌라기보다 '내재하는 나'인 것처럼 느낀다. 그러나 데닛은 우리의 이런 사고를 근본부터 뒤흔든다. 이전의 철학자들은 "나는 어떻게 썩은 달걀 냄새를 맡게 되었나"라고 물었다. 그러나 타자현상학에서는 "그는 왜 '내가 썩은 달걀 냄새를 맡았다'고 말하는가"라고 묻는다. 이 물음에 답하기 위해 우리는 그가 있었던 환경, 그의 생리적 상황, 그의 여러 생화학 반응 등 수많은 정보를 수집해야 한다. 의식이란 결국 생리 활동의 종합이기 때문이다. 3인칭으로 인간의 의식을 연구하는 '타자현상학'은 기존의 현상학을 철저히 뒤집는다. 그러나 단순히 '3인칭'을 택했다는 것이 전부는 아니다. 3인칭을 통해 우회적으로 1인칭의 진상을 밝혀내야 하는 것이다.

타자현상학은 분명 독창적인 방법이다. 그러나 이런 입장이 야기할 수 있는 문제를 데닛 자신도 어느 정도 의식하고 있었다. 그는 그런 문제를 '철학적 좀비'라고 부른다. 철학적 좀비는 우리가 영화에서 보는 뻣뻣하고 느리게 움직이는 그런 좀비가 아니다. 철학적 좀비는 모든 면에서 겉으로는 우리와 똑같은 존재다. 행동도 우리만큼이나 민첩하고, 슬픈 영화를 보면 눈물을 흘리며, 환히 동트는 하늘에 설렌다. 아이스크림을 먹으며 만족과 쾌락도 느낀다. 그러나 이 좀비에게는 인간의 의식, 마음이 없다.

데닛이 이런 가상의 존재를 설정한 이유는 더욱 급진적인 관점을 내놓기 위해서다. 그의 이론에 따르면, 우리가 '나'라고 의식하는 것은 사실 두뇌라는 하드웨어에서 작동되고 있는 가상의 컴퓨터에 지나지 않으며, 이 가상의 컴퓨터는 기나긴 진화를 거치는 과정에서 생겨난 것이다. 그렇다면 역으로 (실리콘 칩 기반의 조립 컴퓨터에) 적절히 '프로그래밍' 된 로봇이라면 반드시 의식이 있을 것이라는 게 데닛의 생각이다. 그게 정말 가능하다면, 자아의식을 가진 로봇도 얼마든지 만들어낼 수 있을 것이다. 사실 많은 사람이 데닛의 이런 관점을 수용하지 못한다. 하지만 그들의 반박에 대해 데닛은 이렇게 말한다. "당신들은 의식을 가진 로봇을 상상할 수 없는 것이 아니라 로봇이 어떻게 의식을 가질 수 있는지를 상상하지 못하는 것"이라고.

더 읽으면 좋은 책

1 《의식의 수수께끼를 풀다》대니얼 데닛, 옥당, 2013

2 《직관펌프, 생각을 열다》대니얼 데닛, 동아시아, 2015

3 《의식이라는 꿈》대니얼 데닛, 바다출판사, 2021

4 〈위험한 밈Dangerous Memes〉대니얼 데닛, TED 강연, 2002

5 〈릭 워렌에게 답하며Responding to Rick Warren〉대니얼 데닛, TED 강연, 2006

3장

무엇이 공평이고
무엇이 행복인가 :

우리 이상 속의 행복한 삶

19

플라톤
《국가론》

당신은 어떤 나라에서
살고 싶은가?

‖ 대머리 지수 ‖

플라톤

Plato, 기원전 427~347

그는 "철학자들 가운데 가장 뛰어난 자는 세상 사람들에게 아무짝에도 쓸모가 없다"
라고 말했다. 맞는 말이다. 그러나 동시에 그에게 분명히 말해야 할 것이 있다. "뛰어난
철학자가 쓸모없는 책임은 그 철학자 자신에게 있는 것이 아니라, 세상 사람들이 그를
쓰려고 하지 않은 데 있다"라고.

— 플라톤, 《국가론》

들어가며

당신은 갈 수만 있다면 어느 시대, 어느 지역으로 가서 살고 싶은가? 만약 중국인이라면 당대의 장안이나 남송의 임안(남송의 도읍으로, 현재의 저장성 항저우시-옮긴이)이라고 대답할 가능성이 높을 것이다. 그런데 이 질문은 당신에게 역사 속으로 시간 여행을 떠나보라는 의미가 아니다. 당신은 '누가 통치하는' 시대와 지역에서 살고 싶은가를 물은 것이다. 당신은 그 통치자가 어떤 사람 혹은 집단이기를 바라는가? 조세와 노역의 수준은? 당신이 가장 원하는 것은 재물인가 명예인가? 혹은 평화인가, 아니면 정복과 영토 확장인가? 바로 이러한 것들을 정하는 정치적·제도적 틀을 정치철학에서는 정체政體라 한다. 우리는 이런 구상을 막연히 상상만 해볼 수도 있고, 현실에 적용해 지속할 수도 있다. 인성에 부합하는 정체라면 안정적으로 오래 유지될 수 있을 것이다.

서양 철학사에서 이런 문제에 대해 고민한 가장 오래된 기록은 고대 그리스의 철학자 플라톤의《국가론》이다. 이 책에서 그는 자신의 조국 아테네를 위해 그가 생각하는 가장 이상적인 형태의 정체를 제시했다.

《국가론》에 살아 숨 쉬는 소크라테스

✦ ✦ ✦

20세기 영국의 철학자 앨프리드 화이트헤드Alfred Whitehead는 "서양 철학은 플라톤 철학의 주석에 지나지 않는다"라고 말한 바 있다. 아마 서양 역사에서 이보다 높은 평가를 받은 철학자는 없을 것이다. 화이트헤드의 평가 또한 정확하다. 플라톤은 자신의 모든 대화록을 통해 형이상학, 인식론, 정치철학, 도덕철학 등 서양 철학의 제반 문제에 대해 고루 다루고 있기 때문이다. 후세의 철학자들은 각자 자신의 방식으로 다시금 새로이 이 문제들에 대해 답해왔다. 플라톤의 가장 유명한 대화록인《국가론》은 기원전 380년경, 플라톤이 생각하는 가장 이상적인 국가의 형태와 조직에 대해 쓴 책이다.《국가론》은 철학, 정치, 외교, 교육 등 국가에 관한 여러 근본적인 문제를 모두 포괄하고 있다.

플라톤은 왜《국가론》을 썼을까? 그가 정체를 구상하게 된 것은 아테네의 쇠락에 대한 깊은 우려 때문이었다. 플라톤은 펠로폰네소스 전쟁이 한창일 때 태어났다. 아테네를 맹주로 하는 델로스 동맹과 스파르타가 이끄는 펠로폰네소스 동맹 사이에 벌어진 이 전쟁은 기원전

431년에 시작돼 장장 30년이나 이어졌다. 그야말로 그 시대의 '세계대전'이라 할 수 있다. 전쟁은 결국 스파르타의 승리로 끝났고, 이를 계기로 아테네는 점차 쇠퇴하기 시작했다. 곧이어 등장한 '30인 참주(기원전 404~403에 아테네를 지배한 집정관들로, 정적 살해와 재산몰수 등 공포정치를 자행하다 민주파 망명 세력과의 내전으로 무너졌다-옮긴이)'의 정치는 그렇지 않아도 망해가던 아테네에 치명타를 가했다. 아테네의 참주정은 사실상 스파르타의 명을 따르는 꼭두각시 정권이었다. 약 8개월간 지속된 참주정으로 아테네의 민주정은 돌이킬 수 없이 무너졌고, 연이은 독재·공포정치에 많은 시민들이 조국을 떠나 망명했다.

플라톤이 정체에 대해 고민하게 된 또 하나의 계기는 소크라테스의 죽음이었다. 기원전 399년, 소크라테스는 아테네의 시민들로 이루어진 법정에서 사형 판정을 받았다. 플라톤은 이 과정을 모두 지켜보았다. 소크라테스의 죽음은 아테네 쇠망의 축소판이라 할 수 있었다. '내부의 적'을 찾기 위해 혈안이 돼 있는 아테네는 더 이상 관용의 도시가 아니었다. 그밖에도 여러 사건들이 누적되면서 아테네의 국운은 기울어져만 갔다. 아테네의 정치에 깊이 절망한 플라톤은 이후 십여 년간 이탈리아 반도, 시칠리아섬, 이집트, 키레나이카(아프리카 북부에 있는 리비아의 동부 지역-옮긴이) 등지를 떠돌며 공부했다. 기원전 387년에는 아테네로 돌아와 아카데메이아를 세우고 《국가론》을 썼다. 플라톤은 이 책에서 소크라테스의 입을 빌어 자신의 생각을 설파하는 동시에 소크라테스가 계속 살아갈 수 있는, 즉 철학자가 더 이상 희생당하지 않는 이상적인 국가의 모습을 그려냈다.

어째서 철학자가 통치해야 하는가?

❖❖❖

《국가론》에서 소크라테스(대화의 주인공)는 올바른 국가에 대해 이야기하지만, 시작부터 국가에 대해 논하지는 않는다. 소크라테스와 대화자들은 맨 처음 개인의 정의正義에 대해 논한 다음 인간의 영혼에 대해 이야기한다.

어째서 인간의 영혼에 대해 먼저 이야기했을까? 플라톤은 소크라테스의 입을 빌어, 인간의 영혼과 국가의 내부 구조 사이에는 모종의 대응 관계가 있다고 말한다. 그는 인간의 영혼은 이성, 기개(의지, 주로 분노에 가까운 감정), 욕망으로 이루어져 있는데, 영혼의 각 부분이 적합하게 발휘될 때 인간의 세 가지 덕성arete이 만들어진다고 보았다. 그 덕성은 각각 이성으로 기개와 욕망을 통섭하는 지혜, 기개를 지니고 있으면서도 무모함에 빠지지 않는 용기, 욕망이 채워지면 멈출 줄 아는 절제를 가리킨다.

플라톤은 가장 이상적인 국가는 통치자, 수호자(보조자), 생산자 계층으로 이루어져 있어야 한다고 생각했다. 이 세 계층은 각각 앞에서 언급한 세 가지 미덕에 대응한다. 통치자는 국가를 다스릴 이성을 갖추고 있어야 하고, 군인, 무사 등의 수호자(보조자)는 국가를 지켜낼 용기가 있어야 하며, 생산자는 사람들의 기본적인 욕구를 충족시켜주어야 한다. 플라톤은 이런 형태야말로 가장 훌륭한 안배라고 생각했다. 기개만으로 국가를 다스리면, 그 나라는 호전적이 되기 쉬워 백성의 삶이 도탄에 빠지고 말 것이다. 온 나라가 욕망에 휘둘리면, 그 나라는 '돼지들의 나라(식, 색 등의 욕망만이 판을 치는 일종의 무정부 상태)'

혹은 '불타오르는 나라(사치와 음탕 등 불필요한 욕망이 난무한 상태)'가 돼 버리고 말 것이다.

그런데 여기서 한 가지 명확히 해야 할 것이 있다. 플라톤은 '모든 사람은 날 때부터 평등하다'는 신념을 가지고 있지 않았다. 그는 헤시오도스Hesiodos의 서사시 《노동과 나날》을 인용하면서, 사람들을 타고난 능력과 성정에 따라 금, 은, 동, 철의 성분으로 나누었다. 그리고 각각의 사람들은 자신의 타고난 성분에 맞는 직업에 종사해야 한다고 주장했다. 플라톤에게는 이것이 곧 국가의 정의正義였다.

플라톤은 이렇게 이상적인 국가의 형태를 명확히 한 다음, 현실에 존재하는 모든 그리스 세계의 정체를 다섯 가지로 요약했다. 첫 번째는 현인 정체, 즉 귀족정으로, 플라톤은 이를 가장 이상적인 정체로 보았다. 두 번째는 용맹한 무사가 통치를 담당하는 명예 정체다. 당시의 스파르타와 크레타가 이런 정체였는데, 이성이 부족하고 기개가 과도해 매우 호전적이었다. 세 번째는 소수의 부자들이 통치하는 과두 정체다. 이들은 돈만을 최고로 신봉하고 미덕을 경시해 국가 전체가 방종으로 흘렀다. 네 번째는 일반 시민이 통치하는 민주 정체인데, 오늘날의 민주제와는 성격이 많이 다르다. 고대 그리스의 아테네식 민주는 '성인 남성인 시민이 돌아가면서 통치자 역할을 담당하는' 직접민주제이다. 그러나 민주정은 소크라테스의 죽음을 통해서도 단적으로 드러나듯 '다수에 의한 폭정'으로 흐를 위험이 있다. 마지막으로 다섯 번째는 소크라테스가 최악의 정체라고 여긴 참주 정체다. '참주'란 합법성이 결여된 정권 찬탈자를 말한다. 고대 그리스에서 참주는 일견 겸손하게 들리는 '종신 집정관' 내지 '전권장군' 등으로 불렸지만, 실제로는 독재 통치를 행했다. 플라톤은 위의 다섯 가지 정체에 대해 뒤로 갈수록 나쁜 것으로 보았다. 각각의 정체는 나름의 '선'을 추구하지만, 그 또한 과도하게 추구하면 제도와 국가의 붕괴로 이어져 다음 단계의 정체로 전락한다.

그렇다면 이상적인 국가에서는 누가 통치권을 행사해야 할까? 플라톤은 '철인왕philosopher king'이어야 한다고 생각했다. 그는 《국가론》에서 이렇게 쓰고 있다. "철학자가 국왕이 돼 통치하거나 우리가 왕 혹은 통치자라고 부르는 사람이 철학을 연마함으로써 정치권력과 철학이 결합되지 않으면, 국가는 죄악에서 벗어나지 못하고 우리가 앞에서 기술한 국가가 실현되지 않아 … 시민이든 개인이든 어떤 국가에서도 행복할 수 없다." 철인왕이 기본적으로 갖추어야 할 자질은 호학, 기억력, 용맹, 포용력이다. 그러나 이러한 것들이 철인이 왕이 되는 데 있어 충분조건은 아니다. 철인이 국가의 왕이 되고 돼야만 하는 이유는 철인만이 유일하게 이데아idea 세계를 볼 수 있기 때문이다.

플라톤 철학의 가장 큰 특색은 '이념론(혹은 이데아론)'이다. 플라톤은 세계를 둘로 나눈다. 하나는 개별 사물들로 이루어진, 우리가 육안으로 볼 수 있는 현상 세계다. 플라톤은 이를 '감각 세계'라고 불렀다. 다른 하나는 이데아로 이루어진, 사람들에게 감각으로 경험되지는 않으나 지성으로 알 수 있는 이념 세계다. 플라톤은 이를 지성 세계라고 불렀다. 플라톤은 이 두 세계의 관계를 원본과 복사본의 관계로 보았다. 이념 세계가 원본 혹은 원형이고, 현상 세계가 이념 세계의 그림자 혹은 복사본이다. 우리의 감각기관이 감지하는 모든 사물은 끊임없이 변화하므로 '참된' 최초본이 아니다. 진정으로 실재하는 것(존재)

은 변치 않고 움직이지 않기에, 이러한 진실한 존재는 절대적이며 영원불멸하는 것이다. 이렇듯 플라톤에게는 참된 세계(이데아)와 환영 세계(구체적 사물)라는 대립이 존재했다.

인간은 왜 동굴 밖으로 나가야 하는가?

◆·◆

플라톤은 《국가론》 7권에서 소크라테스의 입을 빌어 그 유명한 '동굴의 비유'를 든다. 이것은 원래 이데아론을 풀어 설명하기 위한 것이었으나, 오늘날의 우리에게는 또 다른 의미로도 다가온다. 플라톤은 먼저 우리에게 동굴 안 깊은 곳에 갇혀 있는 '죄수들'을 상상하게 한다. 그들은 그곳에서 아주 어릴 때부터 목과 다리가 묶여 있어, 고개를 돌리지도 못하고 움직이지도 못했다. 그들은 그렇게 평생 눈앞에 있는 동굴 벽만 볼 수 있었다. 그들의 몸 뒤쪽으로는 멀리 높은 곳에 횃불이 타오르고 있다. 그 불빛이 동굴 안을 볼 수 있게 해주는 광원이다. 횃불과 죄수들 사이에는 통로가 하나 있다. 이 통로는 그대로 동굴의 외부로도 이어져 있다. 횃불 앞에서 어떤 사람들이 나무 인형을 들고 춤을 추고 있다. 우리는 이들을 "광대"라고 부른다. 나무 인형에 투사된 불빛은 동굴의 벽면에 그림자를 만들어 보인다. 죄수들이 볼 수 있는 것이라고는 이 그림자뿐이다. 그런데 죄수 가운데 하나가 마침내 결박을 풀었다. 그는 태어나서 처음으로 몸을 돌려보았고, 그제야 나무 인형을 들고 춤추는 광대들과 거대한 횃불도 보게 되었다. 그는 자신이 어릴 때부터 봐온 동굴 벽의 그림자가 바로 이것이구나!

동굴 벽에 비친 그림자는 전부 가짜였구나! 하고 깨닫는다. 이 죄수는 긴 통로를 따라 동굴 밖으로도 나온다. 그는 동굴 바깥의 세계에 놀라 후들거린다. 처음에는 너무 강렬한 빛에 눈이 부셨으나, 점차 적응되고 나서는 푸른 하늘과 하얀 구름과 나무 사이로 비치는 햇빛이 보인다… 산 너머에 또 산이 있고, 하늘 너머에 또 하늘이 펼쳐져 있다. 동굴 안에서 본 것들은 지극히 제한된 세계였을 뿐이다.

동굴 밖으로 나간 사람에게는 두 가지 선택지가 존재한다. 그대로 계속 동굴의 바깥에 머물기로 할 수도 있고, 동굴 안으로 다시 되돌아가기로 할 수도 있다. 하지만 이데아 세계를 직접 보고 어둠과 혼란에서 벗어난 사람이 다시 그 좁고 어두운 동굴로 되돌아가고 싶을까? 그러나 철인왕에게 이것은 '차마 외면할 수 없는' 일이다. 동굴 안이야말로 정치가 이루어져야 할 세계이기 때문이다. 철인이 동굴로 되돌아가는 것은 단순히 '동굴 안에 있는 모두의 행복'을 위해서만은 아니다. 도저히 벗어던질 수 없는 책임감 때문에, '그 동굴이야말로 나를 기른 곳'이기 때문이다. 그러나 대중을 계몽한다는 것은 너무나 위험천만한 일이다. 동굴 안의 사람들은 그가 무슨 말을 하는지 이해하지 못할 수도 있을 뿐 아니라 그를 죽이려 들 수도 있다. 아테네의 시민들에 의해 죽임을 당한 소크라테스처럼.

동굴의 비유는 우리의 생존과 창작의 '모티프'가 되기도 한다. 루쉰의 《고함》에 나오는 '철로 만든 방(창문도 없고 부숴지지도 않아, 그 안에서 잠들면 질식해서 혼수상태로 죽게 돼 있는 방-옮긴이)'도 바로 이런 동굴의 비유를 개작한, 동굴의 비유에 대한 또 하나의 대답이다. 선천적으로 정해진, 스스로 의식하기도 어려운 모든 종류의 제한이 바로 이런 동굴에 해당한다. 우리에게는 보통 어린 시절이라든가 가정, 교육, 직업, 민족, 집단적 기억, 국가적 정서, 언어 등의 형태로 돼 있는 모종의 동굴이 존재한다. 그런데 당신은 그런 동굴의 존재를 의식할 수 있는가? 당신은 어떻게 그 동굴을 마주할 것인가? 마주한 다음에는 그대로 멀리 저 높이 날아갈 것인가, 아니면 동굴 안으로 다시 되돌아올 것인가?

더 읽으면 좋은 책

1   《국가론》플라톤, 돋을새김, 2014
2   《향연》플라톤, 아카넷, 2020
3   《플라톤 전집》플라톤, 숲, 2012

20

아리스토텔레스
《니코마코스 윤리학》

무엇이
'행복'한 삶일까?

‖ 대머리 지수 ‖

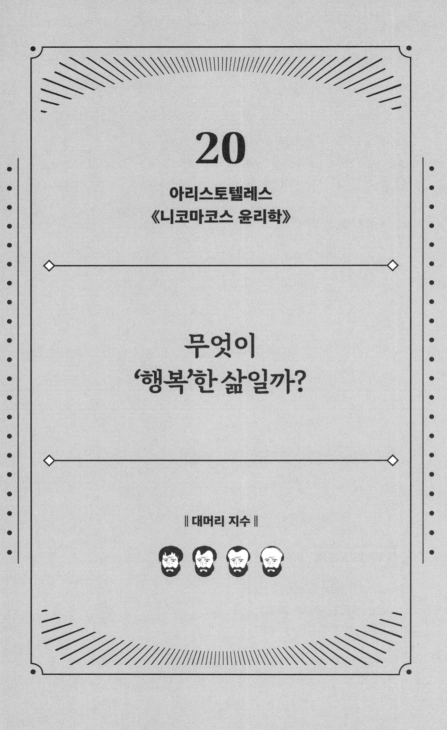

아리스토텔레스

Aristoteles, 기원전 384~322

행복은 완전한 덕성에 부합하는, 영혼을 실현하는 활동이다. 그러므로 우리는 덕성의 본성에 대해 고찰할 필요가 있다. 그래야 행복의 본성을 더 잘 이해할 수 있기 때문이다. … 우리가 찾아야 하는 것은 인간의 선과 인간의 행복이다. 인간의 선은 육체의 선이 아닌 영혼의 선을 가리키며, 인간의 행복은 곧 영혼의 활동을 가리킨다.

― 아리스토텔레스, 《니코마코스 윤리학》

들어가며

몇 년 전 중국 CCTV의 한 기자가 거리를 지나는 사람들에게 무작위로 "행복한가요?"라고 물은 적이 있다. 사람들의 대답은 제각각이었지만 그들 모두 행복은 좋은 것이며 추구할 가치가 있다고 여기고 있었다. 그런데 '행복'이라는 게 뭘까? 미식을 맛볼 때와 같은 느낌? 돈을 많이 벌었을 때의 만족감? 행복한 삶이란 단순히 즐거운 시간이 많이 축적되는 것일까?

'뭔가 열심히 한다고는 했는데 잘 산 것 같지가 않다'고 느끼는 사람들이 많다. 철학자들은 우리의 삶을 대신 살아주지는 않지만 우리 삶이 왜 만족스럽지 않은지, 그리고 행복이란 무엇인지에 대해 생각해보도록 이끈다. 2천여 년 전, 고대 그리스의 철학자 아리스토텔레스의 《니코마코스 윤리학》은 행복이란 무엇이며 어떻게 추구해야 하는지에 관한 책이다.

어떻게 해야 좋은 삶을 살 수 있을까?

❖❖❖

아리스토텔레스는 《니코마코스 윤리학》《에우데모스 윤리학》《대大윤리학》 등 세 권의 윤리학 저서를 남겼다. 이 가운데 가장 영향력이 큰 책이 바로 《니코마코스 윤리학》이다. 이 책은 아리스토텔레스가 리케이온에서 강의한 원고를 아리스토텔레스의 아들 니코마코스가 정리, 편집한 것이어서 《니코마코스 윤리학》으로 불린다. 선, 덕성, 공정, 자제, 우애 등 많은 주제를 아우르고 있는 이 책이 실천철학으로서 다루고자 하는 핵심은 '어떻게 해야 좋은 삶을 살 수 있는가'이다.

《니코마코스 윤리학》에서는 행복을 에우다이모니아eudaimonia(영어로는 happiness)라고 한다. 그러나 영어와 한자어 모두 '에우다이모니아'의 의미를 전부 담아내지는 못하고 있다. 중국 철학계의 거장 천자잉陳嘉映 교수는 에우다이모니아를 '좋은 삶良好生活'으로 번역하고 있다. 아리스토텔레스는 '좋은 삶'을 판단하는 기준으로 다음의 세 가지를 든다.

첫 번째 판단 기준은, 행복은 실천적 활동에서 얻어진다는 것이다.

아리스토텔레스는 생명이 있는 것으로 식물, 동물, 인간이 있다고 말한다. 식물이 영위하는 활동은 양분 흡수와 발육이고, 동물이 영위하는 활동은 감각활동과 운동이다. 그렇다면 사람은?《예기》에서는 "식욕과 성욕은 인간의 커다란 욕망飮食男女, 人之大慾存焉"이라고 말한다. 그러나 이런 욕망은 동물적 활동일 뿐이기에 인간만의 특징은 될 수 없다는 것이 아리스토텔레스의 생각이었다. 그는 인간이 동물이나 식물보다 나은 이유는 인간의 영혼이 지닌 로고스, 즉 이성적 능력에 따른 활동에 있다고 보았다. 즉 인간은 자신의 목적을 실현하기 위해 자연의 본능만을 따르지 않고, 이성적 능력으로 '실천적 지혜phronesis'를 갖추어 구체적인 생활 속에서 옳고 그름을 분별할 수 있는 존재라는 것이다.

두 번째 판단 기준은, 행복은 주관적 감각이 아니며 쾌락의 추구도 아니라는 것이다. 한겨울에 쬐는 따뜻한 난로라든가 한여름에 마시는 차가운 맥주는 모두 인간에게 큰 만족감을 줄 수 있지만, 이런 것들은 '감정'에 지나지 않는 것이기도 하다. 감정은 얼마 지나지 않아 사라져버리고, 상대적이며 규범성을 갖추고 있지 않다. 다시 말해, 부도덕할 수도 있다는 뜻이다. 그러나 행복은 다른 누군가에게 쉽게 빼앗기지 않고 박탈할 수 없는 것이어야 한다. 이성과 도덕으로 지탱되는 행복과 삶, 그 자체에 대한 실천이야말로 우리의 삶을 진정으로 풍요롭게 한다.

세 번째 판단 기준은, 내적 행복과 외적 행복을 구분하는 것이다. 아리스토텔레스는 빈곤, 질병 등의 외적 상황이 행복의 실현에 영향을 미칠 수 있음을 인정했다. 그러나 외부의 어떤 상황이 행복 그 자체는 아니다. 건강이나 우정, 재산 등은 물론 좋은 것이다. 그러나 인간이 외적 행복만을 전력으로 추구하다 보면 내적 행복을 외면하고 소홀히 할 수 있다. 진정한 행복은 자신의 품격과 덕성의 단련이라는 내적 선에 있다. 사실 그렇지 않은가. 우리 자신의 품성이 조금이라도 나아지거나 단련되지 않고도 귀한 우정이나 다른 좋은 것들을 누릴 수 있으리라고 기대할 수 있을까?

그런 의미에서 아리스토텔레스의 윤리학은 지행합일의 학문이라고 말할 수 있다. 아리스토텔레스는 세계와 우주에 대한 올바른 인식 위에 자기 자신과 도덕에 대한 태도를 구축하고자 했다. 그는 우리에게 삶이 진정으로 살 가치가 있는 것이라면 삶 자체가 목적이 돼야 하며, 행복은 좋은 삶에 대한 긍정과 확증이어야 한다고 말한다.

현대인들은 종종 행복을 목표나 결과로 여긴다. 지위가 높아지거나 돈을 많이 버는 것, 대도시의 중심지에 부동산을 얻는 것, 자녀가 좋은 상대와 결혼해 똑똑한 자녀를 얻는 것 등을 행복으로 여기는 식이다. 그런데 행복이라는 게 인생의 목표로 설정될 수 있을까? 그렇게 여기는 사람들이 있기에 부모의 압박에 억지로 결혼해서 불행해지고 마는 청년들도 존재하는 것 아닌가! 자녀가 빨리빨리 결혼을 해야 자신의 '행복 목표'가 실현된다고 믿는 부모들 때문에 말이다. 아리스토텔레스는 그런 식의 행복론에 반대했다. 행복은 활동의 결과가 아니며 추구해야 할 목표가 아니다. 행복은 어디까지나 삶 자체를 위한 것이다.

행복과 덕성

❖ ❖ ❖

아리스토텔레스는《니코마코스 윤리학》에서 행복과 덕성arete 사이에는 밀접한 상관관계가 있다고 말한다. '덕성'이라는 말은 원래 그리스어에서 전사의 고귀한 행동을 가리키는 말이었다. 그러다 나중에는 도시국가 시민의 공적 생활 속에서 표현되는 탁월한 품성과 미덕을 가리키는 말이 되었고, 점차 어떤 사람이나 심지어 사물이 가진 장점을 의미하는 말이 되었다.

덕성의 배양에 대해서는 아주 오래전부터 논의돼왔다. 플라톤의 대화집인《프로타고라스》에는 중년의 소크라테스가 당시의 유명한 소피스트였던 프로타고라스와 '덕성을 가르칠 수 있는가'에 대해 토론하는 대목이 나온다. 프로타고라스는 미덕은 자연스럽게 타고나는 physis 것이 아니라 사람들 사이의 규약 내지 습속nomos이므로 얼마든지 가르칠 수 있는 것이라고 말했다. 모든 아이들은 성장 과정에서 교육을 받음으로써 정의가 무엇인지, 비열함이 무엇인지 알게 되고, 사람들 사이의 습속으로 형성된 도덕과 법률이 그 판단 기준이 된다는 것이다. 언뜻 들으면 당연한 말 같지만, 소크라테스는 이러한 논법에 담겨 있는 치명적인 약점을 발견한다. 그것은 바로, 덕성이 사회적 규약에서 비롯된다는 논리였다. 그 말은 곧, 덕성은 인위적이며 상대적인 것이라는 뜻이었다. "인간이 만물의 척도"라고 했던 프로타고라스의 말처럼, 절대적 기준이랄 것이 하나도 없게 된다. 어떤 도시국가의 풍속이 야만적이고 난폭하다면, 이러한 덕성도 '미덕'이라고 할 수 있을까? 소크라테스는 미덕에는 반드시 공통의, 객관적인, 절대적인 가치 기준이 있어야 한다고 생각했다. 이런 기준은 인간의 이성이라는 본성에서 나온다. 미덕을 가르칠 수 있는 것은 그것이 인간의 습속이나 규약에서 비롯돼서가 아니라, 미덕 자체가 완전성과 보편적 근거를 가진 지식이기 때문이다.

아리스토텔레스는 덕성에 관한 토론을 더욱 발전시켜나간다. 그는 덕성을 도덕적 덕성과 지적 덕성으로 나누었다. 이 가운데 지적 덕성은 사색의 도덕적 품성으로 배움으로써 갖출 수 있으나, 도덕적 덕성은 습관으로 만들어나가야 하는 것이었다. 다시 말해, 추상적 덕성이라는 게 따로 존재하는 것이 아니라 덕이 있는 활동을 통해 덕성이 갖추어져 간다는 뜻이다. 건축 활동을 하는 과정에서 건축가가 되고 피아노를 연주하면서 피아니스트가 돼가듯, 우리는 공정한 일을 함으로써 공정한 사람이 되고 용감한 일을 함으로써 용감한 사람이 된다. 또한, 덕성은 선택한다는 것을 의미한다. 이때, '무엇을 하기로' 선택하는 것만이 아니라 '어떻게 하기로' 선택하는가도 중요하다. 윤리적 실천은 목적을 위한 것만이 아니라 방법의 문제이기도 한 것이다.

이렇게 아리스토텔레스가 논한 윤리의 방법을 덕성론(덕윤리)이라 한다. 덕성론, 의무론, 목적론은 이후 서양 윤리학의 3대 흐름을 이루게 된다.

'중용'

✦✦✦

도덕적 덕성은 비교적 쉽게 이해가 되는데, 지적 덕성이라는 말은 조금 당혹스럽다. 사색에 관한 품성이라는 게 대체 뭘까? 바로 이 지점에서 우리는 아리스토텔레스의 '중용'과 만나게 된다. 아리스토텔레스는 미덕을 유지하기 위해 중용('중도'로 번역하기도 한다)을 추구해야 한다고 생각했다. 중용이 무슨 뜻일까? 아리스토텔레스는 "모자람도 과도함도 덕성을 망가뜨린다"라고 말한다. '용기'라는 미덕은 두려움과 무모함이라는 양극단에 치우쳐 있지 않은 품성이다. 용기란 결코 아무것도 두렵지 않아서 내지르는 망동이 아니다. 이 세상에 아무것도 두렵지 않은 사람은 없다. 제아무리 용맹한 전사도 생사를 가르는 전쟁터에 나서기 위해서는 용기가 필요하다. 이에 아리스토텔레스는 다음과 같은 덕성 표를 나열한다. 금욕과 방종이 양극단이라면, 절제가 중용이다. 자기 비하와 교만이 양극단이라면, 자중이 중용이다. 단, 여기서 한 가지 주의해야 할 것은 '어느 정도가 적절한 정도인지는 사람마다 다르다'는 사실이다. '용기'를 예로 들어보자. 총을 든 강도를 만났을 때 아무 무기도 없는 일반인이 강도를 때려눕히겠다고 달려드는 것은 무모한 객기일 뿐이다. 그러나 무장한 경찰이 강도를 보고도 즉각 잡지 않고 어디론가 도망쳐 숨어버린다면, 그것은 비겁함이다.

《논어》에도 나오는 '정도가 지나치면 미치지 못함과 같다'는 말이 딱 이런 뜻이다. 그런 의미에서 고대 유학의 윤리는 에우다이모니아와 비슷한 면이 많다. 유가에서 강조하는 인仁, 서恕(관용), 예禮, 수신修身 모두 미덕의 표현이다. 《논어》의 「옹야雍也」편에 나오는 "꾸밈에 비해 바탕이 과하면 거칠거칠하고, 바탕에 비해 꾸밈이 과하면 허황되기만 하니, 꾸밈과 바탕이 조화를 이룬 연후에야 군자라 할 수 있다質勝文則野, 文勝質則史. 文質彬彬, 然後君子"라는 말도 이러한 중용의 미덕을 드러낸다. 중국의 저명한 언어학자이자 사서 연구가인 양보쥔楊伯峻 선생은 이 말을 이렇게 풀이했다. "투박함이 과하면 거칠어 촌스럽고, 화려한 무늬가 과하면 허황돼 들뜬다. 소박하면서도 다채로운 무늬를 갖추어 조화를 이룬 것이 군자이다." 여기에 나오는 형용사인 '빈빈彬彬'이 바로 '조화를 이루며 빛난다'는 뜻으로, 아리스토텔레스가 말하는 '중용'에 가깝다.

철학와 실천

❖❖❖

아리스토텔레스에게 '가장 큰 행복이 무엇이냐'고 묻는다면, 그는 뭐라고 대답할까?

아리스토텔레스는 삶은 세 가지 종류가 있다고 생각했다. 쾌락적인 삶, 정치적인 삶, 철학하는 삶. 쾌락적인 삶은 육체적 쾌락만을 추구하는 동물의 삶이다. 정치적인 삶은 명예와 덕행을 추구하지만 불완전하다. 인간은 인간 고유의 삶을 살 때에만 행복을 얻을 수 있다. 그것은 인간 영혼의 로고스를 실현하는 활동이다. 아리스토텔레스는 《니코마코스 윤리학》 10권에서, 사색은 가장 고귀한 활동이며 충만한 행복이라고 말한다. "지혜를 사랑하며 사색하는 삶이 주는 즐거움은 놀라우리만치 순수성과 지속성을 지닌다." 사색은 다른 무엇 때문이 아니라 사색하는 활동 자체의 만족을 위한 것이다. 또한 이것은 아리스토텔레스가 알렉산더 대제의 스승 노릇을 그만두고, 아테네로 돌아와 리케이온을 세운 이유이기도 하다. 우리는 이 대목에서 지혜를 사랑하는 것이 철학자의 본질임을 다시 한번 깨닫게 된다.

더 읽으면 좋은 책

1   《니코마코스 윤리학》 아리스토텔레스, 숲, 2013
2   《에우데모스 윤리학》 아리스토텔레스, 아카넷, 2021
3   《아리스토텔레스 선집》 아리스토텔레스, 길, 2023

21

니콜로 마키아벨리
《군주론》

리더는 어째서
'진정한 소인배'가
돼야 하는가?

‖ 대머리 지수 ‖

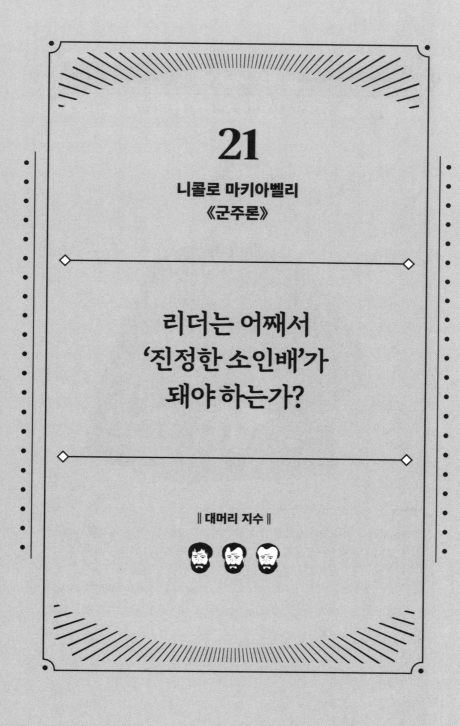

니콜로 마키아벨리

Niccolò Machiavelli, 1469~1527

대중은 언제나 먹을 것과 겉모습이라는 결과에만 이끌린다. 세상은 우매한 대중으로 가득 차 있다. 그들 대다수가 발 딛고 서 있으면, 소수의 사람들은 움직일 자리가 없어진다.

— 마키아벨리, 《군주론》

들어가며

"당신은 좋은 사람이 되고 싶은가, 나쁜 사람이 되고 싶은가?"라고 물으면, 대부분 "좋은 사람이 되고 싶다"라고 대답할 것이다. 그런데 만일 당신이 군주인데 주변국이 온통 이리처럼 사나워 시시탐탐 자국의 영토를 넘보며 협잡을 일삼고 있다면, 가뜩이나 내정도 불안하고 혼란스러운데 탐욕스러운 국민들마저 당신의 통치에 불만스러워 하고 있다면, 당신은 위의 질문에 어떻게 대답할 것인가? 이런 상황에서는 개인의 도덕과 통치자의 권력 유지 사이에 거대한 균열이 일어날 수밖에 없을 것이다. 과연 통치자의 덕목도 도덕이어야 할까? 아니면, 국가의 안위와 번영을 위해 때로는 악을 불사할 수도 있어야 할까?

정치철학에서 권력, 정의, 합법성은 언제나 핵심적으로 논의되는 주제다. 만약 누군가가 대담하게 정권의 합법성 따위 내던져버리고 주먹의 권력만을 추구한다면, 다들 놀라며 그에게 반감을 가질 것이다. 그런데 르네상스 시기의 이탈리아에 이런 정치를 주장한 철학자가 있었다. 마키아벨리는 자신이 쓴 소책자 《군주론》에서, 군주라면 도덕은 내려놓고 진정한 소인, 나아가 위선군자가 될 줄 알아야 한다고 주장했다. 그런 의미에서 마키아벨리는 서양 '후흑학厚黑學('후흑'은 면후面厚와 심흑心黑이라는 뜻으로, 뻔뻔함과 음험함으로 사기·협잡까지도 불사하는 권모술수론 혹은 처세술을 의미-옮긴이)'의 시조라 할 만하다. 이 때문인지 마키아벨리라는 이름은 훗날 수단과 방법을 가리지 않는 흉계를 뜻하는 형용사로 쓰이기까지 했다. 그러나 그는 자신의 고향에서 위인으로 받들어졌고, 사후에는 피렌체의 산타크로체 성당에 안치되었다. 영국의 철학자 베이컨은 "마키아벨리는 인간은 마땅히 이래야 한다는 당위가 아니라, 인간의 모습이 본래 이러하다고 썼을 뿐"이라고 말했다. 도대체 마키아벨리는 인간이 본래 어떠하다고 쓴 것이며, 어째서 '악을 불사해야 한다'고까지 가르친 것일까?

마키아벨리는 왜 '악마의 책'을 썼나?

✦ ✦ ✦

《군주론》은 대략 1513년에서 1514년 사이에 쓰였다. 마키아벨리는 책의 서두에서 이 책은 어디까지나 통치자를 위해 쓴 것임을 명확히 밝힌다. 여기에는 그 당시 피렌체의 통치자였던 메디치 가문도 포함된다. 《군주론》의 헌사는 '로렌초 데 메디치에게 바친다'고 돼 있다.

1494년, 프랑스의 국왕 샤를 8세가 이탈리아를 침공하면서 피렌체의 통치자였던 메디치 가문이 전복되고, 새로이 피렌체 공화국이 성립되었다. 마키아벨리의 정치 생애도 바로 이해에 시작되었다. 1498년, 마키아벨리는 피렌체 공화국의 제2서기국 서기장 겸 10인 위원회의 비서가 돼 외교와 국방을 책임지게 되었다. 여러 나라를 방문하며 그 나라의 최고 통치자를 두루 접견하던 마키아벨리는 곧 피렌체 공화국 수석집정관의 심복이 되었다. 그러나 그의 관운은 그리 오래 가지 못했다. 1511년, 교황 율리오 2세의 군대가 피렌체를 침공하면서 피렌체 공화국 정권이 또다시 전복된 것이다. 메디치 가문은 18년 뒤 다시 피렌체에서 정권을 잡게 되지만, 마키아벨리의 정치 생애는 이해에 끝이 나고 만다. 1513년 2월, 마키아벨리는 반역을 모의했다는 죄목으로 체포돼 혹독한 고문으로 자백을 강요받았다. 한 달 후, 각계의 사면 요청으로 출옥하게 된 마키아벨리는 시골 마을로 내려가 은거하기로 한다. 이런 은거 생활이 그에게는 전혀 달갑지 않았지만, 이 시기에 다시 한번 메디치 가문의 인정을 받아 피렌체 정계에 복귀하고자 쓴 책이 바로《군주론》이다.

《군주론》이 대상으로 하는 독자는 메디치 가문 하나에 국한되지 않는다.《군주론》은 미래의 또 다른 군주, 그리고 정치적 포부가 있는 청년들을 위한 책이기도 했다. 사실 마키아벨리 자신이 그러한 정치적 포부가 있는 청년이었다. 그 당시 사람들이 군주에게 바치는 것은 대개 기이한 보물이었지만, 마키아벨리는 자신의 지식을 군주에게 바치며 자신의 경험과 재능이 피렌체의 번영에 가치 있게 쓰이기를 바랐다. 마키아벨리가《군주론》에서 논한 것은 군주가 통치하는 나라와 그 유형, 권력은 어떻게 얻고 유지하는가, 또 어떻게 권력을 잃고 마는가와 같은 치국의 방책이었다. 이런《군주론》에 대해 후대의 평가는 양극단으로 엇갈린다. 어떤 이들은 단순히 '국정 기술stateship'을 논한 책이라고 말하고, 어떤 이들은 '악마의 계시가 담긴 책'이라고까지 평한다. 독일의 사학자 프리드리히 마이네케Friedrich Meinecke는 "《군주론》이 세상에 등장한 이래, 서양의 정치학은 치명적인 일격을 당했고, 그 상처는 앞으로 영원히 치유되지 못할 것"이라고 말했다.

인간의 본성이 악하다는 것을 잊지 마라

❖ ❖ ❖

지도를 그리는 사람이라면 높은 지대의 굴곡을 상세히 그리기 위해 평지에 있어 봐야 하고, 평지의 지형을 상세히 그리기 위해서는 높은 곳에 올라 봐야 한다. 마찬가지로, "대중의 본성을 제대로 이해하기 위해서는 군주가 돼봐야 하고, 군주의 본성을 잘 이해하기 위해서는 일반 평민으로 살아봐야 한다". 마키아벨리는 가장 먼저, 군주가 인간의 본질을 똑바로 봐야 한다고 말한다. 인성에 대한 마키아벨리의 평가는 신랄하기 그지없다. 마키아벨리는《군주론》17장에서 이렇게 쓰고 있다. "인간이란 은혜를 모르고 변덕스러우며 위선자인 데다 기만에 능하며, 위험을 피하려 하고 이득에 눈이 어둡다 … 위험을 피할 때는 누구보다 빨리 꽁무니를 빼기 바쁘면서도, 이익을 좇을 때는 남들보다 뒤처지지 않을까 두려워한다." 이것은 반드시 '인간의 심성은 악하다'는 관념이라기보다 군주로서 통치에 참고해야 한다는 조언에 가깝다. 마키아벨리는 자신의 또 다른 저서인《로마사 논고》에서 이렇게 말한다. "공화국의 통치자이자 법률의 제정자는 모든 인간을 일단 악한으로 간주해야 한다. 그들은 틈만 나면 자기의 영혼 안에 있는 악한 뜻을 이용하려 든다." 인성은 일단 악하므로 군주는 그에 맞게 대응해야 한다는 뜻이다. 또 그는 "군주가 덕행으로 보이는 일들을 몸소 행하면 군주 자신에게 액운으로 돌아올 뿐이다. 그러나 군주가 사악해 보이는 일을 몸소 행하면 군주 자신에게는 안전과 안녕을 가져다준다"라고 말했다. 마키아벨리의 이런 말은 유럽이 중세에서 근대로 전환하는 지표가 되었다. 중세의 유럽은 기독교에 압도돼 있었다.

사람들의 세계관, 윤리·도덕, 기본적인 가치들은 모두 종교에 의해 재단당하고 통제되고 있었다. 이런 환경에서 사람들은 기독교의 인성론을 받아들였고, 자기 자신의 본성에 대한 관심 역시 신과의 관계와 불가분의 관계를 맺고 있었다. 그러나 마키아벨리는 인간에 대해 논하면서 아무런 신학적, 종교적 표현 없이 단지 자신이 경험하고 관찰한 사람들의 모습에 대해서만 썼을 뿐이다.

이로써 정치와 도덕은 철저히 분리되었다. 마키아벨리는 정치적 행위, 특히 군주의 의사 결정이 도덕의 제약을 받아서는 안 된다고 생각했다. 군주가 가장 우선적으로 고려해야 할 것은 국가의 이익 그리고 통치자 자신이어야 한다. 마키아벨리는《군주론》15장에서 이렇게 말한다. "모든 일을 함에 있어 스스로 선량하다고 자부하는 사람이 있다면, 선량하지 않은 수많은 사람 속에서 파멸하고 말 것이다." 또, 군주는 뭇사람들의 사랑을 받으려 하지 말아야 하지만 증오의 대상이 돼서도 안 된다고 말한다. "사람들이 기꺼이 군주에게 복종하고 있을 때는 군주도 음모와 계략을 근심할 필요가 없다. 그러나 사람들이 군주에게 적의와 원한을 품고 있다면, 군주는 어느 한 사람이나 사소한 일에 대해서까지 마음 졸이지 않을 수 없기 때문"이다. 마키아벨리는 결국 강력한 힘으로 사람들의 마음속에 두려움을 심는 것만이 정권을 안정적으로 유지하는 관건이라고 생각했다.

여우이면서 동시에 사자여야 한다

❖ ❖ ❖

중세의 유럽에는 위선자가 많았다. 그래서 마키아벨리도 군주는 '진정한 소인배'가 될 줄 알아야 한다고 거리낌 없이 말했다. 그는 정치학과 윤리학을 분리시켜 정치학을 실천의 학문으로 만들었다. 국가를 순수한 권력조직으로만 보고, 권력의 합법성에 대해서는 일절 논하지 않았다.

마키아벨리는《군주론》18장에서 군주는 마땅히 여우인 동시에 사자가 될 줄 알아야 한다고 말한다. 사자는 자신이 함정에 빠지는 것을 미연에 방지할 줄 모르고, 여우는 사나운 이리떼에 맞서 이겨내기가 어렵다. 그러므로 군주는 여우처럼 함정을 피하는 동시에, 사자가 돼 이리떼를 두려움에 떨게 만들어야 한다. 둘 다 군주에게는 필요한 자질이기에 어느 하나도 없어서는 안 된다.

바로 이것이 마키아벨리의 일관된 논조였다. 군주라면 "반드시 위대한 위장자인 동시에 거짓 호인이어야 한다". 군주는 국가의 안정을 위해서라면 신의를 내던지고 인정을 짓밟을 줄도 알아야 하며, 인간의 도리는 물론 신의 명령도 위배할 수 있어야 한다. 그러면서도 동시에 청렴, 정직, 자비를 '드러내야' 하고, 인간의 도리를 행하고 신을 경외하는 모습도 '내보여야' 한다. 군주가 실제로 그런 덕성을 지니고 있느냐는 중요하지 않다. 중요한 것은 백성들의 눈에 미덕을 갖춘 군주로 보이는 것이다. 군주는 반드시 시의적절하게 대응해야 하고, 기회가 왔을 때 민첩하게 움직여야 한다. 그러므로 어느 한 가지 가치 기준에만 고지식하게 매달려서는 안 된다. 군주에게는 지고무상의 단

하나의 목적이 있을 뿐이다. 그것은 바로 자신의 권력을 안정적으로 유지해 국가를 제대로 통치하는 것. 마키아벨리의 이런 말은 후대에 가서 목적이 정당하기만 하면 수단은 어떠해도 상관없다는 뜻으로 오해되기도 했다.

마키아벨리가 자신의 이상에 부합하는 군주로 생각한 사람은 교황 알렉산데르 6세의 사생아 체사레 보르자Cesare Borgia였다. 교황 알렉산데르 6세는 가톨릭 역사상 가장 부패한 교황이었다. 그는 교황이 되기 전부터 시도 때도 없이 뇌물을 받았을 뿐 아니라 교황을 암살하기도 했다. 결국 그 자신이 교황의 '보좌'에 앉은 뒤로는 자신의 아들을 교회 및 세속의 여러 중요한 직위에 직접 앉혔다. 그는 이렇게 한 시대의 권력을 자기 손에 쥐고 흔들었다. 체사레 보르자는 열여덟 살 되던 해에 아버지 덕에 주교가 되었고, 암살과 독살 등의 수법으로 아버지의 정적을 모조리 제거했다. 이 때문에 그는 '독약 공작'으로 불리기도 했다. 심지어 그는 자신의 동생인 조반니 보르자를 독살하면서까지 교황군 총사령관 자리를 빼앗기도 했다. 1499년부터 1503년까지 체사레 보르자는 권력의 최정상에 올랐고, 그의 이름은 이탈리아인들의 간담을 서늘하게 하는 두려운 존재였다.

그런데 마키아벨리는 《군주론》 7장에서, 바로 이 '독약 공작'에 대해 아낌없는 찬사를 쏟아낸다. "공작의 모든 행동을 돌아보건대, 비난할 점이라고는 단 하나도 찾을 수가 없고 … 그의 크고 강한 용기와 숭고한 목적 때문에라도 그와 같은 행동을 하지 않을 수 없었다…" "그러므로 새 왕국의 영토의 안전을 위해 군주는 외적의 침입을 막아내야 할 뿐 아니라, 필요하다면 친구를 얻고자 노력해야 하고, 무력과 위협으로 적을 제압할 줄도 알아야 한다. 백성들로 하여금 군주를 사랑하는 동시에 두려워하게 만들어야 하며, 군대로 하여금 군주에게 복종하는 동시에 존경하게 만들어야 한다. 자신에게 해를 끼칠 만한 자들은 모조리 제거하고, 새로운 법으로 구제도를 개혁함으로써 군주 자신의 냉혹한 일면을 드러내는 동시에 사람들로 하여금 감복하게 만들어야 한다. 관대한 아량을 베풀어 환심을 사는 동시에 불충한 군대는 와해시키고 새로운 군대를 창건해야 한다. 주변국의 국왕들과 우호적인 관계를 유지하면서도 그들이 두려움에 떨어 성심성의껏 도움을 베풀도록 만들어야 한다. 다른 누구도 아닌 체사레 보르자 공작만이 이렇게 할 수 있는 가장 뛰어난 모범이다."

영국의 철학자이자 정치사상가인 이사야 벌린Isaiah Berlin은 자신의 저서 《반조류Against the Current》에 실린 「마키아벨리의 독창성」이라는 글에서 이렇게 말한다. "고전주의 시대의 미덕을 찬양하고 중세 기독교의 생활관을 멸시하는 마키아벨리의 태도는, 세상에는 어느 한 종류의 가치 체계만 존재하는 것이 아니며, 누구든지 그 안에서 합리적인 선택을 할 수 있는 공통 기준이 존재하는 가치 체계란 없다는 것을 후대의 사람들에게 암시한다." "마키아벨리는 목적이야말로 궁극적인 것이며, 어떤 목적이든 모두 똑같이 신성하다고 생각했다. 그것은 냉정한 현실주의였다." 그렇다면 다양한 가치 체계의 존재가 우리에게 의미하는 것은 무엇일까? 마키아벨리의 주장은 진보일까, 퇴보일까? 당신이 만약 기업의 관리자라면 마키아벨리의 사상을 한번쯤 배워보고 싶다는 생각이 드는가?

더 읽으면 좋은 책

1 《군주론》 니콜로 마키아벨리, 까치, 2015
2 《나의 친구 마키아벨리》 시오노 나나미, 한길사, 2002
3 〈메디치 : 마스터즈 오브 플로렌스〉 시즌 1~3, TV 시리즈, 2016~2019

22

찰스 다윈
《종의 기원》

'적자생존'이
무슨 뜻이지?

‖ 대머리 지수 ‖

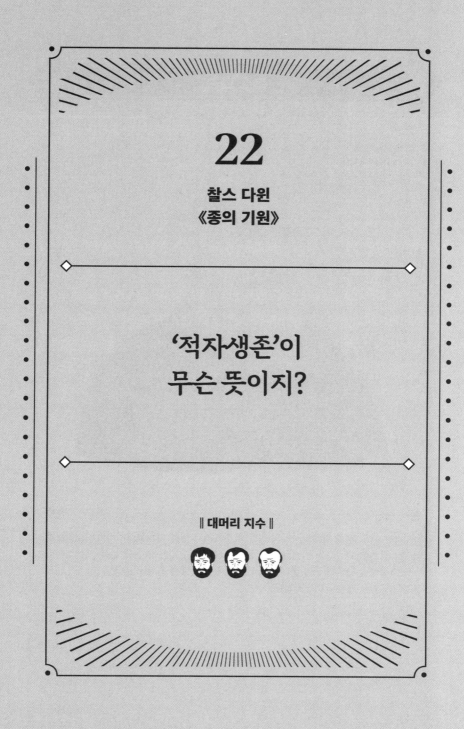

찰스 다윈

Charles Darwin, 1809~1882

과거에는 나도 많은 박물학자들이 여전히 견지하고 있는 것처럼 하나하나의 생물 종이 제각각 창조되었다는 관념을 받아들였다. 그러나 그것은 틀렸다. 종은 가변적이며 … 자연선택은 새로운 생물 종이 만들어지는 가장 중요한 경로라고 나는 믿는다. 비록 그것이 유일한 경로는 아닐지라도.

— 다윈, 《종의 기원》

들어가며

2020년에 전 세계를 휩쓴 팬데믹은 우리 삶에도 적지 않은 충격을 가져다주었다. 그런데 정부와 국민들이 방역을 대하는 태도는 나라마다 크게 달랐다. 일부 국가들은 사회구성원 대다수가 코로나에 감염돼 면역력을 얻음으로써 코로나에 대항하기로 하는 '집단 면역'을 해결책으로 제시했다. 그러자 이 방법에 대해 각계에서 비판이 쏟아졌다. 일부는 '사회적 다윈주의'라거나 '적자생존'이라며 반대의 목소리를 높였고, 일부는 해당 방역정책에 대한 의견을 보류하며 가장 먼저 기본 개념에 대한 오해부터 해소해야 한다고 말했다. 도대체 다윈이 말한 '적자생존'은 무엇이며 '사회적 다윈주의'는 또 무엇일까? 둘 사이에는 어떤 상관관계가 있을까? 많이 들어서 익숙한 개념일지 모르지만, 다시 한번 자세히 들여다보면서 찬찬히 이해할 필요가 있다.

그런데, 철학자의 책들을 소개하는 책에서 왜 갑자기 생물학자 이야기를 꺼내는 걸까? 다윈과 진화론은 인간이 세계와 인간 자신을 바라보는 관점을 근본적으로 바꾸어 놓았기 때문이다. 다윈과 진화론이 인간의 사유에 미친 영향과 충격은 코페르니쿠스적 혁명에 비견할 만하다. 그렇다면 이런 진화론은 철학 사상과 사회 이론에서 각각 어떤 모습으로 나타났을까? 진화론은 우리에게 어떤 새로운 영감 혹은 고뇌를 안겨주었을까?

비글호 항해와 《종의 기원》

✦ ✦ ✦

1831년, 22세의 다윈은 영국 왕실 해군의 측량선인 비글호에 탑승할 기회를 얻게 된다. 이로써 장장 5년에 걸친 항해와 고찰이 시작되었다. 다윈의 항해에서 가장 중요한 여정은 1835년에 태평양 해상의 갈라파고스 군도에 다다른 때였다. 다윈은 이 섬에서 살아가는 13~14종의 작은 새들을 보게 되었다. 새들의 체형은 서로 비슷했지만 부리의 크기와 모양은 제각각이었다. 어떤 새는 부리가 길어서 모래 속의 벌레를 헤집기 좋았고, 어떤 새는 살짝 굽은 짧은 부리가 매우 단단해서 식물의 씨앗을 깨먹기 좋았다. 다윈은 갈라파고스 군도에서 자라는 여러 식물들의 원산지를 근거로, 원래는 남미 대륙에 살던 새들이 큰 바람에 떠밀려 날아와 갈라파고스 군도의 환경에 적응하느라 여러 가지 모양의 부리를 가진 새로 진화한 것이 아닐까 추측했다. 새의 부리가 환경에 적응하지 못하면 먹이를 충분히 섭취하지 못해서 굶어 죽을 수 있고, 자신의 유전자를 대대손손 남기기도 어려워질 테니 말이다. 이렇게 환경에 적응한 진화의 결과로 대를 이어 살아남는 것을 자연선택이라 한다.

다윈은 항해를 마치고 영국으로 돌아와 자신이 수집한 기록들을 정리하고 몇 년여의 숙고 끝에 1859년 11월 24일, 《종의 기원》을 출간했다. 이 책의 원제는 《자연선택 혹은 생존경쟁에서 유리한 종의 보존에 의한 종의 기원》, 훗날 이를 줄여서 《종의 기원》이라고 부르게 되었다.

'진화'라는 개념

◆◆◆

다윈이 《종의 기원》을 통해 답하고자 한 핵심은 어느 한 생물 종이 어떻게 해서 또 다른 종 혹은 다른 여러 종이 되었는가 하는 문제였다. 여기까지 들으면 "아, 진화론이요?"라고 말하는 사람이 있을지도 모르겠다. 그런데 진화론이라는 번역어에는 약간 문제가 있다. '진화'에 해당하는 영어 단어 evolution에는 원래 '진보'라는 뜻이 포함돼 있지 않다. 그래서 중국에서는 '연화演化('발전'적으로 변화한다는 뉘앙스를 배제하고, 단지 '변화의 흐름'만을 의미하는 단어-옮긴이)'를 더 적합한 번역어로 제안하기도 한다. 중국의 학자 옌푸가 1898년에 토머스 헉슬리Thomas Huxley의 《진화와 윤리》의 일부를 번역하면서 채택한 번역어는 《천연론天演論》이었다. 이를 통해 소개된 "생존 경쟁을 통한 자연선택, 적자생존" "우승열패"는 이제 누구나 아는 진화론의 기본 원리가 되었다. 이로써 우리는 헉슬리의 사상이 다윈보다 일찍 중국에 들어왔다는 것을 알 수 있다. 그런데 이 지점에서 한 가지 분명히 해야 할 것이 있다. 다윈이 말하는 진화는 어디까지나 작은 범위의 환경에서의 부분적 적응이자, 수백만 년에 이르는 시간 속에서 이루어진 미세한 변화를 가리킨다는 사실이다.

다윈은 같은 종 안에서의 개체들이 아무리 서로 비슷하더라도 모든 개체는 제각기 독특한 것이라고 생각했다. 절대 다수의 사람들이 똑같이 두 눈, 두 귀, 양손, 두 다리를 가지고 있지만 각자의 키와 체중, 피부색은 제각각인 것처럼 말이다. 이런 차이는 왜 생기는 것일까? 유전과 관련이 있다. 유전의 두 가지 기본 요소는 재조직과 변이다. 재조직과 변이는 어디까지나 우연히 이루어진다. 바로 이것이 '자연선택'의 전제 조건이다. 다윈은 모든 생물 개체는 자연선택의 결과라고 생각했다. 자연선택이 이루어지는 과정에는 포식자의 존재부터 먹이 상황, 서식 환경, 심지어 기후에 이르기까지 수많은 변수가 작용한다. 모든 생물 개체는 이런 수많은 환경 요소의 시련을 받는 가운데, 우연히 이루어지는 유전자 재조직 혹은 변이를 통해 그 개체만의 독특하고도 유일한 특징을 갖게 되고, 여러 환경 요소들로부터 좋은 혹은 나쁜 영향도 받게 된다. 이 가운데 환경 적응 및 생존에 불리한 특징을 가진 개체는 자연스럽게 도태되고, 유리한 특징을 가진 개체가 자신의 유전자를 전승하며 계속해서 살아남는다. 지금처럼 지구온난화가 진행되는 환경에서는 털이 수북한 생물일수록 뜨거운 열기를 감당하기가 점점 더 어려워지는 것처럼 말이다. 자연선택은 본질적으로 자연도태를 의미한다.

신에 의한 창조는 필요없다

❖❖❖

다윈의 《종의 기원》이 나오기 전까지만 해도 기독교의 창조론 외에는 생물 종의 기원과 진화에 대해 설명하는 학설이 딱히 없었다. 《성경》의 구약 「창세기」에 따르면, 하느님이 셋째 날부터 다섯째 날까지 각종 동식물을 창조하셨다고 나온다. 그런데 이 '창조'와 관련해서 반복적으로 나오는 중요한 표현이 있다. '그 종류대로'. 즉 신이 지구상의 모든 생물 종을 하나하나 창조한 뒤 그대로 변치 않고 쭉 이어져 내려왔다는 뜻이다. 어떤 신학자는 신이 약 6천여 년 전에 세상을 창조했다는 설을 제시하기도 했다. 그러나 이러한 창조론은 지금도 수많은 화석과 박물학적 증거에 의해 의문을 제기받고 있다.

다윈은 갈라파고스 군도의 동식물을 관찰하면서 갈라파고스의 동식물들이 아메리카 대륙의 동식물과 대단히 유사하다는 것을 발견했다. 그러나 갈라파고스 군도의 환경은 아메리카 대륙의 환경과 많이 달랐다. 창조론을 따르자면, 창조주는 각각의 생물 종을 그것이 가장 잘 적응할 수 있는 환경에 두었어야 마땅하다. 다윈은 자신의 노트에 '처음에는 똑같은 생물 종이었다가 나중에 가서 변이가 발생한 것일까'라고 썼다. 다윈의 항해일지에는 그가 점차 종교에 대한 의문을 품게 되는 내용이 나온다. "아무런 종교 신앙이 없는 사람이라면 '두 창조주가 각자 다른 장소에서 똑같은 대상을 창조하다니!' 하며 감탄할지도 모르겠다. 제각기 다른 장소에서 똑같은 목표에 도달했으니 말이다."

다윈은 《종의 기원》 안에서도 자주 창조론을 변호할 정도로 그의 사상적 전환은 사실 순탄치 않았다. 그러나 결국 진화론은 창조론이 생물계에 구축해놓은 기반을 근본적으로 깨부수기에 이른다. 자연계의 모든 생물과 그 생물들의 기관器官이 기나긴 진화의 과정에서 생겨난 것이라면, 그 어떤 지적 설계자나 창조자도 필요하지 않기 때문이다. 자연 스스로의 과정은 자연의 성과를 설명해줄 뿐 다른 어떤 외부의 의지도 필요로 하지 않는다. 우리들 자신, 하나하나의 개체는 35억년에 걸친 생물 진화의 결과이며, 모든 생물 종은 거대한 생명나무의 한 줄기에서 뻗어 나온 가지다. 그러므로 혹여 당신의 조상이 당신에게 억만금의 재산을 물려주지 않았다 해도, 당신은 최소한 35억 년에 이르는 진화에 있어서만은 승자다. 우리는 우리의 생물학적 조상들에게 감사하는 마음을 가질 필요가 있다.

스펜서와 사회적 다윈주의
❖❖❖

《종의 기원》은 출간 직후 엄청난 공격에 시달렸다. 다윈의 친구였던 헉슬리만이 전심전력으로 진화론을 변호했을 뿐이다. 그 당시 박물학 교수였던 헉슬리는 다윈의 진심 어린 동행이었다. 사실 헉슬리도 다윈과 비슷하게 군함에서 박물학 연구를 한 적이 있었다. 헉슬리는 《종의 기원》을 다 읽고 나서 "다윈의 사상은 자유를 갈망하는 모든 이에게 빛을 가져다주었다"라고 말했다. 1860년 6월에는 영국 옥스퍼드 대학교에서 영국 학술협회 회의가 열렸다. 이 자리에 참석한 윌버포스 주교가 헉슬리에게 날카로운 질문을 던졌다. "당신의 조상이 원숭이라면 그것은 할아버지 쪽 조상입니까, 할머니 쪽 조상입니까?" 그러자 헉슬리는 냉정하게 대답했다. "조상이 원숭이라는 사실에 수치스러워할 필요는 없지만, 자신의 활동 영역에서 별다른 성과도 없으면서 자신이 잘 알지도 못하는 분야인 과학의 영역에 끼어들어 함부로 떠들어대는 그 경솔함만은 수치스럽기 그지없군요." 이 때문에 헉슬리는 '다윈의 투견'이라는 별명을 얻게 되었다. 헉슬리는 다윈보다 더 다윈 이론의 대변자였다. 그렇게 진화론은 십여 년이라는 짧은 시간 내에 학술계에 받아들여졌을 뿐 아니라 온 세상 사람들에게까지 널리 알려졌다.

정작 다윈 본인은 진화론에 대해 신중한 태도를 견지했지만, 영국의 철학자 허버트 스펜서Herbert Spencer는 진화론 사상을 다른 영역에까지 확장하고 적용시켰다. 소위 '사회적 다윈주의Social Darwinism('사회진화론'이라고도 한다-옮긴이)'는 바로 이렇게 진화론을 사회의 여러 영역에 두루 적용한 산물이었다. 그런데 여기서 한 가지 주의해야 할 점은 사회적 다윈주의가 《종의 기원》보다 앞서 출현했다는 사실이다. 스펜서는 다윈보다 일찍, 1855년에 출간한 《심리학 원리Principles of Psychology》에서 '적자생존'과 비슷한 개념을 제시한 바 있다.

스펜서는 사회와 그 구성원들의 관계를 생물 개체와 세포의 관계로 비유했다. 그는 심지어 자연계의 물리적 규칙까지도 인간사에 직접적으로 적용시켰다. 사회적 다윈주의는 자연계의 '먹이사슬' 논리에 근거한 '약육강식, 자연선택, 적자생존' 관점으로 사회적 현상들을 해석하는 사회 모델을 제시하기도 했다. 실제로 사회적 다윈주의에서 두드러지는 것은 자연선택이 아니라 인류라는 종 안에서의 생존

경쟁이다.

당시 유럽에는 민족에 따라 우열을 나누는 인종주의가 성행했다. 이에 사회적 다원주의도 정치 집단이나 이데올로기에 의해 특정 민족이 다른 민족을 통치하는 것이 정당하다고 외치는 식민주의에 적극 활용되었다. 나중에는 사회적 다원주의의 기초 위에 다양한 '우생학' 이론도 출현했다. 20세기에 이르러, 이 이론은 나치 독일이 선천적 장애인과 정신 질환자를 '비자발적으로 안락사'시키는 데까지 활용되었다. 이른바 T4 법안이다. 1930년대에는 미국의 각 주에도 이와 비슷한 법령을 제정해, 정신 질환자를 상대로 강제 불임시술이 이루어졌다. 이러한 야만은 과학 이론으로서의 진화론과 이데올로기로서의 사회적 다원주의가 혼동된 결과였다.

자연 생태계에서의 약육강식은 있는 그대로의 사실이다. 그러나 인류 사회에서의 '약육강식'은 일종의 당위적 주장으로 변질되었다. 있는 그대로의 사실에 사회의 당위적 주장이 마구 뒤섞인 결과는 이루 말할 수 없이 참혹했다. 이렇듯 우리는 과학 이론이 반인륜적 이데올로기로 변질되지 않도록 항상 경계해야 한다. 현대의 분자인류학Molecular anthropologys(염색체 내 DNA와 같은 분자 단위의 분석을 통해 인류 집단의 진화 과정, 유전자 계보 등을 밝히는 학문으로, '유전자 인류학'이라고도 한다-옮긴이) 연구에 따르면, 현재 지구상에 존재하는 인류인 호모 사피엔스homo sapiens(복잡한 뇌와 문화를 보유한 영장류-옮긴이)의 기원은 모두 아프리카라고 한다. 즉 모든 인간은 공통의 조상을 가지며, 인간과 인간 사이의 유전적 차이는 지극히 미미하다는 것. 사람의 생물학적 특징만으로 특정 인종, 민족의 우열 여부, 약육강식의 정당성을 논

하는 것이 무의미한 이유다. 무엇보다 다윈은 생물학적 결정론자가
아니었다.

┌─────────────────────┐
│ **더 읽으면 좋은 책** │
└─────────────────────┘

1 《종의 기원》찰스 다윈, 사이언스북스, 2019
2 〈다윈의 투쟁 : 종의 기원의 진화Darwin's Struggle : The Evolution of the Origin of
      Species〉BBC 다큐멘터리, 2009
3 〈다윈이 알지 못했던 것What Darwin Didn't Know〉BBC 다큐멘터리, 2009
4 〈찰스 다윈과 생명의 나무Charles Darwin and the Tree of Life〉BBC 다큐멘터리, 2009

23

토마스 홉스
《리바이어던》

인간은 왜 국가를
필요로 하는가?

‖ 대머리 지수 ‖

토마스 홉스

Thomas Hobbes, 1588~1679

인간은 그들 모두를 위압하는 공통의 권력이 존재하지 않는 곳에서는 전쟁 상태에 들어가게 된다. 이 전쟁은 만인의 만인에 대한 투쟁이다.

— 홉스, 《리바이어던》

들어가며

사람들은 평소 '국가'에 대해 잘 느끼지 못하지만, 국가라는 실체는 사실 언제 어디에나 존재한다. 특히 현대인이라면 태어날 때부터 출생신고를 시작으로, 자라면서 각종 예방접종을 받고, 수속을 마친 끝에 학교에 들어가고, 결혼을 하면서는 혼인신고를 하고, 일을 하는 동안 4대 보험을 신청해서 납부하고 보험금을 받는 등… 죽을 때까지의 모든 삶이 국가와 떼려야 뗄 수 없다. 하지만 고대에는 이렇게까지 국가에 의존적이지 않았다. 고대의 농민은 부지런히 일하기만 하면 가족을 부양하며 스스로 먹고살 수 있었다. 국가라는 존재는 조세와 지대를 납부해야 한다는 사실을 의미할 뿐이었다. 그래서 일부 철학자들은 '인간에게 왜 국가가 필요한가? 국가가 있으나 없으나 사람들의 삶에 무슨 차이가 있나? 국가가 있어서 사람들은 더욱 행복해지는가, 괴로워지는가?'를 오히려 고민했다.

영국의 토마스 홉스도 그런 고민을 한 철학자 가운데 하나였다. 그의 저서 《리바이어던》은 국가의 기원으로서의 계약론에 대해 이야기하는 책으로, 후대 사람들의 국가에 대한 이해에 지대한 영향을 미쳤다.

《리바이어던》

토마스 홉스는 1588년에 태어나 1679년에 91세의 나이로 세상을 떠났다. 아마도 그는 우리가 아는, 서양 철학사에서 수명이 가장 긴 철학자에 해당할 것이다. 그의 저서인 《리바이어던》의 원제도 매우 길다. 《리바이어던, 혹은 교회국가와 시민국가의 재료와 형태 및 권력 Leviathan or The Matter, Forme, and Power of a Commonwealth Ecclesiasticall and Civil》. '리바이어던'은 원래 《성경》에 나오는 사악하고 무지막지한 힘을 가진 바다 괴물로, 통상적으로 고래나 악어의 형상으로 묘사된다.

《리바이어던》은 영국의 내전 기간에 쓰였다. 1649년 1월 30일, 영국 국왕 찰스 1세가 단두대에서 처형되었다. 그 전후로 여러 차례에 걸친 내전이 일어나 전쟁터에서만 약 85,000여 명이 사망하고, 전쟁 기간 중 총 10만 여 명이 사망했다. 내전이 남긴 상처는 참혹했다. 홉스도 전쟁으로 갈가리 찢긴 조국의 참상에 비통하기 그지없었다. 《리바이어던》이라는 서양 정치철학사의 명작은 사실 이렇게 홉스의 '전쟁증후군'의 산물이었다. 인류 사회의 기초와 정부의 합법성의 기원에 대해 논하는 이 책을 통해 홉스는 사회 현실에 대해 깊은 숙고를 이어나갔다.

《리바이어던》은 각각 인간에 대하여, 코먼웰스Commomwealth(다수의 사람들이 공포와 불안에서 벗어나 평화와 안전을 유지하기 위해 하나의 인격으로 결합, 통일된 공통권력의 실체로, 인민의 합의에 기반한 근대적 시민 국가를 의미-옮긴이)에 대하여, 기독교 코먼웰스에 대하여, 어둠의 나라에 대하여 등 총 4부로 이루어져 있다. 1부에는 우주가 물질로 이루어져 있다는 유물론적 입장에 기반한 홉스의 기본 철학이 담겨 있다. 2부는 홉스가 자연 상태에서의 인간 존재의 본성에 대해 분석하는 내용으로, 후대의 철학자들이 가장 중시한 부분이다. 3부는 기독교 코먼웰스에 대한 내용으로, 홉스는 교회가 세속의 정권하에 있어야 하며 세속의 권력 이상의 권리를 가져서는 안 된다고 주장한다. 4부에서 홉스는 로마 가톨릭 교회를 정면으로 비판하며, 교회 세력은 대학에서 떠나야 하고 대학은 교회의 통제와 영향에서 벗어나야 한다고 주장한다.

'만인에 대한 늑대' 상태에서 '사회계약'으로

✦✦✦

홉스는 《리바이어던》 13장에서 '자연 상태'에 대해 이야기한다. 홉스는 국가의 필요성을 논증하기 전에, 국가도 사회도 법률도 도덕도 없는 상태에서의 인류는 어떤 상태에 처하게 되는가를 탐구한다.

이때의 자연 상태는 모든 개인이 평등하다는 것을 전제로 한다. 이런 관념은 현대의 정치철학을 상징하는 기점이기도 하다. 이러한 자연 상태에서 모든 개인은 독립적 개체이고 표면적으로는 모두가 평등하지만, 실제로는 투쟁과 살육이 만연한 야만의 상태로 살게 된다. 홉스는 인간의 천성인 경쟁competition, 자기 확신의 결여diffidence, 공명심glory이 이러한 투쟁의 주요 원인이라고 보았다. "인간은 그들 모두를 위압하는 공통의 권력이 존재하지 않는 곳에서는 전쟁 상태에 들어가게 된다. 이 전쟁은 만인의 만인에 대한 투쟁이다everyone against everyone."• 인간은 식욕, 성욕과 같은 동물적 욕망 때문에 제멋대로 행동하며 함부로 빼앗고 서로 죽일 수 있다. 이러한 전쟁 상태에서는 산업이 제대로 존재할 수 없고 생산물이 안정적이지 않아, 누군가가 무엇을 생산하기만 하면 곧바로 다른 누군가가 그것을 빼앗아 가버릴 수 있다. 그래서 홉스는 이런 전쟁 상태에서는 예술도 문학도 부富도 제대로 지켜질 수 없다고 생각했다. 더욱 참담한 것은 "끊임없는 공포와 생사의 갈림길에서 인간의 삶은 고독하고, 가난하고, 험악하고, 잔인하고, 그리고 짧다"••라는 사실이다. 이런 전쟁 상태에서는 평화와 안정이 존재할 수 없기에, 모든 사람이 자신의 생존과 재산을 지키기 위해 수단과 방법을 가리지 않게 된다. 그러므로 자연 상태에서의 인간은 매일 같이 공포와 불안에 떨며 '어떻게 살아갈 것인가'를 고민할 수밖에 없다. 이때, 이성을 지닌 인간이라면 평화 상태에 이를 수 있는 방법을 제시할 수 있다. 여기서 홉스가 제시하는 방법이 바로 사회

• 토머스 홉스, 《리바이어던》, 나남, 2008, 171쪽
•• 위의 책, 172쪽

계약social contract이다.

계약이란 무엇인가? 홉스가 말하는 계약은 우리가 흔히 종이에 펜으로 서명하는 형태의 어떤 문서를 가리키는 것이 아니다. 사람들이 자기 보존을 위해 자신의 권리 일부를 주권자sovereign(군주 혹은 최고 통치자를 의미-옮긴이)에게 양도하고, 동시에 주권자의 보호를 받으며 그에게 복종하기로 하는 일종의 거래다. 여기서 주권자는 곧 절대 권위, 리바이어던이다. 주권자는 어느 한 개인이나 조직이 아니며, 주로 공적 권력public power을 가진 국가를 의미한다.

홉스는 사회계약설을 통해 국가의 필요성과 법치의 기원이라는 문제를 해결했다. 홉스의 사회계약은 국가가 처음부터 존재했던 것이 아니라 권리의 양도를 거쳐 세워진 것임을 논증한다. 국가의 목적은 모든 사람이 상호 투쟁하는 자연 상태에서 벗어나 모두의 안전을 보장하는 것이다. 사회계약을 통해 세워진 국가는 모든 사람이 바라는 바에 부합하므로 합법성을 지닌다.

원서《리바이어던》의 속표지에는 흥미로운 삽화가 하나 실려 있다. 지평선 위로 솟아오른 한 거인이 머리에는 왕관을 쓰고, 양손에 각각 칼과 홀笏(제왕의 권위를 상징하는 물건-옮긴이)을 쥐고 있다. 누가 봐도 한 나라의 군주다. 그런데 자세히 보면, 이 군주의 몸은 수많은 개인들로 이루어져 있다! 이 그림은 홉스의 사회계약이 무엇을 의미하는지 단적으로 보여준다. 국가는 위대한 거인 혹은 괴물(리바이어던)이지만, 그것은 사실 모든 국민 한 사람, 한 사람으로 이루어진 존재이며 모든 국민은 평등하다는 것이다. 다른 각도에서 본다면, 리바이어던의 생명은 모든 국민이 자연 상태에서 벗어나 평화를 확보하고자 하

리바이어던 ————

홉스의 《리바이어던》 원서의 속표지 삽화, 아브라함 보스Abraham Bosse의 그림, 1651년에 완성.

는 바람, 즉 이상적인 공적 정부에 대한 사람들의 요구를 토대로 하고 있다는 의미이기도 하다.

국가는 '사람이 만든 신'

❖❖❖

홉스는 《리바이어던》 17장에서 국가를 다음과 같이 정의한다. "당신이 한 사람 또는 합의체에게 권리를 양도하고, 그의 모든 행동을 승인한다는 조건으로, 나도 그 사람 또는 그 합의체에게 나 스스로를 다스릴 권리를 양도한다. 이렇게 해서 하나의 인격으로 뭉친 집단을 국가라 한다." 이로써 위대한 리바이어던이 탄생했다.

홉스는 국가를 지상의 신mortal god(영원불멸하는 신과 달리 인류에게 평화와 안전을 보장하는, 유한한 생명의 신-옮긴이) 혹은 '인간이 만든 신'이라고 불렀다. 이 신은 인간 스스로가 창조한 신이자, 인간들 자신으로 이루어져 있는 신이다. 여기서 눈여겨봐야 할 점은 홉스가 국가의 기원에 대해 논하는 과정에서 그 어떤 신학 이론도 동원하지 않았다는 사실이다. 그전까지 영국은 군주가 전제 통치의 합법성을 신으로부터 부여받았다는 왕권신수설의 시대였다. 즉 모든 나라의 왕은 신으로부터 통치의 권한을 위임받아, 신을 대리해 국가의 모든 사람들을 관리하고 통치한다고 여겼다. 그러므로 국민은 왕의 명령에 복종하는 것이 곧 신의 의지에 복종하는 것이었다. 그런데 홉스는 이성적 인간이라는 가설을 들어, 자연 상태로부터 한 걸음 한 걸음 나아가 국가의 필요성을 도출해냈다. 국민이 군주에게 복종하는 것은 군주야말로 국가 권력이 육화肉化된 대표 상징이기 때문이다. 이제 국왕의 권력은 더 이상 신으로부터가 아니라 국민에게서 나온다.

그러므로 리바이어던은 당연히 절대 권력을 갖추어야만 한다. 절대 권력 없이는 모든 사람을 위압할 수 없고, 그리하면 국가는 해체될 것이며, 모든 사람들은 또다시 자연 상태로 돌아가 공포와 투쟁 속에서 살게 될 것이기 때문이다. 홉스는 강력한 리바이어던 혹은 주권자야말로 참혹한 내전을 다스릴 유일한 치료약이라고 생각했다. 주권자가 충분히 강대해야만 모든 사람이 그 막강한 권력 앞에서 공포감을 느끼고 평화를 되찾아 사회를 재건하고 안정을 유지해나갈 수 있기 때문이다. 오늘의 우리들로서는 이런 식의 절대주의 사상을 이해하기 쉽지 않지만, 이것은 홉스가 내전의 포화가 가시지 않은 조국을 바라보며 국가의 통일과 평화를 추구한 결과물이었다.

홉스의 사회계약설에 따르면, 정치적 계약은 일단 성립되면 모든 사람이 반드시 준수해야 한다. 그런데 만약 누군가가 계약을 위반하면? 이때는 어떻게 해야 다른 누군가의 계약 위반을 방지할 수 있을까? 바로 이런 이유로, 홉스는 공적 권력의 보장이 꼭 필요하다고 생각했다. 국가의 공적 권력은 세 가지 역할을 한다. 첫째, 외적의 침입을 막는다. 둘째, 국가 내부의 평화와 안정을 지킨다. 셋째, 국민들의 노동의 결과물을 보장해 국민들이 마음 편히 생업에 종사할 수 있게 한다. 국가가 이 세 가지 역할을 제대로 수행하기 위해서는 모든 사람이 자신의 권력 일부를 주권자에게 양도해야 한다. 홉스의 시대에 주권자는 곧 군주였다. 당시의 영국인들은 자신들의 손으로 군주를 단두대에서 처형했으나, 홉스는 여전히 군주라는 존재가 필요하다고 생각했다. 군주는 리바이어던의 인격화였다.

홉스는 정치제도를 크게 군주제, 귀족제, 민주제로 나누고, 이 가운데 군주제가 가장 좋은 정체라고 생각했다. 군주제에서는 국가의 이익과 군주 개인을 결합함으로써 사회 전체의 번영의 역량을 극대화할 수 있다고 보았기 때문이다. 홉스도 사람은 누구나 사욕이 있음을 인정했다. 인간은 누구나 자기 자신의, 가족의, 친척의 이익을 더 많이 추구하고자 한다. 그러므로 공적·사적 이익을 군주라는 매개에 결합시키면 공적 이익을 최대화할 수 있다는 것이 홉스의 생각이었다. 어느 한 나라의 국민들이 빈곤하면 그 나라의 군주도 빈곤하다. 어느 한 나라의 국민이 외적을 막아내지 못하면 그 나라의 군주도 명예와 안전을 잃는다. 홉스가 주권자의 권력이 극대화돼야 한다고 생각한 이유는, 당시 영국의 국가 권력이 국왕과 상하원의 의회로 분산돼 있었던 탓에 내전에 쉽게 빠져든 것이라고 판단했기 때문이다. 권력이 국왕 한 사람에게 집중되면 최소한 내전이 일어나는 것은 피할 수 있다. 홉스의 이런 관점은 후대의 로크, 몽테스키외의 분권설과는 상반된다. 홉스도 주권자의 통치가 독재화될 수 있음을 인정했다. 그러나 그는 전제 통치로라도 국민의 안전을 보장하는 군주가 무정부적인 자연 상태로 빠져드는 것보다 훨씬 낫다고 생각했다.

국왕의 권력이 국민으로부터 나온다면, 국민이 국왕을 폐할 수도 있는가? 홉스는 이에 대해 부정적이다. "인간이 스스로를 통치할 수 있었다면 통일된 강제력이 필요하지도 않았을 것"이기 때문. 홉스는 민주제에 대해 깊이 회의한 반면, 리바이어던의 필요성은 절대적으로 확신했다. 리바이어던의 존재가 없으면 상하 양원의 국회의원들이 하루 종일 싸우기만 할 뿐 좀처럼 공동 인식에는 이르지 못하듯, 사람들 사이의 협력도 불가능할 것이라고 생각했다. 그러나 홉스도 한 가지 상황에서만은 국민이 사회계약을 뒤엎을 수 있다고 생각했다. 바로, 리바이어던이 더 이상 국민의 안전을 지켜주지 못할 때다.

여러분은 홉스의 리바이어던이 지나치게 강대하다고 느껴지는가? 이 세상에 정말로 리바이어던이 존재한다면, 그것은 종국에 가서 어떤 모습이 될까?

더 읽으면 좋은 책

1 《리바이어던 1~2》 토마스 홉스, 나남, 2008
2 《홉스 : 리바이어던의 탄생》 엘로이시어스 마티니치, 교양인, 2020
3 〈영국사 A History of Britain〉 시즌 3~4, BBC 다큐멘터리, 2000

24

존 로크
《시민정부론》

정부의 역할은
무엇인가?

‖ 대머리 지수 ‖

존 로크

John Locke, 1632~1704

도시의 파괴, 인구의 절멸, 세계 평화의 파괴 등 예로부터 지금까지 인류를 괴롭혀온 재앙은 대부분 권력의 존재 여부나 그 권력이 어디에서 왔는가 때문이 아니라, 권력을 누가 가져야 하는가 하는 문제에서 비롯된 것이다.

— 존 로크, 《시민정부론》

들어가며

이 장을 시작하기에 앞서, 질문을 하겠다.

Q : 당신이 한 나라의 국왕 혹은 여왕이라면, 꼭 하고 싶은 일이 무엇인가?

1분 정도 자유롭게 생각해보라. 정말로 자유롭게 생각하다 보면 삼천궁녀(혹은 미남자들)를 들이겠다거나, 세계를 정복하겠다거나, 성군이 되겠다거나, 위대한 나라를 만들겠다는 등 온갖 비현실적인 꿈들이 떠오를 것이다.

당신이 무엇을 하고 싶은가는 그다지 중요하지 않다. 중요한 것은 다음의 문제다.

Q : 당신이 한 나라의 국왕 혹은 여왕이라면 하고 싶은 그 일을 어떻게 할 것인가?

어떤 일을 하기 위해서는 인력과 물적 자원이 필요하고, 그 모든 자원과 인력은 결국 백성들에게서 나온다.

자원과 인력이 크게 문제되지 않는다 해도, 당신의 백성들은 이렇게 생각할 수 있다.

Q : 당신은 대체 뭔데 국왕 혹은 여왕이 되었나?

Q : 과연 백성들에게 국왕이라는 존재가 꼭 필요한가?

백성들은 국왕이 없어도 평소처럼 살아갈 수 있다. 그러나 국왕은 백성이 없으면 아무것도 가질 수 없다. 그런데도 국왕이 도리어 백성들에게서 세금을 걷고 노역을 시킨다. 이러다 보면 필히 맞닥뜨리게 되는 문제가 있다.

Q : 과연 백성들이 기꺼이 세금을 내고 노역을 하려 할까?

당신은 이런 질문에 대해 온 백성이 납득할 만한 만족스러운 대답을 내놓을 수 있는가?

'난 잘 생겼으니까 왕이 됐지' 같은 소리는 대답이 될 수 없다. 위의 질문에 똑바로 대답하지 못하는 국왕은 백성들에 의해 끌어내려질 수 있다. 영국 근대의 철학자 존 로크가 위의 질문들에 대해 최선을 다해 대답한 책이 바로 《시민정부론》이다.

로크, 《시민정부론》과 명예혁명

✦✦✦

"최고의 시절이자 최악의 시절, 지혜의 시대이자 어리석음의 시대였다"라고 한 《두 도시 이야기》(찰스 디킨스의 소설-옮긴이)의 서두처럼, 존 로크가 살았던 시대도 고상한 이성의 시대이자 광기의 변동으로 출렁이는 시대였다. 로크는 영국의 국왕 찰스 2세 암살모의에 가담했다는 혐의를 받아 네덜란드로 망명, 그곳에서 1683~1689년까지 약 6년간 생활했다. 그제야 비로소 세상일에서 벗어나 여유로워진 로크는 그곳에서 자신만의 책을 집필하기 시작했다. 그중 한 권이 바로 정치철학의 고전 《시민정부론》이다. 《시민정부론》이 출간된 1689년은 마침 영국의 명예혁명이 종결된 해이기도 했다. 로크는 이 책의 서문에서 명예혁명을 법리적, 철학적으로 변호하는 입장을 분명히 밝힌다.

명예혁명은 서양 근대사에서 대단히 비범한 위상과 의의를 지니고 있다. 1642년에 영국의 국왕 찰스 1세가 1차 내전을 일으킨 후 영국은 국왕과 자산계급 사이의 반복되는 투쟁에 빠져들었다. 당시 영국의 의회는 자산계급과 신흥귀족의 이익을 대변하고 국왕에 반대하는 '휘그당', 대지주의 이익을 대변하고 국왕을 옹호하는 '토리당'으로 양분돼 있었다. 휘그당에서는 국왕의 권력 제한을 요구했고, 토리당은 강력한 군주제를 지지했다. 그런데 1685년, 제임스 2세가 즉위한 뒤 국민에 대한 노역과 박해가 심해지자 국민 사이에서 대대적인 저항 운동이 일어났다. 이에 놀란 휘그당과 토리당은 합심해 1688년에 혁명을 일으켰다. 이들은 제임스 2세의 사위 윌리엄을 네덜란드에서 데려와 왕위를 계승하도록 했다. 제임스 2세는 프랑스로 망명했다. 이 사건이 그 유명한 '명예혁명'이다. 1689년, 영국 의회에서는 '고래古來의 자유와 권리를 옹호하고 주장하기 위해' 제정된 법률인 《권리장전》이 통과되었다. 이 법안에서는 군주가 의회의 동의를 거치지 않고서는 어떠한 법률의 효력도 정지시킬 수 없고, 세금을 징수하거나 상비군을 신설할 수 없도록 규정하고 있다. 인민은 의회의 의원을 선출할 자유를 가지며, 의회는 변론의 자유를 갖는다는 것도 규정하고 있다. 영국에서는 명예혁명과 《권리장전》을 통해 입헌 군주제를 확립한 뒤로 영국만의 독특한 의회민주제가 발전하게 되었다.

왕권신수설에 반대하다

❖ ❖ ❖

《시민정부론》은 '부수고' '세우는' 두 가지 측면을 모두 중시했다. 그런 의미에서 이 책은 구조적으로 상·하편으로 나뉜다고 볼 수 있다. 로크는 《시민정부론》 상편에서 그 당시 유행했던 '왕권신수설'

을 깨부순다. 정확히 말하면, 로버트 필머Robert Filmer의 《가부장권론 Patriarcha》을 반박한 것이라고 할 수 있다. 필머는 전형적인 보수파 인물로, 그가 내세운 왕권신수설과 왕위 세습은 중세의 신학적 색채를 띠고 있었다. 신이 최초의 인간 아담을 창조하면서 그에게 세상 만물을 다스릴 권리를 주었으므로 아담은 최초의 인간일 뿐 아니라 최초의 왕이기도 하다는 것이 필머의 논증이었다. 이 아담은 부권과 왕권을 대대손손 이어간다. 그러므로 군주의 혈통을 거슬러 올라가면 최초의 인간 아담에 이르게 되고, 모든 군주의 통치권은 신에게서 직접 받은 것이 된다.

그러나 로크는 필머와 상반된 주장을 한다. 로크는 《시민정부론》 상편에서 다음의 네 가지 관점을 제시한다. 첫째, 신은 아담에게 모든 인간에 대한, 자신의 자녀에 대한, 자신의 무리에 대한 그 어떤 직접적 권력도 준 적이 없다. 아담은 신의 특별한 허락으로 통치자 혹은 '군주'가 된 적도 없다. 둘째, 설령 아담이 그러한 권력을 가졌다 해도, 아담의 계승자가 그러한 권력을 세습할 권리는 없다. 셋째, 아담의 계승자가 설령 그러한 권력을 세습했다고 해도, 어떠어떠한 상황에서 누가 합법적 계승자인지에 대한 자연법이나 신의 명문화된 규정이 없다. 따라서 누가 통치권을 가져야 하는가에 대해서는 확정된 바가 없다. 넷째, 설령 신의 명문화된 규정이 있다 해도, 도대체 누가 아담의 직계 후손이란 말인가? 세상에는 여러 민족, 수많은 가문이 있다. 그 중 자신이야말로 아담의 직계 후손이라고 주장하며 권력을 세습하려는 이들은 차고 넘친다.

그러므로 로크는 《시민정부론》 하편에서 이렇게 선포한다. "이 세상 어떤 통치자도 아담 개인의 통치권 및 부권 등 모든 권력의 근원을 운운하며 모종의 이점을 얻으려 하거나 권위를 취하려 하는 것은 불가능하다."

홉스에 반대하다 : 국가는 개인을 위해 존재한다

❖ ❖ ❖

로크는 《시민정부론》에서 왕권신수설뿐만 아니라 홉스의 국가론에도 반대했다. 홉스는 자연 상태에서 벗어나 평화와 질서를 누리기 위해 자신의 권리 일부를 절대 군주, 즉 리바이어던에게 양도할 필요가 있다고 주장했다. 그런데 이런 양도는 사실 무자비한 것이다. 리바이어던이 엄존하는 상태에서 국민은 그의 절대 권력에 복종해야 하기 때문이다. 그러나 로크는 국가 혹은 국왕도 계약에 참여하는 입장에 있다고 생각했다. 국가는 일방적으로 백성이 받들어 모시는 존재가 아니다. 국가도 완수해야 할 사명이 있다. 로크는 국가 혹은 정부는 "국민의 평화, 안전, 공공의 복리를 위해" 존재하며, "정치권력은 재산을 규정하고 보호하기 위한 법률을 제정할 권리"를 의미한다고 말한다.

로크의 이론에 따르면, 자연 상태에서의 인간은 '생명, 자유, 건강, 재산' 등을 포함한 기본 권리를 누린다. 그런데 인간은 어쩌다 그토록 아름다운 자연 상태에서 벗어나게 되었나? 자연 상태에서는 법률의 부재 등의 어려움이 존재하기 때문이다.

소위 자연법이란, 강제력이 없는 일종의 습속에 지나지 않는다. 로크는 일단 모든 사람에게 자연법을 위반한 사람을 처벌할 권리가 있다고 생각했다. 그러나 자연 상태에서는 사람 간의 분쟁을 판결하고 처리할, 나아가 자연법을 집행할 공인된 권위가 존재하지 않는다. 당신이 열심히 씨앗을 심어 가꾼 사과를 누군가가 훔쳐갔다고 가정해 보자. 훔쳐간 상대는 체구가 크고 힘이 세서 당신이 쫓아가 잡기도 힘들고, 잡아서 따져봤자 그를 제대로 처벌하기도 힘들다. 그렇다면 자연법 따위는 아무 소용도 없는 것일까? 자연 상태에서의 인간이 누리는 권리는 그만큼 안정적이지 않다는 것이다. 자연 상태에서 인간은 끊임없이 타인의 침범과 위협에 시달린다. 그러므로 "인류는 자신의 재산을 지키기 위해 국가를 결성하고, 자기 자신을 정치하에 두기로" 했다. 국가 혹은 정부를 세워 사람들의 생명, 자유, 재산을 보장하기로 한 것이다. "최고 권력이라 해도 당사자의 동의를 거치지 않고서는 다른 누구의 재산도 함부로 취할 수 없다", 즉 국가는 사유 재산을 함부로 가져갈 수 없다. 만약 가져간다면 개인의 자연권을 침범한 것이다. 만약 정부가 국민의 재산을 침범한다면 최초의 계약을 위배한 것이므로 국민은 영국의 명예혁명과 같이 그 정부를 무너뜨릴 수 있다.

로크는 모든 개인이 권리 보장과 자유를 누릴 수 있도록 정부는 안정과 안녕을 책임지는 보안의 역할을 맡아야 한다고 생각했다. 그런데 만약 국가가 보안은커녕 국민에게 쇠고랑을 채우고 몽둥이를 들고 위협하기라도 하면 어떻게 해야 할까? 바로 그런 이유로 로크가 심혈을 기울여 고민한 문제도 정부의 권력을 어떻게 제한할 것인가였다. 국가가 권력을 남용한다면 그에 못지않게 강한 힘으로 대항할 수 있어야 한다는 게 로크의 생각이었다. "폭력은 불공정하고 불법적인 폭력에 반대하기 위해서만 사용돼야 한다". 국가는 어디까지나 개인의 행복을 보장하기 위한 도구인 것이다. 국가가 개인을 위해 존재하는 것이지, 개인이 국가를 위해 존재하는 것이 아니다.

권력은 사유할 수 없고, 재산은 공유될 수 없다

❖❖❖

로크는 입법기관은 좋은 것, 행정기관은 나쁜 것이라는 흥미로운 이론을 내놓기도 했다. 여기에는 물론 중요한 의미가 있다. 영국의 역사에서 의회는 입법기관을, 국왕은 행정기관을 대표했다. 로크는 이렇게 말한다. "한 무리의 사람들이 법률의 제정권과 집행권을 모두 갖게 되면 그들 인성의 악에 절대적 유혹이 돼, 권력을 빼앗아 움켜쥐려고만 할 뿐 그들 자신은 그들이 제정한 법률에 복종하거나 구속되려고 하지 않을 것이다. 그들은 법률을 제정하거나 집행할 때에도 그들 자신의 사익에 부합되도록 할 것이다." 로크는 몽테스키외의 삼권분립과 달리, 사법권을 단독으로 분리시키지 않고 행정과 입법이라는 이권만 분립시켰다. 로크의 시대에 영국의 대법관은 국왕에 의해 수시로 면직당했다. 그러다가 명예혁명 이후 사법권 독립이 실현되었고, 영국의 국왕은 그야말로 왕이라는 '이름만' 남게 되었다.

국가와 재산에 대한 로크의 관점은 다음의 말로 요약할 수 있다. "권력은 사유私有할 수 없고, 재산은 공유公有될 수 없다. 그렇지 않으면, 인류는 재난의 문에 들어서게 될 것이다." 그런데 이념을 제시하는 것과 이념을 실현하는 것은 별개의 문제였을까. 로크의 정치 이념은 최종적으로 영국이 아닌 미국에서 실현되었다. 미국 건국의 아버지들은《독립 선언》에서 이렇게 말한다. "우리는 다음과 같은 사실을 자명한 진리로 받아들인다. 모든 사람은 평등하게 창조되었고, 창조주는 몇 개의 양도할 수 없는 권리를 부여했으며, 그 권리 중에는 생명과 자유와 행복의 추구가 있다. 이 권리를 확보하기 위해 인류는 정부를 조직했으며, 이 정부의 정당한 권력은 인민의 동의에서 나온다. 어떤 형태의 정부든 이러한 목적을 파괴할 때는 언제든지 정부를 개혁하거나 폐지하고, 인민의 안전과 행복을 가장 효과적으로 가져올 수 있는, 그러한 원칙에 기초를 두고 그러한 형태로 기구를 갖춘 새로운 정부를 조직하는 것은 인민의 권리다." 그래서 후대의 몇몇 사람들은 미국의 건국 과정이야말로 로크의 정치철학을 실험하는 거대한 장이었다고 말한다.

더 읽으면 좋은 책

1 《존 로크 시민정부》존 로크, 효형출판, 2012
2 《교육론》존 로크, 비봉출판사, 2011
3 《관용에 관한 편지》존 로크, 책세상, 2021

25

제러미 벤담
《도덕과 입법의 원칙에 대한 서론》

어째서
'최대 다수의 최대 행복'을
추구해야 하는가?

‖ 대머리 지수 ‖

제러미 벤담

Jeremy Bentham, 1748~1832

악한 쾌락이란, 사람이나 다른 동물에게 해를 가해 그들이 고통스러워하는 것을 보며 즐거워하는 식의 고통을 근거로 한 쾌락이다. 이런 쾌락은 악의의 쾌락, 증오의 쾌락, 혐오의 쾌락, 사악한 혹은 사회적 적의의 쾌락이라 할 수 있다.

— 벤담, 《도덕과 입법의 원칙에 대한 서론》

들어가며

'트롤리 딜레마'라는 유명한 사고실험이 있다. 선로 위를 빠르게 달리고 있던 전차의 브레이크가 갑자기 고장이 났다. 전차가 선로 위를 그대로 계속 달리면, 선로 위에서 놀고 있던 아이 다섯 명이 전차에 치여 죽게 된다. 그런데 마침 당신이 전철기(열차가 다른 선로로 이동할 수 있도록 철도의 선로가 갈리는 곳에 설치된 기계장치-옮긴이) 근처에 있어서, 전철기를 누르기만 하면 전차의 선로를 바꿀 수 있다. 그런데 바뀌는 선로 위에도 한 사람이 서 있다. 전차가 선로를 바꾸면 그 한 사람이 전차에 치여 죽게 된다. 이때 당신이라면 어떤 선택을 할 것인가? 전철기를 누르면 한 사람이 죽고, 아무 행동도 하지 않으면 다섯 사람이 죽는다.

'트롤리 딜레마'는 미국의 철학자인 필리파 풋Philippa Foot이 1967년에 발표한 논문《낙태 문제와 이중효과의 원리The Problem of Abortion and the Doctrine of the Double Effect》에 처음 나오는데, 후에 미국 하버드 대학교 정치학과의 마이클 샌델 교수가 자주 인용하면서 널리 알려졌다. 트롤리 딜레마에 처한 사람은 대부분 전철기를 누르고 한 사람을 희생시키는 쪽을 택할 것이다. 한 사람이 희생되는 대신 다섯 사람을 구할 수 있으니 말이다. 만약 당신도 그렇게 생각한다면, 축하한다! 당신은 도덕철학 가운데 공리주의 유파에 속한다고 말할 수 있다. 바로 이러한 공리주의를 가장 일찍 제창한 사람이 영국의 철학자이자 법학자, 사회개혁가였던 제러미 벤담이다.

트롤리 딜레마는 우리가 현실에서 직면하는 수많은 갈등적 상황의 축소판이다. 국가 정책을 수립할 때도 모든 사람의 권익을 똑같이 보장할 수는 없기에 불가피하게 일부 사람들의 권익이 희생될 수 있다. 대다수 사람들의 이익을 보장하는 정책이나 법률이 시행된다면, 우리는 대체로 이를 지지하고 준수할 것이다. 그런데 '최대 다수의 쾌락이 곧 선'이라는 원칙에는 별 문제가 없을까?

공리의 원칙 : 최대 다수의 최대 행복

제러미 벤담은 1748년에 영국 런던에서 태어났다. 몸은 허약했지만 두뇌만은 비상했던 그는 열두 살에 옥스퍼드 대학교 퀸스 칼리지에 입학했다. 그런 그가 1789년에 출간한 책이 《도덕과 입법의 원칙에 대한 서론》이다. 당시의 유럽은 계몽주의 시대였다. 이러한 영향 하에서, 벤담은 '처벌이 범죄 방지의 수단이 되기 위해서는 처벌이 최소한의 고통을 대가로 해야 하며, 이러한 처벌이 입법의 원칙이 돼야 한다'고 생각했다. 이것은 다시금 '이성과 법률을 통해 인류의 행복을 증진시킬 수 있다'는 위대한 사상으로 이어졌다.

이를 위해 벤담은 '완전한 법체계Pannomion(모든 영역을 망라하는 체계적 성문법전-옮긴이)'를 세우는 데 전력을 다하기로 한다. 그러기 위해서는 이렇게도 저렇게도 판단될 수 있는 애매한 기준이 아닌 과학적 방법론처럼 엄밀하고 정확한 기준이 필요했다. 이런 기준을 벤담은 '공리 원칙'이라고 불렀다. 예로부터 의리지변義利之辨(옳고 그름 및 이익에 대한 분별-옮긴이)을 따져온 중국에서 '공리'는 '정의'와 반대되는 것으로 여겨져 왔다. 그러나 벤담이 말하는 공리 원칙은 단순히 이익만을 좇는다는 의미가 아니다. '공리'에 해당하는 영어 단어인 'utility'는 '유용함' '유익함'을 의미한다. 한때 중국에는 'utility'를 '효능'이나 '효과'로 번역해야 한다는 의견도 있었는데, 이런 번역어는 '공리' 개념을 오도할 위험이 있다. 벤담은 자신의 저서 《정치론 단편A Fragment on Goverment》에서, 공리는 '최대 다수의 최대 행복 원칙'이라고 설명한다.

사람은 누구나 이익을 좇고 손해를 피하려는 본성이 있다. 이 점은 벤담의 이론에서 특히 두드러진다. 그래서 벤담의 공리 원칙에는 쾌락주의hedonism의 성격도 다분하다. 사람이라면 누구나 '쾌락을 누리려 하고 고통은 피하려 한다'. 그러므로 행복, 쾌락, 복리, 이익 등은 벤담에게 있어 모두 비슷한 말이다. 그런데 쾌락이 의미하는 영역은 대단히 광범위하다. 벤담은 "자연은 인간을 두 주인의 지배하에 놓이게 했는데, 쾌락과 고통이 바로 그 주인공"이라고 말했다. 쾌락과 고통만이 인간으로 하여금 무엇을 하고자 하며, 해야 하는가를 결정하게 만든다는 것이다. 옳고 그름, 인과관계에 대한 기준도 대개는 쾌락과 고통을 기준으로 정해진다. 우리의 말과 생각, 행동도 대부분 쾌락과 고통에 좌우된다. 우리가 한사코 피지배 지위에서 벗어나고자 노력하는 것도 그 때문이 아닌가. 그러나 인간은 다른 무엇에도 지배받고 싶지 않다고 말하면서도 현실에서는 쾌락과 고통의 지배를 받으며 살아간다.

그러므로 벤담은 "공리 원칙이란 개인의 행동이냐 정부의 조치냐를 막론하고, 그것이 이익 당사자의 행복을 증진시키는가 감소시키는가, 촉진하는가 방해하는가에 따라 이를 찬성하거나 비난하는 행동"
이라고 정의한다. 벤담의 《도덕과 입법의 원칙에 대한 서론》은 이러
한 공리 원칙의 기초 위에 정치와 법률 제도를 세우는 것을 기본 구상
으로 한다. 다시 트롤리 딜레마로 돌아와보자. 만약 당신이 한 사람을
희생시키고 다섯 사람을 구하기로 했다면, 이때의 결과는 다섯 사람
의 행복과 한 사람의 고통이 된다. 바로 이러한 것이 벤담의 공리 원
칙에 부합하는 선택이다.

공리 앞에서는 누구나 평등하다

❖❖❖

벤담의 공리주의는 다음의 몇 가지를 기본 전제로 한다.

첫째, 행복을 계산할 때는 공동체를 기준으로 한다. 벤담은 이렇게
말한다. "어떤 행동이 공동체의 행복을 증대시키는 경향이 공동체의
행복을 감소시키는 경향보다 클 때 그 행동은 공리와 공리 원칙에 부
합한다고 말할 수 있다." 그의 정의에 따르면, 공동체의 이익은 "그 공
동체를 이루고 있는 구성원의 이익의 총합"이라고 할 수 있다. 그렇
다면 '공동체'란 무엇인가? 공동체의 범위는 어디까지일까? 공동체
는 클 수도, 작을 수도 있다. 공동체는 학교의 한 반이거나 국가 심지
어 인류 전체일 수도 있다. 그런데 공동체와 공동체 사이에 충돌이 발
생한 경우, 각자의 입장에 따른 이익과 폐단이 제각각 달라 서로 융화
되지 못할 수도 있다. 극단적인 예를 하나 들어보자. 어떤 자동차 업
체에서 자사의 차량에 운전자의 안전을 위협하는 결함이 있다는 것을

발견하게 되었다. 이때 이 업체에는 다음의 두 가지 선택지가 있을 수 있다.

하나는 생산한 차량을 전부 회수해 모든 부품을 교체하는 것이다. 이때 차량 회수와 부품 교체 비용으로 약 10억 위안(약 1810억 원)이 들어, 업체는 큰 손실을 입는다. 이 작업을 끝까지 진행하는 과정에서 회사는 도산할 수도 있고, 이 경우 직원들은 모두 실업자가 된다.

다른 하나는 차량 전체를 회수하지 않고, 일단 사고가 나서 인명의 상해가 발생하면 그때 가서 사고 피해자에게 자동차 업체가 배상을 하는 것이다. 사고의 발생 가능성을 계산해보았을 때 배상액은 최대 3억 위안(약 550억 원) 정도가 들 것으로 예상된다.

만약 이 자동차 업계가 단순히 공리 원칙에만 근거해서 판단한다면, 차량 전체를 회수, 검사하기보다는 사고가 발생했을 때만 배상하는 쪽을 택할 가능성이 높다. 그러나 이것은 매우 부도덕한 방식이다. 기업이 자사의 이익만을 위해 일을 처리한다면, 전체 소비자가 큰 손해를 입게 된다.

둘째, '등가 원칙', 즉 모든 사람의 가치는 평등하다는 것이다. 벤담은 《도덕과 입법의 원칙에 대한 서론》에서 "모든 사람의 가치는 귀천이나 고하 없이 평등하다"라고 말한다. 그는 "모든 사람의 행복값은 1이며, 어느 누구의 행복값도 1 이상으로 계산될 수 없다"라고도 말한다. 이 말은, 오늘날 우리 눈으로 보았을 때 모든 사람은 평등하다는 뜻으로 받아들여진다. 그런데 벤담의 시대에는 계층 간 차이가 극심했다. 수치로 계산하자면, 귀족의 행복값이 100이라고 할 때 일반 농민의 행복값은 1 정도였다. 즉 벤담이 제시한 이 원칙은 많은 이들의 사회적 특권을 사실상 박탈하는 현대 민주사회의 조건에 더 가깝다.

셋째, 쾌락의 총량은 계산될 수 있다. 이전의 도덕철학과 달리, 공리주의는 다른 어떤 추상적인 원리도 언급하지 않았다. 공리주의는 단순하고 간명했다. 벤담의 '쾌락 계산법' 또한 매우 단순하다. 고통은 단지 '마이너스 쾌락'일 뿐이다. 벤담은 쾌락의 범주를 쾌락의 강도, 지속성, 확실성, 시간적으로 멀고 가까움, 재생 반복성, 순도, 발생의 범위 등 일곱 가지로 나눈다. 이렇게 명확한 분류는 '쾌락은 계산할 수 있다'는 생각과도 직접적으로 관련돼 있다. 물론 실제로 쾌락을 계산한다는 것은 그리 단순하지 않다. 내가 아이스크림을 먹을 때의 쾌락과 바흐의 바로크 음악을 들을 때, 어느 쪽의 쾌락이 더 크거나 작은지 어떻게 계산할 수 있을까? 존 스튜어트 밀이 벤담의 공리주의에 대해 비판한 것도 바로 이 부분이었다.

소수는 항상 희생돼야 하나?

❖ ❖ ❖

그러나 이런 벤담의 생각에 동의할 수 없다는 이들도 존재하지 않을까? 물론 존재한다. 공리주의 지지자들은 공리 원칙이 단순명료하다고 여기고 있지만, 반대자들은 벤담의 공리 원칙이 너무 거칠고 단순하기 그지없다고 생각한다. 공리주의에 대해 제기되는 문제로는 다음과 같은 것들이 있다.

첫째, 과연 모든 사람이 행복만을 추구하는가? 벤담은 모든 사람이 이익을 좇고 손해를 피한다는 것을 자명한 원칙으로 삼았다. 그런데 과연 모든 사람이 이런 식의 쾌락주의의 전제만을 받아들일까? 그보다 더 높은 원칙을 추구하는 사람은 과연 없을까?

둘째, 왜 사람들은 이타적인 행위를 할까? 이타적 행위는 모든 도덕철학에서 다루어온 문제이기도 하다. 사실 인간의 모든 행위가 항상 이기적이지만은 않으며, 때로는 자신에게 이익이 된다는 것 이상의 고상한 동기와 좋은 의도에서 이루어지는 행동도 많다.

셋째, 공리주의에는 아무런 마지노선이 없는가? 벤담식의 공리주의는 원칙적으로 개인 혹은 소수는 희생될 수밖에 없는 결론을 내포하고 있다. 그렇다면 '소수파'는 과연 어느 정도가 소수파일까? 1%? 49.99%? 개인은 대체 어디까지 희생될 수 있는가? 희생 가능한 정도와 불가능한 정도는 어떻게 구분할 수 있을까? 가장 기본적인 자유의 권리와 생명까지도 희생될 수 있는가? 많은 공리주의자들이 이러한 문제를 인식하고 수정, 보완하기 위한 작업에 착수했다. 이들은 이전까지의 공리주의를 '행위 공리주의'라고 불렀다. 그전까지 공리주의는 공리 원칙을 개별적 행위에 적용해 그 행위의 옳고 그름을 판단했기 때문이다. 전체의 공리 증대를 위해 소수의 희생을 요구하는 방식은 벤담식 공리주의가 만들어낼 수도 있는 폐단 가운데 하나다. 이러한 공리주의는 다수가 소수를 억압하기 위한 평계로 활용될 수 있기 때문이다.

벤담은 모든 사람의 가치가 평등하다고 생각했지만, 이런 전제는 우리의 도덕적 직관에 들어맞지 않을 때도 있다. 다시 트롤리 딜레마로 돌아와보자. 한 사람이 서 있는 궤도 위의 그 한 사람이 만약 당신의 자녀이거나 어머니라면, 그래도 당신은 전차가 그쪽 선로로 이동하도록 전철기를 누를 수 있을까? 아마 대부분의 사람이 그렇게 하지 못할 것이다. 세상 모든 사람이 '나에게' 지니는 가치는 결코 동등하지 않다. 크리스토퍼 놀란 감독의 영화 〈다크 나이트〉를 본 사람이라면, 조커가 고담시 시민들에게 도덕적 결단의 기회를 남겨놓은 장면을 기억할 것이다. 한 척의 배에는 무고한 시민들이 타고 있고, 다른 한 척의 배에는 폭력 범죄자들이 실려 있다. 둘 중 하나를 폭파시켜야만 나머지 한 척의 배가 온전할 수 있다면, 사람들은 어떤 선택을 할까? 영화를 보고 있는 관객들은 대부분 범죄자들이 탄 배를 폭파시키는 선택을 내심 지지할 것이다. 그러나 이런 선택도 모든 사람의 가치는 평등하다고 주장한 공리주의의 대전제에 어긋난다.

이렇듯 공리주의의 원칙은 여러 장점에도 불구하고 논쟁이 끊이지 않고 있어 '달콤한 독약'으로도 묘사된다. 당신의 눈에는 공리주의가 어떻게 보이는가?

더 읽으면 좋은 책

1 《도덕과 입법의 원칙에 대한 서론》제러미 벤담, 아카넷, 2013
2 《벤담과 밀의 공리주의》존 스튜어트 밀, 제러미 벤담, 좁쌀한알, 2018

26

존 스튜어트 밀
《공리주의》

셰익스피어와 맥주,
당신의 선택은?

‖ 대머리 지수 ‖

존 스튜어트 밀

John Stuart Mill, 1806~1873

만족한 돼지가 되는 것보다 불만족한 인간이 되는 것이 더 낫다. 만족하는 바보가 되는 것보다 불만족한 소크라테스가 되는 것이 더 낫다.

— 존 스튜어트 밀, 《공리주의》

들어가며

1978년, 미국 캘리포니아주에서는 캘리포니아 주립대학의 셰익스피어 강의를 유지하는 비용으로 캘리포니아주의 모든 납세자들이 각각 25달러씩을 납부해야 하는가에 대한 투표가 이루어졌다. 이날 투표에 참가한 사람들은 캘리포니아 주립대학의 모든 셰익스피어 강의를 취소시키고 주정부로부터 25달러 상당의 맥주를 제공받을지, 아니면 강의를 유지시키고 25달러의 세금을 납부하기로 할지 선택할 수 있었다. 셰익스피어냐 맥주냐, 그것이 문제로다! 혹자는 이런 게 어떻게 문제가 될 수 있냐고 생각할지도 모르겠다. '당연히 맥주를 택하지 않았겠느냐'면서.

사람은 셰익스피어나 당시, 송사를 읽지 않아도 죽지는 않는다. 마찬가지로, 맥주나 다른 음료를 마시지 않아도 죽지는 않는다. 이런 것들은 생존에 필요한 필수품이 아니다. 그냥 우리에게 일정 정도의 쾌락을 줄 뿐이다. 우리들 누구도 딱히 쾌락을 피해야 할 이유는 없다. 우리는 지금도 생활 속에서 다양한 쾌락을 누리며 살아가고 있다. 맛있는 음식도 먹고, 축구 경기도 보고, 온라인 게임을 하고, 멋진 곳으로 여행도 간다. 물론 영화를 보거나 박물관, 미술관에 가서 전시를 보는 사람도 있다. 벤담식 공리주의로 계산하면, 위의 모든 행위는 각각의 사람들에게 '쾌락+1'을 의미한다. 그렇다면, 당신은 어떤 종류의 쾌락을 택하고 싶은가? 셰익스피어와 맥주 중 당신의 선택은? 존 스튜어트 밀은 쾌락의 종류가 제각기 다를 뿐 아니라 높고 낮음의 구분이 있다고 생각했다. 밀은 벤담식 공리주의에 수정을 가한 철학자였다.

삶의 모든 목표를 이루고 나면,
나는 과연 행복할까?

❖◆❖

존 스튜어트 밀의 아버지인 제임스 밀James Mill은 벤담과 오랜 친구였다. 두 사람은 1808년에 만나 교유하기 시작했는데, 이후 오랫동안 벤담은 밀의 가정에 경제적으로도 큰 도움을 주었다. 존 스튜어트 밀은 그 시대의 다른 학자들과 달리 아무런 정규 교육도 받지 않았다. 초등·중학교는 물론 대학교도 들어가지 않고, 아버지와 벤담에게서 개인 교습을 받으며 자랐다. 한마디로, 밀은 사숙私的 교육 실험의 성과물이라 할 수 있었다. 제임스 밀은 아들을 누구보다도 뛰어난 인재로 키워내고 싶었다. 아들 밀은 이런 아버지의 배려로 공부에만 전념할 수 있었다. 밀은 어릴 때부터 그리스어와 라틴어, 기하학, 대수 등을 배웠고, 열두 살에는 논리학을 배우기 시작했다. 열세 살에는 애덤 스미스, 데이비드 리카도 등의 경제학 서적을 읽기 시작했고, 14~15세에는 화학, 식물학, 프랑스어를 배우기 시작했다. 밀은 자신의 재능이 특출하다고 생각하지 않았지만, 아버지의 엄격한 교육 때문에 어느새 학식이 동년배를 크게 뛰어넘게 되었다. 밀 자신의 회고에 따르면, 그는 한시라도 아버지의 기대에 미치지 못할까 봐 '정신을 잃을' 정도였다고 한다. 밀에게는 이러한 사숙 교육이 학교 교육보다 더 자유로웠을까, 부자유스러웠을까.

그러던 1826년 가을, 밀은 병목기에 빠져들어 —아마도 특수한 가정교육의 부작용이었을— 심각한 신경쇠약 증세를 겪게 된다. 어느 날 그는 멍한 상태로 스스로에게 물었다. '삶의 모든 목표를 이루고 나면, 나는 과연 행복할까?' 그의 대답은 부정적이었다. 자신이 이제껏 받아온 교육에는 한 가지 중요한 요소가 빠져 있었다. 바로 감성이었다. 그는 고금의 모든 지식을 열심히 흡수하고 있었지만, 그저 그렇게 지식을 흡수하는 기계에 지나지 않았다. 훗날 그는 자신의 자서전에서 이렇게 말한다. "인간은 자기 자신만을 위한 쾌락이 아닌 다른 목적에 몰두할 때에 비로소 행복할 수 있다. … 그러기 위한 유일한 방법은 쾌락 자체를 목적으로 삼지 않고, 쾌락 이외의 목적을 삶의 목적으로 삼는 것이다." 결국 밀은 윌리엄 워즈워스, 콜리지 등의 시를 읽으며 심리적, 정신적 위기에서 차츰 벗어나게 된다. 이 시기의 경험은 이후 밀의 사상에도 커다란 영향을 미쳤다. 그는 벤담의 철학체계에는 인간에게 가장 중요한 뭔가가 빠져 있다는 것을 의식할 수 있었다. 밀은 벤담의 쾌락 원칙을 완전히 내던져버리지 않았지만, 쾌락의 의미와 내용에 대해 다시금 진지한 의문을 품고 사고하기 시작했다.

불만족한 소크라테스가 될지언정
배부른 돼지가 되지 않겠다

◆◆◆

밀의 《공리주의》는 벤담의 공리주의를 비판적으로 발전시킨 것이다. 《공리주의》는 1861년에 《프레이저스 매거진Fraser's Magazine》에 최초로 발표되었고, 1863년에 단행본으로 출간되었다. 이때 밀의 나이는 예순이었다. 공리주의만큼 사법, 정치, 경제, 문화에 이르기까지 인류의 삶 전반에 지대한 영향을 미친 철학 사조도 흔치 않을 것이다. 이는 공리주의 자체의 우수한 면과 관련이 있다.

홉스의 사회계약설과 비교해볼 때 공리주의의 장점은 훨씬 두드러진다. 홉스의 사회계약설은 '자연 상태'를 가정하는데, 여기에 자연 상태는 일종의 사고실험일 뿐이기 때문에 경험적 기초가 부족하다. 그러나 공리주의는 구체적이고 현실적이다. 이익을 좇고 손해는 피하려고 하는 인간 본성에도 직접적으로 호소한다. 사람이라면 누구나 쾌락을 누리려 하고, 고통은 피하고 싶어 한다. 그래서 공리주의는 자명한 경험적 원리 위에 세워진 사상이라고 말하는 이도 있다.

밀의 책에서도 공리주의의 이런 특징이 뚜렷이 드러난다. 밀은 공리주의의 의미를 명확히 하는 동시에, 공리 원칙이 사람들에게 널리 받아들여진 이유에 대해서도 말한다. 밀은 인성에 상응하는 기초가 없으면 대다수 사람들이 도덕 규칙을 따르기 어렵고, 따르지도 못할 도덕 규칙은 유명무실해져서 사실상 아무런 의미도 없게 된다고 보았다. 여기서 말하는 인성에 상응하는 기초가 바로 이익을 좇고 손해와 고통은 피하려고 하는 천성을 가리킨다. 공리주의는 기본적인 인간 본성에 순응하기 때문에 널리 쉽게 받아들여진다는 것이다.

이어, 밀은 공리주의의 도덕 기준과 '최대 다수의 최대 행복' 원칙에 대해서도 논증한다. 벤담에게 있어 모든 종류의 행복은 등가였다. 그래서 이런 원칙을 바탕으로 한 '쾌락 계산법'을 설계하기도 했다. 어떤 사람이 쾌락을 느끼면 그 사람의 쾌락값은 +1이고, 어떤 사람이 고통을 느끼면 그 사람의 쾌락값은 −1이다. 이렇게 하면 간단히 '최대 다수의 최대 행복'값을 산출할 수 있다. 그래서 벤담은 "압정 놀이도 시詩와 같이 훌륭하다"라는 유명한 말을 남기기도 했다. 이 말은 행복의 총량이 행복의 질보다 중요하다는 뜻이었다.

그러나 밀은 행복을 양으로만 계산하는 벤담의 사고방식에 반대했다. 밀에게 행복의 '양'보다 중요한 것은 행복의 '질'이었다. 행복에도 높고 낮음이 있다? 밀은 '그렇다'고 대답한다. 그리고 이렇게 말한다. "특정 쾌락이 다른 종류의 쾌락보다 더욱 바람직하고 가치 있다. 이것이 공리 원칙에 부합하는 것이다." 그래서 그는 고급 쾌락과 저급 쾌락을 구분했다. 저급 쾌락의 수량이 아무리 많다 해도 단지 수량의 많음 때문에 고급 쾌락을 포기할 수는 없다는 것이 밀의 생각이었다. 그렇기에 "만족한 돼지가 되는 것보다 불만족한 인간이 되는 것이 더 낫다. 만족한 바보가 되는 것보다 불만족한 소크라테스가 되는 것이 더 낫다"라고 한 것이다. 당신도 스스로에게 물어보라. 당신은 1시간 동안 휴대폰으로 게임을 하는 것과 1시간 동안 미술관에서 미술 작품을 감상하는 것 중에 무엇이 더 행복한가?

밀의 공리주의에는 엘리트주의적 면모가 있다는 것을 어렵지 않게 눈치챌 수 있을 것이다. 밀은 또 "개화되지 않은 사람은 교화된 가치를 감별할 수 없다"라고 말하기도 했다. 밀에게 있어 행복이란 단순히 생리적 충족만이 아닌 존엄감을 동반하는 것이었다. 그러므로 좋은 교육을 받은 적이 없다면 고등한 행복도 누릴 수 없다. 밀은 행복의 정의를 근본적으로 바꾸었다. 벤담에게 행복의 주체는 어디까지나 개인이었다. 어떤 사람에게 뭔가가 행복이라면 그게 곧 행복이었다. 나에게 '치맥'이 만족을 준다면, '치맥'이 곧 행복인 것이다. 그러나 밀은 누구에게도 '치우쳐 있지 않은' 방관자를 끌어들여, 그 방관자의 눈으로 행복에 대한 여러 가지를 규정함으로써 공리주의에서 이기주의를 분리시켰다. 이렇게 밀은 사실상 우리가 다양한 문화적 환경 속에서 고급 쾌락을 포기하고 타락할 수도 있으며, 손만 뻗으면 얻을 수 있는 손쉬운 쾌락을 추구할 수도 있음을 상기시킨다.

마지막으로, 밀은 공리주의와 정의의 관계에 대해서도 논한다. 사실《공리주의》라는 책 자체가 밀의 지대한 노력의 결과물이다. 밀은 그중에서도 벤담의 공리주의에서 불만족스러웠던 부분을 극복하기 위해 노력했다. 우리는《공리주의》를 통해 벤담에서 밀에 이르는 계승과 비판적 발전을 엿볼 수 있다.

'최대 다수'의 행복이란 무엇일까?

✦✦✦

밀은 벤담식 공리주의에 대해 비판과 수정을 가하지만, 두 철학자가 공유하는 한계도 분명히 존재한다. 특히 다음의 세 가지 측면에서 그렇다.

첫째, 벤담의 공리주의에서 개인이나 소수의 이익은 자동으로 희생된다. 그리스 신화에도 이와 비슷한 이야기가 있다. 아가멤논 왕이 트로이 침공을 위해 떠나려 하는데, 바람이 하나도 불지 않아 출항할 수가 없었다. 이에, 점성가 칼카스는 아가멤논이 가장 사랑하는 딸 이피게네이아를 제물로 바쳐야 한다고 말한다. 칼카스의 말을 듣고 고심하던 아가멤논은 전쟁의 승리를 위해 비통한 마음으로 자신의 딸을 제물로 바치기로 결정한다. 벤담의 공리주의 원칙에 따르자면, 이런 선택은 분명 사회 전체의 효용에 부합한다. 그러나 이 과정에서 이피게네이아의 생명은 무고하게 희생되었다. '전체의 이익'이라는 말은 이렇듯 종종 개인의 권익을 침해하는 구실로 악용된다. 아니, 어쩌면 공리주의는 개인의 신성불가침한 권리라는 것을 인정하지 않는 것은 아닐까? 만약 이런 논리가 횡행하게 되면, 다수의 이익을 위해 소수의 권리가 침해당하는 상황은 상당히 빈번해질 것이다. 때로 그렇게 희생되는 것은 소수의 '목숨'이 될 수도 있다. 그러므로 개인의 권익을 어떻게 보호할 것인가는 공리주의가 시급히 해결해야 할 중요한 난제다.

둘째, 벤담은 행복의 평균값을 과소평가한다. 행복의 총량이라는 것은 전체 공동체에 해당하는 말이다. 그런데 만약 세계의 인구가 단기간 내에 폭증하면 인류 전체의 복지도 그만큼 늘어나게 될까? 인구가 폭증하면 1인당 점유 자원은 감소하기 마련이고, 평균적인 복지 수준도 낮아질 수밖에 없다. 벤담은 행복을 공동체를 위한 행복으로 전환시켰지만, 이에 대해 구체적으로 자세히 논하지는 않았다. 현대 사회에서 국민의 복리 증진은 다방면의 고려가 필요한 대단히 어려운 문제다. 예를 들어, 자녀가 열 명인 가정이 있다고 치자. 가족 구성원이 매일 빵 한 개씩은 먹어야 한다. 하루는 부모님이 빵을 15개 사 왔다. 평소보다 5개 더 많이 사 온 것이다. 그런데 이 가정의 부모는 모든 음식을 자녀들에게 '고르게' 나누어주지 않았다. 첫째에게만 3개를 주고, 나머지 자녀들에게는 한 개씩만 주었다. 이 가정의 행복의 총량은 분명 늘었다. 그러나 이런 식으로 빵을 주는 건 누가 봐도 불공평하다. 그런데 공리주의만으로는 이런 문제를 해결할 방법이 딱히 없다. 우리가 사는 현실에서는 행복의 총량도 중요하지만 분배 정의도 그에 못지않게 중요하다.

셋째, 벤담과 밀은 행복에 관한 복잡한 심리를 제대로 고려하고 있지 않다. 이들의 행복에 대한 인식은 너무나 소박하게만 보인다. 만일 어느 한 사람 혹은 한 집단의 행복이 다른 집단의 고통에 기반한다 해도, 그 또한 어쨌거나 행복이라고 할 수 있을까? 영화 〈헝거게임〉에서 묘사한 극단적 장면들을 생각해볼 때, 우리는 과연 행복을 어떻게 계산해야 하는 것일까?

이렇듯 공리주의는 얼핏 간단해 보이지만, 적지 않은 난제도 안고 있다. 그래서 우리는 많은 경우, 공리주의에만 단독으로 의지할 수 없다. 그렇지 않으면, 해결 불가능한 비극적 딜레마에 직면할 수도 있기 때문이다.

더 읽으면 좋은 책

1 《공리주의》존 스튜어트 밀, 책세상, 2018
2 《존 스튜어트 밀 자서전》존 스튜어트 밀, 문예출판사, 2019
3 《자유론》존 스튜어트 밀, 책세상, 2018

27

장 자크 루소
《사회계약론》

인간은 자유롭게 태어나
왜 항상 속박에 매여 사는가?

‖ 대머리 지수 ‖

장 자크 루소

Jean Jacques Rousseau, 1712~1778

인간은 도덕적 자유를 통해서만 진정으로 자기 자신의 주인이 된다. 욕망의 충동을 따르는 것은 노예 상태이기 때문이다.

— 루소,《사회계약론》

들어가며

프랑스 파리로 여행을 간다면 꼭 보고 싶은 것으로 샹젤리제 거리와 개선문, 에펠탑, 센강의 풍경을 꼽을 수 있을 것이다. 그리고, 팡테옹Pantheon(프랑스 파리에 있는 국립묘지-옮긴이)도 빼놓을 수 없다. 유럽 역사에 지대한 공헌을 한 인물들이 안장된 팡테옹은 프랑스 정신의 안식처라고도 할 수 있다.

팡테옹의 지하 묘지에는 잠겨 있지 않은 문이 조각된 목관이 하나 있다. 조각된 문의 틈새로 손이 하나 뻗어 나와 있는데, 이 손은 타오르는 횃불을 쥐고 있다. 목관 위에는 "여기, 자연과 진리의 사람이 잠들어 있다"라고 새겨져 있다. 이것은 프랑스의 사상가 장 자크 루소의 관이다. 루소는 '프랑스 공화국 정신의 아버지'로 불린다. 목관에 새겨진 손의 횃불은 프랑스 및 전 세계에 계몽의 불을 지핀 루소의 사상을 상징한다. 루소의 관을 마주보는 위치에 있는 또 다른 관은 계몽사상가 볼테르의 관이다. 두 사람은 한때 좋은 친구였으나 후에 견해 차이로 절교했다. 루소는 볼테르에게 보낸 편지에 직접적으로 "나는 당신을 증오한다"라고 썼다. 영국의 정치사상가인 에드먼드 버크 Edmund Burke는《프랑스혁명에 관한 성찰》에서, 프랑스 국왕 루이 16세는 감옥 안에서 두 계몽사상가의 책을 읽고 나서 "볼테르와 루소가 구舊 프랑스를 무너뜨렸구나!" 하고 탄식했다고 쓴 바 있다. 그래서일까. 루소와 볼테르는 사후에도 팡테옹에서 서로를 마주보는 자리에 안장돼 있다.

루소는 "인간은 자유롭게 태어났으나 어디에서나 사슬에 묶여 있다"라고 썼다. 어째서 인간이 자유롭게 태어났다는 것일까? 그런데 왜 항상 사슬에 묶여 있는 것일까? 사슬의 정체는 대체 무엇일까? 인간은 자유를 구속하는 사슬을 떨쳐낼 수 있을까? 이런 질문에 답하기 위해 우리는 《인간 불평등 기원론》과 《사회계약론》을 읽어볼 필요가 있다.

불평등은 자연 상태가 아닌, 사회에서 기원한다

❖❖❖

18세기의 유럽은 대전환의 시대였다. 이 시기 프랑스에서는 제3신분(도시민, 농민 등의 평민 계층. 제1신분은 성직자, 제2신분은 귀족－옮긴이)이 부상하고 있었지만 그에 걸맞은 정치적 권리는 얻지 못하고 있었고, 귀족들은 구체제 속에서 평민들을 쥐어짜고만 있었다. 이 시기의 루소는 방랑 생활을 하고 있었지만, 사상적으로는 누구보다 강고한 전사였다. 장 자크 루소는 이 시대의 가장 중요한 혁명가 가운데 한 사람이다. 그의 사상에서 뿜어져 나온 불씨는 프랑스 대혁명에 불을 지폈고, 이 맹렬한 불빛은 다시금 전 세계로 퍼져나갔다.

루소는 1749년 여름,《메르퀴르 드 프랑스Mercure de France》에 실린 디종 아카데미의 논문 현상공모를 보게 된다. 그의 인생에 결정적 전환이 되는 순간이었다. 논문의 주제는 '학문과 예술의 부흥이 도덕의 순화에 기여했는가'였다. 루소는《학문 예술론》으로 응모해 당선되었고, 하루아침에 그를 모르는 사람이 없게 되었다. 그러나 위의 물음에 대한 루소의 대답은 부정적이었다. 학문과 예술이 발달할수록 인간의 도덕성은 타락한다고 한 그의 논증은 그 당시 유행하고 있던 백과전서파의 관점과는 상반된 것이었다. 인성과 이성에 대해 낙관적이었던 백과전서파는 과학의 발전이 인류 사회를 근본적으로 개선시킬 것이라고 확신했다.

1753년, 디종 아카데미에서는 또다시 논문 현상공모를 발표한다. 이번 주제는 '인간 사이의 불평등의 기원은 무엇이며, 불평등은 자연법에 의해 허용되는가'였다. 이에 루소는《인간 불평등 기원론》을 써서 또다시 응모했고, 1755년에 같은 제목의 책으로 출간되었다. 이 책으로 루소의 명성은 다시 한번 공고해졌다. 이 책에서 루소는 인간 불평등의 원인을 파헤친다. 홉스와 로크가 말한 '자연 상태'에 대해 루소는 이전까지의 사람들과 다른 방식으로 이해한다. 그는 자연 상태의 인간은 타인과의 투쟁 상태에 있다고 보지 않았다. 인간은 천성적으로 동정심과 측은지심이 있기에, 다른 누군가가 고통받는 모습을 보고 싶어 하지 않는다. 먼저 나서서 타인에게 손해를 가하거나 함부로 죽이려 하지도 않는다. 자연 상태의 인간은 자유롭고 자족적이며, 어떤 형태의 불평등도 존재하지 않았다. 그러나 사유재산이 생겨나면서 인간은 자연 상태에서의 순박함을 잃고, 사회 곳곳에 불평등이 생겨나게 되었다. 대다수 사람들은 '끊임없이 경작하고 노역하며 괴로움에 시달리게 된' 반면, 권력을 가진 소수는 가만히 앉아 그 결실을 누리면서 살게 된 것이다. 사치와 부패로 사회 기풍은 무너졌고, 인성도 점차 타락해갔다. 사유재산이야말로 인간 불평등의 근본적 원인인 것이다. 루소의 이러한 핵심 관점은 훗날 카를 마르크스에게 깊은 영향을 미치게 된다.

《사회계약론》

❖❖❖

《사회계약론》1권 1장의 첫 문장은 이렇게 시작한다.

> 인간은 자유롭게 태어나 어디에서나 쇠사슬에 묶여 있다. 자신이 다른 사람들의 주인이라고 믿는 자도 사실은 그들보다 더한 노예로 산다.

어째서 인간이 자유롭게 태어났다고 하는가? 루소는 《인간 불평등 기원론》에서 인간은 '태어나면서부터 선한' 존재이기에 자신과 같은 인간인 다른 누구에 대해서도 타고난 권위가 없다고 말한다. 누구도 다른 누구의 노예일 수 없으며, 누구도 다른 누군가에게 자신의 자유를 넘길 수 없다는 뜻이다. 그러나 사유재산이 생겨나 인간의 타고난 선량함을 침식侵蝕하면서 사람들은 점차 이기적으로 변했고, 자기 수중의 권세를 이용해 타인을 노예로 부리기 시작했다. 이러한 자연인과 사회인 가운데, 루소는 자연인에게 좀 더 기울어져 있음을 볼 수 있다. 그러나 자연 상태는 이미 소멸했다. 루소는 인간이 어떻게 자연 상태에서 사회 상태로 넘어가게 되었는가에 대해 자세히 설명하지 않는다. 그러나 이렇게 강한 자가 약한 자를 지배하고 착취하는 상황이 계속된다면, 인류는 결국 끊임없는 갈등과 다툼을 겪으며 멸망으로 나아갈 수밖에 없다. 그렇다면, 생존 방식을 어떻게 바꾸어야 할까? 루소는 모든 사람이 자신의 ―부분적 권리가 아닌― 모든 권리를 남김없이 공동체에 양도하고, 자신의 인신人身과 모든 권력을 '일반의지' 아래 두어야 한다고 대답한다.

여기서 일반의지(프랑스어 : volonté générale, 영어 : general will)는 공의公意, 즉 공공 의지라 할 수 있다. 이것을 단순 다수의 중의衆意나 총의will of all와 혼동해서는 안 된다. 《사회계약론》 2권 3장에서도 말하듯, 일반의지는 공공의 이익을 중시하지만 중의는 단지 사적 인간들의 의지의 총합일 뿐이기 때문이다. 중의의 '중'이 아무리 인구의 대다수를 의미한다 해도, 그들이 중시하는 것은 단지 자신들의 사적 이익일 뿐이다. 예를 들어, 국가가 정상적으로 운영되기 위해서는 일반 국민들의 공평한 납세가 필요하다. 그런데 모든 개인이 사적 이익에만 골몰하면 세금을 회피할 방법을 찾으려고 궁리한다. 이성을 가진 인간은 이런 행위가 아무 의미도 없다는 것을 안다. 아무도 세금을 납부하지 않으면 국가는 세수가 없게 돼 국방, 공공 안전, 의료보장 같은 사회복지도 유지할 수 없게 된다. 결국 그 손해는 모두가 입게 된다. 그러므로 일반의지는 개인의 납세를 요구하고, 중의는 납세를 회피하려고 한다. 둘의 요구는 이토록 상반된다. 만약 사법적 판단이 공공의 이익이나 정의를 원칙으로 해 이루어지고 있다면, 그 법률은 일반의지의 표현이라 할 수 있다. 동시에, 그 일반의지 또한 개인의 이성적 선택의 표현이라 할 수 있다. 이때의 일반의지는 어느 정도 개인 자신의 의지이기도 하다. 모든 개인이 자신의 의지에 복종할 때는 누구의 압제도 받지 않는 자유의 상태라고 할 수 있다.

이 지점에서 루소는 서로 충돌할 수 있는 두 가지 관점을 제시한다. 첫째, 우리 자신이 곧 정부와 법률의 기원이며, 우리의 의지가 곧 국가의 법률이 된다는 관점이다. 국가가 국민의 뜻에 따를 때 그 국가는 합법성을 지닌다. 국가가 국민의 뜻에 따르지 않으면 국민은 정부를 폐할 권리가 있다. 둘째, 국가 안에서 살아가는 개인은 자유를 누릴 수 있지만, 그 자유는 모든 사람이 국가의 법률에 따르기를 요구한다는 것이다. 이때의 법률은 루소가 보았을 때 외부에서 강제되는 속박이 아니었다. 인간이 스스로를 위해 어떻게 입법할 것인가는 모든 계몽운동이 다루어온 핵심 문제이기도 하다. 이때의 일반의지는 국민 전체가 공공의 이익을 보호하기 위해 스스로 확립한 원칙에 해당한다. 루소는 "인간 스스로 제정한 법률을 준수하는 것이 곧 자유"라고 말한다. 인간은 자율을 실현할 때 사회 상태에서도 자유를 얻을 수 있다. 이런 관점은 훗날 칸트의 윤리학과 정치철학에도 나타난다.

그러나 우리는 일반의지의 또 다른 측면인 강제성도 무시할 수 없다. 루소는 "일반의지를 따르지 않으려는 자가 있다면, 사회 전체가 그에게 일반의지를 따르도록 강제해야 한다"라고 말한다. 여기에서의 일반의지는 마치 주권자에게 부여된 절대 권력처럼 보인다. 프랑스 대혁명 기간에 자코뱅당Jacobins(급진적 사회혁명을 추진한 정치 분파-옮긴이)의 당원들은 루소의 《사회계약론》에 나오는 이 문구를 정치적 지도 이념으로 삼았고, 자코뱅당의 지도자 로베스피에르도 이 문구에 직접적으로 고무되었다. 로베스피에르는 '공포정치의 시기'에 혁명의 이상을 실현하기 위해 끊임없이 사람들을 단두대에 올렸고, 마지막에 가서는 그 자신도 단두대에서 생을 마감했다. 여기서도 우리는 한쪽에는 민주자유가, 다른 쪽에는 공포정치가 나란히 놓여 있는, 루소 사상의 모순을 목도하게 된다.

주권재민 : 정부는 해산될 수 있는가

❖❖❖

19세기 영국의 사학자였던 토머스 칼라일Thomas Carlyle은 루소의《사회계약론》에 대해 이렇게 평한 적이 있다. "루소라고 하는 사람이 관념 이외에는 아무것도 담겨 있지 않은 책을 하나 썼다. 그 책의 2판은 초판을 비웃었던 사람들의 가죽으로 제본돼 있다." 그런데 루소의《사회계약론》은 어떻게 그토록 거대한 혁명성을 갖게 되었을까?

국가 주권이 아무리 사람들 사이의 계약에서 비롯되었다 해도, 홉스나 로크의 주장대로 각자의 주권을 국왕 한 사람에게 양도하면 인민은 사실상 진정으로 주권을 갖지 못한 상태가 된다. 그러나 루소의 '일반의지'는 인민 전체에 속한 것이기에 다른 누군가에게 넘길 수 없다. 이것이 '인민주권설'의 기본 사상이다. 그렇다면 주권재민은 어떻게 체현되는가? 루소는 '입법'만이 그 방법이 된다고 생각했다. 법률로 주권의 소유를 보호해야 할 뿐 아니라, 인민도 주권을 찬탈당하지 않도록 항시 경계해야 한다. 여기서 주권을 찬탈할 수 있는 주체는 플라톤과 아리스토텔레스가 염려한 것과 같은 참주가 아니라 정부다. 인민은 주권을 찬탈당하지 않으려면 따로 불러 모으지 않아도 정기 집회에 참석해야 한다. 그리고 이 집회에서 가장 중요한 것은 현 정부의 유지 여부와 현 정부 관료의 유임 여부를 결정하기 위한 인민의 투표권이다. 이 말은 곧 정부는 언제든지 교체 혹은 해산될 수 있다는 것을 의미한다. 이런 장치가 없으면 인민은 주권을 잃기 쉽다. 주권을 잃는다는 것은 곧 자유를 잃는다는 말과 같다.

루소는 국가 내부에 파벌이 있어서는 안 되며, 정치 단체의 규모를 제한해야 한다고도 생각했다. 그러나 단체의 모든 구성원은 자유롭게 자신의 의견을 표현할 수 있어야 한다. 즉 루소는 모든 형태의 대의제 정부를 반대하고, 인민이 직접 정치에 참여하는 형태의 직접 민주제를 주장했다. 그러나 루소의 이런 구상은 실현된 적이 없다. 현대의 국가들은 대부분 간접적으로 국민주권을 실현하는 대의제를 채택하고 있다.

홉스와 로크로 대표되는 영국 철학자와 루소로 대표되는 프랑스 철학자의 근본적 사상 차이는 영국과 프랑스의 서로 다른 정치적 운명으로 이어졌다. 영국은 입헌군주제의 길로 들어섰고, 프랑스는 혁명과 공화의 길로 나아갔다. 루소의 주권재민 사상은 프랑스 대혁명을 통해 유럽 전체로 퍼져나갔고, 미 대륙으로도 뻗어나가 미국 독립전쟁의 정신적 지주가 되었다.

더 읽으면 좋은 책

1 《사회계약론》장 자크 루소, 후마니타스, 2022
2 《정치철학》데이비드 밀러, 교유서가, 2022
3 《에밀》장 자크 루소, 한길사, 2003
4 《고백 1·2》장 자크 루소, 책세상, 2015

28

한나 아렌트
《예루살렘의 아이히만》

평범한 사람이 어떻게
악을 저지르는가?

‖ 대머리 지수 ‖

한나 아렌트

Hannah Arendt, 1906~1975

그는 아무 거리낌 없이 수백만의 남자, 여자, 아이들을 무덤 속으로 밀어 넣을 때에도 그것이 명령을 이행하는 것이 아닐 때에만 양심의 가책을 느꼈다.

— 한나 아렌트, 《예루살렘의 아이히만》

들어가며

1960년 5월 11일 밤, 이스라엘의 국외정보국 모사드는 아르헨티나의 수도 부에노스
아이레스 부근에서 비밀 업무를 수행하고 있었다. 모사드 팀이 지구를 반 바퀴 돌아
체포한 사람은 아돌프 아이히만Adolf Eichmann. 그는 전 독일 나치스 친위대 중령으로,
유대인 600만 명을 학살하는 계획인 '최종 해결'을 실행한 인물이다. 제2차 세계대전
이 끝나자, 그는 신분을 숨기고 도피 생활을 이어가던 중 아르헨티나로 숨어들어 살던
차였다. 이스라엘은 전방위적으로 정보를 수집해가며 전 나치당원의 행방을 추적한
끝에, 제2차 세계대전이 끝나고도 15년이 지난 뒤에야 이 악명 높은 하수인을 체포할
수 있었다. 1960년 5월 22일, 아이히만은 이스라엘로 압송되었다. 이튿날 오후, 그 당
시 이스라엘 총리였던 다비드 벤구리온은 전 세계를 향해 "이스라엘이 아이히만을 체
포했다"라고 선언했다.

아이히만이 체포되자, 이스라엘에서는 전면적이고 체계적인 조사를 시작했다. 이스라
엘은 아이히만에 대한 공개적이고 공정한 재판을 통해 나치 독일이 유대인에게 자행
한 만행을 전 세계에 폭로할 생각이었다. 1년여에 걸친 조사와 증거 수집 끝에 1961년
4월 11일 오전 9시, 이스라엘의 예루살렘 지방법원에서 아이히만에 대한 재판이 시작
되었다. 분노한 피해자 가족의 암살 시도 등을 막기 위해 법정에는 방탄유리로 덮은

작은 공간도 설치했다. 아우슈비츠 생존자들은 법원에 출석해 증언을 이어갔다. 그중에는 감정이 격해진 나머지 혼절하는 사람도 있었다. 그러나 아이히만은 무수한 증언과 증거에도 불구하고 검사가 제시하는 범죄 사실을 인정하지 않았다. 그는 줄곧 똑같은 말만 되풀이했다. "나는 그저 명령을 따랐을 뿐이다." 그러면서도 이따금 교활한 미소를 짓곤 했다.

이날, 한 철학자도 법원의 방청석에 앉아 있었다. 이 철학자의 이름은 한나 아렌트. 그녀는 아이히만에 대한 관찰을 근거로 20세기 철학의 명저 《예루살렘의 아이히만》을 썼다. 제2차 세계대전이 끝난 뒤, 유대인 철학자 테오도어 아도르노는 "아우슈비츠 이후 시를 쓰는 것은 야만이다. 그것은 불가능한 일"이라고 썼다. 아우슈비츠는 어느 한 개인만의 심리적 상처가 아니라 온 인류의 트라우마다. 제2차 세계대전 이후, 서양의 거의 모든 지식인들은 '왜 이런 대규모 학살이 자행되었는가'에 대해 묻고 또 물었다. 어째서 그토록 침착하고 이성적인 독일인들이 인종 말살과 같은 참혹한 일을 저지른 것일까? 한나 아렌트가 자신의 책에서 이러한 질문에 대답하며 제시한 개념이 바로 '악의 평범성banality of evil'이다. 지극히 평범한 사람도 극악한 죄를 범할 수 있다. 악의 평범성은 나치의 죄악에 대한 철학적 해부의 결과물이다.

유대인 망명 철학자, 아렌트

✦✦✦

한나 아렌트는 20세기의 저명한 여성 철학자이다. 그녀는 1906년 10월 14일, 독일 하노버의 한 유대인 가정에서 태어났다. 1924년에 마르브루크 대학교에 입학해 철학, 신학, 고대 그리스어 등을 공부했다. 이 시기에 아렌트는 그 당시 젊은 강사였던 하이데거를 사랑하게 되었다. 당시 아렌트의 나이는 18세, 하이데거는 35세로 기혼에 두 아들도 있었다. 두 사람의 연인 관계는 은밀히 지속되다가 4년 후 끝을 맺었다. 심신이 피폐해진 아렌트는 프라이부르크 대학교로 옮겨 갔다가, 하이데거의 추천으로 하이델베르크 대학교로 가서 야스퍼스에게 수학했다. 1933년, 독일에 나치 정권이 들어서자 유대인 신분이었던 아렌트는 망명을 결심하게 된다. 이 시기 하이데거는 공개적으로 나치 정권을 옹호했고, 프라이부르크 대학교 총장으로까지 취임했다. 아렌트는 철학적으로 하이데거의 영향을 많이 받았지만, 정치적으로는 하이데거를 조금도 용납할 수 없었다. 다시 프랑스 파리로 망명한 아렌트는 하인리히 블뤼허를 만나게 되고, 두 사람은 1940년

1월에 결혼한다. 얼마 후 독일군이 파리마저 점령하자 또다시 망명을 선택, 최종적으로 유럽 대륙을 떠나 미국으로 망명했다.

1960년대에 이미 아렌트는 미국 뉴욕에 정착해 프린스턴 대학교 최초의 여성 전임교수가 되었다. 그녀는 자신이 사회평론가인 동시에 유대인 망명자, 시대의 증언자였다고 말한다. 그러나 그전까지 아이히만과 같은 나치 부역자를 직접 본 적은 없었다. 그녀는 아이히만의 생각과 법원 증언을 해독함으로써 '나치가 유럽 문명사회에 초래한 도덕적 붕괴의 진상'을 밝혀야겠다고 결심했다. 그녀는 아이히만이 체포되었다는 소식을 듣자마자 예루살렘 법정에 방청 신청을 한다. 1961년, 그녀는《뉴요커》의 특파원 자격으로 예루살렘으로 가서 재판 과정을 지켜보는 한편, 대량의 수사 기록과 관련 문서 등을 열람하고《뉴요커》에 관련 기사를 실었다. 이렇게 실린 기사를 모아 1963년에 출간한 책이 바로《예루살렘의 아이히만》이다.

1964년 10월 28일, 아렌트는 귄터 가우스Günter Gaus가 진행하는 인터뷰 방송에 출연한다. 이 방송에서 그녀는 아우슈비츠에 대해 언급한다. 그녀와 남편은 아우슈비츠에 관한 이야기를 처음 들었을 때 믿어지지 않았다고 말했다. 학살의 소식에 전율하고 고통을 느낀 동시에, 그토록 비이성적인 행위가 군사적으로 무슨 필요가 있는지 이해할 수가 없었다. 정치철학자였던 아렌트는 그전까지 세상 모든 일에는 그렇게 돌아갈 수밖에 없는 일말의 여지가 있기 마련이라고 생각했지만, 아우슈비츠에 대해서는 예외였다. 아우슈비츠는 도구적 이성의 극단이자 정밀한 계산, 극도의 효율, 도덕감을 완전히 상실한 살인의 컨베이어 벨트일 뿐이었다. 사람은 그 컨베이어 벨트 위에 올려진 물품 이상도 이하도 아니었다. 하나하나가 사물처럼 체계적으로 분류되고, 모든 개성의 흔적이 제거되고, 마지막에 가서는 말소될 뿐이었다. 아렌트는 아우슈비츠에 숨어 있는 광기의 논리를 보았다. 그것은 거대하게 '갈라진 심연'과도 같았다. 그녀에게는 영원히 풀어낼 수 없는 마음의 응어리이기도 했다.

생각하지 않는 것이 악의 근원이 된다

♦ ♦ ♦

한나 아렌트는 아이히만을 매우 세밀하게 파고들며 관찰한다. 극악한 죄를 지은 아이히만은 겉보기에 조금도 흉악하지 않았다. 그는 재판 기간 도중 감기에 걸려 방탄유리 안에서 자주 기침을 하기도 했는데, 그 모습은 심지어 안쓰러워 보이기까지 했다. 아이히만의 일생은 평범한 사람과 크게 다르지 않았다. 머리가 뛰어나게 좋은 것도 아니고, 특별한 재능이나 남다른 품성이 있는 것도 아니고, 다만 피 공포증 때문에 의사가 되려던 꿈을 포기한 적이 있을 뿐이었다. 아렌트는 아이히만이 "지극히 정상적인 사람이었으며, 심지어 어떤 면에서는 그를 자세히 관찰하고 있는 나보다 더 정상적이었다"라고 말했다. 그런데 이렇게 피에 굶주린 것도 아니고 광기에 차 있지도 않은 사람이 유대인 600만 명을 가스실로 보낸 것이다. 아렌트는 대량의 수사 기록을 읽고 또 읽으면서, 아이히만은 '우리 시대 최대의 범죄자'라고 할 수 있을지언정 '히틀러식'의 악마는 아닌 것 같다는 생각이 들었다. 아이히만은 그저 '악의 평범성'이라는 '증상'을 보이고 있었을 뿐이다.

그녀는 이러한 증상에 대해 다음과 같은 진단을 내린다. "그가 법정에서 그리고 그에 앞선 취조 과정 중에 보였던 행동의 특징은 순전히 부정적인 것이다. 그러나 그것은 어리석어서가 아니라 사고의 무능함 때문이었다." 아이히만의 악은 본성으로서의 난폭함이나 잔인함, 천성적 어리석음 때문이 아니라, 독립적 사고 능력의 상실에서 비롯되었다는 것이다. 그는 법정에서 유대인 생존자와 대면했을 때에도 아무런 죄책감도 보이지 않았다. 그는 제3제국(신성로마제국과 독일 제국에 이은 세 번째 단일국가라는 뜻으로, 히틀러가 집권한 1934년부터 1945년까지의 독일제국을 가리킴-옮긴이)의 상투적인 말만 반복할 뿐이었다. 그 사이 무려 십수 년의 시간이 흘렀음에도 불구하고 전체주의 통치가 그에게 주입한 사상적 언어가 여전히 '귓가에 쟁쟁'할 만큼, 아이히만은 자기 스스로 언어를 조직해가며 사물과 사태에 대해 파악하는 능력을 완전히 상실한 상태였다. 한나 아렌트는 이렇게 말한다. "이러한 표현력 결핍은 사고력 결핍과 불가분의 관계에 있다. 더 정확히 말하면, 그는 자신의 입장을 떠나 사고하는 법을 전혀 모르는 것이다. … 그의 주위로 그의 언어와 타인의 존재를 가로막는, 그리하여 대상의 참모습을 거부하게 만드는 견고한 벽이 둘러져 있다." 바로 이것이 나치의 전체주의에서 가장 두려운 부분이다. 독립적 사고 능력과 판단 능력을 제거하고, 무심히 살인 컨베이어 벨트를 작동시킬 수 있는 '아이히만'을 수도 없이 만들어낼 수 있다는 것. "눈사태가 일어났을 때 눈송이는 자기의 책임을 느끼지 않는다"라고 했던 폴란드 시인 스타니스와프 예지 레츠Stanisław Jerzy Lec의 말처럼, 나치 정권하에서의 그 방대한 살인 기계를 작동시킨 것은 다름 아닌 지극히 평범한 '아이히만'이었던 것이다. 그 시대의 가장 큰 죄악은 다름 아닌 평범성이었다.

아이히만이라는 개인에게서 조금만 뒤로 물러나보자. 어찌 보면 그는 하루하루 성실하게 일하는 '모범 노동자'였다. 그가 맡은 임무는 유럽 각지의 유대인 천만 명을 수용소로 보내 가장 효율적인 방식으로 학살 계획을 실행하는 것이었다. 그러나 이 '모범 노동자'가 지닌 평범성은 인간으로서 해야 할 윤리적 판단력과 도덕적 책임감을 탈색시켰고, 그의 탁월한 업무 능력은 살인 기계의 높은 작동 효율로만 작용했다. 아이히만에게 유대인 학살은 자신에게 맡겨진 업무였을 뿐이다. 그는 그저 '원칙'에 따라 깔끔하게 임무를 완수했다. "그에게 살인 그 자체는 대수롭지 않으나, 그 과정에서 불필요한 고통을 만들어낸다면 그것이야말로 가장 큰 죄악이 된다고 믿었다." 그는 끝내 체포된 자신의 운명에 대해서도 그저 평범하게 해석했다. "좋은 정부를 만나는 것은 행운이고, 나쁜 정부를 만나는 것은 불행이다. 나는 운이 나빴다." 이토록 평범한 아이히만의 모습은 모골을 송연하게 만든다. 그보다 더 공포스러운 것은 어느 시대에나 '아이히만들'은 존재한다는 사실이다. 아렌트는 자신의 또 다른 저서인 《인간의 조건》에서 이렇게 탄식한다.

생각하지 않음—맹목적인 무모함, 끝을 모르는 망망함, 잡스럽고 공허한 진리로 변해버릴 뿐인 반복적 암송—은 내가 보기에 우리 시대의 현저한 특징 가운데 하나다. 그러므로 내가 제안하는 것은 단순하다. 바로, 우리가 무엇을 하고 있는지 사고하는 것이다.

증언과 증거가 너무나 강력했기에 1961년 연말, 아이히만은 예루살렘 법원에서 사형을 선고받고 1962년 5월 31일에 사형이 집행되었다. 시신은 화장해 지중해에 뿌려졌다.

더 읽으면 좋은 책

1 《예루살렘의 아이히만》한나 아렌트, 한길사, 2006

2 《전체주의의 기원 1~2》한나 아렌트, 한길사, 2006

3 《인간의 조건》한나 아렌트, 한길사, 2019

4 〈귄터 가우스 : 한나 아렌트 인터뷰Zur Person : Hannah Arendt〉한나 아렌트, 귄터 가우스Günter Gaus, TV 프로그램, 1963

5 〈한나 아렌트Hannah Arendt〉마가레테 폰 트로타Margarethe Von Trotta, 전기 영화, 2012

29

칼 포퍼
《열린사회와 그 적들》

좋은 의도가 어떻게 세상을
지옥으로 만드는가?

‖ 대머리 지수 ‖

칼 포퍼

Karl Popper, 1902~1994

지상에 천국을 건설하겠다는 시도가 늘 지옥을 만들어낸다.

— 칼 포퍼, 《열린사회와 그 적들》

들어가며

고대 그리스의 오이디푸스 신화는 누구나 한 번쯤 들어보았을 것이다. 오이디푸스는 원래 테베의 왕 라이오스의 아들이었다. 그가 태어났을 때 델포이의 신탁은 그가 장차 아비를 죽이고 어미를 범하리라고 예언했다. 이 예언을 믿었던 라이오스는 겁에 질려 아들을 들짐승이 들끓는 산에 버리기로 결정한다. 그러나 양치기의 손에 거두어져 살아남은 오이디푸스는 이웃 나라의 왕 폴리보스의 양자가 된다. 장성한 오이디푸스는 자신에게 내려진 신탁을 듣고 그대로 믿었다. 자신이 아비를 죽이고 어미를 범하게 되리라는 예언을 피하기 위해 그는 궁을 나와 멀리 떠났다. 그런데 도중에 라이오스 일행과 마주쳐, 좁은 길을 두고 다투다가 라이오스 일행을 모조리 죽여버렸다. 그렇게 아버지를 죽인 줄도 모른 채 테베에 도착한 오이디푸스는 스핑크스의 수수께끼를 풀고 영웅이 돼 테베의 새로운 왕이 되었다. 그는 테베의 기존 왕비(자신의 어머니)와 결혼해 자식도 낳고 살다가, 자신이 결국 신탁의 예언대로 '아비를 죽이고 어미를 범하게' 되었음을 알게 된다. 이 이야기는 후대에 가서 '거역할 수 없는 운명'을 상징하게 되었다.

그런데 만약 사람들이 그 신탁을 믿지 않았다면, 그래도 오이디푸스는 거역할 수 없는 운명의 길에 들어서게 되었을까? 이 이야기에서 사람들은 신탁의 예언을 그대로 믿었다. 그랬기에 처음부터 이토록 거대한 비극의 싹이 뿌려졌던 것은 아닐까? 인류의 역사에도 이런 '신탁'과 비슷한 것들이 많다. 역사는 필연적인 방향을 향해 나아간다든가, 미래에는 아름다운 이상이 실현될 수 있다는 등의 학설 말이다. 많은 사람들이 이러한 '신탁'을 믿고, 인류 역사의 발전 법칙을 실현하고자 했다. 20세기의 철학자 칼 포퍼는 《열린사회와 그 적들》을 통해 역사에서 가장 큰 비극의 '원흉'은 바로 이러한 '역사의 발전 법칙'에 대한 집념이었다고 말한다.

'역사주의'는 왜 인간을 도구로 만드는가?

✦✦✦

칼 포퍼는 1937년에 독일의 나치를 피해 뉴질랜드로 망명해 캔터베리 대학교의 교수가 된 이후《역사주의의 빈곤》(《역사법칙주의의 빈곤》 혹은《역사결정론의 빈곤》으로 번역되기도 한다)과《열린사회와 그 적들》을 집필하기 시작했다.《역사주의의 빈곤》을 통해 '역사주의'를 집중 비판했던 칼 포퍼는《열린사회와 그 적들》의 서문에서도 자신의 사상을 그대로 이어나간다. 칼 포퍼가 말하는 역사주의란, 엄밀하게 말하면 '역사결정론'을 가리킨다. 역사에는 절대적인 법칙이 있으며, 사람들은 이 법칙을 발견하고 장악함으로써 사회의 발전을 계획하고 통제할 수 있다는 이론이다. 이러한 역사주의에 단호히 반대하는 칼 포퍼의 관점은 다음의 다섯 가지로 요약된다.

첫째, 인류 역사의 발전 과정은 인간 지식의 진보에 크게 영향을 받는다.

둘째, 우리는 우리의 과학적 지식이 증가할 것이라고 합리적인 혹은 과학적인 방법으로 예언할 수 없다.

셋째, 그러므로 우리는 인류 역사의 미래를 예언할 수 없다.

넷째, 이는 우리가 이론 역사학의 가능성, 즉 이론 물리학의 역사에 상응하는 역사적 사회과학의 가능성을 부정할 수밖에 없다는 것을 의미한다.

다섯째, 그러므로 역사주의 방법론의 기본 목표라는 구상은 오류이며, 역사주의는 성립할 수 없다.

칼 포퍼는 나치즘이나 파시즘 같은 사상들의 배후에 바로 이런 역사주의가 있다고 생각했다. 역사주의의 법칙은 사실상 본질주의, 즉 "모든 일은 그 '본질'에 따라 정의된 개념에 의지하고 있으며, 이러한 정의가 특정 방식으로 세계를 보편적 논리 관계 속에 구축한다는" 사고방식이다. 역사주의에 내재된 전체주의적 요소는 특정 집단이나 전체를 과도하게 강조한다. 이것은 사실 원시시대 부족주의의 잔존이라 할 수 있다. 그런데 20세기의 사람들은 이러한 부족을 국가나 계급으로 바꾸었다. 역사주의자들은 개인은 인류의 전체 발전 과정에서 미약한 도구에 지나지 않으며, 역사의 주인공은 위대한 국가이거나 위대한 지도자 혹은 위대한 계급이거나 위대한 관념이라고 생각한다.

칼 포퍼는 인간이 이성과 과학의 방법론을 통해 미래를 예지할 수 없다는 데에서 역사주의의 근본적 오류가 있다고 보았다. 역사주의의 주장은 일견 합리적이고 상식적인 듯 보이지만, "그것은 과학적 방법론에 대한 심각한 오해에 기반하고 있으며 과학적 예측과 역사의 예언을 구별하지 않은 데서 비롯되었다"는 것이다. 우리는 미래에 대해 어느 정도 예측을 하면서 살아가지만, 역사는 결코 자연처럼 고정된 운동 법칙을 따르지 않는다.

플라톤의 주술과 헤겔의 유령

✦✦✦

포퍼는 《열린사회와 그 적들》 1권에서 플라톤과 아리스토텔레스, 헤라클레이토스 등 고대 그리스 철학자들의 정치사상에 대해, 2권에서는 헤겔과 마르크스의 역사철학에 대해 논한다.

포퍼는 가장 먼저 고대 그리스의 철학자 플라톤을 비판한다. 플라톤은 '전체가 개인보다 크다'는 관점을 가장 처음으로 제시한 사상가다. 플라톤은 《국가론》에서 인류가 끊임없이 타락해왔다고 말한다. 그러므로 유토피아에 걸맞은 가장 이상적인 제도를 설계해서 인간의 타락을 막고, 진리를 통찰하는 '철인왕'이 통치자가 돼야 한다고 주장했다. 포퍼는 이러한 플라톤의 사상에 내재돼 있는 전체주의의 씨앗을 보았다. 플라톤은 특정 인물이나 특정 계급에게 절대 권력이 부여돼야 한다고 확신했다. 이것은 후대에 가서 '우등민족' '주인민족'이라는 관념—나치당과 파시스트 정권이 흔히 동원하는 표현—으로 이어졌다. 플라톤이 생각하는 이상적인 국가에서는 통치자만이 '무엇이 가장 좋은 나라인지' 알고 있으며, 영혼이 있고 이성으로 통치하는 '철인왕'만이 사고를 담당한다. 이로써 비판적 이성의 정신이 출현하는 것을 막게 된다. 그러나 비판적 이성의 정신을 가진 개인만이 자신의 도덕적 선택에 대해 책임을 질 수 있다. 역사주의자들은 인간이 역사의 발전 단계를 판단해야만 올바른 정치 행위를 할 수 있다고 생각한다. 그러나 포퍼는 "미래는 역사적 필연성이 아닌 우리 자신에게 달려 있다"라고 말한다. '개인주의+이타주의'야말로 서양 문명의 근간이라는 것이다.

포퍼는《열린사회와 그 적들》에서 헤겔의 역사철학을 매섭게 비판한다. 포퍼는 헤겔이 플라톤의 고전적 전체주의를 한층 더 발전시켰으며, 헤겔 사상의 핵심은 국가주의 혹은 플라톤식의 국가 숭배라고 말한다. 포퍼는 헤겔의 철학을 '신부족주의neo-tribalism'라고 부른다. 이런 학설은 국가는 신성하며 다른 모든 것 위에 있으며, 반면 개인은 아무것도 아니라고 주장한다. 포퍼는 헤겔의《법철학》과《역사철학강의》을 인용하면서, "국가는 세속에 존재하는 신성한 이념이기에 … 우리는 반드시 국가를 신의 세속적 현현으로 숭배해야 하며 … 국가는 현실적 정신, 도덕을 실현하는 삶"이라고 한 헤겔의 말을 비판한다. 이는 헤겔 철학에 대한 키르케고르의 비판과도 비슷해 보인다. 포퍼는 헤겔이 "개인의 도덕과 양심을 밀어냈다"라고 말한다. 절대정신을 핵심으로 하는 헤겔의 방대한 철학 체계 안에 개인의 자리는 존재하지 않는다. 포퍼는 헤겔 철학이 당시의 프로이센 정권에 직접적으로 부역했을 가능성도 의심하고 있다. 포퍼의 눈에 비친 당시의 헤겔 철학은 이미 '국가에 부역하는 비천한 노예'가 돼 있었기 때문이다.

'유토피아'는 어떻게 끔찍한 재앙으로 이어지는가

❖❖❖

《열린사회와 그 적들》에 나오는 대단히 중요한 개념이 있다. 바로 '점진적 사회공학'과 '유토피아적 사회공학'이다. 둘 중에서는 후자가 단연 아름다워 보인다. 그러나 포퍼는 유토피아적 사회공학이 인류의 아름다운 미래를 희망하고 약속하지만, 결코 그렇게 되지 않을 뿐 아니라 최종적으로 인간 세상에 끔찍한 재앙을 일으킨다고 말한다. 그래서 점진적 사회공학을 지지하는 이들은 '유토피아'를 단호히 반대한다.

단편적 사회공학piecemeal social engineering으로도 번역되는 '점진적 사회공학'은 '점진적, 단편적으로 결과를 검증해나가는 사회적 기술'이다. 포퍼는 점진적 사회공학에서는 시행착오가 있을 수 있고, 검증을 받는다고 말한다. 문제가 발견되면 즉시 수정할 수 있고, 폐기될 수도 있다. 점진적 사회공학은 공리주의에서 강조하는 '최대 다수의 최대 행복'을 실현하는 것과 다르다. 점진적 사회공학의 목표는 고통을 최대한 배제하는 것이다. 둘은 결코 같은 개념이 아니다. 무엇이 '행복'인가는 사람마다 다를 수 있지만, '고통'에 대한 관점은 크게 다르지 않다. 점진적 사회공학에서 정부는 "무엇이 행복이다"라고 사람들에게 직접적으로 말하지 않는다. 단지 각자 자신이 정의한 대로의 행복을 실현할 수 있는 환경을 제공할 뿐이다. 그래야만 개인의 자유를 최대한 수호할 수 있기 때문이다.

포퍼는 '유토피아적 사회공학utopian social engineering'에 대해 이렇게 말한다. "유토피아적 사회공학은 전체 사회에 가장 완벽한 계획을 설계하려고 한다. 그러나 우리는 그러한 야심찬 요구를 실현하는 데 필요한 반박 불가능한 지식을 얻을 수 없다. 우리는 사실상 그러한 지식을 가질 수 없다. 그런 계획을 실현하기에 충분한 경험이 없기 때문이다. 모든 실제적인 지식에는 경험적 기초가 필요하다." 한마디로, 유토피아적 사회공학은 머릿속에 그냥 한 번 그려본 이상적인 그림대로 감히 초고층 건물을 짓겠다는 시도라는 것이다. 그러나 역사를 통해서도 드러나듯, 유토피아적 이상주의로 충만한 계획일수록 현실에서는 대참사를 불러일으켰다. 플라톤은 이상적인 국가를 만들기 위해 모든 가정家庭을 없애고 국가가 아이들을 기르고 교육해야 한다고 주장했다. 기본적인 인간 본성에도 위배되는 이런 발상이 현실에서 온전하게 작동할 리 만무하다.

포퍼는 비록 유토피아적 사회공학에는 반대했지만, 유토피아적 사회공학이 어느 한 개인의 이기심의 산물이 아님을 인정했다. 유토피아적 이상주의가 그려내는 아름답고 환상적인 비전에는 분명 사람들의 마음을 끄는 매력이 있다. 다만 우리가 지상에 천국을 건설하려 할 때마다 인류는 끔찍한 재앙을 맞닥뜨리게 되었을 뿐이다.

더 읽으면 좋은 책

1 《열린사회와 그 적들 1》칼 포퍼, 민음사, 2006
2 《열린사회와 그 적들 2》칼 포퍼, 민음사, 1998
3 《끝없는 탐구》칼 포퍼, 갈라파고스, 2008
4 《칼 포퍼 역사법칙주의의 빈곤》칼 포퍼, 철학과현실사, 2016
5 《우리는 20세기에서 무엇을 배울 수 있는가?The Lesson of this Century》칼 포퍼, 생각의나무, 2000

30

존 롤스
《정의론》

케이크를 어떻게
나누어야 정의로울까?

‖ 대머리 지수 ‖

존 롤스

John Rawls, 1921~2002

사상 체계의 제1덕목이 진리라면, 정의는 사회제도의 제1덕목이다. 이론이 진리가 아니라면 배척되거나 수정돼야 하듯, 법이나 제도가 아무리 효율적이고 정연하다 해도 그것이 정당하지 못하다면 개선되거나 폐기돼야 한다.

— 존 롤스, 《정의론》

들어가며

둥근 케이크를 어떻게 나누어야 그 자리에 있는 모든 사람이 만족할 수 있을까? 어떤 사람들은 모두가 똑같은 크기의 케이크를 한 조각씩 먹을 수 있도록 사람 수대로 나누자고 제안한다. 정치철학에서는 이런 식의 균등 분배를 '실질적 평등'(기회의 평등 또는 형식적 평등이 아닌 결과의 평등-옮긴이)이라 한다. 이런 분배는 얼핏 공평해 보이지만, 여러 가지 현실적인 문제를 안고 있다. 선천적으로 위가 작아 많이 먹지 못하는 사람도 있고, 고된 일이나 운동을 해서 혹은 소비 열량이 원래 많아서 많이 먹어야 하는 사람도 있다. 그런데 모든 사람에게 똑같은 크기의 케이크가 딱 한 조각씩 돌아간다면, 일부 사람들은 허기조차 채우지 못하게 되고 일부 사람들은 배불리 먹고도 남아돌아 낭비가 된다. 정치철학의 관점에서 볼 때 이러한 균등주의는 노동의 적극성을 훼손하는 면도 있다. 이 케이크를 만들기 위해 어떤 사람은 밀가루와 버터, 설탕을 제공했고, 다른 한 사람은 시간과 노력을 들여서 구웠다. 그런데 나머지 사람들은 가만히 앉아 먹기만 기다리고 있었다면, 그래도 똑같은 크기로 한 조각씩 나누는 것이 공평하다고 할 수 있을까? 이렇게 하면, 나머지 다수의 사람들이 두 사람의 수고에 공짜로 편승한 결과가 돼버린다. 남들보다 더 큰 자원 소모와 노동이라는 수고를 감내하고도 똑같은 결과를 얻은 앞의 두 사람은 앞으로 점점 더 케이크를 만들지 않으려고 할 것이다. 그렇게 시간이 흐르다 보면, 케이크의 수 자체가 현저히 줄어들게 되고 종국에는 모든 사람이 굶주리게 된다.

모든 사람에게 빵칼을 하나씩 주고, 각자 능력껏 케이크 조각을 떼어가도록 하면 어떨까? 이런 식의 분배는 '형식적 평등'이라 한다. 분명히 '형식상으로'는 모두에게 평등하게 기회가 돌아가지만, 결과적으로는 엄청난 불평등이 초래된다. 이런 식으로 케이크를 분배하면 가장 키 크고 힘 센 사람이 가장 큰 조각을 떼어갈 것이고, 선천적으로 몸이 작거나 약한 사람은 케이크에 손도 대지 못할 것이다.

그렇다면 대체 어떻게 해야 공평하고 만족스럽게 케이크를 나눌 수 있을까? 특정 방법을 고집하기보다, 각자의 기여도와 처한 상황까지 고려할 줄 아는 사심 없는 사람이 합리적으로 케이크를 나누게 하면 어떨까? 그 사람의 방식대로 케이크를 나누면, 앞에서 언급한 문제들도 깔끔하게 해결되지 않을까? 그런데 그가 정말로 공평하고 사심 없는 사람이라는 건 어떻게 보증할 수 있나? 어쩌면 그 케이크 분배 담당자도 자신의 고심과 노력이 컸으니 남들보다 케이크를 조금 더 가져가야 공평하다고 생각하지는 않을까? 알고 보니 그 사람이 실은 공정을 팔아 사리사욕을 채우는 위선자라고 누군가가 고발하기라도 했다면? 고발한 그 사람에게 복수하기 위해 그에게는 단 한 조각도 돌아가지 않게 케이크를 나누었다면? 만약 그렇다면, 그 케이크 분배 담당자는 가장 사심 없는 공평한 사람이 아니라 세상에서 가장 공포스러운 존재로 군림하게 될 것이다.

이렇듯 정의를 실현하기 위해서는 제도적 완비가 무엇보다 중요하다. 그러나 위에서 언급한 여러 다양한 경우에서도 보듯이, '정의'나 '공평'에 대해서는 명확히 정의를 내리기가 쉽지 않다. 또, 이런 갖가지 논쟁은 그 사회에 존재하는 법 조항의 합법성에 대해 의문을 제기하는 근거가 될 수도 있다. 백번 양보해서 최고로 완벽한 제도와 법률을 설계했다 해도, 모두가 당연히 그것을 자발적으로 따르게 만들 수 있을까? 사람마다 이익이나 관념, 신앙, 전통은 제각기 다를 수 있다. 그러나 제도와 법률은 모두가 따라야 하는 것이다. 공정한 사회에서는 어떻게 해야 대다수 사람들의 '다원성多元性'이 조화롭게 '통일'될 수 있을까? 20세기 미국의 정치철학자 존 롤스가 《정의론》에서 답하고자 한 문제가 바로 이것이었다.

롤스와 《정의론》

미국과 소련이 냉전 중이던 1960년대 말에는 어디를 가나 사회제도의 우월성이 비교 대상이 되었다. 인종 문제, 반전, 평등 등 해결해야할 사회문제도 많았다. 그래서인지 존 롤스의 《정의론》은 1971년에 출간되자마자 학계의 주목을 받는 동시에 대대적인 논쟁을 불러 일으켰다. 롤스는 《정의론》을 집필하기 전부터 수많은 사회조사를 통해전 세계의 많은 사회에서 불공정이 심화되고 있다는 것을 발견할 수있었다. 한마디로, 극소수의 사람들이 대부분의 자원과 부를 장악하고 있었던 것이다. 아메리칸 드림은 당신이 노력하기만 하면 성공할수 있다고 속삭였지만, 현실은 결코 녹록지 않았다. 정말로 가난했던사람 중에 부자가 돼 인생 역전을 이룬 사람은 거의 없었다. 아무런제도적 안배 없이, 오로지 개인의 노력만으로 불공정한 판세를 극복한다는 것은 사실상 불가능했다. 이러한 현실에서 롤스가 제기한 문제는 다음의 두 가지였다. 정의란 무엇인가? 사회적 정의를 어떻게 보장할 것인가?

정의에는 크게 세 가지가 있다. 첫째, 학급, 노조, 마을 등 공동체에서의 정의, 둘째, 사회 및 국가에서의 정의, 셋째, 국가와 국가 간, 혹은 국제사회에서의 정의다. 이 가운데 롤스가 《정의론》에서 논하는 문제는 국가 내부의 정의다. 롤스에게 정의는 사회제도의 제1덕목이다. 사회의 제도가 아무리 효율적이라 해도, 그것이 따르는 원칙이 아무리 숭고하고 아름답다 해도(공리주의의 행복 최대화처럼), 정의롭지 않다면 개선되거나 폐기돼야 한다. 사회 전체의 이름으로 정의를 침범해서도 안 된다. 자유주의자 롤스는 개인의 자유를 다른 무엇보다 결연히 수호했다. 그는 공리주의 원칙에 잠재돼 있는 ―다수의 쾌락을 앞세워 소수를 복종시키는― 위험을 보았다. 만약 '소수는 다수를 따라야 한다'는 이유로 소수인 사람들이 그들 자신의 의지와 바람에 위배되는 사회제도에 무조건 복종해야 한다면, 그것은 불공평하다.

　롤스에게 정의란 무엇보다 '공정fairness'을 의미했다. "정의의 원칙은 원초적 입장에 있는 모두가 공정하다고 동의한 것"이다. 롤스는 정의의 원칙을 구하기에 앞서 모든 인간은 자유롭고 평등하며 이성적이라고 가정했다. 사회계약론에서도 그렇게 간주하듯 모든 사람은 평등하게 태어나며, 각자가 다른 공동체 안에서 생활하더라도 모두가 같은 사회제도를 따른다면 그 사회의 정의의 원칙은 모두의 인정을 받은 것이다. 롤스는 사람과 사람 사이의 다름을 존중했다. 모든 사람에게는 자신만의 세계관과 인생관이 있다. 롤스는 이것을 '포괄적 신조comprehensive doctrine'라고 부른다. 특정 종교에 대한 신앙이 그 전형적인 예다. 정의로운 사회에서는 누구도 자신만의 포괄적 신조를 타인에게 강요해서는 안 된다. 정의는 모든 이성적 시민이 공동으로 인정하는 공공의 정치문화 원칙이다.

무지의 베일 :
타고난 계층 자원에 의존해서는 안 된다

❖❖❖

그렇다면 어떤 사회가 공정한 사회일까? 이 문제에 대답하기 위해 롤스는 무지의 베일veil of ignorance이라는 사고실험을 제안한다.

롤스는 모든 사람이 건전한 의식과 이성을 지니고 있으면서 자신이 어떤 신분을 타고났는지는 알지 못하는 상태를 가정한다. 자신의 부모가 어떤 사람인지, 어떤 직업을 가졌는지, 사회적 지위는 어떠한지 전혀 알지 못한다. 자신의 피부색과 사용 언어, 타고난 재능, 사귀는 친구들, 자신이 속한 사회의 제도도 알지 못한다. 이 모든 선천적, 계층적 조건들은 무지의 베일에 가려져 있다. 롤스는 우리 모두를, 지적 수준은 보통이며 자신과 사회의 조건에 대해서는 전혀 알지 못하는 평범한 사람으로 가정한다. 우리는 장차 사회로 나갔을 때 어떤 계층의 어떤 가정에 속하게 될지 알 수 없다. 모바일 게임 '심즈The Sims' 속의 세계와 비슷하다. 이때, 우리는 어떤 문제를 중요하게 생각할까?

롤스가 '무지의 베일'이라는 장치를 설정한 이유는 어떤 사회가 가장 이상적인가에 대해 생각할 때 선입견에 좌우되지 않도록 하기 위해, 즉 모든 외재적, 우연적 요소를 배제하기 위해서였다. 여기서 배제되는 요소로는 자신의 사회적 지위, 출신 계층, 선천적 재능, 지적 수준, 윤리 관념만이 아니라 자신이 처한 사회의 경제적·정치적 상황,

나아가 문명 수준까지 포함된다. 즉 케이크를 나누는 사람조차 케이크를 다 나누고 나서 어떤 케이크가 자기 몫이 될지 알 수 없는 상황인 것이다. 이것은 케이크를 나누는 이성적인 사람이 모든 사람에게 최대한 공정하게 배분되는 방식을 택하도록 하기 위한 장치다.

그런데 혹 무지의 베일이 너무 많은 정보를 가리기 때문에 오히려 사람들의 의사 결정에 부정적인 영향을 미치지는 않을까? 자신의 선천적 재능이나 사회적 지위, 종교적 신념에 대해 아무것도 모른 채 대체 어떤 결정을 내릴 수 있단 말인가? 그러나 불평등을 최대화하는 요소가 한 세대에 그치지 않고 여러 대에 걸쳐 누적되면, 그 사회의 부모들은 가장 좋은 자원을 자신의 자녀에게 물려주기 위해 모든 방법을 총동원하게 된다. 이런 문제를 정치철학에서는 '세대 간 정의'라 한다. 그러므로 진정한 사회정의를 실현하기 위해서는 유전과 상속이라는 요소도 고려해야 한다. 한마디로, 롤스가 《정의론》을 통해 밝히는 소박한 요구는 사회적 정의가 실현되기 위해서는 선천적 계층 자원에 의존하면 안 된다는 것이다.

정의의 두 원칙

❖❖❖

'무지의 베일'은 또한 롤스가 설정한 '원초적 입장original position'의 조건이기도 하다. 롤스가 설정한 원초적 입장은 홉스, 로크, 루소가 가정한 '자연 상태'와 비슷한 것으로, 원초적 입장의 모든 인간은 이성적인 동시에 서로에게 무관심한 존재로 설정돼 있다. 모든 사람은 타인에 대한 시기, 질투, 연민 등의 감정 없이 자신의 이익에 대해서만 관심을 갖고 의사 결정을 한다는 의미다. 롤스는 연구 끝에, 원초적 입장의 인간은 정의에 대해 다음의 두 가지 기본 원칙을 선택한다는 것을 발견했다.

제1원칙은 '평등한 기본적 자유의 원칙'이다. 롤스는 《정의론》에서 이렇게 말한다. "모든 사람은 다른 사람들의 유사한 자유와 양립할 수 있는 가장 광범위한 기본적 자유에 대해 동등한 권리를 가져야 한다." 제1원칙은 모든 사람들에게 신체의 자유, 언론의 자유, 사유재산의 자유, 신앙의 자유 등의 기본적 자유와 인간의 기본권을 보장하기 위한 것이다.

제2원칙은 '차등의 원칙'과 '공정한 기회균등의 원칙', 두 가지로 이루어져 있다. 기회균등이란 모든 사람이 '미래에 대한 권리를 공평하게 누리는' 것을 의미한다. 모든 공직은 모든 국민에게 개방돼야 한다. 성별, 인종, 종교, 재산, 지위 등으로 인해 차별받지 않아야 한다. 기회는 반드시 균등하게 분배돼야 하지만, 부富는 꼭 그렇지 않다. 이 지점에서 롤스는 '차등의 원칙'을 제시한다. 이 원칙은 주로 과세의 방식으로 구현된다. 예를 들면, 부자에게는 세율 30%를 적용하되 극빈층은 면세자가 될 수도 있다. 이런 조세 정책은 형식상 불공평해 보이지만, 사회 전체의 빈부 격차를 어느 정도 줄이는 데 기여한다. 그러나 롤스에게 이런 것은 정의 실현의 작은 한 걸음에 불과하다. 우리는 사회 각 영역의 법률을 끊임없이 다듬고 수정해나가야만 진정으로 공평한 사회제도를 갖출 수 있다.

제2원칙은 사회경제적 불평등을 조정하기 위한 타협적 안배에 해당한다.

> 1. 정의로운 저축 원칙과 양립하는 가운데, 최소 수혜자에게 최대 이익
>   이 돼야 한다.
> 2. 기회균등이라는 조건하에서 직무와 지위는 모든 사람에게 개방돼
>   야 한다.

그런데 이 제2원칙에 대해서는 지금도 경제학자와 정치학자 사이에 치열한 논쟁이 벌어지고 있다.

롤스가 제시한 '평등한 기본적 자유의 원칙'과 '기회균등의 원칙' '차등의 원칙'은 각각 사회적 최저선을 보장하고, 동등한 기회를 제공하며, 최소 수혜자의 이익을 보장하는 효과에 기여한다. 롤스는 이 세 가지 원칙의 중요도에 대해 순서를 부여했는데, 평등한 기본적 자유의 원칙>기회균등의 원칙>차등의 원칙 순이다. 롤스는 사회적 가치에도 경중이 있으며, 사회적 정의는 바로 이렇게 함으로써 구현될 수 있다고 말한다.

더 읽으면 좋은 책

1   《정의론》존 롤스, 이학사, 2003
2   《정치적 자유주의》존 롤스, 동명사, 2016
3   《공정으로서의 정의》존 롤스, 이학사, 2016

31

로버트 노직
《아나키에서 유토피아로》

메시는 더 많은
세금을 내야 할까?

‖ 대머리 지수 ‖

로버트 노직

Robert Nozick, 1938~2002

존재하는 것은 어디까지나 개인이다. 그들 각자는 개별적인 생명을 가진, 서로 다른 개체다. 그러므로 다른 누군가의 이익을 위해 어느 한 사람을 이용하는 것은 그 한 사람을 이용해서 다른 사람들이 이득을 얻은 노릇에 지나지 않는다. 결국 일어난 일은 다른 사람들을 위해 어느 한 사람에게 강제가 동원되었다는 사실이다. 막연히 사회 전체의 이익을 논한다는 것은 이런 문제를 덮는 것이다.

— 노직, 《아나키에서 유토피아로》

들어가며

현대의 대다수 국가들은 수입이 많은 사람일수록 더 높은 세율을 적용받는 누진 세제를 채택하고 있다. 많은 톱스타들은 보통 사람들이 평생 벌어도 벌지 못할 어마어마한 돈을 단 1년 만에도 번다. 축구 스타 메시의 경우, 2018년 한 해 수입만 1억 1000만 달러(약 1451억 원)였다. 이 가운데 구단으로부터 받은 연봉은 8400만 달러(약 1108억 원)였고, 광고 수입이 2700만 달러(약 356억 원)였다. 메시 한 사람의 수입은 중국 증시에 상장된 기업 전체의 1년치 영업이익을 상회한다. 메시의 조국 아르헨티나 사람들의 1인당 GDP는 약 1만 4,000달러(약 1846만 원). 즉 메시의 1년 수입은 아르헨티나인 7,800명의 GDP와 비슷한 셈이다.

그렇다면, 메시는 그만큼 더 고율의 세금을 내야 할까? 누군가는 이렇게 말한다. 메시는 타고난 재능과 끊임없는 노력으로 지금의 성취를 이루었으므로 그의 소득은 합당한 것이다. 그런데도 강제로 더 많은 세금을 내야 한단 말인가? 다른 한 편에서는 이렇게 말한다. 대다수 평범한 아르헨티나 국민들의 소득에 비하면 메시 한 사람의 수입은 과도하게 많다. 이미 그렇게 많이 벌었으니, 세금이라도 조금 더 내서 자국의 가난한 사람들을 구제하는 것이 옳지 않은가? 둘 다 일리 있어 보이는 말이다. 그런데 20세기의 미국 철학자 로버트 노직은 자신의 저서 《아나키에서 유토피아로》에서 전자의 관점을 지지한다. 메시가 단지 많이 벌었다는 이유로 고율의 세금을 내야 하는 것은 부당하다는 것이다.

노직 : 왜 메시는 더 많은 세금을 내야 하나?

❖❖❖

로버트 노직은 서른 살이 되기 전에 하버드 대학교 정교수가 되었다. 1974년에 출간된 그의 대표작《아나키에서 유토피아로》는 이듬해에 전미도서상을 수상했다. 영국의 일간지《더 타임스》에서는《아나키에서 유토피아로》를 제2차 세계대전 이후 가장 영향력 있는 책 100권 가운데 한 권으로 선정했다. 이 책은 노직의 동료이자 하버드 대학교 철학과 교수인 존 롤스를 겨냥한 것이다. 두 사람은 국가의 경제와 사회적 기능에 대해 상당한 견해차를 보였다. 롤스는 사회적 정의와 빈부격차 해소를 위해 정부의 조정 기능이 필요하다는 입장으로, 고전적 자유주의(17~19세기에 유럽에서 발달한 것으로, 천부인권과 경제적 자유를 기반으로 한 법치 국가를 추구하는 자유주의 사상-옮긴이)에 대해서도 수정을 가한다. 그러나 노직에게 있어 개인의 자유와 권리는 절대적으로 신성불가침한 것이다.

그런데 두 철학자의 관점을 이해하기 전에 한 가지 생각해볼 문제가 있다. 사람들 간에 소득 차이는 왜 생기는 것일까? 열심히 일하는 사람이 게으른 사람보다 많이 벌었다면 후천적인 노력이 소득차를 만들어냈다고 볼 수 있다. 그런데 천재지변이나 인재人災도 소득차를 만들어내는 원인이 될 수 있다. 2018년에 중국에서 개봉한 영화 〈나는 약신이 아니다〉에도 나오듯, 의료보험이 중대질병을 보장하지 않거나 제약사의 의약품 가격에 대한 정부의 통제가 없으면 많은 중대질병 환자의 가정은 심각한 경제적 위기에 처하게 된다. 그밖에 한 개인의 소득에 영향을 미치는 또 다른 요인으로 천부적 재능이 있다. 우리는 역사 속에서 천재 음악가 모차르트라든가 천재 수학자 가우스를 볼 수 있고, 현대에는 천재 농구선수 마이클 조던도 있다. 그들의 성취에는 분명 후천적 노력도 있었겠지만, 1%의 천부적 재능이 어마어마한 차이를 만들어냈으리라는 것 또한 부정하기 어렵다. 정치철학자의 눈으로 보았을 때, 빈부의 차이를 만들어내는 여러 원인들 가운데 천부적 재능은 가장 까다롭고 복잡한 요인이다.

롤스는 이러한 천재들에 대해 그들은 그러한 운을 타고난 것일 뿐 공정한 방식으로 쟁취한 것이 아니므로 선천적인 '복권 당첨'에 해당한다고 표현한다. 그러니 천부적 재능도 과도한 빈부 격차를 합리화하는 이유는 될 수 없다는 것이다. 그러나 노직은 롤스의 원칙이 선천적 자질과 후천적 노력을 구분해서는 안 된다고 말한다. 롤스가 사람들에게 천부적 재능과 각고의 노력을 모두 갖추어야 한다고 강요할 수는 없다는 뜻이다. 노직은 각 개인이 타고난 재능도 그 사람이 가진 고유한 '자산'으로 본다. 사람들은 누구나 자신의 영역에서 빛나는 역량을 발휘하는 천재를 부러워할 수 있다. 그러나 천재가 자신의 재능을 발휘해 얻은 합법적인 부를 함부로 강탈하려 들어서는 안 된다.

노직은 자신의 이러한 관점을 설명하기 위해 한 가지 예를 든다. 당신과 장삼張三이라는 남자가 동시에 한 여성에게 구애했다고 가정해보자. 그 여성은 당신이 출중하게 잘생겼다는 이유로 당신을 택하고 장삼을 거절했다. 이때 장삼은 그녀의 선택이 불공평하다며 원망해도 되는가? 만약 장삼이 자신의 원망과 고통을 이유로 당신에게 정신적 손해배상을 요구한다면, 당신은 이런 황당한 요구에 어떻게 대응할 생각인가? 이렇듯 세상의 모든 불공정에 대해 시정을 요구할 수는 없다. 이 세상에는 단지 불행으로 인해 초래된 불공정도 있으며, 행불행과 도덕 사이에는 사실 아무 관련이 없기 때문이다.

국가는 왜 '야경꾼'이어야 하는가

❖❖❖

노직은 《아나키에서 유토피아로》에서 '최소 국가minimal state'라는 개념을 제시한다. 여기서 '최소'라는 말은 국가의 역량이 낮다는 의미가 아니라, 국가는 최소한의 책임만 감당해야 하며 정부의 역할은 최소화돼야 한다는 뜻이다.

노직은 국가가 해야 할 일은 국민의 안전을 지키고, 사유재산이 폭력·절도·사기 등에 의해 침해당하지 않도록 보호하고, 당사자 간에 체결한 계약을 이행하도록 하는 데 그쳐야 한다고 말한다. 이러한 역할만 하는 국가를 '야경 국가'라고도 한다. 국가는 도시의 야경꾼처럼 도시 곳곳을 순시하며 주민들의 안전을 지키는 것 외에 다른 어떤 일도 하려 들어서는 안 된다는 뜻이다. 노직은 국가가 자신의 권력 범위를 벗어난 영역에까지 영향을 미치려 하는, 최소한의 역할을 넘어선 모든 행위는 정당하지 않다고 말한다. 국가는 롤스가 말한 것과 같은 재분배나 균등한 기회 제공 등의 역할까지 떠맡으려 해서는 안 된다. 국가의 기본 직무는 어디까지나 개인의 권리가 침해되지 않도록 보장하는 것뿐이다. 그러므로 국가에는 반드시 군대와 경찰이 있어야 하며, 필요하다면 일부 경찰들의 직무는 민영화될 수도 있어야 한다. 노직은 복지국가라는 구상에 단호히 반대한다. 국가가 개인의 건강이나 노후생활에 대한 의사 결정에까지 개입해서는 안 된다는 것이다. 자신의 건강과 노후를 위해 건강보험이나 연금보험에 가입할지 말지를 결정할 당사자는 그 사람 개인이며, 민간 기업들은 여러 사람들의 사정에 맞추어 다양한 상품을 개발해 내놓고 있다. 국가가 해야 할 일은 단지 계약의 이행을 감시하고, 모든 개인의 권리가 침해당하지 않도록 보호하는 것일 뿐이다.

따라서 노직은 '최소 국가'가 어째서 가장 정당하고 합리적인지 증명해야 했다. 그는 먼저 무정부 상태가 현실적으로 불가능함을 증명하고, 그다음으로 롤스가 제창하는 국가의 역할이 불가능함을 포함해, '최소 국가'의 가치를 증명하고자 했다. 노직은 롤스가 평등한 분배를 과도하게 강조한다고 말한다. 즉 일부 사람들에게서 한데 모은 자원을 또 다른 사람들에게 통일적으로 배분하는 것은 그 일부 사람들의 재산을 사실상 강탈하는 것과 같기에 정당하지 않다는 것이다. 게다가 롤스의 이론은 '필요'라는 가설 위에 세워져 있었다. 어떤 재화나 서비스가 그것을 가장 필요로 하는 사람에게 돌아가야 한다는 가설에 대해 노직은 반문한다. 이발사는 이발이 가장 필요한 사람에게 이발 서비스를 제공해야 하는가? 조경사는 정원의 풀을 가장 다듬고 싶어 하는 사람에게 조경 서비스를 제공해야 하는가? 이발사, 조경사, 의사 그리고 다른 어떤 직업인 모두 자신의 서비스를 그것을 가장 필요로 하는 사람에게 아무런 대가 없이 제공해야 할 의무가 없다. 만약 그렇게 해야 한다고 말한다면, 그것은 헌납을 강제하는 것이며 심지어 강탈하는 것이다.

보유의 정의 :
일론 머스크는 화성을 독점할 수 있을까?

❖❖❖

노직의 정치철학은 개인의 권리에서 출발한다. 노직에게 있어 개인의 권리는 다른 모든 권리의 근간이다. 그는 《아나키에서 유토피아로》에서 이렇게 말한다.

> 개인은 권리를 소유하고 있다. 그 어떤 타인이나 단체도 개인들에게 해서는 안 되는 일이 있다. 만약 한다면, 그 개인의 권리를 침해한 것이다. 이러한 권리는 유력하고 광범위한 것이어서 국가와 관료가 대체 무엇을 할 수 있는가라는 문제를 야기한다.

그렇다면 노직은 개인의 권리에 대해 어떻게 논증하고 있을까?
노직은 개인의 기본적 권리를 소유권이라고 본다. 그래서 그는 '보유의 정의'라는 개념을 제시한다. 무언가를 어떤 방식으로 얻으면 정당하다고 말할 수 있을까? 여기에는 두 가지 방법이 있다. 하나는 출처와 방법 등에 있어서 정당한 방법으로 얻는 것이고, 다른 하나는 타인에게서 합법적인 양도, 이전을 통해 얻는 것이다. 보유의 정의는 정당한 획득과 정당한 교환으로 구성된다는 것이 노직의 분배 정의의 핵심이다. 만약 분배 과정이 위의 두 가지 원칙에 부합하지 않았다면, 교정돼야 한다. 그런 의미에서 상속세는 불필요한 것이다. 국가는 이미 죽은 사람의 후손에게서 상속세를 거둘 권리가 없다. 심지어 노직은 '분배'라는 개념을 '보유'로 대체해야 한다고 말한다. 국가는 개인에게 그 자신의 합법적인 소득을 빈자에게 나누어주어야 한다고 강제해서는 안 된다는 것이다. 모든 자원을 하나로 집중해 통일적으로 분배하는 국가에 대해 노직은 강한 반감을 보인다. 모든 사람은 법률에 따라 경제활동을 하고, 노동을 통해 수입을 얻으며, 계약에 따라 혹은 직접 교환을 통해 재산을 증여하거나 양도하는 등의 수단으로 충분히 분배 정의를 실현할 수 있다.

그런데 노직은 이 개념에 대해 약간의 빈틈을 남기고 있다. 소유 과정의 정당성에 대해 전면적으로 명확하게 규정하고 있지는 않기 때문이다. 그래서 혹자는 '부당하지 않기만 하면' 모든 소유, 획득 과정이 다 정당한 것이냐고 물을 수도 있다. 만약 테슬라의 CEO 일론 머스크가 우주비행사 한 명을 화성으로 보내는 데 성공한 미래의 어느 날, 화성에 도착한 우주비행사가 "이제 화성은 일론 머스크의 소유"라고 선언한다면, 그때부터 화성은 일론 머스크가 정당하게 획득한 '재산'이 되는가? 인간의 생산물에 대해서는 소유권을 비교적 쉽게 구분할 수 있다. 그러나 처음부터 누구도 주인이 아니었던 자연물—공기,

토지, 수자원 등—에 대해 단지 최초로 획득했다는 이유만으로 보유의 정당성을 주장하기는 어렵다. 사회의 형성 초기에는 대부분의 토지를 '말을 타고 달린 만큼'을 경계로 하는 식으로도 획득할 수 있었다. 농민이 직접 울타리를 치고 울타리 안을 경작하면 울타리 안의 토지는 곧 그 농민의 소유였다. 만약 이렇게 하는 것이 정당하다면, 일론 머스크가 화성에 가서 화성은 자신의 소유라고 선언하는 것도 정당하지 않은가?

이런 문제에 대해 로직은 '로크적 단서'를 언급하며 개인의 권리에 대한 제한을 둔다. '로크적 단서'란 누구도 주인이 아닌 자연물의 합법적 점유에 대한 규정으로, 대상물에 적절한 노동을 부가하면 소유가 발생하나 "타인들도 소유할 수 있는 충분한 양을 남겨두어야 한다"는 내용이다. 바꾸어 말하면, 누구든지 최초의 주인이 없는 자연물을 점유할 수 있고 남들이 사용하도록 할 수도 있으나, 그 전제는 타인의 입장을 악화시키지 않아야 하며 타인의 이익을 침해하지 않아야 한다는 뜻이다. 즉 일론 머스크는 화성을 자신의 소유물로 선언할 수 없다. 화성은 유일무이하며, 다른 사람들이 사용할 수 있는 또 다른 화성이 없기 때문이다.

더 읽으면 좋은 책

1 《아나키에서 유토피아로》로버트 노직, 문학과지성사, 1997
2 《무엇이 가치 있는 삶인가 : 소크라테스의 마지막 질문》로버트 노직, 김영사, 2014

4장

모순을 직시하고
현 상태에 질문하기 :

현대의 삶에 관한 성찰

32

아르투어 쇼펜하우어
《의지와 표상으로서의 세계》

인생은 왜
시계추와 같은가?

‖ 대머리 지수 ‖

아르투어 쇼펜하우어

Arthur Schopenhauer, 1788~1860

사람들이 모든 고통을 지옥으로 묘사한 뒤에는 천국에 대해 단조로움과 권태 이외에 남아 있을 것이 없다.

— 쇼펜하우어, 《의지와 표상으로서의 세계》

들어가며

불교에서는 인생을 팔고八苦, 즉 여덟 가지 괴로움이라고 말한다. 태어남, 늙음, 병, 죽음, 원수와 만나게 되는 것, 사랑하는 이와 헤어지는 것, 구하나 얻지 못하는 것, 그리고 앞의 칠고七苦의 근원인 오온五蘊(인간의 의식을 구성하는 요소인 색色, 수受, 상想, 행行, 식識 -옮긴이)의 치성熾盛(불길처럼 일어남-옮긴이), 즉 쉼 없는 욕망이라고도 할 수 있다.

욕망은 영원히 사그라들지 않는다. 그래서 많은 사람들이 욕망이 충족되지 않아 괴로워한다. 어떤 이들은 천신만고 끝에 꿈꾸던 바를 이루기도 하지만, 만족의 순간은 눈 깜짝할 새 사라져버리고 만다. 인간은 욕망 앞에서 끊임없이 왔다 갔다 하는 시계추와 같다. 헛수고를 되풀이하게 될 줄 알면서도 다시 돌아오기를 반복한다. 정녕 이것이 인생의 필연이라면, 욕망에서 벗어날 방법은 전혀 없는 것일까? 19세기의 독일 철학자 쇼펜하우어는 바로 이런 문제를 치열하게 고민하면서 유럽 근대에 비합리주의(사물의 인식에서 이성이나 논리보다 직관, 의지, 본능을 중시하는 철학 사조로, 비이성주의, 반이성주의라고도 한다-옮긴이)의 문을 열었다.

세계는 나의 표상

✦✦✦

아르투어 쇼펜하우어는 1788년 2월 22일, 오늘날에는 폴란드 경내에 속하는 프로이센 단치히에서 태어났다. 그의 아버지는 성공한 상인이었으나 1805년에 자살로 생을 마감하면서, 젊은 나이의 쇼펜하우어에게 거액의 유산을 남겼다. 그러므로 쇼펜하우어는 한평생 별다른 걱정 없이 호의호식할 수 있었지만, 여성과의 관계를 혐오했고 재물도 추구하지 않으면서 철학에만 몰두했다. 1818년, 서른 살이 된 쇼펜하우어는《의지와 표상으로서의 세계》를 완성했다. 그는 자신의 책에 대해 확신에 차 있었으나, 출간 후의 반응은 싸늘하기 그지없었다. 이 책은 3판이 나온 뒤에야 세인의 주목을 받기 시작했고, 이때 비로소 쇼펜하우어도 명성을 얻으면서 점차 유럽의 명사가 되었다.

쇼펜하우어는 철학의 모든 진보는 아카데미의 바깥에서 이루어졌다고 말하면서 음으로 양으로 헤겔에 대한 불만을 표출했다. 당시에는 적지 않은 사람들이 헤겔식의 웅대한 서사와 진보 사관에 염증을 느끼고 있었다.

쇼펜하우어는 《의지와 표상으로서의 세계》에서 칸트의 방식으로 헤겔을 공격했다.

《의지와 표상으로서의 세계》의 첫 번째 핵심 명제는 이 책의 첫 문장이기도 한 "세계는 곧 나의 표상"이라는 것이다. 이게 무슨 뜻인지 이해하기 위해서는 칸트 철학부터 이야기해야 한다. 칸트 철학의 기본 특징은 이원론, 즉 표상된 세계와 물자체라는 구분이다. 쇼펜하우어는 이것이 칸트 사상의 가장 위대한 공적이라고 말한다. 《의지와 표상으로서의 세계》의 부록에서, 쇼펜하우어는 칸트가 이 세계를 표상하는 보편적 형식을 분리하면서 "인간은 객체로부터만이 아니라 주체로부터도 이러한 형식을 인식할 수 있으며, 이러한 형식은 전체의 규칙성에 따라야 한다"라고 말했다. 그러나 칸트는 의지를 통해 직접적으로 물자체를 인식하는 것—그것은 불가능하다—이 아니라, 인과관계를 통해 물자체의 존재를 추론할 수 있다고 했을 뿐이다. 인간의 감각기관은 결국 다른 무언가에 의해 촉발되기 때문이다. 쇼펜하우어는 인간이 영원히 사물의 바깥에 존재할 수밖에 없지만, 한 가지 예외가 있다는 것을 발견하게 되었다. 바로 인간이 자신의 의지 활동을 체험하고 인식할 수 있다는 것이다. 소위 객관세계란 우리의 의식이나 지성 앞에 드러난 무언가를 가리킨다. 그래서 이를 '표상(독일어 : Vorstellung, 영어 : representation)'이라 한다. "모든 대상 세계는 언제나 주체에 의해 완전하고 영원히 결정되는 표상이다." 즉 세계라는 표상은 근거 없는 추상이나 공상이 아니라, 인간의 지각 위에 세워진 것이라는 뜻이다. 쇼펜하우어는 '물자체'라는 개념도 포기하지 않았다. 그는 "우리는 인식의 주체일 뿐 아니라 인식돼야 할 내재적 본성에도 속한다"라고 말한다. 인간 자신도 물자체라는 것이다. 쇼펜하우어는 이렇게 칸트의 물자체라는 개념을 인간의 내면으로 끌어들여, 이것을 '의지(독일어 : Wille, 영어 : will)'라고 불렀다.

세계는 곧 의지다
❖❖❖

쇼펜하우어는 《의지와 표상으로서의 세계》 제2권에서 '세계는 표상 이외에 또 무엇인가?'라고 묻는다. 거의 모든 철학자들은 세계의 본질이 이성이라고 생각했다. 그러나 쇼펜하우어는 이런 생각이 아주 오래된 보편적 거짓말일 수 있다고 말한다. 그는 선대의 사상적 기초 위에서 대단히 중요한 한 걸음을 내디디며, 의식의 이성 아래에 존재하는 의지('의욕'이나 '욕망'으로 번역하기도 한다)에 불을 밝혔다. 《의지와 표상으로서의 세계》 제2권의 핵심 명제는 '세계는 곧 나의 의지'라는 것이다.

의지란 무엇인가? 쇼펜하우어는 의지를 '익시온의 수레바퀴'에 비유한다. 익시온은 고대 그리스 신화에 나오는 왕으로, 제우스를 배신하고 헤라를 범하려 한 죄로 지옥의 바닥에서 불에 타고 있는 수레바퀴에 몸이 묶인 채 쉼 없이 돌게 되었다. 쇼펜하우어는 인간도 이렇게 욕망(의지)이라는 수레에 묶여 있는 존재와 같다고 보았다. 욕망은 쉼 없이 생겨나고 영원히 채워지지 않기 때문이다. 쇼펜하우어는 이성과 의지의 관계를 '눈이 밝아서 방향을 지시해줄 수 있으나 몸은 불구인 사람을 어깨에 짊어지고 가는 용맹하고 건장한 맹인'으로 비유한다.

의지(욕망)야말로 생명의 근본적 추동력임에도 불구하고 이전까지의 철학자들이 사랑한 것은 이성이었다.

쇼펜하우어는 세계가 의지와 표상으로 이루어져 있다고 생각했다. 의지와 표상은 둘 중 하나가 원인이고 다른 하나는 결과인 것이 아니라, 하나의 동전을 이루고 있는 양면과 같다. 쇼펜하우어는 "신체 활동은 객관화된 의지의 활동"이라고 말한다. 의지와 행동은 일체라는 것. 어떤 사람이 두 손을 들었다는 것은 그 사람의 의지가 두 손을 들어올리게 한 결과다. 의지는 단순히 인간의 심리 활동에만 국한되는 것이 아니라 어디에나 존재한다. 인간만이 아니라 동식물에도 의지가 있다. 심지어 생명 없는 돌에도 의지가 있다. 자연계는 어디에나 힘과 에너지로 가득 차 있다.

이성과 육체는 피곤해질 수 있지만, 의지는 피로를 모르며 만족을 모른다. 쇼펜하우어는 유기체에 존재하는 의지를 '삶에의 의지will to live'라고 불렀다. 이러한 삶에의 의지가 사망을 이겨내는 기본 책략은 생식 혹은 생식의 희생이다. 이 지점에서 쇼펜하우어는 사랑에 대한 낭만적 환상을 철저히 깨부순다. 많은 문학작품에서 대단히 고귀하고 아름다운 것으로 예찬하는 사랑은 본질적으로 삶에의 의지에서 나오는 생식, 번성의 활동이라는 것이다. 그래서 쇼펜하우어는 "성교 후에는 등 뒤에서 악마의 웃음소리가 울려퍼진다"라고 말한다. 바로 그 순간 생식의 사명이 완수되었으므로 생명은 순간적인 만족에 빠져들고, 이내 다시 공허와 무료함이 시작된다.

쇼펜하우어는 "인간이 태어나면서부터 범하는 오류는 삶의 목적이 쾌락에 있다고 믿는 것"이라고 말한다. 그러나 세상은 결코 쾌락을 목적으로 돌아가지 않는다. 세계의 본질은 의지이고 인생은 투쟁이다. 이것은 비극의 고난사이다.

인생은 시계추

+++

쇼펜하우어는《의지와 표상으로서의 세계》에서 의지를 가장 궁극의 자리에 올려놓는다. 쇼펜하우어는 이성적 인식이나 순수한 직관 모두 의지를 따르는 것이라고 생각했다. "대자연의 거대한 포효 앞에서 인간의 사유 능력은 아무것도 아니다." 의지는 억제할 수 없는 맹목적 충동이기 때문이다. 쇼펜하우어는 인간을, 파도가 굽이치는 바다에서 홀로 배를 타고 나아가는 사공에 비유한다. 육지는 너무 멀어 보이지 않고, 망망한 바다에서는 파도가 미친 듯 솟구쳐 오른다. 미약한 사공 (인간)은 높고도 거센 파도에 집어삼켜질 것만 같다. 이렇듯 위험하고 도 거대한 바다가 바로 의지다. 의지는 자기 자신의 보존과 종족의 번성이라는 욕구만을 가지고 있다. 생로병사는 인간이 살아가는 동안 지속되는 공포와 고통을 의미한다.

인간의 의식이 의지로만 채워져 있으면, 인간이 욕망에만 빠져 있으면, 인간은 영원히 행복과 안녕을 누릴 수 없다. 매 순간의 만족은 또다시 새로운 불만, 새로운 욕구의 시작을 의미할 뿐이며, 이러한 순환은 멈추지 않고 반복된다. 쇼펜하우어는 이렇게 말한다.

모든 욕구는 필요에서 시작된다. 즉 고통에서 비롯되는 것이다. 어느 한 가지 욕망이 충족되었다는 것은 그 욕망이 끝이 났다는 것을 의미한다. 그러나 이미 충족된 그 욕망을 위해서는 아직 충족되지 않은 또 다른 욕망이 있어야 한다. 그러므로 우리의 의식이 자신의 의지로만 가득 차 있으면, 거대한 욕망에 빠져든 채 끝없는 희망과 공포 사이에 있으면, 우리가 이러한 의지 활동의 주체라면, 우리는 결코 지속적인 행복과 안정을 영원히 누릴 수 없다.

그러므로 "인생은 영원히 고통과 권태 사이를 오가는 시계추와 같다 … 사람들이 모든 고통을 지옥으로 묘사한 뒤에는 천국에 대해 단조로움과 권태 이외에 남아 있을 것이 없다". 이처럼 권태와 고통 사이를 배회하는 것은 인간의 숙명이다.

쇼펜하우어는 "모든 생명의 역사는 고난의 역사다" "삶은 욕망과 환상에 이끌려 굴러갈 뿐 다른 내재적 가치가 없다"라는 비관적 세계를 사람들에게 보여주었다. 이런 세상에서도 탈출구가 있을까? 쇼펜하우어는 두 가지 선택을 제안한다. 그러나 우리는 둘 중 어느 하나도 선택하기가 쉽지 않다.

첫 번째 길은 종교의 길이다. 쇼펜하우어는 고대 종교의 신자들과 금욕주의자들에게서 실낱같은 희망을 보았다. 종교적 성인들은 자기 안의 이기심과 허영, 끝없는 욕망을 인식하고 그것을 극복한다. 그들은 결혼을 하지 않고 자녀도 낳지 않으면서, 세속의 무리를 떠나 홀로 살아가기를 선택한다. 즉 '단념'한다. 자아를 미약한 불꽃으로 만들어, 의지의 노역에서 벗어나는 것이다.

두 번째 길은 예술과 철학에서 위로를 구하는 것이다. 인간은 삶에의 의지를 완전히 억누를 수 없지만, 예술과 철학을 통해 어느 정도 벗어날 수는 있다. 쇼펜하우어는 드레스덴 정원에서 체험한 일을 기록한 적이 있다. 그는 정원의 온실 속을 걷다가 한 식물을 자세히 들여다보며 혼잣말로 중얼거렸다. '이 식물들의 모양과 색깔은 다 무엇을 위한 것일까?' 쇼펜하우어의 이런 기이한 행동은 정원 관리인들의 시선을 끌었고, 쇼펜하우어에게 누구냐고 묻는다. 쇼펜하우어는 도리어 그들에게 이렇게 말했다. "여러분이야말로 저에게 제가 누구인지 말해준다면, 저는 대단히 감사할 것입니다." 쇼펜하우어는 눈앞의 아름다운 식물을 감상하는 데 푹 빠져서 자아와 세계의 구분을 잊었다. 물아일체의 경지에 이른 것이다. 쇼펜하우어는 《의지와 표상으로서의 세계》에서 이러한 직관을 '순수한 인식주관'이라고 불렀다. 인간은 이로써 잠시나마 시공간의 감각을 잊고 심지어 자아마저 잊고 욕망을 초월하게 된다. 쇼펜하우어는 칸트 이래 예술에 대해서 확정한 핵심 범주인 '비공리적 절대 관조'를 언급하면서, 비공리적 심미 안에서 의지의 노역에서 벗어날 수 있는 가능성을 보았다.

《의지와 표상으로서의 세계》 서문에는 "진리는 나에게 길을 안내하는 유일한 별"이라는 문장이 있다. 이 세상은 비열함과 악독함이 지배적인 위치를 차지하고 있고, 어리석음으로 가득 찬 목소리는 그야말로 어디에나 있다. 대중의 판단은 그리 믿을 게 못 되므로 "진실로 우수한 작품을 창작하고 싶다면, 창작자는 대중과 그들을 대변하는 이들의 말을 결단코 무시해야 한다". 쇼펜하우어는 그렇게 한평생 자신의 삶에서 '고독하지 않으면 저속해진다'는 격언을 몸소 실천하면서 살았다.

더 읽으면 좋은 책

1 《의지와 표상으로서의 세계》아르투어 쇼펜하우어, 동서문화사, 2016
2 《쇼펜하우어 : 쇼펜하우어와 철학의 격동시대》뤼디거 자프란스키, 이화북스, 2020
3 《세상을 보는 지혜 1·2》아르투어 쇼펜하우어, 발타자르 그라시안, 아침나라, 2008
4 《도덕의 기초에 관하여》아르투어 쇼펜하우어, 책세상, 2019

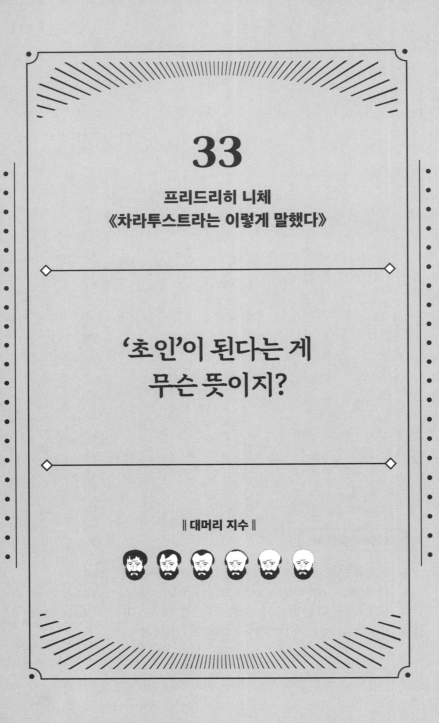

33

프리드리히 니체
《차라투스트라는 이렇게 말했다》

'초인'이 된다는 게
무슨 뜻이지?

‖ 대머리 지수 ‖

프리드리히 니체

Friedrich Nietzsche, 1844~1900

고귀한 자들이여, 군중을 설복시키려 애쓰지 마라. 나는 당신들에게 말한다. "시장을 멀리하라! 그곳에는 당신들의 말을 믿을 자가 없다. 당신들이 아무런 거리낌 없이, 아무리 완벽하게 이야기한다 해도 당신들이 말하는 이치의 일부라도 깨달을 자가 없다. 군중들은 서로를 깔보면서 이렇게 말한다. '우리는 모두 평등하지 않은가We are all equal? 세상 어디에 귀족이 있나, 우리는 모두 신 앞에 평등하다. 그러나 신은 죽었다. 평등? 우리는 너희 귀족들과 한데 섞이기 싫다. 그러니 어서 시장에서 떠나라, 너희 귀족들이여!"

— 니체,《차라투스트라는 이렇게 말했다》

들어가며

'초인Superman'은 할리우드 영화에 흔히 나오는 영웅 캐릭터다. 이들은 주로 외계에서 오며, 일반인의 수준을 크게 뛰어넘는 능력을 가지고 있다. 이들은 내복을 밖으로 꺼내 입기 좋아하고, 결정적인 순간에 나타나서 인류를 구해낸다. 이런 모든 초특급 비범함은 그가 외계에서 온 존재이기 때문이다. 당신도 이런 초인이 되고 싶은가? 당신이 초인이 된다면 가장 갖고 싶은 능력은 무엇인가? 19세기의 독일 철학자 프리드리히 니체는 자신의 저서 《차라투스트라는 이렇게 말했다》에서 미래의 신인류를 갈망하며, 그러한 신인류를 '초인overman'이라 명명했다. 그러나 니체의 초인은 할리우드 영화 속의 슈퍼맨과 달리, 초능력도 없고 인류를 구하지도 못한다. 니체의 초인은 현대 문명을 비판하기 위한 하나의 도구에 가깝다. 니체는 초인으로 하여금 지금까지의 모든 가치를 재평가하게 한다. 한마디로, 니체의 초인은 남들이 다 그렇다고 하는 가치를 '아, 그렇구나' 하고 곧이곧대로 받아들이지 않고 모든 것을 '스스로 다시 정립'시킨다. 그런 니체의 눈에 할리우드 영화 속의 슈퍼맨은 땅바닥을 기어다니는 말종 인간에 지나지 않았을 것이다.

니체는 병자이자 미치광이인 동시에, 그 자신의 말에 의하면 초인이었다. 그는 스물네 살에 스위스 바젤 대학의 고전문헌학 교수가 되었다. 그러나 1888년 10월, 그의 나이

45세에 정신적으로 완전히 붕괴되었다. 그는 이탈리아 토리노의 한 거리에서 마부가 채찍으로 말을 후려치는 모습을 보고, 말에게 달려가 말을 끌어안은 채 펑펑 울면서 "고난당하는 나의 형제여!"라고 말했다. 그 후로 니체는 정신적으로나 육체적으로 다시는 건강을 회복하지 못했다….

철학자들은 언제나 깊이 잠들어 있는 사람들을 흔들어 깨우고자 한다. 니체는 특히나 더욱더 격렬하게 그러했다. 그는 울부짖기라도 하듯 고함치며 거칠게 사람들을 흔들어댔다. 철학자들을 가수에 비유한다면 칸트는 속사포 래퍼, 니체는 헤비메탈 록커 같달까. 그런 그의 가장 유명한 하드록 작품이 바로 《차라투스트라는 이렇게 말했다》이다.

차라투스트라는 누구일까?

❖❖❖

오늘날 독일 대부분의 대학 철학과에는 니체 관련 강의가 개설돼 있지 않다. 그러나 독문학과에서는 니체가 필독 작가 명단에 들어 있다. 체계를 확립하고 진리를 논증했던 다른 철학자들과 달리, 니체는 철학 시인에 가깝다고 평가받고 있는 것이다. 이런 특성은 《차라투스트라는 이렇게 말했다》에서 가장 두드러진다. 비유, 상징, 반어, 풍자로 가득한 서술 때문에 이 책의 문체는 무어라 정의하기가 쉽지 않다. 책에는 군중, 줄 타는 사람, 난쟁이, 무사 등 다양한 인물 유형이 등장한다. 그러나 모두가 느닷없이 등장했다가 총총히 사라질 뿐이다. 자세한 이력도 없고, 이렇다 할 일화도 없는 그들은 수수께끼 같은 상징 부호에 더 가깝다. 이 책의 유일한 주인공인 차라투스트라도 형상이 모호하기는 마찬가지여서 독자들은 그가 시인인지, 종교적 선지자인지, 고행하는 사람인지, 방랑자인지 분간하기 어렵다. 차라투스트라의 말은 니체 자신을 대변하는 걸까, 아니면 다른 어떤 의미가 있는 걸까? 책에 나오는 모든 것들은 모순과 모호함이라는 실로 직조돼 있는 베일을 쓰고 있는 것만 같다. 어쨌거나 니체의 《차라투스트라는 이렇게 말했다》는 제1차 세계대전 기간 중 괴테의 《파우스트》《성경》의 신약과 함께 독일 사병들의 최고 애독서로, 군대 내에 배포된 수량만 15만 부에 달했다고 한다.

차라투스트라는 누구일까? 기원전 7세기에서 기원전 6세기 사이에 살았던 페르시아의 선지자이자 조로아스터교의 창시자이다. 조로아스터교는 빛과 어둠의 투쟁이 우주의 발전을 추동한다고 믿는 이원론 종교다. 니체는 이것을 기독교 교리에서의 사심 없는 자애와 이기심 사이의 대항과 비슷하다고 해석했다. 니체 본인은 헤겔을 그다지 좋아하지 않았지만, 차라투스트라의 형상에는 변증법의 그림자가 아른거리는 것도 볼 수 있다. 니체는 선악이원론을 극복하고자 했지만, 도덕적 혼란에 빠지는 것 또한 경계했다. 그래서 차라투스트라를 통해 구현하고자 한 것이 '초인'이라는 종합명제다.

차라투스트라는 산에서 내려와 도시와 광장으로 가서 군중들에게 말한다. "나는 그대들에게 초인에 대해 가르치고자 한다. 인간은 극복돼야 할 그 무엇이다." 여기서 '초인'은 독일어로 위버멘쉬Übermensch, 영어로는 흔히 오버맨Overman으로 번역된다. 독일어의 위버Über는 '…의 위에 있다'는 뜻이다. 즉 글자 그대로의 뜻을 풀자면, 초인은 인간 위에 있는 존재, 인류를 뛰어넘은 존재다. 그러므로 초인이 되고자 한다면 반드시 자기를 극복(독일어 : Selbst-Überwindung, 영어 : self-overcoming)해야만 한다.

차라투스트라는 "인간은 짐승과 초인 사이를 잇는 밧줄"이라고 말한다. 인간은 "심연에 놓인 이 밧줄" 위에서 뒤돌아보지 말고 멈추지도 말고 한 걸음 한 걸음 앞으로 나아가야만 자기 자신을 극복하고 완성해 '초인'이 될 수 있다. "인간이 위대한 것은 그가 하나의 다리이지 목적이 아니라는 데 있다. 인간이 사랑스러운 것은 건너가고 몰락한다ein Übergang und ein Untergang는 데 있다." 즉 인간은 현상에 머무르지 않고, 자아를 뛰어넘으려는 용기와 결심을 가져야 한다는 뜻이다.

그러나 광장의 군중은 차라투스트라의 말을 듣고도 아무런 반응이 없었다. 그의 말에서 아무런 감동도 받지 못한 것이다. 그러자 차라투스트라는 그들을 경멸하며 '말종 인간(최후의 인간)'이라고 불렀다. 그러나 이 말종 인간들은 자신들의 교양에 스스로 자부심을 느꼈다. 그들은 세계는 엉망진창이었지만, 지금은 '모두가 평등하기를 원하며, 모두가 평등하고, 누군가가 이에 동의하지 않으면 그는 바로 정신병원으로 보내'진다는 데 동의했다. 따라서 인간이라면 누구나 '이웃을 사랑'해야 한다. 서로 돕고 도움받으며 살아가다 보면 행복을 발견할수도 있다. 군중은 차라투스트라가 '초인'을 설파하자, '우리를 말종 인간으로 만들려 하다니! 초인 따위 너나 가져가라!'며 냉소했다. 이에 차라투스트라는 자신이 '이따위 귀들을 위해 준비된 입이 아니'라고 생각한다. 이건 사실 니체 자신의 경험이 아니었을지!

니체는 왜 신은 죽었다고 선언했을까?

❖❖❖

"신은 죽었다"라는 선언은 니체라는 이름과 긴밀하게 엮여 있다 해도 과언이 아니다. 이 말은 사실 《즐거운 학문》(1882)에 처음 나온다. "어떤 사람이 등불을 들고 신이 어디 있는지 찾아 헤맸으나 끝내 찾지 못했다. 마을 사람들은 그가 미쳤다고 생각했다.” 지난 2천여 년 동안 기독교는 유럽 사람들을 교화하는 역할을 했다. 지금껏 유럽 사람들은 모든 선악 판단의 기준이 신에게서 오는 것이라 믿어 의심치 않았다. 그러나 계몽운동은 사람들의 이런 고정관념을 깨뜨렸다. 니체는 신이 죽었다고 선포했다. 그러나 이것은 무신론의 정확성을 증명하는 것이라기보다 그의 마음속에 꿈틀대고 있던 우려를 표현한 것이었다. 기독교에 기반한 전통 도덕은 이 종교의 몰락과 함께 흔들릴 것이며, 세계는 허무주의로 빠져들리라는 것.

　니체도 종교에는 사람의 마음을 교화시키고 도덕관념을 공고히 하는 순기능이 있다는 것을 부정하지 않았다. 그러나 기독교에 기반한 도덕 그 자체에는 불만이었다. 니체는 《도덕의 계보》에서 ‘좋고 나쁨’과 ‘선과 악’을 별개의 도덕 기준으로 구분한다. 고대 그리스 시대에 덕성의 좋고 나쁨을 판단하는 기준은 가장 부유하고 권세 있는 귀족에 의해 결정되었다. 즉 노예와는 거리가 멀었다. 노예와 약자들은 강자 앞에서 무능하고 무력했기에 강자를 악으로 여기고 이에 기반한 새로운 가치관을 창조했다. 사실 예수 그리스도를 가장 처음 따른 이들도 사회 최하층인 빈민, 약자들이 아니었던가. 그래서 니체는 이러한 약자의 가치관이 전형적인 기독교 도덕이라고 생각했다. 기독교는 ‘노예의 도덕관’을 퍼뜨렸다. 약자들은 복수할 능력이 없었기에 용서와 이해를 권장한다. 그들은 강자에게 맞설 수 없었기에 겸손과 순종을 미덕으로 여긴다. 이렇듯 기독교에서 제창한 도덕은 모두 약자에게 유익한 것들이었고, 강자가 지닌 힘에의 의지를 부정하는 것들이었다. 그리고 이것은 꽤나 실리적인 선택이기도 했다. 약자들에게는 자신의 무력함을 정당화하는 수단이 되었기 때문이다. 니체는 《안티 크리스트》(1888)에서, 《성경》 신약에서 유일하게 존경할 만한 인물은 다름 아닌 로마제국의 총독임을 분명히 밝힌다.

니체가 보기에 기독교와 술은 유럽 문화의 가장 지독한 두 마취제였다. 그래서 그는 깨어 있기 위해 술은 입에도 대지 않았다. 그리고 초인이라는 개념을 제시했다. 초인은 전통적인 도덕규범의 구속을 받지 않고, 자신의 본성에 속한 욕망과 충동, 격정을 긍정하면서 자신의 생명력을 마음껏 분출하는 사람이다. 새로운 도덕은 인간의 진실한 본성 위에 세워져야 하며, 다른 무엇도 그것을 억누르거나 덮어버려서는 안 된다. 니체는 이 책에서 정신의 변화를 세 단계로 기술한다. 정신은 낙타가 되었다가, 낙타가 사자가 되고, 사자는 다시 어린아이가 된다. 낙타는 무거운 짐을 지고 끝없이 인내하는 정신을 상징하고, 사자는 자유롭고 진취적이며 자신만의 사막에서 왕이 되는 존재다. 그는 거대한 용과도 싸워서 이긴다. 거대한 용의 이름이 '해야 한다'라는 당위라면, 사자의 정신은 '해야겠다'라는 의지다. 마지막에 이 정신은 어린아이가 된다. 이것은 새로운 시작, '성스러운 긍정'이다. 인간 본성에 대한 확신, 생명력에 대한 긍정이야말로 니체 철학의 핵심이다.

왜 모든 가치관을 재평가하는가?

❖❖❖

니체는 마취 상태의 유럽 문화에 대해 비관적이었다. 이에 대해 이야기하자면, 니체의 또 다른 저서인 《비극의 탄생》에서부터 시작해야 한다. 고대 그리스의 비극은 아폴로 정신과 디오니소스 정신의 충돌과 융합으로 이루어져 있다. 태양신 아폴로는 질서, 형식, 절제의 상징이다. 그가 냉정한 이성으로 세계를 보는 방식은 아폴로 조각상에도 잘 드러나 있다. 반면 주신酒神인 디오니소스는 방종에 가까운 생명의 활력, 미친 듯이 열정적인 원시적 힘을 상징한다. 사람들은 보통 음악을 통해 이 같은 구속받지 않는 생명의 흐름을 느낄 수 있다. 이러한 생명의 추동력에 대한 긍정은 예술이 탄생하는 계기가 된다. 그러나 인간이 디오니소스적 광기에만 빠져들면, 원초적인 어둠의 힘에 사로잡힌다. 반면 아폴로는 마구잡이로 분출하는 생명력을 창조력으로 전환시킨다. 그러므로 태양신의 정신과 주신의 정신은 상호 보완적으로 결합돼야 한다. 그러나 서양철학은 아폴로로 대변되는 이성과 절제에만 과도하게 치우친 나머지, 디오니소스적 정신을 철저히 부정해버렸다는 것이 니체의 진단이다. 이에 대해 니체는 소크라테스에게 큰 책임이 있다고 말한다. 소크라테스가 이성만을 최고의 목표로 삼았기 때문이다.

니체는 마치 선지자처럼 선포한다. "내가 기술하는 것은 지금부터 다가올 앞으로의 두 세기의 역사다. 내가 묘사하는 것은 도래하려는 것, 반드시 도래할 것이다. 그것은 허무주의다." 니체는 바로 이 허무주의를 극복하기 위해 모든 가치를 재평가하고자 한 것이었다. 그는 스스로 이 방대하고도 막중한 임무를 짊어지기로 했다. 어쩌면 이 때문에 미쳐버렸는지도 모른다. 그는 모든 고통의 무게를 고집스럽게 대면했다. 인간은 고통 속에서 가장 또렷이 자기 자신을 느낄 수 있기 때문이다. 니체는 고난을 통해 위대해질 수 있음을 믿었다. "베수비오 화산의 비탈에 너의 도시를 세워라!"

확실히 니체의 언어 스타일은 그의 의도가 오해되고 남용될 만하게 돼 있긴 하다. 니체 자신도 이 점을 의식하고 있었다. 그래서일까. 니체는《이 사람을 보라》에서 "사람은 불멸하기 위해서는 비싼 대가를 치러야 한다. 사람은 불멸하기 위해서는 여러 번 죽어야 한다"라고 썼다. 혹자는 니체가 자신의 생명을 하나의 예술로, 생명 자체를 단 한 번뿐인 위대한 창작으로 삼은 것이라고 해석하기도 한다. 과연 니체는 니체였다. 그는 폭약이었고, 진정한 파괴자였고, 강력한 쇠망치로 철학을 한 사람이었다.

더 읽으면 좋은 책

1 《차라투스트라는 이렇게 말했다》프리드리히 니체, 사색의숲, 2022
2 《도덕의 계보》프리드리히 니체, 아카넷, 2021
3 《비극의 탄생》프리드리히 니체, ITTA, 2023
4 《이 사람을 보라》프리드리히 니체, 아카넷, 2022
5 〈현대 세계의 천재Genius Of The Modern World〉베타니 휴즈Bettany Hughes, 2화, BBC 다큐멘터리, 2016
6 〈차라투스트라는 이렇게 말했다〉리하르트 슈트라우스Richard Strauss, 베를린 필하모닉 오케스트라, 교향시, 2007

34

막스 베버
《프로테스탄트 윤리와 자본주의 정신》

당신은 왜 '일하는 사람'이
되고자 하는가?

‖ 대머리 지수 ‖

막스 베버

Max Weber, 1864~1920

열정을 가지고 종사할 수 없는 일은 인간 자신에게는 실상 무가치한 일이다.

— 막스 베버, 《직업으로서의 학문·정치》

들어가며

당신은 이미 일을 하고 있는가? 그 일은 무엇을 위한 것인가? 어떤 이들은 자신이 하는 일이 너무너무 싫어 생계를 위한 수단으로만 여기고, 어떤 이들은 자신이 하고 있는 일을 열정적으로 사랑한다. 그 일을 통해 돈을 벌기도 하지만 그 이상의 다른 것들, 즉 명예라든가 사람들에게서 받는 존중, 개인적 성취감을 얻을 수 있고, 심지어 자아를 실현할 수도 있기 때문이다. 그러나 대다수 사람들에게 직업이란 일차적으로 수입을 의미한다. 일은 부를 쌓기 위한 수단이며, 부를 얻는 것이 직업의 가장 중요한 목적이다. 다양한 방법으로 당신이 그토록 부를 쌓으려는 것은 무엇을 위해서인가?

이것은 개인의 행복이나 괴로움과도 관련이 있지만, 학술의 역사에서도 중요하게 다루어온 문제다. 독일의 사상가 막스 베버는 직업과 부의 문제를 핵심적으로 연구하다 이를 다시 세계사와 연결해, 근대 서양에서 자본주의가 발달한 원인을 분석했다. 이 연구의 결과물이 바로 《프로테스탄트 윤리와 자본주의 정신》이다.

전통주의 : 돈이 많을수록 좋은 것만은 아니다

❖ ❖ ❖

막스 베버가《프로테스탄트 윤리와 자본주의 정신》에서 제기하는 핵심 질문—이 질문은 훗날 '베버의 가설'로 불리게 된다—은 '어째서 서양의 근대에는 합리적 자본주의가 발달하게 되었나?'였다. 이러한 자본주의는 사람들로 하여금 쉬지도 않고 근면성실하게 일하도록 하고, 새로운 지식을 흡수함으로써 끊임없이 생산의 효율을 높이도록 만들었다. 그들은 그렇게 해서 많은 돈을 벌고도 향락에 소비하지 않고 그대로 계속 축적하기만 했다.

'말을 쉬지 않고 달리게 하면서 풀도 제대로 먹이지 않는' 이런 식의 요구가 정말로 실현 가능하단 말인가? 막스 베버는 이런 의문을 안고 독일 서부에 있는 한 방직공장을 참관하게 되는데, 여기서 한 가지 의미 있는 현상을 발견한다. 당시 독일의 많은 방직공장에서는 작업량에 따라 임금을 지불하고 있었다. 즉 직공들은 생산량이 많을수록 더 높은 임금을 받을 수 있었다. 그날 생산량이 한 건일 때의 임금이 10달러라면, 그날 10건을 생산하면 하루에 100달러도 벌 수 있다는 뜻이었다. 만약 공장주가 건당 임금을 15달러로 올리면, 하루 10건을 생산하는 직공은 150달러를 벌 수 있었다. 공장주는 직공에게 더 높은 임금을 지불하면 직공들의 생산 효율도 크게 높아질 거라고 생각했다. 그러나 결과는 전혀 그렇지 않았다. 직공들의 한 달 생산량은 이전에 비해 늘기는커녕 오히려 줄었다. 이런 결과가 베버의 호기심을 자극했다. 예전 같으면 10일을 일해야 100달러를 벌 수 있었는데 이제는 7일만 일해도 105달러를 벌 수 있게 되었으니, 대다수의 직공들은 이제 7일만 일을 하는 식이었던 것이다. 수입은 거의 비슷한데 작업 일수는 크게 줄었으니, 이 얼마나 이득인가? 이것이 직공들의 마인드였다.

세상 모든 사람들이 많이 벌 수만 있다면 무조건 많이 벌고 싶어 하는 것이 아니었다. 일이란 결국 힘들고 피곤한 것이므로 돈은 생활을 유지할 정도만 벌면 그만이었다. 이렇듯 현상에 만족하고 여유를 누리고 싶어 하는 태도를 베버는 '전통주의'라고 불렀다. 지금의 서양 자본주의 정신이 생겨나기 위해서는 바로 이런 전통주의를 극복해야만 했는데, 베버는 이러한 전통주의를 이겨낼 수 있었던 정신의 기원이 기독교 신교에 있다고 생각했다.

'천직'에서 '현세적 금욕주의'로

✦✦✦

베버가 신교에 주목하게 된 계기는 신학적 관심 때문이 아니라 인구학적 발견 때문이었다. 베버의 제자였던 마르틴 오펜바흐라는 학생이

1901년에 제출한 논문에 따르면, 독일 서남부의 바덴 지구에서는 신교도들이 내는 세금 총액이 구교도들이 내는 세금 총액의 2배에 가까웠다. 바덴 지구에서는 구교도 인구가 바덴 전체 인구의 3분의 2를 차지하고 있었음에도 불구하고 각급 직업학교에서는 신교도 학생 비율이 구교도 학생 비율을 크게 앞지르고 있었다. 이러한 현상은, 외부 환경이 크게 다르지만 않다면 신교도들의 경제적 성취가 구교도보다 훨씬 뛰어나다는 의미였다. 더욱이 신교도들의 가정은 교육을 중시했다. 베버는 이를 바탕으로, 이런 차이를 만들어내는 요소가 외부의 어떤 환경이 아닌, 종교에 내재된 특성일 수 있겠다고 판단했다.

베버는 한 걸음 더 나아가 물었다. 이런 자본주의 정신은 대체 어디서 온 것일까? 다른 말로 하면, 직업적 태도의 차이는 어떻게 해서 생겨난 것일까? 베버는 독일어에서 '직업'을 뜻하는 단어인 '베루프Beruf'의 기원을 찾아보았다. 독일어에서 '직업'은 단순히 먹고살기 위한 일거리만을 의미하는 것이 아니라 '천직' 혹은 '소명'으로도 이해되었다. '소명'은 영어로 calling, 종교적으로는 '신의 부르심'을 의미하는 말이었다. 우리가 흔히 말하는 '천직'이란 단어는 사실 종교개혁의 산물이다. 좀 더 정확하게는, 마르틴 루터가 독일어로 번역한 성경에 나오는 말이다. 그러나 루터 자신의 직업관은 전통주의에서 크게 벗어나 있지 않았다. 그는 누구나 자신의 생계를 돌볼 뿐 그 이상의 이윤을 추구해서는 안 된다고 생각했다. 그러나 또 다른 종교개혁가 칼뱅은 좀 더 세속적인 태도를 보였다. 그는 누구나 이 세상에서 제각기 맡은 역할이 있으며, 각자의 역할에는 중요한 의미가 있다고 말했다. 이런 차이를 발견한 베버는 종교 신앙과 직업윤리 사이에 모종의 친연성이 있을지도 모르겠다고 생각했다.

베버는《프로테스탄트 윤리와 자본주의 정신》2장에서 신교도들의 금욕주의와 자본주의의 관계를 논증한다. 사실 금욕주의는 세계의 거의 모든 종교에 존재한다. 불교에도 9년간 면벽 수행한 달마대사가 있고, 중세의 가톨릭 수도원에도 고행을 통해 세속에서 벗어나고자 한 이들이 있었다. 그러나 베버는 종교개혁 이후 일어난 신교도들의 입장 변화에 주목한다. 특히 칼뱅파를 예로 들면서 상세한 분석을 이어간다.

16세기 유럽의 종교개혁은 통일성 있는, 일치된 운동이 아니라 유럽 각지에서 독립적으로 일어난 것이었다. 그중 칼뱅은 스위스 제네바에서 일어난 종교개혁 운동의 지도자였다. 칼뱅은 구원받기로 '선택'된 사람은 구원이 '예정'돼 있다는 특색 있는 교리를 주장했다. 구원받을 사람이 '선택'되었다는 것은, 구원이 그 자신의 행위나 능력 때문이 아닌 신의 의지에 따른 선택이라는 뜻이다. 사람이 한평생 선을 행하고 덕을 쌓든 악을 저지르든, 그런 행위나 능력으로는 '구원' 받을 사람에 대한 신의 결정을 바꿀 수 없다. 한편, 구원이 '예정'돼 있다는 것은 그 사람의 구원 여부가 신에 의해 창세 이전에 결정돼 있다는 뜻이다. 즉 신의 의지는 바꿀 수 없고, 구원 은총은 받게 돼 있다. 그야말로 막강하고 절대적인 신의 권위를 드러내는 교리였다. 그러자 칼뱅파 신자들은 무어라 말할 수 없는 내적 고독감에 휩싸였다. 마치 수능이 다 끝난 뒤 이제부터는 어떻게 해도 성적을 바꿀 도리가 없다는 걸 아는 수험생의 기분이랄까. 수험생에게는 그저 성적이지만, 신자들에게는 자신의 구원 여부가 달린 일이었다. 그렇다면, 앞으로 이들은 어떻게 살아가야 할까? 칼뱅파 신자들이 찾은 길은 신의 영광을 세상에 드러내는 것을 삶의 목적으로 삼는 것이었다. 그들은 자신의 직업 생활에서 그러한 노력을 이어가면서, 직업적 성공을 구원의 징표로 여겼다. 그래서 이들은 매분 매초 체계적으로 자기 자신을 돌아보았다. 머릿속에서 악마가 게으름 좀 피워도 된다고 꼬드겨도, 반대편에 있는 천사가 악마를 제지했다. '게으름을 피우다니! 신이 주신 능력을 그런 식으로 낭비하면 안 되지! 신이 내린 은총에 먹칠을 할 순 없어!' 이렇게 해서 칼뱅파 신자들은 오랜 기간 금욕적인 생활을 이어나갔다. 그렇게 해서 이룬 성취조차 자신의 공으로 여기지 않고 신의 영광으로 돌렸다. 칼뱅파 신자들은 이렇게 질서와 규율이 인격에 내면화된 '현세적 금욕주의' 윤리를 갖추게 된 것이다.

프랭클린과 자본주의 정신

❖❖❖

베버는 근대 서양의 자본주의가 단순히 인간의 욕망이나 탐욕에 의해서만 추동된 것이라 보지 않았다. 근대 서양의 자본주의에는 좀 더 깊은 차원의 문화적 동인이 있다고 생각했다. 이토록 오로지 돈을 벌기 위해 돈을 버는 생활 방식은 인류 역사에 흔치 않다. 무언가 독특한 정신이 떠받치고 있지 않다면 이런 생활은 단 하루도 지속하기 어려운 법이다.

《프로테스탄트 윤리와 자본주의 정신》은 시작부터 광의의 자본주의와 협의의 자본주의를 구분한다. 광의의 자본주의는 인류의 여러 역사 시기와 여러 문명에도 나타난 바 있다. 바빌론이나 인도, 중국에도 자본주의는 출현했다. 반면 협의의 자본주의는 서양의 근대에만 존재하는, 독특한 정신에 기반한 자본주의를 가리킨다. 돈을 많이 벌어서 집이나 차를 사겠다는 것도 아니고, 조상의 이름을 빛내야겠다거나 가문을 일으키기 위해서도 아니고, 단지 돈을 벌기 위해 돈을 버는 식의, 돈을 버는 것만이 일을 하는 유일한 목적인 자본주의 말이다. 베버는 이러한 자본주의를 대표하는 인물로 벤저민 프랭클린 Benjamin Franklin을 꼽았다.

벤저민 프랭클린은 전형적인 자수성가형 인물이다. 그의 조상은 조금도 부유하지 않았다. 그는 오로지 자신의 노력만으로 인쇄업을 통해 큰돈을 벌었다. 그럼에도 여기에 만족하지 않고 더욱더 정진해 다양한 물건들을 발명했다. 한번은 천둥과 번개를 연구하던 중, 천둥 번개를 동반한 소나기가 내릴 때 연을 날려서 번개의 전기를 끌어당기려다 낙뢰에 맞아 죽을 뻔하기도 했다. 그는 구두쇠에 가까울 정도로 근검절약하면서 생활했다. "시간은 금이다"라는 말은 프랭클린이 남긴 유명한 격언이다. 그는 이렇게 말한다.

> 돈이 돈을 낳는다. 돈이 낳은 자식들은 그보다 더 많은 돈의 손자들을 낳는다. 5실링(1실링은 1파운드의 1/20-옮긴이)을 잘 굴리면 6실링이 되고, 이 돈을 다시 잘 굴리면 7실링 3펜스(1펜스는 1실링의 1/12-옮긴이)가 된다. 이렇게 계속 굴리면 100파운드도 될 수 있다. 당신 수중의 돈이 많으면 많을수록 거래와 투자를 통해 만들어낼 수 있는 돈도 더욱더 많아진다. 수익은 갈수록 빠르게 증가한다. 그러므로 암퇘지 한 마리를 죽이는 것은 그 암

돼지가 낳아 또다시 번식하게 될 수천 마리의 돼지를 죽이는 것과 같다. 5실링을 낭비한다는 것은 그 돈이 만들어낼 수 있는 어마어마한 수익을 단숨에 없애버리는 것과 같다.

어찌 보면 프랭클린은 돈밖에 모르는 수전노 같다. 베버는 바로 이런 프랭클린이야말로 자본주의 정신을 대표하는 인물이라고 생각했다. 자본주의는 결코 사치와 낭비를 의미하는 말이 아니다. 자본주의 정신은 근검절약과 근면성실을 훨씬 더 강조한다. 이러한 자본주의 정신을 갖추기 위해서는 단순히 먹고살기 위한 일거리 정도가 아니라 천직이라는 사명감이 드는, 소명의 직업을 찾아야 한다.

그러나 베버는 이러한 자본주의 정신에 잠재된 위험성도 보았다. 부가 증가할수록 종교의 정신은 시들어가고, 모든 가치가 실용주의에 잠식돼버리는 삭막한 현실, 경건한 신자는 사라져가고 경제인만 넘쳐나게 될 위험성 말이다. 현대의 자본주의는 자신의 종교적 뿌리와 단절된 채 거대한 '쇠창살 우리iron cage'가 돼버렸다. 우리는 이토록 강고한 경제 질서에서 벗어나기가 어렵기 때문에 부득이하게 '일하는 사람'이 돼야만 하는 것이다. 기존의 자본주의 질서에서 벗어나려고 하는 사람은 실업자가 된다. 실업자가 된다는 것은 생활을 유지할 기반을 잃어버린다는 것을 의미한다. 실업자는 자신의 가족에게도 영향을 미친다. 아마도 이것은 현대인이라면 누구나 안고 있는 직업적 불안일 것이다.

더 읽으면 좋은 책

1 《프로테스탄트 윤리와 자본주의 정신》막스 베버, 현대지성, 2018
2 《막스 베버 : 세기의 전환기를 이끈 위대한 사상가》마리안네 베버, 소이연, 2010
3 《직업으로서의 학문》막스 베버, 문예출판사, 2017
4 《직업으로서의 정치》막스 베버, 나남, 2019

35

에드문트 후설
《유럽학문의 위기와 선험적 현상학》

과학이 모든 난제를
해결할 수 있을까?

‖ 대머리 지수 ‖

에드문트 후설

Edmund Husserl, 1859~1938

19세기 후반의 현대인들은 자신들의 모든 세계관이 실증과학의 지배를 받고 있었고, 실증과학이 만들어낸 '번영'에 미혹돼 있었다. 이러한 독특한 현상은 현대인들이 실제 인간에게 의미 있는 중요한 문제들을 무심히 삭제해버렸음을 의미한다. 사실만을 보는 과학은 사실만 보는 인간을 만들어냈다.

— 후설, 《유럽학문의 위기와 선험적 현상학》

들어가며

대다수 사람들에게 '과학'이라는 말은 대체로 긍정적인 의미를 갖는다. 반면 '비과학적'이라는 말은 주로 불합리한 일이나 현상을 지칭할 때 쓰인다. 현대인들은 세계에 대한 거의 모든 인식을 과학에 맡기는 데 익숙해져 있다. 과학이 많은 문제들을 해결할 것이며, 다양한 현상을 이해하는 데 도움을 줄 것이라고 믿고 있다. 철학에서 말하는 '과학주의scientism' 혹은 '과학만능주의'는 과학이 인간의 세계 인식을 도울 뿐 아니라 인간에게 가치, 의미, 목표까지도 부여할 수 있다고 여기는 사상이다. 그런데, 정말 과학이 세상의 모든 문제를 해결할 수 있을까? 과학이 우리에게 어떤 행위가 옳은지 혹은 그른지에 대해, 인간은 어떻게 살아가야 하는지에 대해서도 말해줄 수 있을까? 당신도 이런 과학만능주의를 지지하는가?

독일의 철학자 후설은 제1, 2차 세계대전 기간 중 과학만능주의의 위험을 보았다. 후설은 20세기 현상학Phenomenology을 대표하는 인물로, 그의 저서 《유럽학문의 위기와 선험적 현상학》은 과학만능주의야말로 유럽 문명에 위기를 가져온 근원이라고 말한다.

제1차 세계대전과 과학의 위기

✦ ✦ ✦

《유럽학문의 위기와 선험적 현상학》은 에드문트 후설의 마지막 저서이자 미완성작이다. 1935~1936년에 사이에 쓰인 이 책은 유럽인을 위기에서 구하려는 후설의 시도였다. 후설이 보기에 유럽 과학의 위기는 과학만의 위기가 아니라 전체 서구 사회, 나아가 인류 문명의 미래와도 관련된 것이었다. 후설은 왜 이런 판단을 했을까? 이는 제1차 세계대전과 관련이 있다.

유럽인에게 제1차 세계대전이 남긴 정신적, 심리적 상처는 제2차 세계대전의 충격보다 더 컸다. 제1차 세계대전은 인류 역사상 최초의 현대화된 전쟁이었고, 탱크부터 잠수함, 항공기, 독가스에 이르기까지 다양한 신무기가 사용된 전쟁이었기 때문이다. 이때 비로소 사람들은 기계문명이 놀라운 생산력뿐만 아니라 전대미문의 파괴력도 의미할 수 있음을 깨닫게 되었다. 후설의 아들도 제1차 세계대전의 전쟁터에서 죽었다. 전후의 독일에서는 위기가 더욱 심화돼갔다. 악성 인플레이션에 이어 심각한 정치적 위기마저 촉발되었다. 바로 이 시기에 나치당이 사람들의 마음을 사로잡으며 역사의 무대에 전면 등장했다. 후설은 1935년 5월에 오스트리아의 수도 빈에서 강연을 해 달라는 요청을 받게 된다. 강연의 주제는 '유럽인의 위기 속에서의 철학'. 후설이 이날의 강연 원고를 바탕으로 쓴 논문이《유럽학문의 위기와 선험적 현상학》이다.

후설은《유럽학문의 위기와 선험적 현상학》의 서문에서 다음과 같이 썼다.

> 나는 가르친다기보다 인도하고자 한다. 내가 본 것을 가리키며 묘사하고자 할 뿐이다. 철학적 생존의 운명을 겪은 다른 모든 사람들처럼 우선 나 자신에게 그리고 다른 사람들에게도 진실하게 이야기하고 싶다.

후설은 철학자들은 인류를 위한 공무원이라고 생각했다. 그러므로 철학자는 인간의 영혼 속에 있는 야만적 증오를 대면하고, 이성적 영웅주의로 철학을 부흥시켜야 할 책임이 있다고 생각했다. 그러나 그 자신이 처한 시대에, 유럽인들은 나태해져서 이성으로 야만에 대응하기를 거부했다. 그래서 후설 자신이 분연히 일어나 "철학의 생명력은 철학 자신의 진실한 의미를 위해, 인성의 진정한 의의를 위해 분투하는 데 있다"라고 외치기로 한 것이다.

《유럽학문의 위기와 선험적 현상학》에서 제기하는 핵심 문제는 유럽인들 스스로 계몽운동 이래 확고한 승리를 거두었다고 여겨온 이성이 왜 지금은 엄중한 위기에 처했는가, 이러한 위기의 근원은 무엇인가, 하는 것이었다. 제1차 세계대전 이후 유럽에서는 독일의 오스

발트 슈펭글러Oswald Spengler의《서구의 몰락》에 열광과 찬사가 쏟아질 만큼 위기 담론이 하나의 유행이 돼 있었다. 그러나 후설은 어느 한 시대나 한 지역의 위기가 아닌, 모든 위기의 근원을 파헤치고자 했다. 그가 주목한 것은 유럽인들 스스로 자랑스러운 성취로 여기고 있던 자연과학이다. 근대 이후 유럽에서 이룬 과학의 성취는 단연 눈부신 것이었다. 그런데 왜 후설은 과학에 문제가 있다고 생각했을까?

그는《유럽학문의 위기와 선험적 현상학》서두에서 이 질문에 대해 명확하게 답한다. 그는 과학과 대립되는 회의론이나 비합리주의 혹은 신비주의를 주장하려는 것이 아니다. 다만 그는 실증과학이 과학을 순수한 사실의 학문으로 환원시키는 것을 보았을 뿐이다. 이 과정에서 과학은 인간의 삶에 대한 의의를 잃어버렸다. 바로 이것이 후설이 말하는 과학의 위기다. 19세기 후반의 현대인들은 자신의 모든 세계관이 실증과학의 지배를 받고 있었고, 실증과학이 만들어낸 '번영'에도 미혹돼 있었다. 실증과 과학은 이제 모든 사람들이 끼고 있는 '색안경'이 돼, 세계에 대한 인간의 이해를 독점하기에 이르렀다. 사람들은 세계 자체에 점점 더 냉담해져 갔고, 인성에 대한 중요한 문제들을 회피하기 시작했다. 그러다 사람들의 생존이 위기에 처하게 되었을 때 정작 과학은 아무것도 말해주지 못한다는 것을 발견하게 되었다. 과학은 어디까지나 객관적인 사물이나 사실만을 추구하기 때문이었다. 후설은 이러한 자연주의적 객관주의에 공포를 느꼈다.

영원성 추구 : 자연의 수학화

❖❖❖

후설은 유럽의 자연과학이 이성적이며 무한한 존재의 대전大소을 세우려 했다고 말한다. 그 기원은 르네상스 시기로 거슬러 올라간다. 르네상스 시기의 사람들은 이성이야말로 절대적이며 영원불변하고 초시간적이며 무조건적이라고 생각했다. 그래서 '영원의 철학'을 추구하기 시작했다.

후설이《유럽학문의 위기와 선험적 현상학》에서 가장 중점적으로 고찰하는 대상은 르네상스 시기의 과학자 갈릴레오 갈릴레이다. 갈릴레이는 수많은 위대한 실험을 했다. 그는 '무게가 서로 다른 두 개의 공이 동시에 착지'하는 실험을 통해 중력가속도의 존재를 증명하기도 했다. 관찰에도 능했던 그는 자신이 직접 제작한 망원경으로 천체를 관측하던 중 달의 표면이 울퉁불퉁한 것을 발견하고는 직접 달 표면 그림을 그리기도 했다. 그밖에도 그는 목성의 4개 위성과 토성의 고리, 태양의 흑점, 태양의 자전, 금성과 수성의 차고 기움 등의 현상도 발견했다. 그러나 후설이 보기에, 갈릴레이의 가장 큰 공헌은 관찰이나 실험이 아니라 자연을 수학화한 것이었다.

갈릴레이는 숫자로 세계를 측량할 뿐 아니라 세계에서 일어나는 모든 일을 수학으로 표현했다. 기하학의 방식으로 객관세계를 구조화했다. 이러한 객관세계는 길이, 넓이, 높이, 중량, 운동을 갖추고 있으므로 존 로크가 말한 1차 성질과 비슷한 것이었다. 그러나 갈릴레이가 수학화한 세계에 색깔, 향기, 소리 같은 2차 성질은 존재하지 않았다. 이로써 세계는 아무런 감성적 질료 없이 '형식'만 남게 되었다. 후설은 갈릴레이가 수학화한 세계는 인간의 의의도 감성도 사라지고, 차이와 개별성도 잃은 채, 차가운 공식으로 환원됐다고 말한다.

다시 생활세계로 : '평범한 인간' 되기
❖❖❖

후설은 유럽의 위기를 해결하기 위한 유일한 방법은 현대인이 잊어버린 생활세계(독일어 : Lebenswelt, 영어 : lifeworld)로 돌아오는 것임을 발견했다. 생활세계는 크게 세 가지로 나뉜다. 첫째는 일상적 생활세계, 둘째는 직업적 생활세계, 셋째는 과학적 생활세계다.

일상적 생활세계와 관련된 것은 사람들의 의식주와 이동, 생각과 감정의 교류다. 일상적 생활세계에서 일어나는 일은 살아 있는 경험 속의 일들이기에 개념적이지 않고 직접적이다. 그러나 과학기술이 발달하면서 원래의 학문적 틀 안에서 다양한 전공과 직업으로 세분화되었고, 해당 전공과 직업만의 생활세계를 만들어냈다. 직업적 생활세계는 직업을 통해 만들어진다. 각자 자신의 직업에 따라 시야가 달라지고, 나름의 특수한 생활세계가 만들어진다.

근대 이후로 유럽 사람들의 생활세계는 과학세계와 대립하기 시작했다. 이른바 생활세계는 우리가 일상적으로 살아가면서 느끼고 체험하는 모든 것들의 세계다. 그런데 후설 본인의 말에 따르면, 구체적인 생활세계에서는 우리에게 현실적인 것들이 주어지지만 과학적 생활세계에선 개념과 수학을 통해 세계를 파악하는 관념화가 특징이다. 후설은 인간의 생활이 단순히 물리적 생리적 활동일 뿐 아니라 목적적이며 창조적인 활동이기도 하다고 생각했다. 인간은 창조적 활동을 통해 세계를 바꾸어나가고 자기 자신도 바꾸어간다. 그러므로 인간의 생활은 다른 모든 것들의 기초가 된다. 생활세계는 과학에 앞서 존재하며, 과학 이론의 전제다. 생활세계야말로 처음으로 존재하는 본모습인 것이다.

그러나 과학자들은 자신만의 작은 세계에 갇혀 있기를 좋아한다. 전공과 직업이 끊임없이 분화될수록 모두의 공통언어는 갈수록 적어졌고, 사람들 사이의 관계는 점점 더 냉담해져 갔다. 그런 의미에서 과학의 위기는 곧 생활세계의 위기이기도 하다. 과학세계와 생활세계가 대립적으로 분열되었기 때문이다. 사람들은 이제 더 이상 과학이 왜 존재하는지, 과학은 무엇을 위해 연구하는지 묻지 않는다. 심지어 세계에 대한 과학의 인식이 곧 세계의 전부라고 여기기도 한다.

후설은 현대인들이 생활세계를 등한시하는 것은 일종의 시대병이라고 생각했다. 그래서 그는 생활세계를 분명히 드러내 보이고 싶었다. 생활이야말로 인류의 모든 활동의 본원이기 때문이다. 누군가가 '물리학자'라거나 '엔지니어' '펀드매니저'라고 해서 대단할 이유는 없다. 그런 것보다는 일상인으로서의 '평범한 인간 의식'을 회복할 필요가 있다. 과학자들은 사람들과의 관계에서 자신의 전공 영역이나 직업과 관련된 신분을 내려놓고, 인격주의의 태도로 돌아와 대화하고 교류하고 악수해야 한다. 시기, 질투, 증오, 원한의 감정도 모두 생활세계에서 일어나는 직접적이고 진실한 삶의 내용이다. 과학자들은 자신만의 작은 세계 속을 더욱더 깊이 파고들기보다 자신 또한 평범한 사람이며 생활세계의 일원임을 깨달을 필요가 있다.

더 읽으면 좋은 책

1 《유럽학문의 위기와 선험적 현상학》에드문트 후설, 한길사, 2016

2 《후설의 현상학》단 자하비, 한길사, 2017

3 《에드문트 후설》박인철, 살림, 2013

36

카를 마르크스
《경제학·철학 초고》

우리는 왜
출근하기 싫은가?

‖ 대머리 지수 ‖

카를 마르크스

Karl Marx, 1818~1883

그의 노동은 자발적인 것이 아니라 강제로 떠밀린, 강요된 노동이다. 이런 노동은 자신의 필요 때문이 아닌, 외부의 다른 필요를 충족시키기 위한 수단일 뿐이다. 노동의 이런 자기소외적 성격은, 노동자의 신체에 대한 강제나 다른 형태의 어떤 강제가 없으면 마치 전염병을 피하듯 노동으로부터 도망치고자 하는 모습에서 단적으로 드러난다.

— 마르크스, 《경제학·철학 초고》

들어가며

노동자는 자신이 노동을 하는 과정에서 자기 자신을 긍정하는 것이 아니라 부정하고, 행복을 느끼는 것이 아니라 불행을 느낀다. 자신의 신체적·정신적 역량을 자유롭게 발휘하는 것이 아니라 육체적 손상을 입고 정신적으로 황폐해진다. 노동자는 노동하지 않을 때 비로소 자유로움을 느끼며, 노동의 과정 중에는 의욕을 잃은 채 넋이 나가 있다. 노동자는 노동하지 않을 때 비로소 무거운 짐을 벗어던진 듯 홀가분해 하고, 노동을 할 때면 바늘방석에라도 앉은 듯 괴로워한다.

출근하는 사람들은 거의 매일 이렇게 생각하지 않을까? '아, 출근하기 싫어. 어서 빨리 퇴근했으면 좋겠다!' 사무실 책상에 앉기 전부터 일하기가 싫다. 어서 빨리 퇴근해서 재미있게 놀고 싶다. 혹자는 월급이 너무 적어서 일을 하기 싫을 수도 있다. 할 수만 있다면, 노동으로부터 도망치고 싶다!

혁명의 지도자 카를 마르크스도 이렇게 생각했을까? 우리는 교과서에서 카를 마르크스라는 이름을 들어보긴 했지만, 그의 글을 직접 읽어본 사람은 많지 않을 것이다. 마르크스가 《경제학·철학 초고》에서 논한 문제들은 지금 우리의 삶과도 밀접하게 관련돼 있다. 무엇이 노동자를 이토록 괴롭게 하는 것일까? 노동자는 어쩔 수 없이 '착취'

와 '피착취' 관계에 놓일 수밖에 없을까? 자본이 가장 높은 위치에 있는 자본주의의 현

실에서 우리는 어떻게 해야 자아를 실현하며 살아갈 수 있을까?

세상에 너무도 늦게 나타난 위대한 작품

❖❖❖

1843년 6월 19일, 카를 마르크스는 예니 폰 베스트팔렌과 결혼한 뒤
같은 해 10월에 파리로 이주했다. 일찍이 마르크스는 파리에 대해 '오
래된 철학대학' '신세계의 수도'라고도 칭한 바 있다. 그 당시 파리는
저명한 사상가와 예술가들이 모여드는, 유럽 정치·문화의 중심지였
다. 뛰어난 두뇌들이 모여들어 다양한 사상이 제기되고 충돌하며 화
려한 불꽃을 피웠던 파리는 자연스럽게 유럽 사회주의 운동의 중심이
되었다. 마르크스는 파리에 머무는 1년 동안 수많은 철학, 경제학, 법
학, 역사학, 사회학 저서를 읽었다. 그러면서 매일같이 일도 하느라 눈
코 뜰 새 없이 바빴다. 당시 마르크스가 가장 전념했던 분야는 정치경
제학이었다. '시민사회를 해부하려면 정치경제학을 파고들어야 한다'
고 생각했기 때문이다. 마르크스는 파리에서 《경제학·철학 초고》를
집필하는 한편, 고전 경제학 및 헤겔 철학에 관한 글도 썼다. 이 시기
에 파리에서 그는 자신의 일생일대에 가장 중요한 친구인 프리드리히
엥겔스Friedrich Engels를 만나게 된다.

'초고' 자체는 1844년에 완성되었지만, 사람들은 20세기에 이르러서야 《경제학·철학 초고》의 가치를 새롭게 알아봤다. 지금 우리가 보는 《경제학·철학 초고》는 사실 세 편의 원고를 묶은 것이다. 첫 번째 원고는 두 부분으로 이루어져 있는데, 1부는 경제학 고전의 발췌이며 2부에서는 주로 임금, 지대, 이윤, 노동 소외 등의 문제를 다루고 있다. 분량이 가장 짧은 두 번째 원고에서는 사유재산에 관한 문제를 논하고 있는데, 해외 학자들의 연구에 따르면 두 번째 원고는 유실된 원고의 잔존분으로 추정된다. 가장 내용이 풍부한 세 번째 원고에서는 사유재산과 노동, 공산주의, 생산과 분업, 화폐와 헤겔 변증법 등에 대해 다루고 있다.

　일반인에게는 마르크스의 만년의 사상인 《공산당 선언》과 《자본론》이 가장 잘 알려져 있다. 《경제학·철학 초고》는 마르크스의 청년기 작품으로, 만년에 이르러 무르익게 될 사상의 근원을 엿볼 수 있다.

　안타깝게도 마르크스 자신이 초고를 세상에 드러내고 싶어 하지 않았던 탓에, 이 가치 있는 작품은 너무나 오랫동안 세상의 주목을 받지 못했다. 《경제학·철학 초고》는 1930년대에야 출간되면서 비로소 제 빛을 발할 수 있었다. 만약 《경제학·철학 초고》가 조금만 더 일찍 세상에 모습을 드러냈다면, 사람들은 그의 글에서 더 많은 가능성을 읽어낼 수 있었을 것이고, 국제 공산주의 운동 역시 또 다른 모습이었을 것이다.

인간은 노동하면서 비로소 인간이 된다

❖❖❖

첫 번째 원고의 마지막 부분에서 마르크스는 '노동 소외'라는 핵심적인 개념을 제시한다. '소외(독일어 : Entfremdung, 영어 : alienation)'는 원래 괴리, 이탈, 자아상실 등을 의미하는 말이다. 독일 고전 철학의 영향을 받은 마르크스는 '인간은 유적 존재類的存在(인간이라는 종 전체의 특성을 지닌 보편적 인간-옮긴이)'이며 인간이라는 종의 특징은 인간의 활동 유형으로 드러난다고 생각했다. 동물도 일을 하고, 정밀한 분업을 통해 멋진 둥지나 굴을 만들 수도 있다. 그러나 동물은 자신이 노동을 하고 있다고는 인식하지 않는다. 그들은 어디까지나 타고난 본능에 따라 그렇게 하고 있는 것일 뿐이기 때문이다. 이러한 동물과 달리, 유적 존재인 인간은 자발적이며 자각적인 창조력과 능동성으로 자연을 개조해나간다. 이를 통해 인간은 물질세계를 바꾸어나갈 뿐 아니라 풍부한 정신세계를 창조한다. 인간은 노동하면서 비로소 인간이 되는 것이다. 대리석 장인은 자신의 상상력을 발휘해서 대리석을 하나의 예술 작품으로 만들어낸다. 화가는 바구니의 과일을 보았을 때 동물처럼 그저 먹으려고만 하지 않고 한 폭의 정물화로 탈바꿈시킨다. 바로 이러한 결과물이 인간 능력의 구상화Reification(인간의 노동과 정신 활동이 객관적 대상으로 구체화된 것-옮긴이)인 것이다. 사람은 사물과 상호작용하면서 타고난 재능과 상상, 능력 등을 외부의 물질에 실현시키고, 이를 통해 자아를 실현한다. 마르크스에게 노동은 본디 생명을 창조하는 활동이기에, 노동이 한낱 사람의 기본적인 욕구 충족의 수단이 돼서는 안 된다고 생각했다. 사람은 노동을 통해 비로소 유적 존재인 인간으로서의 자기 자신을 증명할 수 있기 때문이다.

마르크스는 《경제학·철학 초고》에서 제임스 밀의 《정치경제학 원리》의 일부를 발췌, 요약하면서 노동의 '이중 긍정'을 제시한다. "우리 모두는 무언가를 생산하는 과정에서 자기 자신과 다른 사람을 긍정하게 된다.""나의 노동은 자유로운 생명의 표현이기에 노동은 삶의 즐거움이 되며 … 노동하는 과정에서 나 자신의 생명과 나의 개성적 특징을 긍정한다. 노동은 나의 진정한 재산, 활동 재산이다."

그러나 마르크스는 "사유재산제하에서, 나와 나의 개성이 소외돼 이런 활동은 고통이 된다. 나에게는 그저 고통스러울 뿐이다. 이런 활동은 가상적인 것이다. 이런 노동은 나 자신의 내재적 필요에 따른 것이 아니라 외재적이며 우연적인 필요에 의한, 강요된 활동일 뿐이다"라고 말했다. 생산 효율을 높이기 위해 현대의 노동자들은 전체 생산 과정의 아주 작은 공정을 담당하는, 컨베이어 벨트의 일부에 지나지 않게 되었다. 노동자들은 각자의 위치에서 지극히 단순한 작업을 지루하게 반복할 뿐이다. 이런 노동은 노동자의 심신을 극도로 황폐하게 만든다. 마르크스는 노동의 소외가 인간의 유적 생활을 한낱 육체적 생존 수단으로 바꾸어버렸다고 말한다.

노동 소외의 4가지 양상
❖❖❖

마르크스는 노동의 소외에 네 가지 양상이 있다고 말한다.

첫 번째는 노동자가 자신의 노동 생산물로부터 소외되는 것이다.

생산물은 원래 노동자 자신이 생산한 노동의 결과물이다. 이 생산물에는 노동자 자신의 피와 땀이 배어 있다. 그런 의미에서 노동 생산물은 노동자의 생명의 일부라고도 말할 수 있다. 그러나 노동 생산물이 상품화가 되면, 현저히 적은 임금으로 다시금 시장에서 사야 하는 물건이 된다. 그리고 노동 생산물은 더 이상 노동자 자신에게 속하지 않게 된다. 시장에 상품이 늘어날수록 노동자 자신도 점점 더 염가의 상품이 된다. 이로써 노동자의 노동 생산물은 또다시 일종의 자기소외가 된다.

두 번째는 노동자가 자신의 노동 활동으로부터 소외되는 것이다. 마르크스는 노동자의 노동이 노동자 자신의 본질에 속하지 않는, 외재적 활동이라고 말한다. 노동자의 노동은 노동자 자신의 가치를 실현하기 위한 활동이 아니라, 열 몇 시간의 노동을 빵과 바꾸기 위해 강제로 떠밀려서 하는 활동이다. 이것은 육체적뿐만이 아니라 정신적으로도 황폐해지는 결과를 낳는다.

세 번째는 인간이 인간이라는 종의 본질로부터 소외되는 것이다. 다른 말로 하면, 인간의 자유롭고 의식적인 활동과 그 결과물로 창조된 대상 세계로부터 소외되는 것이라고도 할 수 있다. 이것은 노동의 소외에 따르는 필연적 결과이기도 하다. 노동자는 이제 전체 기계를 이루고 있는 하나의 톱니바퀴가 되었으므로 전체 공정의 일부를 담당하는 무의미한 노동만을 반복하게 되었다. 이로써 자발적인 창조성과 능동성은 박탈되었고, 인간으로서의 존엄과 자부심도 상실하게 되었다.

네 번째는 인간과 인간 사이의 소외, 즉 타인으로부터의 소외다. 인

간은 노동이 소외되는 과정에서 자기 자신과 대립하고 다른 노동자와
도 대립하게 된다. 쉽게 말해서, 다른 노동자들의 존재는 이제 자신의
경쟁자일 뿐인 것이다. 타인이란 자본으로 살 수 있는 노동력일 뿐 아
니라 완벽히 무관심한 하나의 개체이기도 하다. 한때 중국의 웨이보微
博(중국판 트위터-옮긴이)에서는 '외식 배달원에게도 "감사합니다"라고
인사해야 하나?'라는 주제로 뜨거운 토론이 벌어진 적 있다. 어떤 사
람은 "내가 내야 할 돈을 내고 주문해서, 받기로 돼 있는 음식을 받는
건데, 감사하다는 말까지 해야 하나?"라고 말했다. 바로 이것이 전형
적인 인간관계에서의 소외다.

　찰리 채플린의 영화 〈모던 타임스〉(1936)에는 이런 노동 소외가 극
명하게 묘사돼 있다. 극 중에서 컨베이어 벨트의 직공으로 나오는 찰
리 채플린이 매일 하는 일은 나사를 조이는 것이다. 얼핏 단순하고 쉬
워 보이는 일이지만, 중요한 것은 반드시 컨베이어 벨트의 흐름에 맞
춰 조여야 한다는 것이다. 하루 종일 기계처럼 일만 한 그의 몸은 퇴
근 후에도 습관처럼 나사 조이는 동작을 반복한다. 이런 동작에는 아
무런 생각도 창조력도 필요하지 않다. 심지어 일을 하는 직공에게는
영혼조차 있을 필요가 없다. 노동자가 이렇게 생각 없는 산송장 같아
질수록 생산의 효율은 더욱 높아진다.

　마르크스가 《독일 이데올로기》에서 묘사하는 광경이 있다.

　　공산주의 사회에서는 누구든지 특수한 활동 범위에만 머무르지 않고,
　어떤 영역에서든 발전을 도모할 수 있다. 사회가 전체 생산을 조율한다.
　누구나 자신의 흥미에 따라 오늘은 이 일, 내일은 저 일을 할 수 있다. 오

전에는 사냥을 하고, 오후에는 물고기를 잡고, 밤에는 가축을 몰고, 저녁 식사를 마친 뒤에는 비평을 할 수 있다. 어느 한 사람이 한평생 사냥꾼이거나 어부, 목동, 비평가일 필요가 없다.

이런 이상적인 상태가 마르크스가 구상한 최초의 사회주의의 모습이었다. 인간의 노동이 진정으로 사람을 위한, 사회를 위한 활동인 세상. 그래서 마르크스는 누구보다도 날카로운 자본주의 비판자였다. "철학자들은 지금까지 세계를 다양한 방식으로 해석해왔다. 그러나 중요한 것은 세계를 변화시키는 것"이라고 했던 그의 명언은 그가 다녔던 베를린 훔볼트 대학교의 본관에 새겨진 채 사람들에게 영원히 기억될 것이다.

더 읽으면 좋은 책

1 《경제학·철학초고/자본론/공산당선언/철학의 빈곤》 카를 마르크스, 동서문화사, 2016
2 《칼 마르크스 평전》 프랜시스 윈, 푸른숲, 2001
3 《공산당 선언》 카를 마르크스, 프리드리히 엥겔스, 책세상, 2018
4 《자본론 1~3》 카를 마르크스, 비봉출판사, 2015
5 《데이비드 하비의 맑스 〈자본〉 강의 1~2》 데이비드 하비, 창비, 2011~2016
6 〈독일인Die Deutschen〉 시즌 2, 7화 '카를 마르크스와 계급투쟁Karl Marx und der Klassenkampf', ZDF 다큐멘터리, 2010

37

헤르베르트 마르쿠제
《일차원적 인간》

'소확행'에 무슨
문제가 있는가?

‖ 대머리 지수 ‖

헤르베르트 마르쿠제

Herbert Marcuse, 1898~1979

오늘날 우리 사회에서 가장 두드러지는 것은 모든 것을 압도하는 효율과 날로 높아지는 생활 수준이라는 토대 위에서, 산산이 흩어져 있는 사회 역량을 공포가 아닌 기술로 억누르고 있다는 점이다.

— 마르쿠제, 《일차원적 인간》

들어가며

한때 유행했던 '소확행小確幸(눈앞의 일상에서 느낄 수 있는 작지만 확실하게 실현 가능한 행복이라는 뜻-옮긴이)'은 일본의 소설가 무라카미 하루키가 처음 쓴 말이다. 그는 깨끗하게 세탁한 속옷을 반듯하게 개서 옷장 서랍 안에 가지런히 놓는 데서 작지만 확실한 행복을 느낀다고 말한다. 누군가에게는 비 오는 날 혼자 카페에 앉아 빗소리를 들으며 커피를 마시고 자신이 좋아하는 책을 읽는 것이 그런 행복감을 줄 것이다. 소확행을 다른 말로 하면 '평화로운 시공간에서 누리는 안온한 일상'이라고 할 수 있지 않을까. 물질적으로 나날이 풍족해지는 생활은 누구나 마땅히 이렇게 살아야 한다고 증명하는 것처럼 보인다. 그런데, 이렇게 자연스럽고 조화로운 풍요의 일상이 사상적 게으름을, 자유와 창조력에 대한 억압을 은폐하고 있다면? 소확행이 성립하는 데 필요한 전제는 무엇일까? 사람이 수많은 소확행을 하나하나 다 누리고 나면, 더 이상 추구할 것 없는 무욕의 상태가 될까?

제2차 세계대전 이후 유럽은 일종의 소확행 시대로 접어들었다. 그러나 이 시기의 적지 않은 젊은이들은 물질적 풍요에 만족하지 않고, 나른한 듯 평범한 일상의 소확행이 진정한 모순을 덮고 있다고 판단, 이에 맞서고자 했다. 이렇듯 안일한 일상에 대한 반성적 사고의 책이 바로 헤르베르트 마르쿠제의 《일차원적 인간》이다.

선진 산업사회의 '끓는 물속의 개구리'

✦ ✦ ✦

1968년 5월, 프랑스 파리는 연이은 학생운동, 노동자들의 파업, 대중들의 시위로 들끓었다. 이를 '5월의 폭풍'이라고도 한다. 이 시기 학생들은 '3M'을 공개적으로 예찬했다. 여기서 3M은 우리가 아는 그 행주 만드는 기업이 아니고, 마르크스, 마오쩌둥, 마르쿠제의 맨 앞 글자를 딴 것이다. 앞의 두 사람은 모르는 사람이 없겠지만 맨 뒤에 나오는 마르쿠제는 처음 듣는 사람도 적지 않을 것이다. 마르쿠제는 비판이론critical theory('부정변증법'이라고도 한다–옮긴이)을 주장한 프랑크푸르트학파 학자 가운데 한 사람이다. 프랑크푸르트학파를 대표하는 인물로는 1세대의 발터 벤야민, 아도르노, 호르크하이머 등이 있고, 2세대 학자로 하버마스 등이 있다.

제2차 세계대전이 끝난 후 유럽 사회가 이룬 비약적인 경제성장을 프랑크푸르트학파 지식인들은 우려의 눈으로 바라보고 있었다. 이들의 우려는 "희망을 품지 않은 사람들이 있었기에 희망이 우리에게 주어졌다"라는 벤야민의 말로도 바꾸어 표현할 수 있다. 마르쿠제는 벤야민의 이 말로《일차원적 인간》전체의 끝을 맺는다. 1964년에 출간된《일차원적 인간》의 부제는 '선진 산업사회의 이데올로기 연구'. 마르쿠제는 인간에게는 본래 여러 가지 일차원성이 존재하지만, 선진 산업사회에서는 다양한 차원의 새로운 억압이 만들어졌음에도 불구하고 대부분 무의식중에 일어난 일이어서 아무도 이에 대한 지각이 없다고 말한다. 대부분의 사람들은 자신들의 생활이 '나날이 좋아지고 있다'고만 여긴다. 다른 종류의 생활방식은 전혀 상상하지 못하기 때문이다. 사람들은 이렇게 사상적 비판력과 현실에 대한 저항 능력을 잃어가면서 '일차원적 인간'이 된다.

인간의 생각과 의식 가운데 부정성과 비판성이 일차원성에 억눌리면서, 현대 산업사회는 새로운 형태의 전체주의 사회가 돼가고 있다는 것이《일차원적 인간》의 핵심 관점이다. 마르쿠제는 이전 사회의 전체주의가 공포와 폭력으로 통치의 목적을 달성하려 했다면, 선진 산업사회에서의 전체주의는 기술과 미디어를 통해 부드러운 방식으로, 마치 '끓는 물에 개구리를 익히듯이' ―사람들이 무사와 안일 속에서 서서히 반항 의지를 잃어가는 방식으로― 이루어진다고 말한다. 마르쿠제는 책의 서두에서 이렇게 말한다.

직원과 사장이 똑같은 TV 프로그램을 좋아하고 같은 명승지를 유람했다고 해서, 타이피스트 직원이 고용주의 딸과 똑같이 예쁘다고 해서, 흑인이 캐딜락을 소유했다고 해서, 이들 모두가 같은 신문을 구독하고 있다고 해서, 이러한 동질성이 곧 계급의 소멸을 의미하는 것은 아니다. 이것은 다만, 현존하는 제도하에서 모든 인구가 이러한 제도에 대해 일정 부분 이상의 만족과 수요를 유지하고 있다는 지표일 뿐이다.

'물질적 풍요와 기술의 진보가 뭐가 나쁜가, 오히려 사람과 사람 사이의 평등을 실현하는 데 도움이 된다'고 생각하는 사람들이 많다. 하지만 마르쿠제는 평등해 보이는 겉모습 뒤로는 부자유의 수단이 나날이 '진보'하고 있음을 알았기 때문에 이런 생각에 대해 우려했다. "선진 산업 문명의 노예는 전면적 관리라는 일종의 보살핌을 받는다. 그러나 보살핌을 받는 노예도 결국은 노예다." 마르쿠제는 괜한 걱정을 하는 것일까. 역사의 경험자인 그가 통렬히 느끼기에, 나치식 전체주의는 군사적으로 패배했을지 모르나 심리적 기제로는 여전히 존재하고 있었다. 전체주의적 지배는 소비문화와 자본주의라는 형태로 다시 돌아왔다. 더욱 무서운 점은 이 새로운 전체주의는 굉장히 부드럽고 따뜻한 방식이어서 사람들이 알아채기도 어렵고, 그것에 대항하거나 벗어나기는 더더욱 어렵다는 것이다.

통제의 새로운 형태
❖❖❖

마르쿠제는 《일차원적 인간》 서문에서 '사람들이 살고 있는 사회의 각 부분은 매우 이성적이지만 사회 전체는 비이성적'이라는 흥미로운 관점을 내놓는다. 이에 대해 좀 더 자세히 들여다보자. 먼저 우리의 삶부터 돌아보자. 많은 사람이 집이나 회사에서 컴퓨터 앞에만 하루에 열 시간 넘게 앉아 있으면서 자연의 바람도 햇빛도 제대로 누리지 못하는 경우가 많다. 그런데 출퇴근 시간만 되면 물길 따라 늘어선 쥐들처럼 도시를 가로지르는 지하철에 줄지어 서 있고, 매년 명절이 되면 마치 도망이라도 치듯 자신이 살던 도시에서 벗어나 대자연으로 떠나지만, 대부분 길 위에서 보낸다. … 이런 우리의 일상을 하나하나 떼어놓고 하나씩 들여다보면 딱히 잘못된 것은 없어 보인다. 그러나 이 모든 것을 하나로 합쳐놓으면, 그제야 헛웃음 나오는 모순이 도드라지기 시작한다.

"오늘날 우리 사회에서 가장 두드러지는 것은 모든 것을 압도하는 효율과 날로 높아지는 생활 수준이라는 토대 위에서, 산산이 흩어져 있는 사회 역량을 공포가 아닌 기술로 억누르고 있다는 것이다." 마르쿠제의 이 말은 일침을 찌른다. 과거의 노동자들은 굶어 죽을지 모른다는 두려움 때문에 혹은 먹고 살아야 한다는 절박함 때문에 할 수 없이 일을 하러 갔다. 그러나 지금은 자신의 KPI(핵심성과지표)를 높이기 위해 스스로 더욱더 필사적으로 자기 자신을 혹사시킨다. 과거에는 일을 하지 못하면 가족들의 생계를 걱정해야 했지만, 지금은 KPI가 부진하면 좋은 집과 차를 사기 힘들고 해외여행도 자유롭게 다니기 어렵다. 한마디로, 자신이 원하는 이상적인 삶을 살기가 어려워지는 것이다. 그러므로 누가 채찍을 들고 강요하지 않아도 노동자 스스로 순종적으로 회사에 가서 열심히 일을 한다. 그런 다음에는 미친 듯한 소비로 자신의 피로와 노고를 보상받으려 한다.

마르쿠제가 책에서 중점적으로 분석하는 것은 '선진 산업사회'이다. 그는 선진 산업사회에서는 생산과 분배의 기술이 날로 자동화돼, 하나의 거대한 시스템을 이루고 있다고 말한다. 이 시스템은 점점 전체주의화돼, 사회에서 필요로 하는 직업과 기술, 태도를 결정하고, 개인의 필요와 욕망까지 결정하고 있다. 권력 대신 기술이 사회를 통제하고 사회를 통합시키는, 대단히 효과적이면서도 유쾌한 수단이 된 것이다. 바로 이 지점에서, 기술이라는 건 언뜻 중립적으로 보이지만 우리가 사는 사회의 통치 시스템을 구성하고 있기에 전체주의의 특징을 보인다는 것을, 마르쿠제는 날카롭게 간파한다. 그는 이렇게 말한다. "평온하고 합리적이면서도 민주적인 부자유함이 선진 산업사회에 유행하고 있다. 이것은 분명 기술의 진보를 상징하는 지표다." 물질문명이 발달한 덕에 우리는 이제 굶어 죽거나 얼어 죽을 일을 걱정할 필요가 없게 되었다. 다른 한편으로, 우리는 물질적 풍요에 둘러싸인 채 소비문화에 길들여진 동물이 되었다. 선진 산업사회의 사람들은 마치 주인이 주는 맛있는 간식에 길들여진 애완동물처럼, 지금껏 누려온 간식을 잃기 두려워 더욱더 순종적으로 지배 시스템에 적응하기 위해 애쓴다. 그러나 사회가 계속 이런 식으로만 나아가다 보면, 이제까지와 다른 새로운 사회제도는 계속해서 억눌리게 되고, 새로운 생산 방향이나 새로운 생활 방식도 은폐된다. 선진 산업사회의 기술은 다른 목소리를 가진 사람이나 저항하는 이들을 억눌러 기존 사회 질서에 동화시켜버리는 능력이 있다. 그러므로 충돌은 근본적으로 발생하지 않는다. "선진 산업사회는 반대의 목소리를 누르고, 일차원적 인간과 사회를 만들어내는 전체주의 사회다. 부정, 비판, 상상의 능력을 가진 사람들은 점점 없어지고 있다." 바로 이것이 민주적인 선진 산업사회가 자유를 잃어가는 방식인 것이다.

만들어진 허위 욕구

◆◆◆

《일차원적 인간》에서는 '진실한 욕구'와 '허위의 욕구'를 구분한다. '허위의 욕구'라는 게 뭘까? 마르쿠제는 "특정한 사회적 이익을 위해 외부에서 강제된 욕구, 괴로움이나 침략, 고통, 부정의가 영구화된 욕구가 바로 허위의 욕구"라고 말한다. 그렇다면 외부에서 강제되는 욕구는 뭘까? 아니, 스스로 원하지도 않는 것을 욕망하는 사람도 있단 말인가?

마르쿠제와 다른 많은 프랑크푸르트학파 학자 모두 인간의 욕구는 만들어진다고 생각했다. 인간은 때로 자신이 무엇을 욕망하는지조차 정확히 알지 못한다. '허위의 욕구'는 주로 산업과 자본이 만들어낸 환상이다. 이러한 환상은 대단히 아름다워 보이지만 치명적인 문제가 존재한다. 당신이 누구인지, 무엇을 원하는지는 전혀 상관하지 않는다는 것이다. 이를테면, 오늘날의 광고는 아름다운 생활 방식을 전시하면서 당신이 이런 차를, 이런 집을 구매하기만 하면 사회적으로 성공한 사람으로 보일 것이라고 암시한다. 당신이 이 건강보조식품을 먹기만 하면 근육을 얻거나 날씬한 몸매가 될 거라고, '몸무게 50킬로그램 이하인' 미녀가 돼야만 사람들에게 사랑받을 것이라고 끊임없이 속삭인다.

마르쿠제는 누군가는 이런 욕구를 만족시키고 대단히 기뻐할지도 모르나, 그것은 사실 그 사람에게 강제된 허위의 욕구라고 말한다. 오늘날 많은 사람들은 결코 자신의 진실한 욕구의 주인이 아니다. 오히려 언제 어디서나 통제당하는 상태에 놓여 있다. "오늘날 사람들은 마치 상품을 위해 살고 있는 것처럼 보인다. 멋진 자가용, 해상도 높은 팩시밀리, 넓은 복층 주택과 세련된 주방 인테리어는 마치 생활의 영혼인 것 같다." 즉 소비와 기술 자체가 또 다른 이데올로기가 되었고, 일차원적인 생각과 행동을 만들어내는 도구가 되었다는 것이다.

유럽의 전통에서 좌파 지식인들은 문학작품을 쓰기보다 사회의 병증을 끄집어내어 고발하는 것이 그들의 주된 임무였다. 이 말은 곧, 좌파는 항상 반대하는 세력이라는 뜻이기도 하다. 그러나 그 반대는 어느 한 정당이나 정부에 대한 것이 아니다. 그들이 반대하는 것은 사회 전체 시대 전체에 관한 것이다. 마치 소확행 따위에 빠져 있는 사회 전체를 물어버리는 등에처럼. 그 대표 인물이었던 마르쿠제는 그래서 '신좌파의 아버지'로도 불린다. 마르쿠제 본인은 자신은 신좌파의 아버지가 아니라 '신좌파의 할아버지'로 불려야 할 것이라며 껄껄 웃을지도 모르겠지만 말이다.

더 읽으면 좋은 책

1 《마르쿠제의 일차원적 인간 읽기》 임채광, 세창미디어, 2015
2 《에로스와 문명 : 프로이트 이론의 철학적 연구》 헤르베르트 마르쿠제, 나남, 2004
3 《허버트 마르쿠제》 손철성, 살림, 2005

38

미셸 푸코
《감시와 처벌》

당신은 감시와 통제 속에서
살고 싶은가?

‖ 대머리 지수 ‖

미셸 푸코

Michel Foucault, 1926~1984

그는 고등학교 시절 … 외과의사인 아버지에게서 받은 알약을 삼키기로 한 그때부터, 억누를 수 없는 열정을 경험했다. 그가 알약을 삼킨 것은 약이 사람의 생각을 바꿀 수 있는지, 그게 정말로 가능한지 확실히 알기 위해서였다. "엄마, 물고기는 무슨 생각을 하고 있죠?" 그는 어항의 물속에서 놀고 있는 금붕어를 보며 엄마에게 물었다. 물고기의 생각, 약물, 극약, 광기 … 이 모든 것은 인간의 규범적 사고만이 유일하게 가능한 사고방식이 아님을 증명하고 있었다.

— 폴 벤느Paul Veyne, 《푸코 : 그의 생각, 그의 인격Foucault : His Thought, His Character》

들어가며

BBC의 기자 존 서드워스는 2017년에 중국 구이저우성 구이양시에 갔다가 경찰의 검문을 받는 과정에서 '스카이넷Skynet(중국명 톈왕天網, 중국의 인민 감시 시스템-옮긴이)'의 막강한 위력을 실감하게 되었다. 전 지구에서 가장 강력한 안면인식 시스템인 스카이넷은 인식된 얼굴이 누구인지 3초 만에 식별해낼 수 있다. 경찰은 휴대폰으로 그의 얼굴 사진을 찍은 뒤 그를 '용의자' 명단에 등록해놓았다. 이후 존은 차를 타고 시내 중심가로 가서 내린 뒤 도보로 기차역까지 갔는데, 차에서 내린 뒤 불과 7분 만에 다시 경찰의 포위망에 잡혔다.

2019년 9월, 미국 캘리포니아주에서는 경찰의 보디카메라에 안면인식 소프트웨어 사용을 금지하는 법안이 통과되었다. 두 나라의 카메라 사용에 대한 태도는 왜 이렇게 차이가 날까? 어떤 사람이 하루 종일 거리를 돌아다니면 총 몇 개의 안면인식 카메라를 지나게 될까? 그 카메라들은 당신의 행위를 얼마나 기록할 수 있을까? 카메라의 기록만으로도 당신의 모든 동선을 재현할 수 있을까? 우리는 이미 도처에 존재하는 감시 카메라에 익숙해져 있다. 경찰이 그 감시 카메라를 통해 범죄자를 쉽게 찾아낼 수 있을 것이라 기대하며. 그러나 곳곳의 카메라들이 감시의 눈을 시퍼렇게 뜨고 세상을 주시해온 동안 우리의 삶에는 어떤 변화가 있었을까? 그 감시 카메라들은 질서와 안전을 '보장'하는 것 이외에 사람들에게 또 어떤 영향을 미치고 있을까? 바로 이것이 프랑스의 철학자 미셸 푸코가 그의 저서 《감시와 처벌》에서 분석하고 있는 문제다.

원형감옥 안에서는 누가 무엇을 보고 있나?

❖❖❖

위에서 내려다보면 원형인 공간에, 정중앙에는 감시탑이 있고, 감시탑을 둥글게 에워싸는 형태의 원형 수감실이 설치돼 있는 감옥이 있다. 각각의 수감실은 격리돼 있다. 감시탑을 향한 벽은 유리로 돼 있고, 외부를 향한 벽에는 창문이 설치돼 있다. 바로 이 창문을 통해 들어온 빛이 수감실 안을 비춘다. 감옥을 이렇게 설계한 이유는, 중앙에 있는 간수가 모든 수감자들을 감시할 수 있게 하기 위해서다. 그러나 수감실 안에 있는 수감자는 역광으로 인해 간수를 제대로 볼 수 없다. 간수가 자신을 보고 있는지조차 알 수 없다. 더욱이 양옆 수감실의 수감자들과 교류할 수도 없다. 바로 이것이 18세기의 영국 철학자 제러미 벤담이 고안한 원형감옥, 판옵티콘panopticon이다. 이러한 건축에 반영돼 있는 이념을 '판옵티시즘panopticism'이라 한다.

이런 감옥을 설계한 목적은 각각의 단절된 수감실 안에서는 간수를 볼 수 없음에도 불구하고, 수감자들 자신은 시시각각 감시당하고 있다고 느끼게 하기 위해서다. 20세기의 프랑스 철학자 미셸 푸코는 판옵티콘에 대해 이렇게 분석한다. "무기도, 육체적 폭력도, 신체에 대한 구속도 필요 없는 감시 시스템이다. 이곳에는 응시하는 시선 하나만이 존재한다. 그것은 감시의 시선이다. 모든 수감자들은 이런 감시의 시선을 자신의 마음속에 철저히 내면화하고, 나아가 스스로가 자기 자신에 대한 감시자가 된다. 모든 수감자들은 이런 식으로 자기 스스로에 대해 감시를 수행하게 되는 것이다."•

미셸 푸코는 벤담의 판옵티시즘이 사회의 보편적 감시·훈육이라는 욕망의 체현이라고 보았다. 사회는 외부에서 힘을 강제하지 않고도 모종의 강제력을 모든 사람들에게 내면화시킬 수 있다. 이렇게 하는 이유는 건강하고 훈육된 인간을 만들고, 인간 자신의 영혼이 육신의 감옥이 되게 하기 위해서다. 중요한 것은 이러한 훈육이 이루어지는 장소가 감옥이나 정신병원에만 국한되지 않는다는 사실이다. '원형감옥'으로 대표되는 '판옵티시즘'은 이런 훈육을 사회 전체에 만연하게 한다. "'훈육'은 일종의 체제나 기제가 아니다. 이것은 권력의 유형이자 권력 행사의 궤도로서 … 각종 기구(19세기의 범죄자 갱생시설이나 '개조소'와 같은 '전문' 기구)나 체제가 받아들여 사용할 수도 있다. 혹은 특수한 기관(학교, 병원)에서 특정 목적을 달성하기 위한 기본 수단으로 삼거나, 자신의 내부 권력 메커니즘 안에서 기존 권력 기구를 강화하거나 개조하는 데 사용할 수 있다…"••

푸코는《감시와 처벌》에서 현대의 감옥은 꽤나 인도적인 것처럼

• 　제임스 밀러James E. Miller, 《미셸 푸코의 열정The Passion of Michel Foucault》중에서
•• 　미셸 푸코, 《감시와 처벌》, 오생근 역, 나남, 2020년(압축 인용)

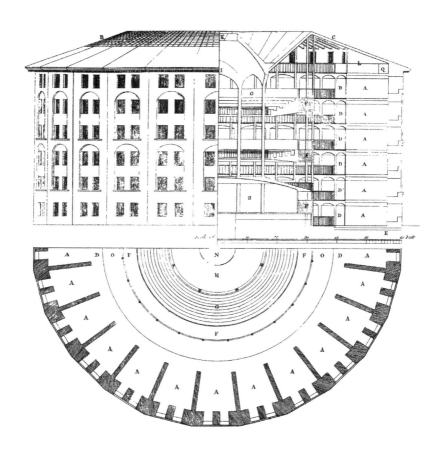

판옵티콘 ―――――――

제러미 벤담이 설계한 원형감옥. 윌리 레블리Willey Reveley가 1791년에 완성한 그림.

보이지만 이것은 사실 새로운 권력의 탄생을 의미한다고 말한다. 프랑스의 감옥은 18~19세기에 큰 변화가 일어났다. 고문과 공개 처형이 폐지된 동시에 훈육과 감시의 수단이 발달했다. 프랑스에서는 나폴레옹 이후 4만여 명의 죄수들이 감옥에 갇혔는데, 당시 인구로는 600명 중 한 명이 감옥에 있는 셈이었다. 대형 감옥은 그 도시에 하나의 경관을 이루었다. 이른바 감옥사회가 탄생한 것이다. 푸코는 계몽주의 시대의 유토피아에서 가장 전형적인 감시·통제 기구가 바로 감옥이라고 생각했다. 고대 그리스·로마 시대의 훈육과 현대적인 의미의 감시 사이에는 밀접한 관련이 있다.

왜 훈육하고, 왜 처벌하는가?

✦✦✦

여러분도 미셸 푸코의 사진을 본 적이 있다면 어딘가 모르게 강렬한 인상을 받았을 것이다. 민머리에 검은 테 안경, 그 아래 형형하게 빛나는 눈. 특히 두 손으로 머리를 감싸고 있는 모습은 그의 특징적인 동작으로 꼽힌다. '20세기 프랑스의 니체' 혹은 '허무주의를 논하는 자' '신사조의 궤변자' 등 그를 수식하는 칭호도 다양하다. 그러나 그 자신은 세인들에게 자신이 누구인지 묻지 말라고 경고한다. 미셸 푸코라는 인물은 수수께끼덩어리다.

1926년, 미셸 푸코는 프랑스 푸아티에의 한 부유한 가정에서 태어났다. 그의 아버지는 존경받는 외과의사였고, 어머니도 외과의사의 딸이었다. 그래서 푸코는 어릴 때부터 아버지의 일을 이어받아야 한다는 부담을 안고 있었다. 푸코의 부모는 푸코를 예수회 고등학교로 보내 양질의 교육을 받게 했다. 이후 그는 우수한 성적으로 파리 고등사범학교로 진학한다. 그러나 그는 부모님이 바라는 대로 '정상적인' 인생 궤도를 걸을 생각이 없었다. 그는 동성애자였다. 당시의 프랑스 사회에서 '동성애'는 '정상'이라는 것의 반대 극단에 있었다. 자신의 성적 정체성 문제로 억압감을 느끼던 그는 심각한 우울증을 앓다가 22세에 자살을 시도하게 되고, 이 때문에 정신과 의사의 진료를 받는다.

그는 자신의 사적 생활을 은밀하게만 간직해오다, 마침내 사상의 날카로운 칼끝을 자신의 저작에서 펼쳐 보인다. 그는 사람들이 말하는 소위 '정상인' '건강한 사람'이라는 개념에 의문을 제기한다. 그는 모든 사람의 자기표현과 개성의 자유를 수호하기 위해 일생에 걸쳐 반항했다. 그는 이러한 자유를 지켜내기 위해 예민한 통찰력으로 자신이 속해 있는 현대사회에 대해 파고들었다. 그는 가장 먼저 현대사회의 합리성에 대한 의문으로 사람들을 이끈다. 푸코는 끝내 아버지가 바라던 대로 의사가 되지 않았지만 사회의 해부자, 시대의 진찰자가 되었다.

1975년, 《감시와 처벌》이 출간되었다. 푸코는 이전에도 여러 영향력 있는 저서를 세상에 내놓았지만, 《감시와 처벌》을 자신의 진정한 '첫 번째 저작'으로 꼽는다. 《감시와 처벌》의 영문 제목은 Discipline and Punish다. 동사 Punish는 '처벌'을, 명사 Discipline은 '규율' '훈육'을 의미한다.

'규율'이라는 개념을 이해하기 위해서는 먼저 무엇이 '규율'을 권력으로 만드는지 이해해야 한다. 푸코는《감시와 처벌》에서 권력을 억압적 권력repressive power과 규범화 권력normalizing power으로 구분한다. 억압적 권력은 우리의 현실에서 흔히 볼 수 있다. 거시적으로는 국가 기구의 입법, 사법 등의 정치권력이고, 일상생활에서는 직원에게 함부로 이런저런 명령을 내리거나 심지어 마음대로 해고할 수도 있는 권력에 해당한다. 이런 권력의 가장 큰 특징은 강압과 폭력이다. 푸코가《감시와 처벌》에서 '감옥'에 대해 중점적으로 논하는 이유는 감옥이야말로 억압적 권력이 힘을 발휘하는 전형적인 장소이기 때문이다.

그러나 이 책에서 진정으로 새로운 관점의 숙고를 자아내는 것은 규범화 권력에 대한 부분이다. 규범화 권력은 사람들의 행위가 사회의 일정한 규범에 부합하도록 만든다. 예를 들어, 특정 제품을 생산하는 기업에는 해당 제품에 대한 품질 테스트 기준이 있고, 의학에도 인체의 건강에 대한 진단 테스트 기준이 있다. 각 항목의 테스트는 그 기준들을 만족시켜야만 통과된다. 이런 권력에는 표면적으로 아무런 강제성도 없어 보이고, 사람들도 이런 기준 내지 규범에 부합하기 위해 따로 외부의 조력이 필요하지 않은 듯 보인다. 바로 이것이 대다수의 사람들이 감시·통제의 시스템에 별다른 반감을 느끼지 못하는 이유다. 어차피 그런 게 없더라도 사람들은 규율을 잘 지키며 살아갈 것이기 때문이다.

규범화 권력은 사회의 숨은 권력이라고 할 수 있다. 그래서 어떤 학자는 이런 권력을 '미시 권력micro power'이라고 부른다. 이런 권력은 사회와 생활의 어느 영역이든 침투해 있지 않은 데가 없다. 이러한 권력은 많은 부분 근대의 산물이다. 그러나 이렇게 합리적으로 보이는 권력에 대해 푸코는 깊은 우려를 표한다. 모두가 규범에 따라 요구하는 방식으로 살아갈 때 진정으로 독립적이고 개성적일 수 있을까? 사람들은 진정으로 자기 자신을 표현할 수 있을까? 소위 '자아'라는 것도 실은 많은 부분 사회의 규범화 권력에 의해 만들어진다.

인터넷의 응시

✦✦✦

감시는 현대사회가 사람들을 통제하는 주요 수단이라는 것이 《감시와 처벌》의 핵심 관점이다. 그렇다면 이 책이 출간된 후로 반세기가 흐른 지금, 사회는 얼마나 달라졌을까? 사회의 규율과 훈육이 겉모습만 조금 바뀐 채 더 강력해지지는 않았나?

지금 우리가 사는 사회는 이미 무시무시한 '카메라 사회'가 돼 있다. 마트, 학교, 주택가, 도시의 거리 어디에나 전방위적으로 감시 카메라가 들어서 있다. 이 카메라들은 단순히 사람들의 행위만 기록하는 것이 아니라 감시의 역할도 수행하고 있다. 사람들은 카메라가 제대로 작동하고 있는지 어떤지 알지 못하더라도, 카메라가 설치돼 있는 곳에서는 일단 행동을 조심하는 경향을 보인다. 고속도로를 달리던 차량도 감시 카메라가 보이면 알아서 스스로 속도를 낮춘다. 감시 카메라라는 존재 자체가 감시·통제의 일부인 것이다.

그러나 푸코는 이런 감시 카메라의 감시·통제에는 아주 큰 부작용이 있다고 생각했다. 사람들은 자신이 감시당하고 있다고 의식하면, 모두가 똑같은 인격을 형성하게 된다. 저마다의 개성을 잃고 생각과 행동이 일치하게 되는 것이다. 사람들이 이렇게 되는 것은 모두의 마음속에 있는 두려움 때문이다. 카메라에 기록된 나의 어떤 행동이 어디에선가 함부로 폭로돼 처벌받게 될지 모른다는 두려움. 푸코는 이런 규율이 본질적으로 반反인성적이라고 말한다. 알게 모르게 사람들의 자유와 독립적 사고를 억누르기 때문이다. 사람들은 마치 로봇처럼 기계적으로 규율을 지키지만, 그럴수록 점점 더 자신만의 개성과 활력을 잃어버리게 된다.

지금은 카메라만이 아니라 인터넷 또한 최강의 규율 매체가 되었다. 누가 누구와 대화를 했고 어떤 웹페이지를 방문했는지, 어떤 쇼핑몰에서 어떤 상품을 구입했는지, 어디에서 어떤 위치 정보를 검색했는지, 사람들의 모든 흔적이 인터넷상에 기록돼 거대한 빅데이터를 이루고 있다. 사람들은 그저 다양한 정보가 흘러넘치는 사회에 살고 있는 것 같지만, 실은 많은 정보들이 사람들이 의식 못하는 사이에 통제되고 있다. 우리가 단순히 인터넷의 편리함을 누리고 있을 때 각 개인들은 사생활의 침범이라는 위험에 직면해 있다.

푸코는 인터넷을 사용하지 않았지만, 그의 이론은 여전히 유효하다. 지금의 인터넷 사회에 대해서는 니체의 명언을 그대로 빌어 형용해도 좋을 듯하다. "당신이 심연을 응시할 때 심연도 당신을 응시하고 있다."

더 읽으면 좋은 책

1 《감시와 처벌 : 감옥의 탄생》 미셸 푸코, 나남, 2020

2 《광기의 역사》 미셸 푸코, 나남, 2020

3 《말과 사물》 미셸 푸코, 민음사, 2012

4 《성의 역사 1, 2, 3, 4》 미셸 푸코, 나남, 2018~2020

5 《정신의학의 권력 : 콜레주드프랑스 강의 1973~74년》 미셸 푸코, 난장, 2014

6 《미셸 푸코, 1926~1984》 디디에 에리봉, 그린비, 2012

39

위르겐 하버마스
《의사소통행위이론》

인간의 이성은 단지 위성을
쏘아 올리기 위한 것인가?

‖ 대머리 지수 ‖

위르겐 하버마스

Jürgen Habermas, 1929~

모든 사람, 그중에서도 사상가에 대해 '차가운 두뇌와 뜨거운 가슴'이라고 형용하는 것은 그에 대한 최고의 찬사일 것이다. 또한 이것은 다른 누구보다도 우리 시대의 사회 이론가 하버마스에게 가장 적합한 수식어다.

— 나카오카 나리후미中岡成文,
《하버마스 : 의사소통 행위ハーバーマス— —コミュニケーション的行為》

들어가며

'이성'이라는 말은 '비이성'의 반대말로, 과학기술의 이미지와 연계돼 대체로 긍정적인 의미로 쓰인다. 그런데 이성, 그리고 이성적이라는 게 무엇일까? 사실 자세히 생각해 보면, 정확한 정의를 내리기가 쉽지 않다. 이성은 보통 판단이나 재량, 추리, 계획, 계산 등과 관련돼 있다. 우주과학 전문가가 비행물체를 화성으로 쏘아 올린 쾌거라든가 법률 전문가가 고안한 세밀한 법안 등이 모두 이성의 결과물이다. 그런데 과연 이런 게 이성의 전부일까? 사람들의 삶을 개선시켜온 이성의 정신이 인류 사회에 초래한 위기는 없는가?

20세기의 독일 철학자 위르겐 하버마스의 저서 《의사소통행위이론》은 인간의 이성에 대한 완전히 새로운 내용으로 채워져 있다. 그는 인간의 이성은 단순히 비행물체를 화성까지 쏘아 올리기 위한 능력만을 의미하지 않는다고 말한다.

인류는 왜 달에 가려고 하나?

❖❖❖

20세기에 인류가 이룩한 쾌거로 인간의 달 착륙을 꼽을 수 있다. 21세기에는 인간이 화성에 가게 될 가능성도 매우 높다. 그런데 한번은 어린 친구가 한 과학자에게 이렇게 물은 적이 있다. "지구상에는 아직도 굶어 죽는 사람이 많은데 왜 저렇게 많은 돈을 우주 탐사에 쓰죠?" 이 질문을 곱씹다 보면 한 가지 발견하게 되는 사실이 있다. 인류의 달 착륙은 달 착륙이라는 목표를 달성하기 위해 한 국가의 정치적 지도자가 각계의 과학자들을 소집해 방법을 강구한 결과라는 사실이다.

독일의 사상가 막스 베버에 따르면, 이런 식의 분업은 인간의 두 가지 이성을 암시한다고 한다. 그중 하나는 '도구적 이성'이라고도 하는 '목표 이성'이다. 도구적 이성은 특정 목표를 실현하기 위해 사용되는 하나의 도구일 뿐이다. 로켓 설계를 예로 들면, 과학자들이 궤도를 계산해서 일정을 계획하고 여러 우연적 요소를 고려해 대응 방안을 찾은 뒤에야, 마침내 사람을 그 로켓에 실어 달이나 화성으로 보낼 수 있다. 위의 각각의 단계마다 도구적 이성이 필요하다. 계몽주의 시대 이후 과학의 발전이 증명하듯, 인류가 도구적 이성을 다루는 능력은 빠르게 진보해왔다. 베버가 말하는 두 가지 이성 가운데 나머지 하나는 '가치 이성'이다. 가치 이성은 '인간은 왜 이런 일을 하는가'라는 물음에 답하고자 한다. '인간은 왜 우주를 탐사하고자 하는가?' 같은 물음이다. 도구적 이성은 이런 물음에 답할 수 없다. 모든 사람이 굶주리지 않는 것과 인류가 우주를 탐사하는 것은 각기 다른 종류의 가치를 지닌 일이기 때문이다. 기아 해결이 인간의 기본적인 필요와 복지에 관한 문제라면, 우주 탐사는 세계에 대한 인식과 호기심, 인류의 미래, 나아가 인간 자신이 처한 환경에 대한 기본 인식에 관한 문제다. 이런 두 가지 문제는 가치와 방향이 다를 뿐 서로 충돌하는 문제가 아니다. 우주 탐사가 지구의 기아 문제를 해결하는 데 실제로 도움이 될 수 있을까? 종교, 도덕, 전통, 미학 등이 바로 인류에게 가치 이성을 제공하는 영역이다.

가치 이성은 인간이 무엇을 해야 하는가, 무엇을 하면 안 되는가에 대해 말하고, 도구적 이성은 인간이 무엇을 할 수 있는가, 어떻게 해야 하는가에 대해 말한다. 이후로 프랑크푸르트학파 학자들은 막스 베버의 도구적 이성과 가치 이성이라는 구분을 더욱 발전시켜나갔다. 그들은 최근 수세기 동안 인간의 도구적 이성은 과도하게 발전해온 반면, 가치 이성은 거대한 위기에 직면해 있다고 지적한다. 그들은 왜 이렇게 말할까? 20세기에 과학기술 방면에서의 발달은 주로 군사 영역에서 이루어졌다. '제1차 세계대전' 기간 중에는 기관총과 군용 비행기, 독가스, 탱크, 잠수함 등이 만들어졌고, '제2차 세계대전' 중에는 초특급 살인무기인 원자탄이 개발되었다. 나치 독일의 등장은 차라리 풍자에 가까운 사례다. 이렇게 인간의 도구적 이성이 극도로 발휘되고 있는 동안, 가치 이성은 흔적도 없이 사라져버렸다. 전쟁이 다 끝나고 나서, 나치 전범들은 대체 어떻게 110만 명의 사람들을 아우슈비츠로 보낼 수 있었는가에 대해 논할 때 누군가 모골이 송연해지는 대답을 내놓았다. 어쨌거나 "그것이 기술적으로 가능"했기 때문이라는 것. 도덕적으로 그것이 정당한가에 대해서는 아무도 묻지 않던 것이다. 프랑크푸르트학파 학자인 막스 호르크하이머Max Horkheimer는 "인간의 인성은 두 개의 다리와 같다. 계속 이대로 가면 한쪽 다리는 퇴화하고, 다른 쪽 다리만 극도로 가늘게 길어지기만 할 것"이라면서 "가치 이성의 제약과 통제 없이 도구적 이성만 발달할 경우 인류의 미래는 너무나 우려스럽다"라고 말했다. '제2차 세계대전' 이후 나타난 일련의 문제들, 즉 냉전 중의 핵무기 경쟁과 환경오염, 지구온난화 등은 철학자들의 이런 우려를 증명해 보이고도 남는 듯하다.

하버마스와 《의사소통행위이론》

❖ ❖ ❖

프랑크푸르트학파에 속하는 위르겐 하버마스는 '제2차 세계대전' 이후 가장 국제적 영향력이 큰 학자다. 그러나 하버마스의 위상에 대해 논하는 것은 쉬운 일이 아니다. 그는 독일의 2세대 프랑크푸르트 학자로, 마르크스 철학 전통의 영향을 받아 적극적으로 사회에 개입하고자 했다. 그는 학술을 연구하는 목적은 단순히 이해하고 서술하는 것이 아니라 사회를 비판하고 바꾸어나가는 것이라고 생각했다. 현재 그는 90세가 넘은 고령이지만, 여전히 명석한 사고로 활발하게 활동하고 있다. 일반적으로 학자들은 냉정한 두뇌를 가지고 있지만, 혁명가나 종교인처럼 뜨거운 심장을 가진 행동파는 드물다. 프랑크푸르트학파 학자들은 '깊은 사유'와 '적극적 행동'이 결합된 학자를 모범으로 여기는데, 하버마스가 바로 정확히 이러한 모범에 해당한다.

하버마스는 인간의 이성에 대한 사고를 이어나가는 동시에, 이성에 대한 과거의 이해를 수정하고 보충한다. 그의 이런 사고는《의사소통행위이론》에 집중돼 있다. 하버마스는 다른 대부분의 서양 철학자들과 마찬가지로 인간의 이성을 일상생활과 과학 활동의 최종 기반으로 삼았다. 그런데 그전에 현대인의 '이성병증理性病症'을 교정하고자 했다. 그는 먼저 이성에 대해 체계적으로 정리하는 한편, 현대사회의 문제가 어디에 있는지 발견하고, 해결의 대안으로 '소통 이성'이라는 완전히 새로운 개념을 제시했다. 하버마스는 "일상에서 자기 자신을 실천하고자 할 때 소통 이성이 억눌리고 왜곡당하고 분쇄당하는 바로 그 지점에서 소통 이성의 완강한 목소리를 발견하게 된다"라고 말한다. 그렇다면 그가 말하는 소통 이성이란 무엇이며, 어떻게 현대인의 이성병증을 치료할 수 있다는 것일까?

소통 이성이 무엇인지 이해하기 전에, 먼저 다음의 사회학적 질문에 대답해보자. 인류의 기본적인 행위 유형으로는 무엇이 있을까? 하버마스는 이전까지의 사회학 이론을 계승하면서 인간의 행위 유형을 다음과 같이 분류한다.

첫째, 목적론적 행위다. 목적론적 행위는 일정한 상황하에서 가장 유효한 수단과 합당한 방법을 사용해 특정 목적을 달성하는 행위다. 이것은 막스 베버가 말한 도구적 이성의 가장 고도화된 형태다. 목적이 뚜렷할 때는 그 목적을 이루기 위한 최적의 방법을 찾는 것이 가장 중요한 문제가 된다. 목적론적 행위는 우리의 일상에서 아주 흔하게 볼 수 있다. 외출만 해도 그렇다. 외출이라는 것은 일단 목적지가 있고, 그 목적지에 도착하기 위한 최적의 교통수단을 택해서 이동하는 행위다.

둘째, 규범적 행위다. 이런 행위는 완전히 독립적인 존재가 아닌, 사회에 속해 있는 인간의 행위다. 인간이 사회에 속한 구성원이라는 것은 그 인간의 행위가 공동의 가치를 지향하고 있음을 의미한다. 규범은 크게는 도덕규범에서 작게는 생활 예절에 이르기까지 사회 구성원들이 공유하는 공통 인식에 해당한다.

셋째, 표현적(연극적-옮긴이) 행위다. 우리가 무대 위에 오른 배우라면, 자신이 맡은 역할을 연기하기 위해 자신의 원래 성격과 감정은 잠시 덮어둘 필요가 있다. 우리는 모두 사회에서 일정한 역할을 맡고 있다. 타인에게 자신의 가장 솔직한 모습을 다 드러내고 사는 사람은 세상 어디에도 없을 것이다. 한때 중국에는 "인생은 한바탕의 연극이다. 그러므로 연기력이 매우 중요하다"라는 농담이 유행한 적 있다. 사회적 인간에게 연극적(표현적) 행위가 얼마나 중요한지에 대한 웃픈 조롱이다.

넷째, 의사소통 행위communicative action다. '커뮤니케이션'으로도 번역할 수 있는 '의사소통'은 언어를 통해 관계를 다져나가는 과정을 의미한다. 의사소통 행위의 목적은 소통 이성을 통해 상호 이해의 기초

위에서 서로의 계획과 행위를 조율하는 것이다. 하버마스의 의사소통 행위 이론의 핵심은 외부로부터의 강제가 없다는 전제하에 서로 간의 공통 인식에 도달하는 것이다. 다시 말해, 한쪽이 다른 한쪽을 설득해서 어느 한쪽이 상대방의 관점이나 입장을 받아들였다면, 그들은 애초의 서로 다른 주관적 입장을 극복하고 상호 이해와 합의에 도달한 것이다. 한 가지 예를 들어보자. 사장이 직원에게 "차 한 잔만 가져와"라고 말했다. 직원의 솔직한 마음은 사장에게 차를 갖다주기 싫다. 하지만 사장은 그의 연봉과 승진을 결정할 권력을 가지고 있다. 그래서 직원은 할 수 없이 사장이 시킨 대로 했다. 이런 것은 의사소통 행위가 아니다. 이것은 사실상 사장이 '돈으로' 직원의 서비스를 구매한 것에 해당하기 때문이다. 즉 목적론적 행위인 것이다. 그런데 만약 어떤 젊은이가 노인에게서 '자신의 경험과 늙는다는 것에 대한 이야기'를 듣고 감명받아 그 노인에게 존경심이 들어서 기꺼이 차 한 잔을 가져다주었다면, 이것이 바로 의사소통 행위다. 한쪽이 상대방의 관점을 진심으로 수용해 기꺼이 설득되었으므로 의사소통 행위가 이루어진 것이다.

그러므로 도구적 이성과 소통 이성은 근본적으로 다르다. 하버마스는 도구적 이성의 목적이 점유라면, 소통 이성의 목적은 커뮤니케이션을 통한 문제 해결이라고 말한다. 소통 이성의 가장 기본적인 목표 가운데 하나는 타인을 설득해서 자신의 관점과 입장을 받아들이게 함으로써 공통 인식에 이르는 것이다. 의사소통 행위에는 대체 불가능한 기능이 있다. 우리는 의사소통을 통해 생각을 나누고 상대방의 이해를 얻게 되며, 문화전통을 갱신하고, 언어를 통해 사람 간의 관계를 조율할 수 있다. 그러므로 언어는 의사소통 행위의 핵심이다. 의사소통 행위가 이루어지기 위해서는 모든 개인이 서로 동등하며, 각 개인은 '합리적'으로 말할 능력이 있어서 이성으로 상대를 설득할 수 있어야 한다. 그래야만 이상적인 의사소통이 이루어질 수 있다.

생활세계의 식민화

+ + +

하버마스가 의사소통 행위에 대해 논하는 부분은 단순 서술이라기보다 현대사회에 대한 비판에 가깝다. 그는 인간의 생활세계가 여러 '전통'에 의해 제약받고 있다는 것을 발견했다. 그중에서 가장 강력한 것은 경제체제와 관료정치였다. 경제체제와 관료정치라는 시스템은 본래 국민을 위해 존재하는 것이어야 하지만, 현대사회에는 바로 이런 시스템에 의해 '생활세계'가 통제되고 있었다. 바로 이것이 그가 말한 '생활세계의 식민화'이다. 이런 상태에서는 의사소통이 이루어져야 할 공간을 목적론적 행위가 주도하게 된다. 사람들은 서로의 소통 이성을 통해 목표에 도달하는 것이 아니라, 금전과 권력을 통해 목적을 달성하려고 하게 된다. 하버마스는 경제와 관료가 우리의 생활세계를 심각하게 침식하고 있다는 것은 물론, 사적 영역과 공적 영역 모두에서 나타나서는 안 될 그림자가 어른거리는 것을 보았다. 교육의 영역을 예로 들어보자. 이미 대다수 학생들은 자신의 지적 관심사에 따라 대학 전공을 택하는 것이 아니라, 오로지 미래에 높은 연봉을 받을 만한 직업을 갖기 위한 수단으로 특정 전공을 택하고 있지 않은가? 이것은 금전과 권력이 이득으로 매수하고 공포를 주입하고 있는 것이다. 이에 대해 하버마스는 제3의 방법인 설득을 대안으로 제시한다. 아아, 그런데 이건 너무 낙관적인 생각 아닐까?

더 읽으면 좋은 책

1 《의사소통행위이론 1 : 행위합리성과 사회합리화》위르겐 하버마스, 나남, 2006
2 《사실성과 타당성 : 담론적 법이론과 민주적 법치국가 이론》위르겐 하버마스, 나남, 2007
3 《공론장의 구조변동 : 부르주아 사회의 한 범주에 관한 연구》위르겐 하버마스, 나남, 2001

5장

내면으로 돌아가
자아 발견하기 :

우리들 자신은
어떻게 살아야 하는가

40

소크라테스
《파이돈》

인간의 영혼은
무엇을 위해 존재하는가?

‖ 대머리 지수 ‖

소크라테스

Socrates, 기원전 470~399

진정으로 철학을 추구한다는 것은 죽음을 배우는 것, 죽음의 상태를 배우는 것이다.

— 소크라테스, 《파이돈》

들어가며

당신은 만약 오늘 밤 죽게 된다면, 남은 시간 동안 가장 하고 싶은 일이 무엇인가? 가족들과의 마지막 인사? 한 상 가득 즐기는 만찬? 고대 그리스의 철학자 소크라테스는 죽음을 앞둔 반나절 동안 차분히 영혼의 불멸에 대해 논증했다. 소크라테스가 이렇게 한 것은 종교인들처럼 영생불사를 추구해서가 아니라 진리를 알기 위해서였다. 소크라테스는 일생에 걸쳐 '지혜를 사랑하는' 사명을 다했고, 그의 죽음은 인류의 문화와 역사에서 장렬하고도 화려한 한 획을 그었다. 그렇다면 소크라테스가 이해한 영혼은 무엇이었을까? 인간은 왜 영혼을 필요로 하는가?

소크라테스의 세 가지 면모

❖❖❖

소크라테스는 서양 철학사와 인류 문명사에서 대단히 중요한 인물이다. 그의 외모는 상당히 추했다고 알려져 있다. 평평한 코에 넓은 콧구멍, 튀어나온 두 눈, 두꺼운 입술, 불룩한 배…. 이런 소크라테스는 광장에서 사람들과 대화하는 데 가장 열심이었다. 그는 모르는 사람에게 다가가 괴상하고도 난해한 질문을 던져댔다. 상대가 대답하지 않아도 계속 쫓아다니면서 물었다. "정의란 무엇입니까?" "용기가 뭐라고 생각하시나요?" 그러나 소크라테스의 제자인 플라톤의 묘사에 따르면, 세상 모든 사람들에게 질문을 던지고 논변하던 소크라테스는 그 시대의 가장 총명하고 정직한 인물이었다고 한다.

후대의 철학자들은 소크라테스에게서 세 가지 중요한 면모를 발견했다. 그중 첫 번째는 '전기가오리'다. 전기가오리는 심해에 사는 물고기로, 다른 물고기에게 다가가 전기를 일으키는 습성이 있다. 소크라테스의 질문을 받은 사람들이 순간적으로 할 말을 잃고 어안이 벙벙해지거나 충격을 받고 당황스러워하는 모습은 바다 속에서 전기가오리에게 감전당한 물고기와 비슷해 보인다. 두 번째는 '등에'다. 등에는 다른 짐승을 깨물어 피를 빨아먹고 사는 벌레다. 이것은 소크라테스 자신의 사명에 대한 비유이기도 하다. 그는 철학자를 등에에, 도시국 가를 혈통 좋은 살찐 말에 비유했다. 그는 철학자들은 끊임없이 정치 공동체를 일깨워야 할 의무와 책임이 있다고 생각했다. 그러므로 스스로 만족스럽게 여기며 우쭐대거나 제자리걸음하는 것은 금물이다. 마지막 세 번째는 '생각의 산파'다. 이것은 철학자들 스스로도 가장 이상적으로 여기는 역할이다. 소크라테스는 철학자들이 대중을 진리에 대한 갈망으로 이끌어야 한다고 생각했다. 소크라테스는 때로 잔인한, 때로는 오만불손한 방식으로 사람들이 내심 품고 있는 생각을 과감히 밖으로 끄집어내게 만들었다. 소크라테스는 교육을 받지 않은 사람은 물론, 노예이거나 어린이라 해도, 마음속에 이미 품고 있는 대답이 있는데도 스스로 그 사실을 인지하지 못하고 있을 뿐이라고 생각했다. 배움이란 결국 자기 자신을 발견해나가는 과정이다.

'철학'이라는 말은 '지혜를 사랑한다'는 뜻이다. 지혜를 사랑하는 사람은 영원히 질문과 생각을 멈추지 않는다. 그러나 소크라테스의 고심에 찬 노력은 당시의 아테네 사람들에게 전혀 받아들여지지 않았다. 아테네 사람들에게 소크라테스는 전기가오리와 등에처럼 기분이 나빠 피하고만 싶은 대상이었다. 그래서였을까. 소크라테스는 결국 아테네 시민들의 손에 사형을 당하고 말았다. 기원전 399년의 어느 봄, 아테네 시민이었던 멜레토스, 아뉘토스, 리콘은 소크라테스를 법정에 고발하면서 그의 죄상을 다음과 같이 열거했다. 첫째, 소크라테스는 아테네에서 공인한 신들을 인정하기를 거부했다—신성모독

죄. 둘째, 소크라테스는 위험한 사상을 퍼뜨려 청년들에게 해를 끼치고 있다. 그러므로 이런 자는 사형에 처해져야 한다.

당시의 아테네의 법률에 따르면, 그의 유죄 여부와 사형 여부는 아테네 남성 시민 501인으로 이루어진 배심원단이 최종 판정을 하게 돼 있었다. 판정은 세 단계에 걸쳐 이루어졌다. 원고가 공소를 제기하면, 피고가 자신의 무죄를 변론한 뒤, 배심원단이 피고의 유죄 여부에 대한 투표를 진행한다. 이후 피고의 유죄가 확정되면, 원고는 피고가 어떤 처벌을 왜 받아야 하는지에 대해 설명하고, 마지막으로 피고는 그중에서 자신이 받기 원하는 종류의 처벌을 선택할 수 있었다.

소크라테스는 결국 사형 판정을 받았지만, 처형을 피하자면 피할 수도 있었다. 이를테면, 법정이 열리기 전에 도망쳐도 됐다. 당시에는 이런 일이 꽤 흔했다. 아니면, 자기 변론 과정에서 과장스럽게 뉘우치는 말을 함으로써 배심원단의 동정을 사는 방법도 있었다. 그러면 비록 유죄는 확정되었더라도, 그에 대한 처벌로 사형은 면할 수 있었다. 그러나 소크라테스는 이런 방법을 모두 택하지 않았다. 그는 배심원단 앞에서 마치 죽으려고 작정한 사람처럼 거침없이 직설적으로 자신의 생각을 쏟아냈다. 그는 두 번째 변론을 마친 뒤에도 사형을 면하려 하지 않았다. 이렇듯 자신의 죄를 조금도 인정하지 않는 고집스러운 모습은 배심원단의 분노에 불을 질렀고, 결국 소크라테스는 사형이라는 비극에 처하고 말았다.

《파이돈》: 철학이란 죽음을 연습하는 것

❖❖❖

"사람이 죽음을 앞두고 하는 말은 가장 진실하다"라는 말이 있다. 플라톤의 대화록 가운데 《파이돈》은 소크라테스의 일생 가운데 마지막 하루의 언행을 기록한 것이다. 이날 새벽, 파이돈과 소크라테스의 제자들은 스승을 면회하러 감옥으로 갔다. 이날은 소크라테스의 사형을 앞두고 있었기에 모두의 마음이 무거웠다. 그러나 정작 소크라테스 본인은 세상을 떠난다는 서글픔이나 괴로움이라고는 하나도 없이, 편안하고 차분하게 죽음에 대한 자신의 생각을 이야기할 뿐이었다. 그리고 이날, 그는 훗날 세세대대로 전해 내려질 "철학은 죽음을 연습하는 것"이라는 유명한 말을 남긴다. 바로 혼란과 괴로움으로 뒤숭숭한 친구들과 제자들에게, 소크라테스는 죽음에 대한 정의를 내리고 죽음에 대한 자신의 생각을 이야기했다.

그 시대의 그리스인들은 '죽음이란 영혼과 육체가 분리되는 것'이라고 생각했다. 철학자들은 대체로 물질적 향락이나 애정에 무관심했고, 소크라테스 역시 진정한 철학자의 관심은 오직 영혼이라고 생각했다. 소크라테스는 이 세상에는 절대적인 선, 절대적인 아름다움, 절대적인 정의가 존재하지만, 이러한 절대적 지식은 육체의 감각기관으로는 파악하기 어렵다고 말했다. 오히려 육체에는 병이 들고 번뇌가 생겨나며 욕망에 시달린다. 육체는 인간과 진리 사이에 놓인 무거운 장애물이다. 그러므로 인간은 최대한 육체의 간섭에서 벗어나, 육체의 감각기관으로는 얻을 수 없는 지혜에 다가가야 한다. 이를 실현시켜줄 죽음은 육체와 영혼의 철저한 분리다. 가장 순수한 영혼은 가장 순수한 진리를 의미하므로 죽음의 순간은 사실 철학자들이 평생 열망해온 순간이라고도 할 수 있다. 그래서 소크라테스는 '철학자는 항상 죽음을 연습하는' 존재라고 했던 것이다.

그런데 만약 영혼이 그저 흩어져버리는 것이라면, 영혼은 육체와 분리된 후에 연기처럼 그냥 사라져버리는 건 아닐까? 그렇다면 '순수한 진리를 추구'하는 게 다 무슨 의미일까? 그래서 소크라테스는 영혼불멸이라는 핵심 명제를 논증하고자 했다. 소크라테스의 영혼불멸 논증은 세부적으로 상반상생相反相生 논증, 기억 논증, 본질 논증으로 나눌 수 있다.

먼저 상반상생 논증을 통해서는 죽은 자의 영혼이 또 다른 세계에 존재함을 증명할 수 있다. 세상 만물은 모두 상반되는 대립물이 존재하며 그것들은 서로 바뀌기도 한다. 큰 것은 작은 것이 변해서 커진 것이고, 빠른 것은 느린 것이 변해서 빨라진 것이며, 약함은 강함이 변해서 약해진 것이다. 마찬가지로 생과 사는 서로 대립적인 동시에 그 반대의 것으로 변할 수도 있다. 마치 대자연의 사계절 순환처럼. 만약 태어났다가 죽은 사람만 있고 죽었다가 다시 태어난 사람은 없다면, 세상 만물은 모두 죽어가기만 할 것이므로 살아 있는 것이라고는 하나도 남지 않게 될 것이다.

기억 논증을 통해서는 사람이 태어나기 전부터 영혼이 존재함을 증명할 수 있다. 이것은 대단히 기묘한 논증이기도 하다. 소크라테스의 정의에 따르면, '기억'이란 인간 자신이 본래 가지고 있던 지식을 회복한 것이다. 이러한 지식은 태어나기 전부터 갖고 있던 것이지만, 이 세상에 태어나는 순간 모조리 잊어버렸다가, 후에 구체적인 사물을 하나하나 지각함으로써 이전의 지식들을 회복해나간다. 좀처럼 이해하기 어려운 이런 논증을 대체 어떻게 이해해야 할까? 소크라테스가 말하는 '기억'은 '연상' 내지 '상기'에 가까운 것이다. 누구나 죽은 가족의 유품을 보는 순간, 그 물건의 주인이었던 가족을 떠올리게 되듯이 말이다. 그와 마찬가지로 인간은 경험을 통해 구체적인 사물을 지각할 때 자신의 머릿속에 원래 있던 절대적, 추상적 개념이 떠오르게 된다. 사람들이 다리가 네 개이면서 빠르게 달리는 동물을 보면서 "이것은 말"이라고 할 때, 그것은 자신의 머릿속에서 '말'에 해당하는 추상적 개념을 떠올렸다는 뜻이다. 이러한 추상적, 절대적 개념에는 진, 선, 미, 정직, 신성함 등도 포함된다. 인간은 청각, 시각 등의 감각으로 사물을 지각하기 전에 이미 '절대적 지식'을 가지고 있기 때문에 어떤 사물에 대해 "그것은 서로 같다"라거나 "아름답다"라고 말할 수 있는 것이다. 이를 통해 우리는 인간이 태어나기 이전에 이미 영혼이 존재하고 있었음을 미루어 알 수 있다.

그러나 소크라테스의 제자들과 친구들은 여전히 논쟁을 그치지 않았다. 그들은 소크라테스가 인간이 태어나기 전에 영혼이 존재했다는 것을 증명했다 해도, 그것이 곧 영혼이 육체와 분리된 뒤에도 소멸하지 않음을 증명할 수는 없다고 생각했다. 그래서 소크라테스는 마지막으로 본질 논증을 제시했다. 소크라테스는 어떤 사물이 복합적인, 즉 합성된 것이 아니라면, 그것은 시종여일하고 영구불변하는 것이라고 말한다. 예를 들어, '진정한 선' '진정한 아름다움'과 같은 절대적 본질은 단일하고 독립적이므로 변화하지 않는다. 그러나 합성된 것은 분해될 수 있다. 그래서 수레나 의복, 육체 등은 계속해서 상태가 변

471

화하는 것이다. 반면 영혼은 단일하며 분해가 불가능하다. 이상의 유추를 통해 영혼은 인간이 죽은 뒤에도 여전히 존재한다는 것을 알 수 있다.

숙고하지 않은 삶은 살 가치가 없다
❖❖❖

고대 로마의 철학자 키케로Cicero는 소크라테스에 대해 이렇게 말했다. "소크라테스는 철학을 천상에서 지상으로 끌어내리고 사람들이 사는 도시와 가정에 안치시켜 사람들이 삶에 대해, 도덕에 대해, 선과 악에 대해 탐구할 때마다 꼭 필요한 것으로 만들었다." 여기서 '천상에서 지상으로'라는 표현이 대단히 상징적이다. 소크라테스 이전에도 고대 그리스에는 여러 철학자들과 철학 유파가 존재했다. 그러나 그들의 주된 관심사는 자연의 근원, 변화, 항구성 등 모두 자연에 관한 문제였다. 서양 철학사에 최초로 이름이 등장하는 탈레스는 대지 위를 흐르는 물에서 만물이 형성되므로 세계의 근원은 물이라고 생각했다. 밀레토스학파의 아낙시메네스Anaximenes는 공기가 응결해 물이 되고, 물이 다시 응결해 흙이 되므로 만물의 근원은 공기라고 생각했다. 피타고라스Pythagoras는 수數야말로 영원불멸하고 조화로우며 안정적이므로 만물의 근원은 수라고 생각했다. 이렇듯 이 시기의 자연철학자들은 인간의 내면이나 영혼 같은 문제에 별 관심을 두지 않았다. 그러나 소크라테스는 그들과 반대였다. 소크라테스의 영혼에 관한 토론에는 혁명적인 의의가 있다. 소크라테스에게 영혼이란 "우리 안에 있는 것"이었다. 인간은 영혼이 있기에 지혜로움과 어리석음, 선량함과 사악함을 구분한다. 육체가 아닌 영혼으로 인해 모든 사람은 유일무이한 존재일 수 있다. 영혼은 인간에게 선악을 인식하게 하고 그에 따라 행동하게 해, 악함을 피해 선행을 할 수 있게 한다. 그렇기 때문에 영혼은 도덕과 사상의 토대가 되는 것이다.

또한 우리는 영혼이 있기에 인식할 수 있다. 소크라테스가 《파이돈》에서도 말했듯, 모든 인간은 자신의 영혼을 돌봐야 한다. 영혼을 돌본다는 것은 이성적 사유 능력과 이성적 행동 능력을 배양하는 것이다. 현대인에게 익숙한 도구적 이성은 소크라테스가 말하는 이성과는 다른 것이다. 소크라테스가 말하는 이성은 지식에 대한 성찰이자 욕망에 대한 절제다. 그러므로 이성적으로 생활하고 있지 않다면, 자신의 영혼을 돌보는 책임을 다하고 있지 않은 것이다. 소크라테스는 이렇게 영혼 개념을 통해 인식론과 윤리학을 만나게 했다.

사람들은 진, 선, 미와 같은 기본 가치를 추구하기를 좋아한다. 그런데 소크라테스는 영혼 개념을 통해 진과 선 사이에 둘을 잇는 다리를 놓았다. 그는 또 악행은 무지 때문이거나 선에 대한 잘못된 판단 때문이라고 보았다. 소크라테스는 인간이 악을 행하는 것은 인간 스스로 그것을 원해서라기보다 올바른 지식이 결여돼 있어서라고 생각했다. 이것은 다른 말로 하면, 도덕과 지식의 통일이라고도 할 수 있다. 소크라테스가 만든 영혼 개념은 장장 2천여 년에 걸쳐 유럽을 통치했다. 소크라테스의 영혼 개념이 있었기에 영혼의 무게를 재려고 시도하는 사이비 과학이 등장하기도 했고, 영혼에 대한 편견과 선입견에 차 있는 종교는 버려지기도 했다. 다시 키케로의 말로 돌아와보

자. 소크라테스는 철학을 천상에서 지상으로 끌어내렸을 뿐 아니라 철학을 외부 세계에서 인간의 마음속으로 옮겨왔다고도 할 수 있다.

당신은 어떤가, 소크라테스가 말한 의미대로 자신의 영혼을 돌보고 싶어지는가?

더 읽으면 좋은 책

1 《플라톤 전집》플라톤, 숲, 2019

2 《플라톤의 대화 편》플라톤, 창, 2008

3 《그리스 비극 : 아이스킬로스 편》아이스킬로스, 현암사, 2006

4 《아리스토파네스 희극 전집 세트》아리스토파네스, 숲, 2010

5 《메난드로스 희극》메난드로스, 숲, 2014

6 《소크라테스 회상록》크세노폰, 숲, 2018

7 《소크라테스의 변명·크리톤·파이돈·향연》플라톤, 현대지성, 2019

41

마르쿠스 아우렐리우스
《명상록》

난세에 마음의 평온을
얻는 법

‖ 대머리 지수 ‖

마르쿠스 아우렐리우스

Marcus Aurelius Antonius, 121~180

사람이 3천 년, 아니, 3만 년을 산다 해도, 기억하라, 그가 잃을 수 있는 것은 다른 무엇도 아닌 지금 영위하고 있는 그 삶이고, 지금 누릴 수 있는 것 또한 다른 무엇도 아닌 지금 잃어가고 있는 그 삶이다.

— 아우렐리우스, 《명상록》

들어가며

당신도 매일매일 바쁘고 정신이 없는가? 전화 업무를 끝내고 나면 또다시 전화벨이 울리고, 이메일을 다 처리하자마자 또다시 이메일이 오고… 돌아서면 나를 기다리고 있는 일이 매일매일 산더미. 하루 24시간 내내 대기 모드에, 1년 365일 중에 하루도 제대로 쉬는 날이 없는데 혹 날씨가 안 좋거나 담당자와 호흡이 안 맞기라도 하면, 재료가 빈다든가 하는 돌발 변수라도 생기면 일은 또다시 엉망진창… 아, 그냥 내가 어딘가로 사라져버렸으면 좋겠다.

서양 철학사에 우리만큼이나 바쁘고 번뇌에 찬 황제가 있었다. 언제나 마음의 평온을 추구했던 그 황제는 고대 로마의 마르쿠스 아우렐리우스. 오늘날 이탈리아로 여행을 가면, 캄피돌리오 언덕에 있는 아우렐리우스 청동 기마상을 볼 수 있다. 그런데 아우렐리우스에게는 로마제국의 황제라는 것 외에 스토아학파 철학자라는 또 다른 신분이 있었다. 아우렐리우스는 일평생 말을 타고 전장을 누비는 틈틈이 깊은 사유로 자아를 치유하고, 그 사유의 기록을 글로 남겼다. 훗날 이 기록을 묶어 탄생한 책이 바로 아우렐리우스의 《명상록》이다.

지금 이 순간에 집중해야 평온을 얻는다

✦✦✦

마르쿠스 아우렐리우스는 161년에 황위를 계승하면서 로마제국의
'5현제' 가운데 마지막 황제가 되었다. 5현제의 문치와 무공은 로마제
국에 장장 60여 년간의 평화를 가져다주었다. 이 시기 로마제국의 영
토는 가장 넓게 확장돼 동으로는 메소포타미아, 서로는 브리튼, 남으
로는 사하라 사막, 북으로는 흑해 북안에 이르렀고, 지중해는 로마제
국의 내해가 되었다.

아우렐리우스는 이토록 막대한 로마의 강역을 이어받았지만, 그의
재위 기간은 로마제국의 성쇠 교차기에 있었다. 아우렐리우스의 통치
기간 내내 전쟁은 끊이지 않았다. 특히 로마제국의 국경은 상시적으
로 이민족의 침략에 시달렸다. 자연재해와 인재도 끊이지 않았다. 아
우렐리우스는 이렇게 천지사방이 위태로운 상황에서, 로마의 영토를
지켜내기 위해 평생을 보냈다 해도 과언이 아니다. 누군가가 과거로
돌아가 아우렐리우스에게 소원이 무엇이냐고 묻는다면, 그는 아마도
"조용히 평온을 누리고 싶다"라고 답할지 모르겠다.

어떻게 하면 '조용히 평온을 누릴' 수 있을까? 세상일로부터, 타인의 생각에서도 물러나 차분히 내면을 관조하는 것 등 《명상록》에는 아우렐리우스의 보물 같은 제안이 가득 담겨 있다. 그중 '마음의 평온'을 얻는 근본 원칙은 '지금 눈앞의 일에만 집중하는 것'이다. "모든 사람은 지금 이 순간을 살 뿐이다. 지금 이 순간은 삶에서 따로 떼어낼 수 없는 것이다. 그 외의 나머지는 이미 지나갔거나 아직 오지 않은 것이다."

아우렐리우스에게 전투의 호각 소리는 언제 어디서 울려올지 알 수 없는 것이었다. 과거의 영광이나 실패만 떠올리고 있거나 아직 오지 않은 미래에 불안해하며 전전긍긍하기만 하면, 어떻게 전쟁 상황을 냉정하게 판단할 것이며 어떻게 자기 자신을 똑바로 볼 수 있겠는가? '지금 이 순간을 살기' 위해서는 이성과 도의를 따르며 굳은 의지를 견지해야 할 뿐 무의미한 일이나 환상에 사로잡혀서는 안 된다. 바로 이렇게 말하는 아우렐리우스처럼.

너는 세차게 밀려오는 파도 앞의 암초처럼 굳게 서라. 암초는 미동도 하지 않은 채 주변 사방의 난폭한 파도를 길들이고 있다. 너는 지금 나와 같은 불행이 너에게 닥칠까 두려워하고 있다고 들었다. 그러나 그것은 틀린 말이다. 나는 과거의 일에도 불구하고 쓰러지지 않았고, 미래의 일은 하나도 두렵지 않은 행운아다. 누구나 불행을 당할 수 있지만, 모두가 기꺼이 직면하고 타협하지 않으면서 조금도 원망하지 않을 수 있는 것은 아니다.

아우렐리우스에게 인생의 목표는 좋은 것 좀 얻었다고 기뻐 들뜨지 않고, 자신의 일로 슬퍼하거나 비관에 빠지지 않는 자족自足이었다.

삶에는 휴식이 있어야 한다

❖❖❖

《명상록》은 아우렐리우스가 전쟁터에서 돌아와 잠시 쉬는 동안에 쓴 글이다. 어떤 의미에서는 그가 전쟁 중에 '하루 세 번 자신을 돌아보며吾日三省吾身(공자의 제자인 증자가 한 말―옮긴이)' 쓴 일기라고도 할 수 있다. 비록 그 자신은 제국의 전란에 휩싸일 수밖에 없는 운명이었을지라도, 《명상록》에서 그는 "삶에는 휴식이 있어야 한다"라고 스스로에게 훈계한다.

아우렐리우스가 말하는 휴식은 현대인의 휴식처럼 할 일 없이 한가롭게 보내는 시간이 아니라 인간의 내면이 마땅히 지녀야 할 상태, 즉 평온을 가리킨다. "행동에서는 꾸물거리지 말고, 대화에서는 횡설수설하지 말며, 생각에서는 모호하게 하지 말라. 너의 혼이 자체 속에만 갇혀 있게 하지도 말고 자신의 궤도를 이탈해서 제멋대로 날뛰게 두지도 말라. 너의 삶에서 어느 정도 여유를 가져라."•

마음의 평온tranquillity은 스토아학파에서 가장 중시한 핵심 가치다. 스토아주의자들은 현실의 불안과 혼란에서 벗어나 진실하고 소박한 내면의 상태로 돌아오고자 했다. 고대 중국에서 출세를 위해 아등바

• 마르쿠스 아우렐리우스, 《명상록》, 박문재 역, 현대지성, 2018년, 168쪽.

등하지 않고 산림에 은거하며 자신의 성품을 지키고 소박하게 살았던 은사의 기풍과 비슷하다 할 수 있을까. 그러나 아우렐리우스는 이런 은사들의 행동도 고루하다고 평가할 듯하다. "사람은 언제든지 자신의 마음속으로 물러나 숨을 수 있기 때문이다. 이 세상에 자신의 영혼 속보다 더 조용하고 평온한 은신처는 없다. 자신의 마음속에 깊은 골짜기를 품고 있다면, 정신을 집중해 그저 바라보는 것만으로도 마음의 평온을 얻을 수 있다." "큰 은자는 조정과 저잣거리에 숨고, 작은 은자는 숲속에 숨는다大隱住朝市, 小隱入丘樊(백거이白居易의 시 〈중은中隱〉의 한 구절-옮긴이)"라고 했던가. 아우렐리우스의 평온이 훨씬 더 철저했던 것은 차마 산으로 들어가 은거할 수 없는 일국의 제왕 신분이었기 때문일 것이다. 그는 마음의 평온을 얻기 위해 자신의 도덕적 자질, 개인 수양, 책임, 지식, 행동 습관 등을 철저히 돌아보았다. 스스로에게 물어 아무런 부끄러움도 없을 때 그의 마음은 진정으로 평온할 수 있었다.

인간은 우주에 잠시 머물다 가는 나그네
❖❖❖

그렇다면 아우렐리우스가 말하는, 마음의 평온을 얻는 방법은 무엇일까? 아우렐리우스에게 그것은 어떻게 생각하느냐의 문제였다. "행복은 생각의 질에 달려 있다." 그러나 이것을 행복도 평온도 멋대로 지어내 그대로 믿어버리기만 하면 그만이라는 아Q식 정신 승리와 혼동해서는 안 된다. 아우렐리우스는 자신의 삶이 로고스의 인도를 받도록 하는 것을 최고의 준칙으로 삼았다. 마음의 평온을 얻기 위해서는 우주 안에서의 자신의 위치를 올바르게 하고, 우주와 자신의 관계를 바르게 인식해야 한다. "네가 명심해야 할 것은 우주의 본래 모습은 무엇인가, 나 자신은 무엇인가, 이 둘은 어떤 관계인가, 나 자신은 이 우주에서 어떤 위치에 있으며 무슨 역할을 하고 있는가 하는 것이다. 누구도 네가 하려는 말이나 자연법칙에 부합하는 일을 못하게 막을 수는 없다. 왜냐하면 너 자신이 이미 그러한 말이나 행동과 불가분의 관계에 있는 일부분이기 때문이다." '우주의식'으로도 불리는 아우렐리우스의 이러한 생각은 아우렐리우스와 스토아학파의 핵심 관점이다.

우주의식은 다음의 세 가지로 이루어져 있다.

첫째, 인간은 자신이 우주의 일부분임을 인식해야 한다. 스토아학파는 인간과 우주가 로고스를 따라야 함을 강조한다. "우주의 법칙에서 벗어나 있는 사람은 유배된 죄수다. 지혜의 눈으로 타인을 보지 못하는 사람은 맹인이다. 자신의 삶에 필요한 것을 스스로 얻지 못하고 남에게 의지하는 사람은 거지다. 현실에 만족하지 못하고 자살해 '우주의 공동 이성'으로부터 단절돼 버린다면 우주에 붙은 혹밖에 되지 않는다." 우주의식에는 자연에 대한 인간의 이해, 그리고 인격적 개체는 우주의 본성을 이루는 일부라는 의식까지 포함돼 있다. 그러므로 우주의식은 '인간이라면 마땅히 어떻게 살아야 한다'는 윤리의식이기도 했다.

둘째, 우주의식에는 악의가 없다. 이것은 《도덕경》 5장에서 "우주 자연은 어느 누구에게만 특별히 어질지 않아, 만물을 추구(풀로 엮어 만든 개)로 여긴다天地不仁, 以萬物爲芻狗"라고 한 말과 비슷해 보인다. 아우렐리우스는 이렇게 말한다. "우주의 실재는 유순하고 유연하다. 그리고 그 실재를 주관하는 이성은 악을 행할 원인을 그 자체 속에 전혀 가지고 있지 않다. 이성은 악이 없고, 악을 행하지 않으며, 그 어떤 것에도 해를 끼치지 않는다. 만물은 이성에 의해 생성되고 완성된다." 주기적이며 반복적인 천체의 움직임은 인간이 배워야 할 최고의 모범이다. 천체는 스스로의 궤도에 따라 평온하게 안정적으로 운행된다. 가장 고귀한 이성의 지배를 받기 때문에 과도한 탐심이 없고, 만족할 줄 알며, 은혜에 감사한다. "만약 네가 하늘로부터 받은 유한한 물질에 감사하고 만족한다면, 너 자신의 유한한 생명의 시간에 대해서도 아무런 여한이 없을 것이다."

셋째, 인간은 이 우주에서 잠시 머물다 지나가는 나그네일 뿐이다. 스토아주의자들은 삶에서의 희로애락이나 만남, 헤어짐에 담담하다. 아우렐리우스는 이렇게 말한다. "몸 안의 모든 것은 격류일 뿐이며, 영혼에 속한 것은 몽환에 지나지 않는다. 삶은 전쟁터이자 나그네가 쉬어가는 여관에 불과하다. 한때의 명성 또한 아주 빠르게 망각의 강으로 흘러들 뿐이다." 그는 또 "전혀 뽐낼 것 없이 부와 번영을 받아들이는 동시에, 언제든 그것을 버릴 준비를 하라"라고도 말한다.

만물을 지배하는 것은 '로고스'

❖❖❖

스토아학파 혹은 스토아주의를 뜻하는 영어 Stoicism은 그리스어 Stoa에서 나왔다. 스토아Stoa는 그리스의 고전 건축 양식인 회랑 혹은 주랑柱廊을 가리킨다. 오늘날 그리스 아테네에 있는 아크로폴리스에 가면 잘 보존돼 있는 회랑을 볼 수 있다. 이곳이 바로 당시의 스토아학파 학자들이 철학 문제를 토론하던 장소다. 키티온 출신의 제논이 기원전 3세기에 세운 스토아학파는 유구한 역사를 지니고 있을 뿐 아니라, 플라톤의 아카데메이아와 아리스토텔레스의 리케이온에 이은 고대 그리스의 3대 철학 유파에 속한다.

초기의 스토아학파 내부에는 형이상학 면에서 약간의 차이가 있었지만, '로고스Logos'라는 기본 법칙이 세계를 지배하고 통치한다는 공통적인 믿음이 있었다. 그들은 로고스는 만물을 관통하는 영원불멸의 이성이기에, 창조에서 소멸에 이르기까지 자연 만물의 모든 변화, 발전에는 이성에 부합하는 규칙이 있다고 생각했다. 사람도 자연계와 마찬가지로 로고스에서 생겨났으므로 인간 사회도 이성에 의해 지배된다. 이것은 또한 대다수 스토아학파 학자들이 운명을 믿었던 이유이기도 하다.

그렇다고 스토아학파 학자들이 결정론자였던 것은 아니다. 그들도 인간의 의지가 자신의 행동을 결정할 수 있다고 믿었다. 인간의 자주성은 비록 한계가 있을지언정 매우 중요하다고 믿었다. 그래서 아우렐리우스도 에픽테토스의 말을 빌어 "그 어떤 도둑도 우리의 선택권을 빼앗아가지는 못한다"라고 말한다. 인간 자신은 하나의 소우주이고, 외부 세계는 대우주다. 그러므로 인간 삶의 근본 목표는 우주의 법칙에 따라 자연의 본성에 순응하며 사는 것이다. 이것은 충분히 가능하다. 소우주와 대우주는 서로 긴밀하게 연결돼, 로고스의 지배를 받으면서 함께 움직이는 것이기 때문이다. 건강과 죽음, 득과 실은 모두 우주의 법칙 안에서 이루어지는 일이므로 사람은 그저 자연 속에서 자연스럽게 살아가면 된다. 아우렐리우스의 정신적 스승이었던 에픽테토스는 이렇게 말한다. "스토아주의자란 어떤 사람들인가? 그는 병을 앓고 있어도, 위험에 처해 있어도, 숨이 곧 끊어질 듯한 상태이어도, 타지에 유배됐어도, 악담과 비난에 시달리고 있어도 행복을 느낄 줄 아는 사람이다. 그는 신과 한마음이고자 하며, 하늘도 사람도 원망하지 않고, 어떤 일에도 실망하지 않으며, 스스로의 의지에 반하지 않고, 분노와 질투에 함부로 사로잡히지 않는 사람이다."

더 읽으면 좋은 책

1 《명상록》 마르쿠스 아우렐리우스, 현대지성, 2018
2 《로마인 이야기 9 : 현제의 세기》 시오노 나나미, 한길사, 2019
3 《좋은 삶을 위한 안내서 : 한 번뿐인 당신의 인생을 위한 스토아철학의 아주 오래된 지혜》 윌리엄 B. 어빈, 마음친구, 2022
4 《어떻게 자유로워질 것인가?》 에픽테토스, 아날로그(글담), 2020
5 〈로마제국 : 피의 통치〉 시즌 1, 2화, 넷플릭스, 다큐멘터리, 2016

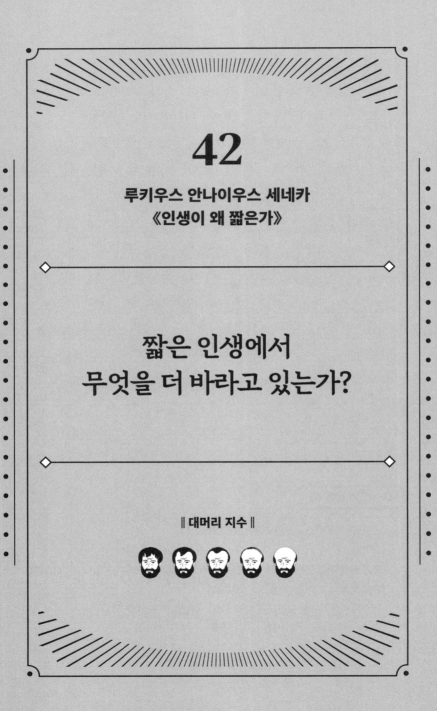

42

루키우스 안나이우스 세네카
《인생이 왜 짧은가》

짧은 인생에서
무엇을 더 바라고 있는가?

‖ 대머리 지수 ‖

루키우스 안나이우스 세네카

Lucius Annaeus Seneca, 기원전 4?~ 기원후 65

우리가 진정으로 살았다고 할 수 있는 삶은 아주 잠깐에 지나지 않는다.

— 세네카, 《인생이 왜 짧은가》

들어가며

현대인들이 시간에 대해 가장 크게 느끼는 감각은 아마도 '시간이 없다'는 느낌일 것이다. 오늘날의 사람들은 다른 어떤 시대에 비해 바쁘게 살고 있다. 시시각각 다음 목적지를 향해, 혹은 다음번 데드라인에 쫓기면서 산다. 얼마나 바쁜지, 단 1초도 가만히 머물러 세월의 흐름이 얼마나 빠른가를 느낄 새도 없다. 사람들은 무한히 있을 것만 같은 미래에 희망을 걸듯 내일에 대한 기대를 품고 산다. 그러나 시간이 흐를수록 인생에 남은 시간은 점점 줄어갈 뿐이라는 것을 어느 순간 불현듯 깨닫게 된다. 의학 기술로 인간의 수명이 아무리 늘어나도 사람들은 충분히 오래 살았다고는 느끼지 못할 것이다.

신이 인간에게 500년을 살 수 있게 해준다면, 그러면 만족스러울까?

현대인뿐만이 아니라 고대 로마의 스토아학파 철학자 세네카도 이렇게 생각했다. 그런데 그는 《인생이 왜 짧은가》라는 책에서 세상의 통념과는 전혀 다른 대답을 내놓는다.

당신이 살았던 것은 흘러만 간 시간인가, 제대로 산 삶인가?

✦✦✦

고대 로마의 철학자이자 정치가, 극작가였던 세네카는 폭군 네로의 스승 겸 고문이었다. 그는 부유한 집안에서 태어나 큰 권력을 누렸지만, 그 자신의 삶은 위기와 우여곡절로 점철되었다. 고대 로마의 또 다른 폭군 황제였던 칼리굴라는 세네카의 웅변력을 질투해 세네카를 자살로 내몰았다가, 심한 천식으로 숨조차 쉬기 힘들어하는 세네카를 보고 목숨만은 살려주기로 했다. 서기 41년, 클라우디우스 황제의 집권 기간에는 황제의 조카인 율리아 리빌라 공주와 간통했다는 혐의를 받아 코르시카섬으로 유배당하고 전 재산을 몰수당했다.

바로 이 유배 기간에 쓴 책이 《인생이 왜 짧은가》이다. 당시 그의 나이는 53세, 남은 삶이 길지 않은 때였다. 유배 생활은 암울했지만, 이 시기에 그의 사상은 가장 명석하게 빛났다. 곶은 역경 속에서 스토아 철학은 그의 정신적 기둥이 돼주었다. 이 시기에 그가 쓴 서신들은 지금도 사람들의 마음에 큰 힘을 불어넣어준다. "이 세상에 유배지란 없다. 인류에게는 이국이랄 것도 타향이랄 것도 없기 때문이다. 지표면의 어느 지점에서 하늘을 바라봐도 신의 영역과 인간의 거리는 같다."

《인생이 왜 짧은가》는 유배 시기의 세네카가 친구 파울리누스에게 쓴 편지를 모은 책으로, 인생의 잠언이 가득하다. 유배지에서 세상사의 무상함을 뼈저리게 느낀 세네카는 《인생이 왜 짧은가》 서두에서 단도직입적으로 말한다. "극소수를 제외한 나머지 모든 사람들은 단 한 번도 제대로 살아보지 못한 채 생을 마감한다." 자연은 공평하게 모든 사람에게 자아실현의 기회를 주지만, 대부분의 사람이 한 줌의 재산을 지키고 푼돈을 더 버느라 인생의 시간을 다 써버린다. 세네카는 재미있게도 "우리가 진정으로 살았다고 할 수 있는 삶은 아주 잠깐에 지나지 않는다. 그 나머지는 단지 시간이 흐른 것일 뿐"이라고 말한다. 그는 시간과 삶을 전혀 다른 것으로 구분한다. 마치 살아남은 것과 살아가는 것은 전혀 다른 것이라고 말하기라도 하듯. 진정으로 살지 않았던 삶은 시간의 흐름 속에서 그냥 기계적으로 숨을 쉰 것에 불과하다는 뜻이다. 세네카에게 '진정한 삶'이란 욕망에 빠져들지 않고, 남들에게 휘둘리지 않으며, 자기 내면의 소리를 귀 기울여 듣는 삶을 뜻한다. 세네카는 대부분의 사람이 자신의 일만 챙기는 데 눈코 뜰 새 없이 바쁜 이유는 "자신이 원하는 대로 남들이 따라주지 않아서가 아니라, 그 자신이 진정으로 자신의 동행이기를 허용하지 않았기 때문"이라고 말한다. 몸은 일을 한다고 쉴 새 없이 바쁘지만, 영혼은 아무것도 없어 텅 비어 있다. 세네카 자신은 황제 못지않은 권력을 누렸지만, 전적으로 자신에게 속한 자유와 여유는 단 한 줌도 얻을 수 없었다. "태평성대에도 안녕을 얻을 수 없었고, 재앙이 닥쳤을 때는 감내할 수 없었다."

　그렇다고 다들 직업도, 책임도 저버리고 그저 자기 자신만을 위해 살아야 하나? 사실 사람들은 여러 가지 이유로 자신에게 진정으로 의미 있는, 정말로 하고 싶었던 일을 미래의 어느 시점으로 미루어버린다. 그러나 처음의 계획이 현실의 변화를 따라가지 못하면서 전혀 원치 않았던 결과를 마주하곤 한다. 세네카는 이런 식으로 진정한 삶을 미루어버리는 것이야말로 인생에서 가장 큰 낭비라고 말한다. 당장의 그날을 저버렸고 오늘도 포기한 채로, 막연한 미래에만 희망을 걸고 있다는 것이다. 미루는 것은 어떤 일을 미루는 것이기도 하지만, 자신의 영혼에 대한 충실 그리고 자신의 마음과의 대화를 미루는 것을 의미한다. 그렇게 하루 이틀 무심히 살다 보면, 삶이 다 끝날 때까지도 자신이 진정으로 무엇을 원하는지 모르게 된다. 세네카는 우리에게 진짜 자신의 삶을 살라고 말한다. 지금, 당장! "자신을 위해 시간을 쓰고 있는 사람은 하루하루를 인생의 마지막 날처럼 살고 있다. 그렇기 때문에 그들은 내일을 갈망하지도, 두려워하지도 않는 것이다."

'지금 이 순간을 산다'는 것은
❖·❖

세네카는 인생의 시간을 과거, 현재, 미래로 나눈다. 스토아학파의 인생 지혜로 충만한 이런 구분은 현대인이 이해하는 시간 개념과 조금 다르다. 세네카는 이 셋을 각기 다른 의미가 있는 철학 개념으로 본다. 현재는 가장 짧은 것이고, 미래는 불확정적이며, 과거는 이미 정해진 것이다. 과거는 누구도 바꿀 수 없다. 그러나 세네카는 인간이 과거를 바꿀 수 없더라도 과거는 가치 있는 것이라고 말한다. 인간이 과거를 돌아볼 수 없으면, 끝없이 탐욕스러워지고 자신을 과대평가하게 되며 눈앞의 이익과 성공에만 급급하게 된다. 사리사욕에 의를 저버리는가 하면, 원하는 것을 얻기 위해 수단과 방법을 가리지 않게 되며, 도저히 채워지지 않는 욕망에 끝없는 사치를 부리기도 한다. 그리고 그 과정에서 현재의 중요성을 깨닫지 못하게 된다. 그러나 '지금 이 순간'은 금방 지나가버린다. 일에 파묻혀 바쁘기만 한 사람은 당장의 삶에만 몰두한 나머지 과거를 돌아볼 기회가 없다. 멍에를 쓴 말처럼 앞뒤 좌우 보지 않고 그저 앞으로만 달려나가는 것이다. 그러면 다가오는 위험도 제대로 볼 수가 없다. 때로는 눈앞의 일에서 벗어나 여유를 가질 수 있어야만 진정으로 시간을 허비하지 않고 운명에도 휘둘리지 않으며 득실에도 연연하지 않고 인생을 충실하게 살아갈 수 있다. 언제 갑자기 삶의 마지막 날이 다가오더라도 후회나 망설임 없이 죽음을 맞이할 수 있게 되는 것이다. 바로 이것이 '지금 이 순간을 사는' 것이다.

그렇다면 무엇이 우리로 하여금 '지금 이 순간'을 살지 못하게 하는 것일까? 세네카는 당시 로마의 상류사회에 사치와 낭비가 심해지고 있는 것을 보았다. 네로 황제부터가 늦은 밤까지 먹고 마시며 즐기는 '파티 애니멀'이었다. 로마의 초대 황제 이래의 문인들은 속절없이 흘러가는 '시간을 아쉬워하는' 작품을 쓰기도 했지만, 그러거나 말거나 귀족들은 흥청망청이었다. 세네카가 인생의 짧음에 대해 이야기한 것은 그 자신의 고난 때문이기도 하지만, 당시의 무너져가는 사회 풍속 때문이기도 했다. 세네카는 사람들에게 '과거를 잊지 말고, 현재를 소홀히 하지 말고, 미래를 두려워하지 말라'고 경고한다. 세월이 흘러만 가도록 내버려두기보다 자기 자신과 함께하는 법을 배우는 것이 낫다. 그러면 철학자들처럼 사유 안에서 진정한 자유를 얻을 수 있다.

"나는 유혹을 제외한 모든 것에 저항할 수 있다"

❖❖❖

세네카가 유배 기간 중에 어머니에게 쓴 「어머니 헬비아에게 보내는 위로」도 꼭 한번 읽어볼 가치가 있다. 세네카는 코르시카섬에서 지내는 동안 물질적 생활은 비록 궁핍했지만, '모든 것이 나에게 준비돼 있다'는 믿음을 견지하고 있었다. '밥 한 그릇과 물 한 바가지만 있어도 그 즐거움을 바꾸려 하지 않았다一簞食, 一瓢飮, 不改其樂'던 안회顔回(공자의 제자들 가운데 하나-옮긴이)를 떠올리게 하는 대목이다. 세네카는 가진 것이 아무리 적더라도 인생의 궁극적 목표를 이루기에는 부족하지 않다고 생각했다. 스토아주의자들에게 있어 지극한 선에 이르는 데 필요한 것은 생각이지 외부의 어떤 사물이 아니기 때문이다. "행복한 삶에는 대단한 장비가 필요치 않다. 이것이 자연의 참뜻이다. 스스로 행복해지고자 한다면 외부의 사물은 중요하지 않다. 순조로움이나 역경도 큰 영향을 미치지 않는다." 인간은 어디를 가나 똑같은 자연의 질서와 마주하게 된다. 육신은 유배당하고 추방될 수 있지만, 미덕은 언제나 자신과 함께한다. 그러므로 인간은 어디로 가든 우주의 본성과 개인의 덕행이라는 가장 고귀한 두 가지는 항상 자신의 곁에 있다.

영국의 철학자이자 수필가인 알랭 드 보통도 세네카의 이 말을 특히나 좋아한다고 알려져 있다. "나는 운명의 여신을 믿지 않는다. 그녀가 나에게 준 모든 것, 즉 금전이나 직위, 권세 등은 그녀가 언제든 다시 거두어갈 수 있도록 한쪽에 치워두었다. 나는 언제나 그것들과 거리를 유지하고 있다. 운명의 여신이 그것들을 도로 가져갈 때 나에게서 강제로 벗겨낼 필요 없도록." 세네카의 글만 보면 명예와 재물에 대해 한없이 초연한 것처럼 보인다. 그러나 그가 로마로 돌아가서 한 일은 경악스럽기 그지없다. 그는 호화 별장에 거주하면서 노예들의 시중을 받고, 상아와 진귀한 목재로 만들어진 가구를 애호하는가 하면, 지독한 고리대금업으로 부를 축적했다. 이에 대해 그는 스스로를 변호하기라도 하듯 "부를 누리기는 하였으나 연연하지 않았다"라고 말한다. 그러나 그 부를 축적하는 과정에서 수많은 민중을 괴롭혔던 것도 사실이다. 오스카 와일드가 세네카를 보았다면, "나는 유혹을 제외한 모든 것에 저항할 수 있다"라고 한 말이 세네카에게도 그대로 해당되었나 보다라며 웃었을 것이다.

한마디로, 세네카는 그 자신이 내세우는 원칙을 전혀 지키지 않았다. 스토아주의의 최고 경지는 세상사에 초연한 자유인이 되는 것이었다. 그러나 세네카는 금전과 권력의 유혹에 순순히 따랐던, 지극히 범속한 인간이었을 뿐이다. 그는 자신의 직권을 이용해서 여러 지역에서 고리대금업을 통해 막대한 부를 축적했고(심지어 어떤 지역에서는 이 때문에 폭동이 일어났을 정도다), 황제의 스승으로서는 폭군의 잔인무도한 행위를 무엇 하나 저지하지 못했다. 그에 대한 후대의 평가도 분분하다. 그의 글과 실제 인생은 전혀 다른 두 사람의 것으로 보일 정도다. 그래서 세네카는 어느 한 인물이 아니라 수많은 세네카들이 있는 것이라고 주장하는 학자도 있다. 세네카의 다중적인 면모는 이해하기 어렵고 이해하기도 괴롭다.

서기 65년 4월 어느 날, 로마군 백인대장이 네로 황제의 명령을 받아 로마 교외에 있던 세네카의 별장으로 쳐들어왔다. 그 바로 몇 시간 전, 네로가 세네카의 자살을 명령했기 때문이다. 백인대장의 대대장이 네로 황제의 명령을 낭독할 때 세네카의 가족들과 제자들, 노복들은 모두 엎드려 통곡했다고 한다. 그러나 세네카만은 스토아주의자답게 침착하게 말했다. "너희의 철학은 다 어디에 있느냐! 어떠한 처지에서도 놀라지 않는 정신은 다 어디로 갔느냔 말이다!" 그의 전 재산은 네로 황제에게 몰수되었다. 그래서 그는 가족과 제자들에게 이렇게 말했다. "이제는 여러분에게 보답할 만한 것이 딱히 남아 있지 않습니다. 그러니 그나마 남아 있는 것 가운데 가장 좋은 것, 나의 삶의 방식을 여러분에게 남깁니다."

더 읽으면 좋은 책

1 《인생이 왜 짧은가》 루키우스 안나이우스 세네카, 숲, 2005
2 《타키투스의 연대기》 푸블리우스 코르넬리우스 타키투스, 범우, 2005
3 《철학자의 위로》 루키우스 안나이우스 세네카, 민음사, 2022
4 《화에 대하여》 루키우스 안나이우스 세네카, 사이, 2013
5 《베풂의 즐거움》 루키우스 안나이우스 세네카, 눌민, 2015

43

프랜시스 베이컨
《신기관》

어떻게 해야 온갖 우상에서
벗어날 수 있을까?

‖ 대머리 지수 ‖

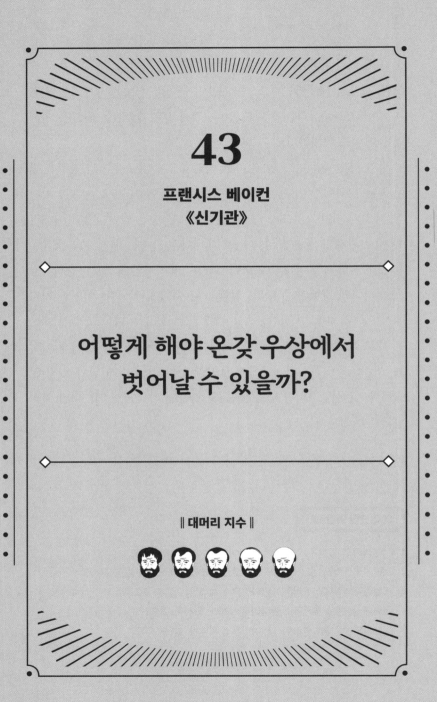

프랜시스 베이컨

Francis Bacon, 1561~1626

우리는 자연에 복종하지 않으면 자연을 지배할 수도 없다.

— 프랜시스 베이컨, 《신기관》

들어가며

혹시 당신의 집에도 이런 어르신이 있는가?

특별히 좋아하는 TV 홈쇼핑 채널에서 과대광고를 한참 동안 보다가 다 먹지도 못할, 별 효과도 없는 건강보조식품을 잔뜩 사들이는 어르신. 그들은 이런저런 '풍문'을 듣고 와서는 자신의 SNS에 사이비 건강 비결이나 '과학적 진실'을 열심히 퍼 나르기도 한다. 그러한 소문이나 건강보조식품은 이미 수년 전 잘못된 것으로 결론이 났음에도 불구하고 그들은 여전히 같은 소문, 같은 제품을 맹신하고 있다. 자녀들이 신문 기사까지 가져다 보여주며 아무리 아니라고 설득해도 그들은 자신의 경험과 판단을 한사코 믿고 싶어 한다.

그러나 이들을 함부로 비웃지 말길 바란다. 당신은 장래에 절대로 그렇게 되지 않을 것 같은가? 이 어르신들은 대체 어떤 잘못에 빠져 있는 것일까? 잘못의 원인을 똑바로 알지 못하면 당신도 언젠가 똑같은 잘못을 범할 수 있다.

이 어르신들이 믿고 있는 잘못된 풍문과 과대광고를 철학에서는 '우상'이라고 한다. 영국 철학자 프랜시스 베이컨은 그의 저서 《신기관》에서 인간이 빠져들기 쉬운 네 가지 우상에 대해 말한다.

《신기관》과 네 가지 우상

유럽인들은 15~16세기의 대항해 시대에 신대륙을 발견했다. 이와 함께 지리적으로는 물론 인간 자신에 대해서도 새로운 이해를 더해 갔고, 풍부한 원료를 얻어 큰 부도 쌓았다. 이 과정에서 기존 지식들은 철저히 전복되었다. 그중 대표적인 것이 바로 천여 년간 이어져 내려온 프톨레마이오스의 천동설을 뒤집은 코페르니쿠스의 지동설이다. 유럽인들은 더 이상 지식의 최고봉이 과거에 다 이룩되었다고 여기지 않았다. 모두가 앞다투어 새로운 시대로 진입하고자 했다. 바로 이런 배경하에서 쓰인 책이 프랜시스 베이컨의 《신기관》이다.

베이컨은 '우리 시대의 학문은 고대 그리스·로마 시대의 수준을 크게 뛰어넘었다'고 생각했다. 동시에, 새로운 문제도 제기했다. "지난 천여 년간의 학문은 다양한 발명으로 우리의 삶을 윤택하게 만들어주었다. 장인들이 만들어낸 물건들도 우리의 삶을 점점 개선시켰다. 때로는 이런저런 실험을 거치는 과정에서 새로운 현상을 발견하고, 새로운 뭔가를 발명해내기도 했다. 그러나 학자들 사이의 논쟁만은 이

전 사람들은 알지 못했던 자연계의 새로운 현상을 드러내 보인 적이 없다." 베이컨은 사람들이 이전 시대의 사람들이 빠져 있던 우상에서 조금도 헤어나지 못한 채 이대로 더 수백 년이 흘러가 버리지는 않을까 걱정했다. 그래서 그는《신기관》제1권 39절에서, 인간이 가장 빠져들기 쉬운 네 가지 우상에 대해 이야기했다.

그중 첫 번째는 종족의 우상으로, '인간의 감각기관을 사물의 척도로 삼는' 데 뿌리내리고 있는 우상이다. 예를 들면, 인간은 가시광선 범위 안에 있는 색깔만 볼 수 있다. 자외선이나 적외선 너머의 빛은 육안으로 볼 수 없고, X선이야 말할 것도 없다. 어떤 갈매기의 새끼는 부모 새의 부리에 있는 붉은 점을 찾아 먹이를 달라고 조르는데, 동물학자들의 발견에 따르면, 붉은 점을 칠한 나무 막대기를 새끼 새 앞에 갖다 놓아도 그 새끼 새는 나무 막대기에게 먹이를 조른다고 한다. 새끼 새는 그 붉은 점이 부모 새의 부리인지는 구별하지 못하고, 단지 본능에 따라 붉은색의 점에만 반응하는 것이었다. 그런데 혹시 인간도 이렇지는 않을까? 그래서 베이컨은 인간의 감각기관도 사물의 표면만 감지해 반응할 뿐이기에 인간의 감정이 사물에 대한 이해를 방해할 수 있다고 생각했다. 감각기관을 통한 판단만으로는 사물의 진면목이 드러날 수 없다고 본 것이다. 그렇지만 베이컨은 인간이 충분히 이런 우상을 극복할 수 있다고 낙관했다. 그는 인간이 과학의 발전을 통해 자연의 진실한 의도를 찾아냄으로써 인간 자신의 불완전한 인식을 극복할 수 있다고 믿었다.

두 번째는 동굴의 우상이다. 고대 그리스의 철학자인 플라톤의《국가론》에 나오는 바로 그 동굴의 은유다. 동굴이란 동굴 안에 살고 있는 사람들의 좁은 생활 영역이라 할 수 있다. 그들은 한평생 동굴을 벗어난 적이 없기에 동굴이 세계의 전부이며, 동굴 안에서 본 모든 것이 진실하다고 여긴다. 동굴의 우상은 편협한 환경에서 비롯된 잘못된 관념을 가리킨다. 아무리 좋은 교육을 받았다고 해도 한 개인으로서 지닐 수밖에 없는 한계와 편견은 존재하기 마련이다. 그래서 베이컨은 "인간의 정신은 제각기 다르고 복잡하게 변화하며 교란되기 쉽다. 순전히 기회에 의해 지배당한다 해도 좋을 정도"라고 말했다. 인간은 그만큼 환경의 산물이라는 뜻이다. '우물 안에 사는 개구리'가 바로 이 동굴의 우상에 해당하는 전형적인 예다. 그래도 우물 안의 개구리는 우물 크기만 한 하늘이라도 볼 수 있으니 그나마 행운일지도 모른다. 하늘을 볼 수 있었다면, 우물 바깥에도 세상이 존재한다는 것을 알 수 있을 테니 말이다.

세 번째는 시장의 우상으로, 앞에서 언급한 집안의 어르신들이 종종 빠져드는 바로 그 우상이다. 이런 우상은 사람들이 사용하는 언어에서 비롯된다. 베이컨은 언어가 사람들 사이에 생각을 교류하는 매개이자 도구이기는 하나, 때때로 공허하며 허위적이기도 하다고 생각했다. 그런데 이렇게 미혹과 혼란을 만들어내는 언어일수록 도리어 사람들에게 더 널리 떠받들어지곤 한다. 사람들은 어떤 일에 대한 진위를 자신이 직접 판단하지 않고, 사람들이 이렇다 저렇다 하는 말을 들으며 그대로 휩쓸려 버리는 경우가 많다. 그러므로 베이컨은 진리를 추구하는 사람이라면 단순히 지지자의 숫자만을 보고 진위를 판단해서는 안 된다고 생각했다. 지금도 SNS상에는 단순히 조회수를 늘리기 위해 어느 어느 연구기관에서 누구누구 전문가가 이렇게 말했다는 식의 글을 퍼뜨리는 사람들이 많다. 그러나 누구도 그 글만 읽어서는 그 말의 진위를 알 방법이 없다.

네 번째로 극장의 우상은 사람들 머릿속에 있는 교조라든가 무비판적으로 받아들인 주의, 학설 등을 가리킨다. 베이컨은 기존 철학 가운데 일부 체계는 무대 위에서 펼쳐진 공연에 지나지 않는다고 말했다. 그 철학자들은 허구의 배경 위에 가상의 세계를 구축했을 뿐이다. 그 모든 것은 문자를 동원해 상상력으로 만들어낸 허상에 지나지 않는다. 많은 사람들이 믿고 있는 '모든 사물에는 양면이 있다'는 말은 어떤가? 얼핏 듣기에는 별문제 없어 보인다. 그러나 이것이 뫼비우스의 띠에도 해당되는 진실일까?

베이컨은 우리에게 각종 우상들을 철저히 내던지기를 요구한다. "문명인과 야만인의 차이는 신과 인간의 차이만큼이나 크다. 이 차이는 흙이나 기후, 종족에서 비롯되는 것이 아니라 학술에서 비롯되는 것이다." 베이컨이 제시한 네 가지 우상은 그의 철학 작업에서 첫 번째 단계에 해당한다. 그것은 현존하는 지식의 기원과 구조를 의심하는 것이다. 베이컨은 지식의 기원이 되는 감각 재료 또한 믿을 만한 것이 되지 못한다는 것을 발견했다. 인간 자신의 경험이 제한적일 수밖에 없기 때문이다. 그래서 그는 기존의 학술 연구 방법을 재검토하고 사람들의 편견을 무너뜨리는 동시에, 사물의 진면목을 탐구할 수 있는 새로운 체계를 제시했다.

개미와 거미가 되지 마라

❖❖❖

베이컨은 《신기관》에서 지식을 얻는 두 가지 방법으로 귀납과 실험을 제시했다. 일찍이 아리스토텔레스는 지식을 얻는 경로를 귀납과 연역으로 구분한 바 있다. 귀납은 하나하나의 특수한 사실과 현상으로부터 일반적 원리를 도출하는 것이고, 연역은 그 반대로 일반 원리에서 출발해 하나하나의 사실을 확인해나가는 방식이다. 논리, 기하, 대수 등이 모두 연역의 방법으로 이루어진 학문이다.

베이컨은 귀납이 외부에서 하나하나 채집해오는 개미의 작업과 비슷하고, 연역은 안에서 실을 뽑아 '밖으로 토해내는' 거미의 작업과 비슷하다고 말한다. 그런데 연역은 처음부터 잘못된 전제에서 출발해 그대로 따라가다가 잘못된 결론을 도출해버릴 위험이 존재하고, 하나하나 열거해나가는 귀납도 한계와 국한성은 존재한다. 그래서 베이컨은 직접 관찰한 특수한 사물을 기초로 해서 본질을 찾아내야 한다고 말한다.

베이컨은 《신기관》에서 '열'에 대해서도 연구한다. 그런데 연구의 순서가 상당히 흥미롭다. 그는 먼저 태양의 화염부터 마찰에 의한 열, 동물이 생산하는 열에 이르기까지 열에 관한 다양한 사례를 대량으로 수집한다. 여기까지는 단순 나열이다. 그런 다음, 앞에서 나열한 것들 가운데 열량이 없는 것을 추려낸다. 예를 들어 달빛과 태양빛은 모두 하늘에서 오지만, 태양빛에는 열이 있고 달빛에는 열이 거의 없다. 여기서 달빛은 열에 대한 '부정적 사례'가 된다. 그다음은 무엇이 무엇보다 더 뜨겁다는 식으로 열의 정도에 대한 변이표를 그린다. 마지막으로는, 배제한다. 이 또한 귀납이다. 그는 "한 사물의 형식은 그 사물 자체에서 발견되는 것이자 모든 사례에서 발견되는 것"이라고 말한다. '열'을 연구하는 과정에서 그가 귀납으로 얻어낸 결론은 열의 본질은 빛이 아니라 운동이라는 것이었다.

어떤 지식이 힘이 되는가

❖❖❖

베이컨이 귀납보다 더 중시한 것은 '실험'이었다. 오늘날의 실험은 전문 연구자들이 수행하는 실증 작업을 가리키지만, 베이컨의 시대에 실험은 그보다 더 넓은 의미의, 농업·수공업과 관련된 기술 등 모든 종류의 노동까지 포함하는 것이었다. 그중 베이컨이 말하는 실험은 자연의 모든 행위를 인간이 간섭 혹은 통제하는 것을 의미했다. 베이컨의 목표는 아리스토텔레스의 논리학과 형이상학을 반복하는 것이 아니라, 인간의 지식을 확장하고 새로운 발명을 창조하는 것이었다. 고전 철학자였던 아리스토텔레스는 자연을 정적으로 관찰하기만 했지만, 베이컨은 자연을 적극적으로 부리고자 했다. 그는 물체에 새로운 속성을 더하는 것이야말로 인간의 능력이며 일의 목적이라고 생각했다. 더 많은 이삭을 여물게 하는 밀을 개발한다든가 철보다 가벼우면서도 철보다 더 단단하고 녹이 슬지 않는 금속을 만들어내는 것처럼 말이다.

그러나 자연을 부리고 지배한다는 생각은 부작용도 낳았다. 지식은 어리석음을 몰아낸 대신 새로운 종류의 광기를 가져왔다. 1626년

3월 하순의 어느 날, 베이컨은 마차를 타고 하이게이트를 지나고 있었다. 그 당시 날씨는 무척 추웠고, 한창 눈의 방부防腐 가능성을 연구하는 중이었던 베이컨은 마차를 세운 후 닭 한 마리를 산 다음 닭의 배를 눈으로 가득 채웠다. 그런데 이렇게 새로운 지식을 실험하던 도중 티푸스균에 감염되었고, 증상은 며칠 새 빠르게 악화되었다. 결국 1626년 4월 9일 부활절 새벽에 그는 65세의 나이로 세상을 떠나고 말았다. 그토록 경험과 실험을 중시했던 그가 닭의 방부를 연구하다가 죽음을 맞이했으니, 그나마 가치 있는 죽음이었다고 할 수 있을까.

더 읽으면 좋은 책

1   《신기관》프랜시스 베이컨, 한길사, 2016
2   《베이컨 수상록》프랜시스 베이컨, 서문당, 1996
3   《철학이야기》윌 듀런트, 동서문화사, 2016

44

볼테르
《철학편지》

어리석음, 야만, 미신과
결별하는 법

‖ 대머리 지수 ‖

볼테르

Voltaire, 1694~1778

전제군주에게는 이제나 저제나 좋은 때였을지 모르나, 전제군주에게 속한 집단에게는 한시도 좋은 때가 없었다.

— 볼테르, 《불온한 철학사전》

들어가며

우리는 매일 TV나 스마트폰을 켜면 답답하고도 심란한, 혹은 깜짝 놀랄 만한 사건사고 소식을 접하게 된다. 그때마다 '앞으로 세상은 어떻게 될까? 미래는 점점 나아질까?' 하는 의문이 들면서 단숨에 비관에 사로잡히기도 한다. 그러나 지나온 역사를 돌이켜보면, 특히 지난 300여 년 사이, 인류는 분명 끊임없이 진보하고 발전해왔다. 바로 수많은 선각자들의 노력 덕분이다.

18세기 유럽에서는 세계를 뒤흔드는 사상 해방 운동이 일어났다. 바로 계몽주의다. 당시 유럽 대륙을 휩쓴 계몽주의의 최전선에는 프랑스 파리의 지식인들이 있었다. 이들은 주로 백과전서를 통해, 때로는 거리에서 사람들에게 소책자를 나누며, 때로는 파리의 극장에서 공연을 펼치는 방식으로 조용히 사상적 해방을 퍼트려나갔다. 이 시기에 가장 이름을 떨쳤던 계몽주의 지식인이 바로 볼테르와 루소다. 후에 나폴레옹도 말했듯이, 프랑스는 볼테르와 루소가 있고 나서야 진정으로 사고하기 시작할 수 있었다. 더욱이 "사고하기 시작한 국가는 어떤 방법으로도 멈출 수 없다". 볼테르는 18세기 프랑스 정신의 지도자였다. 프랑스의 대문호 빅토르 위고는 "볼테르에 대해 말한다는 것은 18세기의 특징을 설명하는 것과 같다"라고 평가하기도 했다.

볼테르의 모든 사상과 작품은 '해방'이라는 두 글자로 요약할 수 있다. 그것도 역사 속에서 가장 피가 끓어오르던 순간의 해방이다. 전제의 폭정으로부터의 해방, 교권 통치로부터의 해방, 노예제로부터의 해방, 종족 분리로부터의 해방, 부권사회로부터의 해방…. 볼테르는 일부의 사람들은 돌이킬 가망이 없다고 해도, 전체 인류가 압제에서 벗어날 희망이 있다면 불굴의 노력을 다해야 한다고 생각했다.

볼테르, 바스티유와의 '인연'

❖❖❖

볼테르는 사실 그의 본명이 아니다. 그의 원래 이름은 프랑수아마리 아루에François-Marie Arouet. 그는 1717년에 프랑스 궁정의 부패와 방탕함을 조롱하면서 "프랑스의 멸망"을 암시하는 풍자시를 썼다가 11개월간 바스티유 감옥에 투옥되었다. 감옥 안에서 〈오이디푸스〉라는 희곡을 쓰면서 '볼테르'라는 필명을 처음으로 사용했다. 1718년에 파리에서 초연된 〈오이디푸스〉는 예상 밖의 큰 성공을 거두었다. 이후 45회에 걸친 연장 공연에서도 매회 객석을 가득 채우며 파리 국립극장의 흥행 기록을 갈아치웠다.

그러나 그의 날카로운 펜 끝은 종종 다른 종류의 말썽도 일으켰다. 1725년 12월, 볼테르는 파리의 한 오페라 극장 안에서 로앙 공작의 아들인 로앙 기사와 마주쳤다. 귀족 신분이었던 로앙은 제3신분이었던 볼테르에게 도발하듯 물었다. "볼테르 선생, 아니, 아루에 선생. 댁은 성姓이 어떻게 되시나?" 그러자 볼테르는 아무렇지 않게 대답했다. "지금 당장은 명예로운 성이 없지만, 저의 이름을 명예롭게 하는 법은 잘 알고 있지요." 그런데 며칠 뒤, 볼테르가 친구의 집에서 식사를 하고 있을 때였다. 갑자기 하인이 오더니, 문 앞에서 누가 기다리고 있다고 전했다. 볼테르는 그를 맞이하러 갔다가 로앙 기사가 보낸 자들에게 흠씬 두들겨 맞았다. 화가 나 견딜 수 없었던 볼테르는 몇 달 후 로앙 기사에게 결투를 신청했다. 로앙은 결투에 응하는 척하고는 프랑스 국왕에게 사람을 보내, 신분이 낮은 자가 감히 자신에게 결투를 신청했다고 고발했다. 이 일로 볼테르는 또다시 1726년 3월 28일에 바스티유 감옥에 갇혔다. 이후 볼테르는 더 이상 귀족들이 자신을 괴롭힐 수 없도록 영국으로 망명해버렸다. 이렇게 영국에서 지내는 3년 동안 쓴 책이 바로 《철학편지》다. 이 책은 프랑스 왕정의 폭정에 불을 지폈다는 것을 의미하기도 한다.

《철학편지》에는 볼테르가 영국을 관찰하며 느낀 바와 깨달음이 담겨 있어 《영국통신》으로도 불린다. 이 책은 1733년에 영국에서 먼저 출간되었고, 프랑스어판은 1734년에 출간되었다. 총 25통의 편지로 이루어진 이 책에서 그는 종교, 의회, 상업, 과학, 문학 등 다양한 주제에 대해 이야기한다. 그는 영국에서 수많은 문화계 인사들을 만나 사귀었는데, 그 당시 영국의 사상계와 문화계를 주도하는 인물들이었다. 사과가 뉴턴의 머리 위로 떨어진 이야기는 볼테르가 뉴턴의 여동생에게서 들은 후 《철학편지》에 쓰면서 널리 알려졌는데, 이 때문에 전 세계 사람들이 뉴턴 하면 사과를 떠올리게 되었다 해도 과언이 아니다. 볼테르는 1727년 3월, 뉴턴의 장례식에도 참석했다.

18세기의 프랑스 사람들은 자신들이 유럽 문화의 최고봉에 위치해 있다는 자부심에 차 있었다. 그러나 볼테르는 그들의 자만을 깨부

수며, 진정한 문명이란 무엇인가에 대해 다시금 철저히 이야기했다. 그는 영국의 상황을 눈여겨보는 동시에 그 당시 프랑스의 문제점과 낙후성을 폭로하고, 프랑스의 사상적 경직성과 보수성을 비판했다. 그런데 1734년에 한 출판사가 볼테르의 허락을 받지 않은 채 《철학편지》를 출간한 일이 있었다. 이 책은 1년 새 10쇄를 찍을 만큼 빠르게 팔려나갔다. 이에 놀란 프랑스 고등법원은 해당 출판사에 체포 명령을 발부하고 해당 서적은 모두 불태우도록 지시하는 한편, 해당 서적의 저자에게도 지명 수배령을 내렸다. 얼마 후 이 책은 네덜란드에서도 출간되었다. 볼테르는 다시 체포될까 두려워 도망쳤다. 그는 샤틀레 후작부인의 도움을 받아 한 장원의 저택으로 숨어들었다. 한 권의 책이 이토록 세상을 뒤흔드는 것을 보며, 한 학자는 볼테르의 《철학편지》에 대해 '구체제를 향해 던진 최초의 포탄'이라고 말했다.

인간에 대한 깊은 사랑

❖·❖·❖

볼테르를 연구하는 학자 가운데 한 명인 르네 포모René Pomeau는 "인간은 더 이상 도살당하기만을 기다리는 동물이 아니라, 자신들의 집단적 생활을 스스로 안배할 수 있으며 각자의 천성에 따라 행복을 누릴 수 있는 존재"라는 것이 이 책의 핵심 관점이라고 말한다. 《철학편지》에 실린 25통의 편지 가운데 가장 철학적인 부분은 볼테르가 파스칼의 《팡세》를 언급하면서 파스칼의 인간관이 지나치게 비관적이며 부정적이라고 비판한 부분이다.

볼테르도 인간의 본성이 완벽하거나 훌륭하다고 여기지는 않았다. 오히려 그 반대로 인간은 모순과 충돌의 집합체라고 생각했다. 그러나 바로 이런 불완전함이야말로 인간의 가장 진실한 상태라고 보았다. 인간은 행동하고자 하는 열의와 그것을 제어할 수 있는 이성을 모두 지닌 존재다. 파스칼은 인간이 날 때부터 이기적인 존재라고 보았지만, 볼테르는 그것이 꼭 나쁘기만 한 결함이라고 생각하지 않았다. 인간이 스스로를 위하고 지키려고 하는 본능이 없으면, 사회가 형성될 수 없고 제대로 유지될 수도 없다. 인간은 자기 자신을 사랑하는 마음이 있어야 남도 사랑할 수 있다.

파스칼은 인간의 본성에 대해 너무 비관적이었기 때문에 항상 신을 우러러보며 "신이 정말로 존재한다면, 신만을 사랑할 수 있을 뿐 도저히 인간을 사랑할 수는 없을 것"이라고 말했다. 그러나 볼테르는 현실의 인간에 대한 이런 냉담한 태도를 거부했다. "사람이 인류의 운명에 관한 문제에 대해 생각하지 못 하도록 방해하는 것은 잘못된 것이다. 그의 마음이 어떤 것에 관심이 있든, 그가 관심을 갖는 것은 반드시 인류의 운명과 관련이 있다." 그는 또 이렇게도 말한다. "마땅히 인간을 사랑해야 한다. 그것도 깊은 사랑의 마음으로. 사람은 자신의 조국을 사랑하고, 자신의 아내를, 자신의 아버지를, 자신의 아이들을 사랑해야 한다."

볼테르는 파스칼에 비하면 계몽주의 시대 특유의 자신감이 철철 넘쳤다. 그는 인간이라면 마땅히 현상에만 안주하지 말고 종교적 구원에만 의지하지도 말고, 노력으로 현실에서의 삶을 개선해나가야 한다고 믿었다.

《캉디드》와 라이프니츠에 대한 비판

✦ ✦ ✦

볼테르의 계몽주의 사상은 《캉디드》라는 소설에 특히 잘 드러난다. 1753년, 베를린과학원Academy of Sciences of Berlin에서는 포프Alexander Pope(18세기 영국의 시인-옮긴이)와 라이프니츠의 낙관주의에 대한 논문 현상공모를 발표했다. 《캉디드》는 이 현상공모에 대한 볼테르의 대답이다. 볼테르는 이 소설을 단 3일 만에 완성했다고 한다.

《철학편지》에 드러난 자신감과 달리, 《캉디드》는 유머로 가득한 문체에도 불구하고 내용은 꽤 비관적이다. 심지어 독자를 허무의 심연으로 끌어당기는 면도 있다. 소설에 나오는 주요 인물들은 지극히 선량하고 순진무구한 '호인'들이지만, 시대의 혼란 속에서 가진 것을 모두 잃고 떠돌며 모욕과 학대에 시달린다. 소설 속의 주인공 인간의 슬픈 운명을 다음과 같은 말로 날카롭게 풍자한다. "수백 번도 더 자살하려고 했지만 끝내 실패하고 말았지. 이렇게 약해 빠져서야, 원, 정말 큰일이야. 시시각각 이 지긋지긋한 족쇄를 던져버리고 싶으면서도 꼬박꼬박 다시 짊어지고야 말다니. 생명이 저주스러워. 죽어라고 놓아지지가 않아. 나를 깨문 독사가 내 심장을 삼켜버릴 때까지 그 독사를 끌어안고 쓰다듬는 꼴이라니. 이런 게 어리석음이 아니면 대체 뭐야?" 볼테르는 《캉디드》를 통해 착하고 순수하게 산다고 해서 반드시 보답을 받는 것은 아니라고 단언한다. 그의 또 다른 소설 《랭제뉘》를 통해서는 "역사란 죄악과 재난의 연속에 지나지 않는다"라고 말하기도 한다.

볼테르는 어째서 《캉디드》를 통해 '착하게 살면 보답받는다'는 통념을 부정했던 것일까? 그는 한때 라이프니츠의 낙관주의를 지지하는 한 청년과 편지를 주고받은 적이 있다. 볼테르는 현존하는 세계야말로 가능한 세계 중에서 가장 좋은 것이라고 여기고 있는 그 청년에게 보내는 편지에 이렇게 썼다. "저에게 반대하는 소설을 쓰셨다니, 과분합니다. 저를 너무 높이 사시는군요. 선생님께서 시詩든 혹은 다른 어떤 형식으로든, 가능한 세계 가운데 가장 좋은 세계에 왜 이렇게 자살하는 사람이 많은지도 해명해주신다면, 더욱 큰 영광일 듯합니다. 반박이든 모욕이든 시든 무엇이든 환영합니다. 그런데 실은 그 이유가 무엇인지, 우리 둘 다 제대로 모르고 있지 않나요?"

1755년 11월에 볼테르는 리스본에서 대지진이 일어났다는 소식을 듣게 된다. 역사의 고증에 따르면, 당시의 지진은 진도 9에 해당할 만큼 역사상 가장 강력한 지진으로 기록돼 있다. 지진이 발생한 그날은 마침 만성절萬聖節(하늘에 있는 모든 성인을 흠모하고 찬미하는 축일—옮긴이)이어서 성당 안은 기도하는 신자들로 가득 차 있었다. 그러나 갑자기 일어난 지진으로 수많은 사람들이 중상을 입었고, 그날 하루에만 무려 3만여 명이 목숨을 잃었다. 리스본 내에 있는 모든 건물의 4분의 3이 지진으로 무너져 내렸다. 이날 볼테르는 분노에 찬 시를 썼다. 선량하고도 무구할 뿐 아니라 이토록 신앙심 깊은 사람들 위로 재앙을 내리게 하다니, 신은 어찌 이리도 잔인하단 말인가? 이후로 그는 '현존하는 세계가 가능한 세계 가운데 가장 좋은 세계'라고는 절대로 생각할 수 없었다. 다만 이 세계가 이전보다 '나아질' 수 있다고 믿을 뿐이었다. 그러나 그 또한 단순히 신에 대한 믿음만으로 실현될 수 있는 것은 아니었다.

1778년 5월 30일에 볼테르는 세상을 떠났다. 임종 전에 그는 성당에서 온 신부에게 고해하기를 거부하고, 주변 사람들에게 이렇게 말했다. "저는 이제 세상을 떠납니다. 저는 신을 사랑하고 저의 친구들을 사랑합니다. 나의 원수도 미워하지 않습니다. 그러나 미신은 증오합니다." 1791년, 그의 관이 프랑스의 국립묘지인 팡테옹으로 이송되는 길에는 파리 시민 60만 명의 장송 행렬이 길게 이어졌다. 그의 관을 실은 영구차에는 "인류의 정신을 움직인 위대한 자극, 자유를 예비한 항해등"이라고 써 있었다.

더 읽으면 좋은 책

1 《철학편지》볼테르, 문학동네, 2019
2 《루이 15세 시대 개요》볼테르, 한국문화사, 2017
3 《캉디드 혹은 낙관주의》볼테르, 열린책들, 2009
4 《랭제뉘》, 볼테르, 지식을만드는지식, 2021

45

블레즈 파스칼
《팡세》

인간은
생각할 수 있는 갈대?

‖ 대머리 지수 ‖

블레즈 파스칼

Blaise Pascal, 1623~1662

생각이야말로 인간을 위대하게 한다. 인간은 자연 속에서 한낱 연약한 갈대일 뿐이다. 그러나 인간은 생각할 수 있는 갈대다. 인간의 모든 존엄은 생각할 수 있다는 데 있다.

— 파스칼, 《팡세》

들어가며

이 거대한 우주 안에서 인간이란 뭘까? 당신도 별이 흐르는 밤하늘을 올려다보며 이런 생각을 한 적 있는가?

수억만 년 전부터 존재해온 그 별들은 각자의 은하계 안에서 항구 불변하는 궤도를 돌며 운행하고 있다. 그에 비하면 인간은 얼마나 미약한 존재인가! 100년도 되지 않는 인간의 수명은 드넓은 바다에 던져진 모래알 한 알쯤 될까….

그러나 인간은 이토록 연약한 생물임에도 불구하고 1,000그램 내외의 단백질 덩어리에 불과한 두뇌로 수백억 년에 이르는 우주를 바라보며 사고하는 존재이기도 하다. 적어도 지금까지는 인간처럼 우주에 대해 사고할 수 있는 다른 어떤 생물도 발견되지 않았다.

인간은 심지어 '나는 왜 여기에 존재하고 있는가'처럼 자신의 생존과는 직접적 관련이 없어 보이는 문제까지도 고민한다. 인간은 진공이나 에너지, 다른 물질과 어떻게 다를까? 인간이라는 존재는 우주에게 어떤 의미일까? 인간과 먼지 한 톨의 차이, 인간과 대천세계大千世界(중천세계를 천 배 합한 세계를 의미하는 불교 용어-옮긴이)의 차이는 어디에 있을까?

이러한 물음에 대해, 프랑스의 철학자 파스칼은 '인간은 생각할 수 있는 갈대'라고 답
한다.

생각할 수 있다는 데 인간의 위대함이 있다

❖❖❖

세상을 떠난 과학자들이 천국에서 숨바꼭질 놀이를 하고 있었다. 뉴턴을 찾아낸 아인슈타인이 재빨리 뉴턴을 잡으면서 말했다. "찾았다, 뉴턴!" 그러자 뉴턴은 아인슈타인에게 "사람 잘못 보셨습니다"라고 말하며, 자신은 1제곱미터인 바닥에 서 있었으므로 "선생님이 잡은 것은 사실 파스칼pascal(압력의 국제단위로, 1파스칼은 1제곱미터당 1뉴턴에 해당하는 압력-옮긴이)입니다"라고 대답했다…는 우스갯소리가 있다.

파스칼이 과학자였다는 사실은 많은 사람들이 알고 있다. 그러나 그가 철학자이며 교육자이기도 했다는 사실은 알려져 있지 않다. 파스칼은 일생에 걸쳐 인간은 우주 안에서 어떤 존재인가에 대해 진지하게 고민한 철학자였다.

파스칼은 인간은 동물과 다르다고 생각했다. 동물은 순수하게 자연적 필요에 따라 행동할 뿐 스스로 왜 그렇게 행동하는지는 알지 못한다. 단지 자연에 의해 설계된 대로, 스스로 의식하지 못하는 행동을 맹목적으로 되풀이할 뿐이다. 그러나 인간에게는 무한한 가능성이 있다. 인간은 인류 전체의 경험을 계속해서 축적해나가기 때문이다. 현대인의 삶이 고대인보다 나은 이유는 현대인이 더 똑똑해서라기보다 고대인들이 축적해온 경험과 지식을 모두 전수받아 활용할 수 있기 때문이다. 이러한 특징은 인간만이 지닌, 인류 역사의 성과물이라 할 수 있다.

파스칼은 인간이 고대인에게서 배워야 하지만 고대인을 맹목적으로 숭배할 필요는 없으며, 고대인에게서 배우는 목적이 그들을 뛰어넘기 위해서도 아니라고 말한다. 우리는 다만 "그들이 남긴 지식을 우리의 지식으로 만들어 디딤돌로 삼으면" 되는 것이다. 이 지점에서 파스칼의 '진보'적 관념이 드러난다. '진보'라는 말은 현대인에게 매우 익숙하지만, 파스칼이 살던 시대에는 대단히 새로운 관념이었다.

"인간은 생각할 수 있는 갈대"라는 파스칼의 명언은 인간이 생각하지 않을 수도 있음을 암시할 뿐 아니라, 생각할 줄 모르는 인간은 돌이나 짐승과 다름없으며 생각만이 인간을 위대하게 한다는 뜻이기도 하다. 그러므로 파스칼은 이렇게 말한다.

인간은 자연 속에서도 한낱 연약한 갈대일 뿐이다. 그러나 인간은 생각할 수 있는 갈대다. 온 우주가 인간을 쓰러뜨리기 위해 거창한 무기씩이나 필요하지 않다. 그저 숨 한 번 내쉬거나 물 한 방울만 튀겨도 인간에게는 치명타를 가하기에 충분하다. 그러나 우주가 인간을 무참히 쓰러뜨린다 해도 인간에게는 목숨보다 더 귀한 것이 있다. 인간은 자신이 죽는다는 것과 우주의 우세함을 안다. 그러나 우주는 그렇지 않다. 즉 인간의 모든 존엄은 생각할 수 있다는 데 있다. 우주의 시공간은 인간의 힘으로는 다 메울 수도 없을 만큼 거대하다. 인간이 해야 할 노력은 바로 생각하는 것이다.

...

나는 공간을 얻으려고 하기보다 나 자신의 존엄을 추구하고, 나 자신의 생각을 추구해야 한다. 내가 아무리 많은 땅을 차지한다 해도 다 활용할 수도 없다. 공간으로는 우주가 나를 담고 있고 하나의 점처럼 나를 삼키고 있지만, 나는 생각으로 우주 전체를 아우르고 있다.

인간은 생각하지 않으면 진정한 인간일 수 없으며, 생각하지 않는다는 것은 인간 자신의 존엄을 내팽개치는 것과 같다는 파스칼의 말은 오늘날의 우리에게도 적지 않은 충격으로 다가온다.

인간은 어쩌서 위대하고도 비참한가?

✦✦✦

파스칼은 한평생 과학자인 동시에 신앙인이었다. 이런 모습은 얼핏 모순되는 것 같기도 하다. 파스칼의 생애를 연구하는 전문가들은 파스칼 일생에 총 세 번의 '귀의'가 있었는데, 그중 가장 극적인 것이 두 번째 귀의였다고 말한다. 1648년부터 1654년까지 파스칼은 평화로운 '세속의 시간'을 보내고 있었다. 그런데 이 평화를 깨뜨리는 뜻밖의 사건이 일어났다. 1654년 11월 23일, 그가 타고 있던 마차에 사고가 나면서 마차를 끌던 말 두 필은 센강으로 굴러떨어져 죽고, 파스칼 자신은 기적적으로 살아난 것이다. 이 사건은 그의 내면에 상당히 큰 충격을 주었다.

그날 밤 파스칼은 침대에 홀로 누워《성경》신약에 있는「요한복음」17장을 반복해서 읽었다. 예수가 붙잡혀 가기 전, 자신의 마음을 고백하는 기도문이었다. 파스칼은 마음의 지혜가 타오르는 것을 느끼며 성경 구절에 푹 빠져들었다. 그러자 절망 속에서 텅 비어 있던 내면이 신비로운 힘으로 채워지는 것 같았다. 자신이 지금껏 향해왔던 신의 존재를 언뜻 본 것도 같았다. 마음이 단숨에 환해졌다. 자신이 무엇을 해야 하는지, 무엇이 돼야 하는지 알 것 같았다. 그는 곧장 종이 한 장을 집어 들어 머릿속에 떠오르는 말을 빠르게 써 내려갔다. "철학자와 식자들의 하느님이 아닌, 아브라함의 하느님, 이삭의 하느님, 야곱의 하느님."(신은 인간의 이성이나 논리를 통한 연구의 대상이 아니라, 역사 속에 참여하며 자기 백성에게 구원의 능력을 펼치는 존재임을 강조한 표현-옮긴이) 정말 의미심장한 표현이다. 파스칼은 이날 밤의 체험을 누구에게도, 가장 친한 여동생에게도 말하지 않았다. 파스칼이 세상을 떠나고 8년 뒤, 이 메모 종이와 양피지 사본이 그의 상의 안에서 발견되었다. 후대의 사람들은 이날 밤을 '불의 밤'이라고 부른다. 밤에서 새벽 사이의 짧은 순간에 일어난 일이지만, 바로 이날 밤 파스칼에게는 진정한 생명의 불꽃이 점화되었다.

1655년 초, 파스칼은 여동생이 있던 포르루아얄 수도원에 들어가 고행의 수도 생활을 시작한다. 그가 남은 생애를 우주와 인생의 진리에 바치기로 결심하고 1658년에 쓰기 시작한 책이 바로《팡세》다. 이 책에 영향을 미친 원천은 크게 세 갈래로 이루어져 있다. 하나는 당연히《성경》이고, 다른 하나는 교부철학자인 아우구스티누스의 저작, 마지막 하나는 프랑스 작가 몽테뉴의 에세이다. 파스칼은 원래 신앙에 관한 책을 쓰고 싶었지만, 《팡세》를 쓰던 당시의 파스칼은 문화와 교양을 갖춘 회의론자에 가까웠다. 그 자신은 강한 종교적 감정을 품고 있었지만, 《팡세》에서 무턱대고 신앙을 선포하지는 않는다. 다만 보편적 인성의 모습과 인간이 마주한 곤경을 드러내 보일 뿐이다. 이 책에서 그는 인간이 위대한 동시에 비참한 존재라고 말한다.

파스칼이 《팡세》에서 그리고 있는 인간은 모순으로 충만한 존재다. 맹목적으로 믿거나 아예 믿지 못하고, 움츠러들어 있다가도 마구 날뛰는 상반된 면모를 보이기 때문이다. 인간은 무상한 변화 속에서 권태 아니면 불안에 처해 있다. 권태에 빠진 인간은 흘러만 가는 시간 속에서 어떤 일에도 관심이나 흥미, 열정을 보이지 않은 채 영혼 깊은 곳에서 허무를 느끼고 침울해하거나 슬픔, 번뇌, 절망 상태로 빠져든다. 이에 파스칼은 "사소한 일이 우리를 위로하기도 하지만, 사소한 일이 우리를 고통스럽게 하기도 한다"라고 말한다.

파스칼의 《팡세》에서 인간은 영원히 양극단 사이에서 발버둥치는 존재다. 수학자의 말로 표현한다면, 무한히 작은 것과 무한히 큰 것 사이의 중항中項(형식논리학의 삼단논법에서 대전제와 소전제를 매개하고 결합함으로써 결론을 도출하게 하는 중간항 또는 매개념-옮긴이)이랄까. 인간은 무한에 비하면 허무에 가깝고, 허무에 비하면 온전한 하나의 존재다. 완전체와 허무 사이의 중항인 인간은 결코 어느 한 극단에 다다를 수 없다. 파스칼은 인간이 천사도 아니지만, 그렇다고 짐승도 아니라고 말한다. 그러나 천사이고자 하는 모습이 짐승으로 드러난다는 데 인간의 불행이 있다. 그럼에도 인간의 위대함은 자신의 비참함을 안다는 데 있다. 인간의 비천함은 그가 영광을 추구한다는 데 있다. 이러한 모순이야말로 인간의 우수함을 드러내는 상징적 지표다.

어쩌면 이토록 복잡하고 모순된 존재이기 때문에 인간은 수많은 번뇌와 고통에 그토록 쉽게 빠져드는 것인지도 모르겠다.

파스칼의 내기

❖ ❖ ❖

인간은 자기 자신에 대해 제대로 알지 못해 혼란스러워하지만, 외부의 사물에 대해서는 정밀한 계산으로 파고들기를 좋아한다. 심지어 신앙에 대해서조차.《팡세》에서 파스칼은 종교적 신앙에 대해 '파스칼의 내기'를 제시한다.

이전에도 파스칼은 신의 존재에 관한 논증에서, 신을 믿는다는 것은 인간에게 어떤 의미인가, 인간은 과연 신을 믿어야 하는가에 대해 이성의 방식으로 논증하고자 한 적이 있다. 파스칼의 내기는 표면적으로 신앙에 관한 탐구처럼 보이지만, 그 내용은 결정론과 확률론으로 이루어져 있다.

파스칼은 인간의 이성으로는 신의 존재 여부를 판단할 수 없기 때문에 내기를 할 수밖에 없다고 말한다. 인간은 신이 존재할 수도, 존재하지 않을 수도 있는 가능성 사이에서 선택을 해야 한다. 그리고 이 두 가지 선택으로부터 각각 두 가지 결과가 파생되므로, 결과적으로 총 네 가지 가능성이 존재하게 된다.

1. 신이 존재한다고 내기했는데 신이 정말로 존재하는 경우. 이 경우에 인간의 이익은 최대화된다. 천국에 갈 수도 있으므로.

2. 신이 존재한다고 내기했는데 신은 존재하지 않는 경우. 이 경우에 인간은 아무런 손해도 없고 아무런 이득도 없다.

3. 신이 존재하지 않는다고 내기했는데 신이 존재하는 경우. 이 경우에는 인간의 손실이 최대화된다. 지옥에 갈 수도 있으므로.

4. 신이 존재하지 않는다고 내기했는데 마침 신이 존재하지 않는 경우. 이 경우에 인간은 아무 손해도 없고 아무 이점도 없다.

　파스칼은 이상의 네 가지 가능성을 놓고 보았을 때, 이성적 인간이라면 최악을 피하고 최선을 택할 것이므로 신의 존재를 믿는 것이 가장 좋은 선택이라고 말한다. 파스칼의 이런 내기는 현대인의 비용-이득 분석과도 비슷해 보인다. 그런데 바로 그런 이유로, 단지 비용-이득 분석에 따라 신앙을 갖는다면 그런 신앙은 경건한 것일 수 없다고 비판하는 사람도 있다. 하긴, 신앙이 어떻게 러시안룰렛(회전식 연발권총에 총알을 하나 장전한 채 서로가 번갈아가며 자신의 머리에 겨누어 방아쇠를 당기는 게임-옮긴이)일 수 있겠는가! 게다가 파스칼의 내기에는 확률론이라는 발상이 내재돼 있는데, 이것이 곧 신의 존재를 증명한 것이 될 수는 없다고 비판하는 사람도 있다. 프랑스의 철학자 볼테르 또한 신을 믿기로 했을 때의 이점이 곧 신의 존재를 증명하는 것은 아니라고 일침을 놓은 바 있다.

더 읽으면 좋은 책

1 《팡세》 블레즈 파스칼, 민음사, 2003

2 《시골 친구에게 보낸 편지》 블레즈 파스칼, 서울대학교출판문화원, 2023

3 〈블레즈 파스칼Blaise Pascal〉 로베르토 로셀리니Roberto Rossellini, TV영화, 1972

46

이마누엘 칸트
《실천이성비판》

당신은 테러리스트를
가혹하게 고문할 수 있는가?

‖ 대머리 지수 ‖

이마누엘 칸트

Immanuel Kant, 1724~1804

"생각하면 생각할수록 나를 놀라움과 경건함으로 채우는 두 가지가 있다. 하나는 밤하늘에 반짝이는 별, 다른 하나는 내 마음속의 도덕률이다."

— 칸트, 《실천이성비판》

들어가며

어떤 테러리스트가 도시의 모처에 핵폭탄을 설치해놓았다고 가정해보자. 폭발까지 남은 시간은 단 24시간. 만약 그 사이에 테러리스트를 잡았다면, 당신은 고문을 동원해서라도 핵폭탄이 설치된 위치를 자백하게 해야 한다는 데 동의하는가, 반대하는가? 만약 이 테러리스트의 태도가 너무 강경해서 고문으로도 자백을 하지 않는다면, 당신은 그 테러리스트의 부인과 자녀까지도 데려와 고문할 용의가 있는가?

핵폭탄이 터지면 도시 안에 있는 수백만 인구가 죽거나 중상을 입는다. 공리주의의 관점에 따르면, 이런 때는 무슨 수를 써서라도 테러리스트의 자백을 받아내야 한다. 수백만 시민의 목숨은 테러리스트 일가족 세 명의 목숨과 비교할 수 없기 때문이다. 그런데 테러리스트의 아내와 자녀는 무고한 생명이 아닌가? 제아무리 합리적인 목적을 위해서라 해도 무고한 자의 생명권을 그렇게 쉽게 박탈해도 되는가?

만약 독일의 철학자 이마누엘 칸트가 이 자리에 있었다면, 그는 테러리스트를 고문해야 한다는 주장에 반대했을 것이다. 그는 누구에게도 함부로 고문을 가해서는 안 된다는 입장에 있다. '어떤 사람이 도덕적인가'와 '어떤 행위가 도덕적인가'는 완전히 다른, 별개의 문제다. 중국 현대사에서 존경받는 인물인 레이펑雷鋒(중국 현대사에서 '인민해방군의 모범 군인'으로 우상화된 인물-옮긴이)의 모든 업적을 그대로 따라 하며 수없이 좋은 일을 해온 어떤 사람이 있다고 치자. 모두가 그는 인격이 고매하고 훌륭한 사람이라고 말한다. 그런데 누군가가 "저 사람은 단지 명예를 얻기 위해 위선을 떠는 것일 뿐"이라고 폭로했다. 그래도 당신은 여전히 그가 도덕적인 사람이라고 여길 것인가? 이에 대해 칸트는 《실천이성비판》에서 우리가 전혀 생각지 못한 도덕 판단 기준을 제시한다.

도덕에 '만약'은 있을 수 없다

✦✦✦

기초 내지 기반을 독일어로 Grundlegung이라고 한다. '정초定礎' '원리' 등으로 번역되는 말이다. 칸트는 도덕형이상학에 기초를 다지기 위해 자신이 쓴 책의 제목을 《도덕형이상학 정초》라고 지었다. 1785년에 완성된 이 책은 1781년에 출간된 《순수이성비판》과 1788년에 출간된 《실천이성비판》 사이에 쓰인 소책자로, 칸트 도덕철학의 기초에 해당한다.

칸트 철학 체계에서 형이상학은 자연형이상학과 도덕형이상학으로 나뉜다. 전자는 순수이성의 사변, 후자는 순수이성의 운동이자 실천이며, 전자는 세계에 대한 인간의 지식이고, 후자는 인간을 인도하는 도덕적·정치적 지침이다. 이론이성과 실천이성은 같은 이성이 각기 다른 영역에 적용된 결과라고도 할 수 있으며, 이론이성이 실천이성에 종속돼 있다. 칸트가 말하는 실천이란 주로 '도덕'적 실천을 가리킨다. 도덕은 그저 내키는 대로의 자의적 행동이 아닌, 일종의 규범이다. 도덕적 행위는 명예의 획득이나 만족의 추구 같은 감정의 실현을 목적으로 하지 않는다. 칸트 윤리학의 원칙은 "도덕을 위한 도덕, 의무를 위한 의무"만이 진정한 도덕적 행위라는 것이다.

칸트는 《도덕형이상학 정초》(이하 《정초》)에서 가언명령과 정언명령을 구분한다. 일단 '명령'이라는 말은 이해하기 어렵지 않다. "살인을 해서는 안 된다" "거짓말을 하면 안 된다" "도둑질을 하면 안 된다"처럼, 도덕규범은 통상적으로 명령imperative이라는 명령문의 형태로 표현된다. 그렇다면 '가언'과 '정언'은 뭘까?

가언명령은 '만약 …라면, …이다'라는 형식으로, '만약 살이 찌지만 않는다면, 이 케이크를 먹어도 좋다'와 같은 것이다. 가언명령은 언제나 '만약'으로 시작하며, 조건이 붙거나 특정 상황을 가정한다. 정언명령은 '마땅히 …해야 한다'는 형식으로, 조건이 붙지 않으며 타협의 여지가 없다. 즉 어떤 상황에서도 반드시 이행해야 하는 것이다. 그래서 정언명령은 '절대명령'이라고도 한다. 칸트는 도덕의 최고 원칙은 가언명령이 아닌 정언명령이어야 한다고 생각했다. 다음의 두 가지 명령으로 이루어진 도덕규범의 효과를 비교해보자.

> 정언명령 : 신호등이 빨간 불일 때는 도로를 건너가면 안 된다.
> 가언명령 : 도로에 차가 지나가고 있지 않다면, 신호등이 빨간 불이어도 도로를 건너가도 된다.

건강한 교통질서를 확립하기 위해서는 정언명령이 가장 효과적이다. 그것이 어떤 조건이든 '신호등이 빨간 불이어도 도로를 건널 수 있는' 조건이 일단 한번 붙고 나면, 그다음부터 사람들은 차가 지나가지 않는 경우 외에도 도로를 건널 수밖에 없는 온갖 이유를 찾기 시작할 것이고, 어느새 '신호등이 빨간 불일 때는 도로를 건너면 안 된다' 규범은 온데간데없어지고 말 것이다.

그래서인지 이전까지의 모든 종교와 철학에는 정언명령만 존재했다. 《논어》에 나오는 "자신이 원치 않는 일은 남에게도 시키면 안 된다己所不欲, 勿施於人"라든가, 기독교의 십계명에 나오는 "너는 살인을 해서는 안 된다" "너는 도둑질을 해서는 안 된다"를 보면 잘 알 수 있다. 그러나 칸트의 도덕철학은 종교가 아닌 이성을 기반으로 한 것이기에 인간의 이성을 도덕의 기초로 삼았다.

어째서 '인간은 목적이지 수단이 아니'라고 한 것일까

❖❖❖

칸트는 이성의 실천에는 논리적 일관성이 유지돼야 한다고 생각했다. 《정초》에서 말하는 도덕원칙의 준칙은 "네 행위의 준칙maxim이 너의 의지를 통해 보편적인 자연법칙이 돼야 하는 듯이 행위하라"라는 것이다. 후대의 사람들은 칸트의 이 말을 '보편주의 원칙'이라고 부른다. 이 어려운 말을 좀 더 쉽게 '번역'해보면, "어떤 일을 하기 전에, 세상 사람들이 지금 네가 하려는 것과 똑같은 일을 그대로 너에게 해도 좋겠는지 한 번 더 생각해보고 행동하라"는 뜻이다. 예를 들어, 거짓말이 나오려고 할 때 다른 모든 사람들이 당신에게도 그와 똑같은 거짓말을 해도 좋겠는지 한번 생각해보라는 것이다. 당신이 그 거짓말을 하기로 했다면, 남들이 당신에게 그와 똑같은 거짓말을 하는 것도 받아들여야 한다. 아마 누구도 받아들이려 하지 않을 것이다. 만약 내가 '돈을 빌리고 갚지 않는다'면? 칸트가 말한 대로 생각해보자. 다른 사람들이 나에게 돈을 빌린 뒤 갚지 않는다면? 종국에는 아무도 타인에게 돈을 빌려주려고 하지 않을 것이다. 바로 이 지점에서 칸트는 정언명령의 첫 번째 파생 법칙을 끌어낸다. "네 행위의 준칙이 너의 의지를 통해 보편적인 자연법칙이 돼야 하는 듯이 행위하라." 이것은 사실상 개인의 모든 선택이 모든 인류를 향한 입법이 되는 것이자, 자신의 행동 준칙이 보편적 자연법칙으로 승격되는 것이다. 너무도 숭고하지 않은가?

칸트의 두 번째 파생 명령은 "너는 너 자신의 인격에서나 다른 모든 사람의 인격에서의 인간성을, 단지 수단으로서가 아니라 항상 동시에 목적으로 대우하도록 행위하라"는 것이다. 간단히 말하면, '인간은 목적이지 수단이 아니'라는 것. 이 명령은 '인격주의' 원칙이라고도 한다.

타인을 수단으로 삼아서는 안 되고, 자신의 이익을 위해 타인을 이용해서도 안 되며, 타인을 자신의 특정 목적을 실현하기 위한 도구로 삼아서도 안 된다. 설령 그 목적이 대단히 숭고하다 해도 말이다. 우리는 어떤 행위를 하든 그 사람을 목적으로 대해야 한다. 즉 '사람은 어디까지나 사람으로만 대하라'는 것이다. 그런데 이것은 사실 쉽지 않은 일이다. 다시 맨 앞의 테러리스트 문제로 돌아와보자. 칸트의 입장은 단호하다. 그 어떤 인간에게도 고문을 가해서는 안 된다는 것이다. 그 테러리스트를 고문해서 핵폭탄의 위치를 알아내는 것은 그 테러리스트를 도구 내지 수단으로 삼은 것이지 목적으로 대한 것이 아니기 때문이다. 테러리스트를 고문해서라도 핵폭탄의 위치를 알아내는 것은 얼핏 수백만 명의 생명을 구하는 일처럼 보일지 모르나, 실은 정의의 이름으로 잔혹 행위를 정당화하는 것이다.

자유란 곧 자율이다

❖❖❖

칸트가 모든 사람들에게 내리는 정언명령은 당신의 행위 준칙이 영원히 보편 법칙이 되게 하라는 것이다. 이러한 도덕률의 전제는 무엇일까? 그리고 어떻게 그것이 가능할까? 칸트의 대답은 '자유' 혹은 '자유의지'다.

칸트는 어째서 자유를 도덕의 전제로 삼은 것일까? 칸트는《실천이성비판》서론에서, 자유는 사변 이성 체계라는 건물 전체의 주춧돌이라고 말한다. 칸트도 흄처럼 '당위'와 '사실'은 엄연히 다른 것이라고 생각했다. 자연계에는 '당위'가 없다. 호랑이가 토끼를 잡아먹는 것은 본능의 지배에 따른 행위일 뿐이다. 이런 자연현상에 대해 부도덕하다고 말할 수는 없다. 그러나 인간은 다르다. 인간은 자신의 자연적 본능을 거슬러, 타인을 위해 자신을 희생할 수도 있다. 인간은 그래야 한다고 생각하면, 그렇게 행동하고자 하는 존재다.

침몰해가는 타이타닉호에서 앞다투어 구명조끼를 차지하려 달려드는가 아닌가, 심지어 타인에게 양보하기로 했는가 아닌가 사이에는 대단히 중요한 차이가 있다. 어떤 사람이 자기 생명을 지키기 위해 노약자나 부녀자, 어린아이에게 구명조끼를 양보하지 않기로 했다 해도, 그것은 충분히 이해할 수 있는 일이다. 그러나 그런 행위가 도덕적이라고 말할 수는 없다. 그 사람은 그저 자신의 자연적 본능에 따르기로 한 것이다. 그런데 만약 부모가 자신의 구명조끼를 벗어 아이에게 입혀주었다면? 이때는 상황이 조금 다르다. '이기적 유전자' 이론을 지지하는 사람들은 이 또한 자연법칙에 따른 행동이라며, 부모는 어디까지나 자신의 유전적 전승을 위해 그런 행동을 한 것뿐이라고 말할 것이다. 그러나 상황윤리학situation ethics 학자라면, 부모의 이런 행동도 아이에 대한 사랑에서 나온 도덕적 행위라고 말할 것이다. 칸트 역시 이것이 숭고한 행위라는 데에는 동의하겠지만, 그 부모가 자신의 아이가 아닌, 전혀 모르는 타인에게 구명조끼를 양보했다면 더욱 보편 원칙에 부합하는 이타적 행위라고 생각했을 것이다.

인간은 항상 자연법칙에 지배당하는 존재가 아니다. 인간이 자연법칙의 지배를 거스를 때 그때 비로소 도덕이 출현할 수 있다. 인간에게는 선택의 자유가 있다. 바로 이것이 도덕의 근간이다. 인간의 모든 것이 외부의 힘에 지배당하고 있을 때에는 도덕도 있을 수 없다.

칸트의 도덕철학은 의무론deontology으로 불린다. 그리스어 데온 deon은 구속력을 지닌 '의무'를 뜻한다. 의무는 칸트 도덕철학에서 가장 핵심이 되는 개념이다. 칸트에게 의무란 '도덕에 대한 존중에서 나온 행동의 강제성'이다. 어떤 행위가 도덕적이므로 인간은 반드시 그렇게 해야 한다는 의미다. 의무론에서 가장 중요한 것은 자주성, 다른 말로 하면 자율이다. 칸트는 인간 자신이 스스로를 위해 입법해야 한다고 말한다. 인간 자신이 입법자인 동시에 그 법률을 따르는 인민이기도 한 것이다. 이성적인 존재는 "스스로가 제정한 것인 동시에 보편적인 법칙에만 복종한다". 인간이 그 도덕법칙을 따르는 것은 그것이 신의 명령이거나 외적 권위에 의해서가 아니라, 그것이 자신이 확립한 법칙이기 때문이다. 이때 비로소 인간은 자유를 누리는 동시에 벗어던질 수 없는 도덕적 책임을 지게 된다.

더 읽으면 좋은 책

1 《도덕형이상학 정초·실천이성비판》 이마누엘 칸트, 한길사, 2019
2 《영구 평화론》 이마누엘 칸트, 서광사, 2008
3 《이성의 한계 안에서의 종교》 이마누엘 칸트, 아카넷, 2015

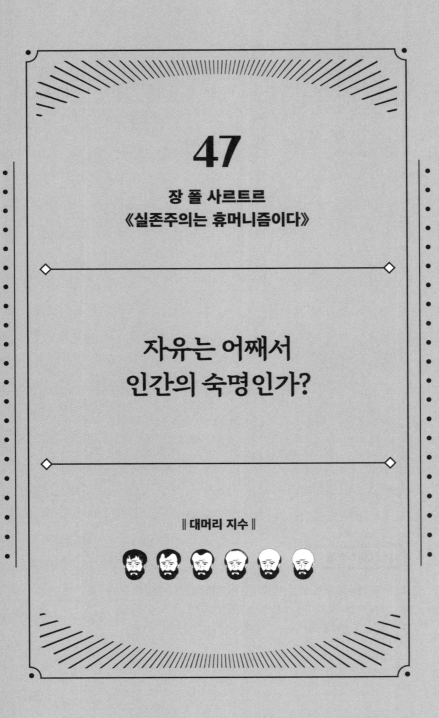

47

**장 폴 사르트르
《실존주의는 휴머니즘이다》**

자유는 어째서
인간의 숙명인가?

‖ 대머리 지수 ‖

장 폴 사르트르

Jean Paul Sartre, 1905~1980

인간은 자유다. 인간은 자유 그 자체다.

— 사르트르, 《실존주의는 휴머니즘이다》

들어가며

지금 당신이 나치 점령기의 프랑스인이라고 가정해보자. 당신은 형(이나 오빠)마저 전쟁터에서 죽자 더욱더 나치를 증오하게 된다. 당신은 형의 죽음에 복수하고 프랑스의 독립을 되찾고 싶다. 그러나 당신이 참전하거나 지하운동에 뛰어든다면 중병을 앓고 있는 노모를 돌볼 사람이 없다. 이때, 당신이라면 어떤 선택을 하겠는가?

이 같은 '충과 효의 딜레마'에는 대단히 철학적인 문제가 담겨 있다. 이런 상황에서 어떤 선택이든 할 수 있다는 것은 당신이 자유롭다는 것을 의미한다. 그러나 이것은 무엇이든 내키는 대로 할 수 있는 자유가 아니다. 당신은 그 선택에 따르는 모든 결과를 책임져야 한다. 이때의 결과는 마트에서 생수를 고르느냐, 콜라를 고르느냐에 따르는 결과보다 훨씬 더 엄중하다. 어떤 선택이든 당신이 감당하게 될 결과의 무게는 결코 만만치 않다. 바로 이것이 우리가 처한 삶의 현실이다.

위의 난제는 프랑스의 철학자 장 폴 사르트르의 저서 《실존주의는 휴머니즘이다》에 나오는 실제 사례다. 사르트르는 우리에게 자유란 내키는 대로 뭐든 마음대로 할 수 있는 것이 아니라, 감당하기 만만치 않은 인간의 숙명임을 보여주고자 한다. 바로 이것이 인간이 처한 현실의 본모습이다. 실존이 본질에 앞선다는 것.

실존은 본질에 앞선다 : 당신은 어째서 꽃양배추와는 다른가?

장 폴 사르트르는 《문학이란 무엇인가》에서 "자신이 시대를 선택하는 것이 아니라, 시대 속에서 자신이 무언가를 선택하는 것"이라고 말한다. 제2차 세계대전은 사르트르의 인생에서 대단히 중요한 전환점이 되었다. 참전 중에 포로가 된 사르트르는 포로수용소에서 9개월가량 지내게 되는데, 이 시기에 방대한 철학 도서를 읽으며 인간에게 선택이란 피할 수 없는 책임임을 깨닫게 된다.

1945년 10월 29일, 사르트르는 프랑스 파리에 있는 매트낭이라는 클럽에서 강연을 하게 된다. 이날의 강연 내용을 정리한 책이 바로 《실존주의는 휴머니즘이다》이다. 사르트르는 책의 서두에서부터 이 책은 실존주의를 변호하기 위해 쓴 책임을 밝힌다. '실존주의 existentialism'란 무엇인가? 사르트르가 《실존주의는 휴머니즘이다》에서 내린 정의에 따르면, "실존주의는 인생이 가능성이 되도록 하는 학설"이라고 한다.

사르트르는 또 실존주의의 신념은 "실존은 본질에 앞선다"는 것이라 말한다. 이게 무슨 뜻일까? 사르트르는 다음과 같은 예를 든다. 도구는 본질이 실존에 앞선다. 도구는 그것이 만들어지기 전에, 그것의 기능과 사용 목적이 명확하게 정해져 있기 때문이다. 장인은 가위를 만들기 전에 이미 가위의 모양과 기능을 머릿속에 구상하고 있다. 즉 사물의 본질은 미리 정해져 있다. 그러나 인간은 그런 식으로 만들어지지 않을뿐더러, 인간이 태어나 살게 된 것도 어떤 목적을 위해서가 아니다. 기독교인들은 신이 인간을 창조했다고 말한다. 마치 장인이 가위를 만들듯이. 이것은 신이 인간에게 고정불변의 성질인 '인간 본성'을 미리 정해놓은 것과 같다.

그러나 사르트르는 이런 관점에 반대했다. 그는 인간이 태생적으로 지닌 고정적 특성이나 본질이 있다고 생각하지 않았다. 뿐만 아니라 인간은 "자기 자신을 미래를 향해 던지는 존재이며, 미래를 향해 자기 자신을 던지는 일을 의식하는 존재다. 인간은 자신이 어떻게 살지 계획하고 결정한다는 점에서 이끼나 부패물, 꽃양배추와는 다르다. 인간이 자기 자신을 미래를 향해 던지기 전까지는 아무것도 진정으로 존재하고 있지 않다"라고 말했다. 인간은 세계에 내던져진 존재이기에 스스로 자기 자신에 대한 정의를 내려야만 한다. 인간은 자신이 어떤 선택과 행동을 하느냐에 따라 각기 다른 특성을 갖게 된다. 그러므로 인간은 스스로 무언가가 되고자 할 때 비로소 실존을 얻게 된다. 이것이 바로 '실존은 본질에 앞선다'는 말의 의미다.

실존주의는 인간의 주체성 회복을 요구했다. 실존주의자들은 인간을 이미 이루어진, 고정불변의 존재로 보는 데 반대했다. 사르트르는 이렇게 말한다. "인간이 존재하는 곳에서 인간을 찾아야 한다. 일하는 곳에서, 가정에서, 거리에서."

자유롭도록 돼 있는 것은 인간의 숙명

❖❖❖

《실존주의는 휴머니즘이다》에서 사르트르는 "인간은 자유다. 인간은 자유 그 자체"라고 말한다. 이 말은 얼마든 내키는 대로 살 수 있다는 뜻이 아니라, 자신의 모든 행위에는 책임이 따른다는 의미다. "자기 자신에 대해 책임을 진다는 것은 자신의 개성에 대해서만이 아니라 모든 인간에 대해 책임을 진다는 것을 의미한다." 우리는 사르트르의 이 말에서 칸트 도덕철학의 영향을 엿볼 수 있다. 실존주의자는 다른 누군가가 일방적으로 방향을 지시해준다거나 자기 대신 선택을 해줄 수 있다고 믿지 않는다. 인간은 자유롭도록 돼 있다. 인간에게는 자기 자신의 모든 것을 스스로 짊어지는 것 외에 다른 선택은 없다.

사르트르는 자신의 책에서, 앞서 언급한 난제의 상황에 처한 한 학생의 이야기를 꺼낸다. 이 학생은 제2차 세계대전 시기에 전쟁터에서 형이 사망했다. 이 학생은 형의 죽음에 복수하기 위해 참전하고 싶었지만, 노모의 곁을 차마 떠날 수 없었다. 노모는 일생을 자식들만 보고 살아왔기에, 하나 남은 자식마저 곁을 떠나면 앞으로 살아갈 용기와 희망을 놓아버릴지도 모른다. 국가를 위해 항전할 것인가, 어머니의 곁을 지킬 것인가? 도저히 결정하기 어려워 보이는 문제다. 그런데 여기서 중요한 것은 누구도 그의 선택을 돕거나 대신 해줄 수 없다는 것이다. 사실 이 난제에는 칸트에 대한 사르트르의 비판도 숨어 있다. 칸트 윤리학에서는 항상 어떤 사람이라도 수단이 아닌 목적으로 대해야 한다고 요구했다. 그런데 사르트르는 칸트 윤리학의 관점으로 이 학생이 처한 상황을 지켜보던 중 한 가지 문제를 발견하게 된다. 이 학생이 노모의 곁을 지키기로 하면 어머니를 목적으로 대한 것이 된다. 그런데 전쟁터에서의 그는, 조국 프랑스를 위해 전투하는 그는 간접적으로 수단화된다. 또 그가 참전을 선택하면, 노모를 자신의 목적을 이루는 수단으로 삼아 희생시키는 게 된다. 이렇듯 칸트 윤리학은 구체적인 현실에 적용할 때 종종 모순이 드러난다. 당시 사르트르는 그 학생에게 이렇게 답할 수밖에 없었다고 한다. "어떤 선택을 하기로 하든 그것은 오로지 자네의 자유일세." 어찌 보면 상당히 잔인한 대답이다. 그러나 달리 무슨 답을 해줄 수 있겠는가. 인간 자신의 모든 결정에는 책임과 고통이 따른다. "인간은 스스로가 만들어나가는 그 모습 이외에 아무것도 아니다." 실존이 본질에 앞선다는 것은 인간의 부정성否定的과 동시에 개방성을 의미한다. 사르트르는 이 짧은 말을 통해 실존주의가 절망이나 고독, 무력감의 철학이 아니라, 인간 자신의 선택과 행동에 기초를 제공하는 철학임을 드러내고자 했다.

영웅은 책임을 짊어지고, 비겁한 자는 자기기만을 택한다

❖❖❖

사르트르의 철학은 그의 문학을 이루는 뼈대이고, 사르트르의 문학은 그의 철학의 화신이다. 사르트르는 자신의 소설 《구토》에서 주인공 로캉탱의 입을 빌어, 고립무원의 상황에서도 스스로의 어깨에 책임을 짊어지기로 할 때의 불안과 공포를 생생히 묘사한다. "저렇게 불안정한 것을 보고 있으면 한 시간 두 시간… 1분 1초… 지날 때마다 저게 무너져버리지는 않을까 두려워서 죽을 것 같아. 무슨 일이든… 무슨 일이든 일어날 수 있는 거니까. 엄청난 두려움에 사로잡혀서 스스로에게 자꾸 묻게 돼. '나 지금 어디로 가고 있는 거지? 어디로 가고 있는 거야?' 세상에는 무슨 일이든 일어날 수 있는 거잖아."

사르트르는 1943년에 출간된 《존재와 무》에서 '처한 여건 속에서의 자유'와 무한 자유, 무한 책임, 자기기만이라는 세 가지 기본 논점을 제시한다.

첫째, 인간은 "자유를 선고받은 존재"다. 이런 자유는 추상적인 것이 아니라 특정 '상황하에서의 자유'다. 특정 상황을 이루는 여건으로는 위치, 과거, 주위, 이웃, 죽음 등 다섯 가지가 있다. 사람들은 이미 정해져 있는 몇 가지 사실들을 직면해야 한다. 그 사실들은 개인의 자유에 있어 일종의 제한 내지 전제가 된다. 인간은 지나간 일을 바꿀 수 없지만, 지나간 일에 대한 의미와 해석은 바꿀 수 있다.

둘째, "인간에게는 무한의 책임이 있다". 인간은 자신이 택한 생활 방식에 대해 그리고 그 생활이 이루어지고 있는 세계에 대해 책임을 져야 한다는 의미다. 인간은 언제나 구체적인 상황 내지 여건의 한계 안에서 자유롭게 선택한다. 이는 곧 인간의 행동은 언제나 타인과의 관계 속에서 이루어진다는 것을 의미한다. 그러므로 인간의 행동은 결코 자의적일 수 없으며, 항상 타인에 대한 책임을 동반한다. 이것은 거창하거나 공허한 도덕적 설교가 아니라, 엄격한 무신론의 입장에서 도출해낸 필연적 결론이다. 인간은 신의 보살핌을 받는 존재가 아니므로 스스로 실존의 무게를 짊어져야만 하는 것이다.

셋째, 인간은 '자기기만'이라는 잘못된 신념을 가지고 있기도 하다. 어떤 사람들은 절대 자유와 무한 책임에 직면했을 때 자기기만을 통해 자유와 책임으로부터 도피하려 한다. 자기기만의 인간은 자아를 부정하는 것이 아니라, 자기 자신을 꽁꽁 싸맨 뒤 스스로 구축한 가상 안으로 숨어들어 절대 나오지 않는다. 사르트르가 《실존주의는 휴머니즘이다》에서 제시하고 있는 인간 유형이 있다. 그들은 자유롭게 선택하지 않고, 외부 환경이나 기정사실에 따라 자기 자신을 확정해버린다. 사르트르는 이런 인간을 "비겁자"라고 불렀다. 그런가 하면, 자신의 삶에 스스로 의미 부여하기를 망각한 이들도 있다. 사르트르는 이들을 "심각한 사람"이라고 부르며, 어느 식당에서 마주친 식당 직원을 예로 든다. 그는 마치 태어날 때부터 식당 직원이었던 것처럼, 음식점 직원이기 이전에 인간임을 망각하기라도 한 것처럼 최선을 다해 손님의 비위를 맞추고 연신 굽신거리며 아첨을 한다. 그는 거리의 음악가나 산중의 목동이 될 수도 있었다. 그러나 지금 이렇게 손님의 비위를 맞추는 음식점 직원으로 살고 있는 것이다.

비겁자의 반대는 영웅이다. 어떤 사람을 영웅이라 하는가? 사르트르의 희곡 《파리》에는 사르트르가 영웅으로 형상화한 인물이 등장한다. 그리스를 배경으로 한 이 희곡에서, 오레스테스는 아버지인 아가멤논 왕의 죽음에 복수하기 위해 자신의 어머니(남편이 트로이 전쟁을 마치고 돌아왔을 때, 딸을 죽인 남편을 죽임-옮긴이)를 살해한다. 분노에 찬

아르고스(아가멤논과 오레스테스의 고향-옮긴이) 사람들이 오레스테스를 찢어 죽이려 들자, 오레스테스가 그들에게 말한다. "여러분, 저 자신의 죄는 제가 짊어질 것입니다. 저 태양 앞에서 저 자신의 죄를 인정합니다. 바로 이것이 제가 살아온 이유이자 저의 자랑입니다. 여러분은 저를 벌할 수 없습니다. 불쌍히 여기지도 마십시오. 혹시라도 그리할까 두렵습니다." 오레스테스에게서 보듯, 인간은 나면서부터 정해지는 것이 아니라, 그 자신이 받아들인 것과 주도적으로 선택한 것에 따라 결정되는 존재다. "실존주의자는 자신을 비겁자로 만드는 것도 그 자신, 자신을 영웅으로 만드는 것도 그 자신이라고 말한다. 가능성은 영원히 존재한다. 비겁자는 더 이상 비겁자가 되지 않을 수 있고, 영웅도 더 이상 영웅이 되지 않을 수 있다." 변화의 관건은 단 하나, 자신의 책임을 스스로 짊어지는 데 있다.

더 읽으면 좋은 책

1 《실존주의는 휴머니즘이다》장 폴 사르트르, 이학사, 2008
2 《말》장 폴 사르트르, 민음사, 2008
3 《존재와 무》장 폴 사르트르, 동서문화사, 2009

48

알베르 카뮈
《시지프 신화》

삶은 왜 이렇게
부조리한가?

‖ 대머리 지수 ‖

알베르 카뮈

Albert Camus, 1913~1960

정말로 진지한 철학적 문제는 오직 하나, 그것은 바로 자살이다.

— 카뮈, 《시지프 신화》

들어가며

당신도 매일 아침을 이렇게 시작하는가? 일어나자마자 서둘러 씻고 밥은 먹는 둥 마는 둥 부리나케 현관문을 나서서는 잰걸음으로 지하철역에 도착하는 생활의 반복. 거리의 사람들도 잠에서 덜 깬 듯 게슴츠레한 눈으로 걸음을 재촉하고 있고, 지하철 안의 사람들은 고개를 푹 숙인 채 각자의 스마트폰만 보고 있다. 당신은 오늘이 무슨 요일인지도 잘 모르겠다. 오늘은 어제 같기도 하고 그제 같기도 하다. 지난주도 매일 이랬던 것 같다. 아마 미래에도 매일 이렇겠지. 인생은 원래 이렇게 무의미한 반복의 연속인 걸까.

노벨문학상을 수상한 프랑스 작가 로맹 롤랑Romain Rolland은 자신의 소설 《미켈란젤로의 생애》에서 이렇게 말한다. "세상에 진정한 영웅주의는 단 하나뿐이다. 삶의 진상을 깨닫고 나서도 여전히 삶을 사랑하는 것." 많은 사람들이 이 말을 되새기며 자기 발전의 자극제로 삼기도 한다. 그런데 당신은 '단조롭게 반복되기만 하는 삶에도 의미가 있는가'라고 물은 적 있는가? 삶의 진상은 어떤 모습일까? 만약 삶의 진상이 무의미하다면, 당신은 그것을 어떻게 사랑할 것인가? 삶이란 그냥 원래부터 부조리한 것은 아닐까? 삶의 부조리에도 의미가 있을 수 있는가? 대체 우리는 삶의 부조리를 어떻게 대해야 할까? 이러한 물음을 파고들었던 20세기의 프랑스 철학자 알베르 카뮈는 《시지프 신화》를 통해 삶의 부조리에 특수한 가치를 부여한다.

'부조리의 영웅' 시지프

❖❖❖

《시지프 신화》는 1942년에 출간된 책이다. '시시포스'로 번역되기도 하는 시지프는 고대 그리스 신화에 나오는 영웅이다. 시지프는 신들을 기만한 죄로, 거대한 바위를 산꼭대기까지 밀어 올려야 하는 형벌을 받게 된다. 그러나 바위는 산꼭대기에 이르자마자 다시 굴러떨어지기를 반복한다. 시지프는 이렇게 영원히 바위를 밀어 올리기를 반복하는 무의미한 순환에 갇히고 만다. 신들은 이렇듯 무의미한 수고를 반복하는 것보다 더 가혹한 형벌은 없을 것이라고 생각했다. 시지프의 생명은 이렇게 죽을 때까지 헛된 노력만을 되풀이하며 소모돼 갈 뿐이다. 이것은 마치 현대인의 삶을 그대로 묘사해놓은 것 같다.

알베르 카뮈는 시지프의 내면을 섬세하게 묘사한다. "(거대한 바위를 산꼭대기까지 밀어 올리느라–옮긴이) 경련하는 얼굴, 바위에 밀착한 뺨, 진흙에 덮인 돌덩어리를 떠받치는 어깨와 그것을 고여 버티는 한쪽 다리, 돌을 되받아 안은 팔 끝, 흙투성이가 된 두 손에는 온통 인간적인 확실성이 보인다. 하늘 없는 공간과 깊이 없는 시간으로나 측량할 수 있을 이 기나긴 노력 끝에 목표는 달성된다. 그때 시지프는 돌이 순식간에 저 아래 세계로 굴러떨어지는 것을 바라본다. 그 아래로부터 정상을 향해 이제 다시 돌을 밀어 올려야 하는 것이다. 그는 또다시 들판으로 내려간다." 그야말로 절망적인 비극이 아닐 수 없다. 그러나 카뮈는 이 지점에서 새로운 차원의 의미를 발견한다. 그는 시지프를 '부조리의 영웅'이라고 부른다.

시지프가 비극적인 것은 그 자신이 처한 상황을 누구보다도 잘 알고 있기 때문이다. 그러나 카뮈는 갑자기 관점을 전환하며 이렇게 말한다.

시지프의 소리 없는 기쁨은 송두리째 여기에 있다. 그의 운명은 그의 것이다. 그의 바위는 그의 것이다. 이와 마찬가지로 부조리한 인간이 자신의 고통을 응시할 때 모든 우상은 침묵한다. … 인간은 스스로 자신이 살아가는 날들의 주인이라는 것을 안다.

……

이제 나는 시지프를 산 아래에 남겨둔다! 우리는 항상 그의 짐의 무게를 다시 발견한다. 그러나 시지프는 신들을 부정하며 바위를 들어 올리는 고귀한 성실성을 가르친다. 그 역시 모든 것이 좋다고 판단한다. 이제부터는 주인이 따로 없는 이 우주가 그에게는 불모의 것으로도, 하찮은 것으로도 보이지 않는다. 이 돌의 입자 하나하나, 어둠 가득한 이 산의 광물적 광채 하나하나가 그것 자체만으로 하나의 세계를 형성한다. 산정山頂을 향한 투쟁 그 자체가 한 인간의 마음을 가득 채우기에 충분하다. 행복한 시지프를 마음에 그려보지 않으면 안 된다.

이것은 결코 아Q식의 정신 승리가 아니다. 무조건적인 타협 이후의 자기 위로도 아니다. 비록 터무니없고 우연적이며 허무하기도 하지만, 부단히 항쟁을 지속하는 운명에는 하지 않을 수 없음을 알기에 한다는 비장함이 있다.

카뮈는 부조리가 현대인의 삶의 특징 가운데 하나임을 보았다. 그는 이렇게 말한다. "내 손에 만져지는 것, 나에게 저항해오는 것, 이것이 바로 내가 이해하는 것이다. 그리하여 나는 절대와 통일을 향한 나의 열망과 이 세계를 합리적이고 순리적인 원리로 환원시킬 수 없다는 불가능성, 이 두 가지 확신을 서로 타협시킬 수 없다는 것도 안다." 부조리는 이토록 해결하기 어려운 것이다. 그렇다면 인간은 이대로 희망 없이 살아가야만 하나?

카뮈는 부조리와의 공존을 제안한다. 그러기 위해서는 먼저 부조리를 직시하고, 그것에 반항해야 한다. 반항은 삶에 가치를 부여한다. 그런데 '반항'에 대한 카뮈의 이해는 독특하다. "반항은 인간과 그자신의 어둠의 끊임없는 대면이다. … 반항은 동경이 아니다. 반항에는 희망이 없다. 그 반항은 깔아뭉개려 드는 운명에 대한 확인, 그러나 그에 따르기 마련인 체념을 거부하는 확인일 뿐이다." 카뮈가 말하는 '반항'에는 두 가지 면모가 있다. 하나는 희망이 없다는 절대 비관이고, 다른 하나는 비관에도 불구하고 꺾이지 않는 강인함이다. "오직 죽음과 부조리만이 합리적인 자유 원칙이다." 그럼에도 불구하고 카뮈는 "눈앞의 광명을 껴안고, 공허한 유토피아에는 희망을 두지 말고, 고개를 높이 든 채 살아가라. 살아간다는 것이야말로 부조리에 가장 유력한 반항이니"라고 말한다. 그래서 《시지프 신화》는 "미소를 머금은 비가悲歌"라고 말하는 이도 있다.

부조리한 삶 : 삶에는 '왜'가 없다
❖◆❖

《시지프 신화》의 부제는 '부조리에 관한 시론'이다. 카뮈는 제2장에서 부조리를 하나의 '벽'이라고 말한다. "아침에 기상, 전차로 출근, 사무실 혹은 공장에서 일하는 4시간, 식사, 4시간의 노동, 전차, 식사, 수면 그리고 똑같은 리듬으로 반복되는 월, 화, 수, 목, 금, 토. 이 행로는 대개의 경우 어렵지 않게 이어진다. 다만 어느 날 문득, '왜'라는 의문이 솟아오르고 놀라움이 동반된 권태의 느낌 속에서 모든 일이 시작된다." 많은 이들이 한 번쯤 '나는 왜 이렇게 일을 하나? 난 왜 이렇게 살고 있지? 나는 왜 이런 일을 당해야 하나?'라고 물었을 것이다. 그러나 마땅한 답을 얻지는 못한다. 부조리는 문득 솟구쳐 오르는 무의미감이다. 카뮈는 "세계의 철저한 닫혀 있음과 낯설음, 그것이 바로 부조리"라는 말로, 우리 모두의 정수리에 일침을 놓는다.

더욱 절망적인 것은 이성은 부조리 앞에서 아무런 역할도 하지 못한다는 것이다. 카뮈는 "논리에 부합하는 것은 쉽다. 그러나 처음부터 끝까지 철저히 논리에 부합하기란 불가능하다"라고 말한다. 이성은 그저 순서대로 일을 진행시켜나가게 만들어줄 뿐 '의미' 차원의 문제에는 답을 주지 못한다.

1960년 1월 4일, 카뮈는 출판계에서 일하는 친구가 운전하는 차를 타고 파리로 돌아오던 길이었다. 차가 갑자기 도로를 벗어나더니 커다란 나무와 충돌했다. 차의 앞부분은 완전히 찌그러졌고 카뮈는 그 자리에서 사망했다. 그의 나이 47세였다. 나중에 카뮈의 옷 주머니에서 사용하지 않은 기차표 한 장이 발견되었다. 사실 카뮈는 그날 기차를 타고 파리로 돌아올 예정이었는데, 막판에 친구가 운전하는 차를 타기로 결정을 바꾼 것이다. 참으로 부조리한 운명이 아닐 수 없다. 더욱 부조리한 것은 카뮈가 생전에 "교통사고로 죽는 것보다 더 부조리한 죽음은 없을 것"이라고 자주 말해왔다는 사실이다.

자살만이 유일하게 진지한 철학적 문제

✦✦✦

《시지프 신화》는 "정말로 진지한 철학적 문제는 오직 하나, 그것은 바로 자살"이라는 문장으로 시작한다. 느닷없는 단언처럼 보이지만, 카뮈는 우리에게 '인생에 아무런 의미가 없다면 자신의 의지에 따라 자신의 삶을 끝낼 수 있는가?'라고 묻고 있다. 이것은 영혼 깊은 곳에서 솟아나오는 질문이기도 하다.

《파이돈》에 나오는, 소크라테스의 "숙고하지 않은 삶은 살 가치가 없다"라는 말은 그냥저냥 시간만 흘려보내지 말고 치열하게 숙고하고 성찰하며 살아야 한다는 뜻으로 들린다. 존재의 의미와 삶의 목적을 묻는 것은 인간의 본능이다. 그러나 반성적으로 숙고한다고 해서 꼭 만족스러운 해답을 얻는 것은 아니다. 현대사회에 들어서면서 사람들은 더욱더 삶에는 아무런 의미나 정해진 목적이 없다는 것을 절감하고 있다. "신은 죽었다"라는 니체의 외침처럼 신은 우리 삶의 중심에서 일찌감치 물러나버렸고, 우리에게 삶의 방향을 지시해줄 그 어떤 절대적 권위도 없어졌다. 모든 의미와 가치는 인간 자신이 구축해나가야 한다. 이것은 분명 고통스럽고 어려운 일이다. 이것은 카뮈와 다른 많은 실존주의 철학자들도 인정하는 바이다.

그런데 자살만이 유일하게 진지한 철학적 문제라고 한 카뮈의 말은 결코 자살을 독려하는 표현이 아니다. 오히려 그는 "희망이 없다는 것은 절망과 동의어가 아니다. 그렇다고 운명에 순응하며 살아가는 것도 아니다. 인간은 생명이 자신의 유일한 재산이라는 것을, 생명은 필연적으로 서서히 사라져가는 동시에 끊임없이 새롭게 열어나갈 수 있는 것임을 인식해야 한다. 인간은 이 세계에서 살아남겠다는 용기를 가져야 하며 마땅히 행복해야 한다"라고 말한다. 생명은 분명 귀중한 것이다. 카뮈가 자살을 언급한 것은 우리 삶의 도처에 존재하는 부조리를 직면하도록 하기 위해서였다.

카뮈는 인간이 부조리에 직면하게 되었을 때 세 가지 가능성이 있다고 말한다. 첫 번째는 자살, 즉 자신의 삶을 스스로 끝내는 것이다. 자살은 그 나름의 방식으로 부조리를 해소해버린다. 그러나 그것은 부조리를 동반한 채 죽음으로 들어가는 것이다. 사실 이렇게 나약하고 비겁한 방법은 진정한 반항이라 할 수 없다. 두 번째 가능성은 종교를 통해 초월적 세계를 추구하는 것이다. 그러나 카뮈는 이런 방법은 '철학적 자살'이라고 말한다. 초험적 해석으로 부조리를 대하는 것은 이성을 포기한다는 뜻이기 때문이다. 카뮈가 보기에는 이 또한 자아를 무너뜨리는 것일 뿐 부조리를 극복하는 좋은 방법은 아니었다. 바로 이 지점이 카뮈가 실존주의의 선구자라 할 수 있는 키르케고르

와 구분되는 점이다. 카뮈는 사르트르의 무신론적 실존주의의 입장에
더 가깝다. 세 번째 가능성은 부조리를 수용하는 것이다. 카뮈는 이것
이야말로 진정으로 효과적인 해결 방법이라고 생각했다. 여기서 '수
용'이란 그저 체념적으로 순순히 따른다는 뜻이 아니라, 주도적으로
부조리를 받아들이고 부조리에 의의와 가치를 부여하는 행위를 의미
한다. 카뮈는 인간이 모든 문제에 있어 단호히 맞서 나가며 살 수 있
겠느냐고 묻는다. 마치 그 자신의 이런 말처럼.

살아가라, 세계가 우리에게 부여한 눈물의 흔적을 지닌 채, 불구의 손
으로 서로의 상처를 치유하며, 고집스럽게 행복을 맞이하라. 인간에게 형
벌인 운명이란 없으므로 전력을 다해 행복해야 한다. 눈앞의 광명을 껴
안고, 공허한 유토피아에는 희망을 두지 말고, 고개를 높이 든 채 살아가
라. 살아간다는 것이야말로 부조리에 가장 유력한 반항이니.

┌─────────────────────┐
│ **더 읽으면 좋은 책** │
└─────────────────────┘

1 《시지프 신화》알베르 카뮈, 민음사, 2016
2 《카뮈, 침묵하지 않는 삶》로버트 자레츠키, 필로소픽, 2015
3 《디 에센셜 : 알베르 카뮈》알베르 카뮈, 민음사, 2022

49

마르틴 하이데거
《존재와 시간》

인간은 왜 '존재'를
사유해야 하는가?

‖ 대머리 지수 ‖

마르틴 하이데거

Martin Heidegger, 1889~1976

세인(世人, 세상 사람)은 도처에 존재한다. 그러나 현존재가 결단을 내려야 하는 순간, 그들은 어딘가로 스윽 빠져나가고 없다. 그들에게 모든 판단과 결정은 이미 정해져 있는 것이기에 모든 현존재에게서 책임만 쏙 빼내버린다.

— 하이데거, 《존재와 시간》

들어가며

"To be or not to be, that is the question"은 셰익스피어의 희곡 《햄릿》에 나오는 유명한 대사다. 보통 "사느냐 죽느냐, 그것이 문제로다"라고 번역된다. 그런데 이런 번역은 상당히 관습적인, 그리고 문학화된 표현이다. 철학의 관점에서 'to be'는 '존재'라고 번역해야 타당하다. 사실 한자어 '존재存在'는 영어의 be(독일어의 sein)에 내포된 의미를 다 담아내기 어렵다. 서양 철학에서 being/sein에 대한 탐구는 모든 문제의 근본으로 여겨져 왔다.

20세기의 독일 철학자 마르틴 하이데거의 대표작 《존재와 시간(독일어 : Sein und Zeit, 영어 : Being and Time)》에서 파고드는 존재에 대한 물음은 그전까지의 서양 철학사에서는 누구도 시도하지 않은 것이었다. 여러 철학자들의 철학 스타일을 음악에 비유한다면 헤겔은 위대한 교향악 작곡가, 니체는 헤비메탈 그룹의 리드 보컬이라고 할 수 있다. 그렇다면 하이데거는? 그는 전자음악 장르의 뉴에이지 왕자라 할 수 있다.

어째서 '존재'가 문제가 되는가?

❖❖❖

1927년에 출간된 《존재와 시간》은 20세기 독일어 철학서 가운데 가장 읽기 어려운 책이다. 그것은 그만큼 마르틴 하이데거의 사상 자체가 난해해서가 아니라, 그가 사용하는 많은 단어가 그전까지와는 다른, 완전히 새로운 용법으로 창조된 것이기 때문이다. 그래서 "하이데거가 쓴 것은 전통 철학이 아니라 시"라고 말하는 사람도 있다.

　하이데거는 책의 서두에서부터 이 책을 쓴 목적은 존재의 의의를 논하기 위해서라고 밝힌다. '존재'의 독일어 Sein은 중성형 명사이기 때문에 앞에 das라는 관사를 붙여 das Sein으로 표기한다. '존재'를 뜻하는 영어는 being, 즉 be라는 동사를 명사화한 형태다. 중국에서 《존재와 시간》을 번역할 때는 Sein이나 being에 대응하는 단어가 없어서 전혀 새로운 번역이 시도되었다. 어떤 이들은 '존재'를 '시분(한국어의 '이다'에 해당-옮긴이)'로 번역해야 한다고 생각했고, 어떤 이들은 '재在(한국어의 '있다'에 해당-옮긴이)'로 번역해야 한다고 생각했다. 어째서 이렇게 다른 번역이 나타나게 된 것일까?

영어에서 be는 구체적으로 활용될 때 I am, you are, he was, they are처럼 시제와 인칭에 따라 다양하게 형태가 변한다. 그런데 중국어에서는 "나는 누구누구'이다'"라든가 "이 사과는 붉은색'이다'"처럼 '시是' 뒤에는 반드시 명사가 와야만 한다. 어법상으로도 중국어의 '시'는 단독으로 쓰이지 않고, 반드시 다른 단어와 연결돼야 한다. 그러나 영어의 be와 독일어에서의 sein은 단독으로 술어가 될 수 있다. 즉 'I am' 뒤에 아무런 단어가 붙지 않아도, '나는 …이다' 혹은 '나는 있다'는 표현이 된다. 주어와 목적어가 어떻게 변화하든, 'be'라는 단어는 항상 그 자리에 놓인다. 그런데 여기서 '시是(…이다)' 혹은 '존재'가 의미하는 게 뭘까? 서양 철학사에서 다루어온 형이상학의 궁극적 논제가 바로 이 '존재'에 관한 것이다.

존재와 존재자

❖❖❖

서양 역사에서는 많은 철학자들이 존재를 논했다. 그러나 하이데거는 처음부터 그들과 전혀 다른 방식으로 논한다. 그는 이전까지의 존재에 관한 관점을 다음의 세 가지로 종합한다.

첫째, 존재를 보편적 개념으로 보는 관점이다. 그러나 이것은 존재가 철학의 역사상 가장 불명확하게 논해온 개념임을 의미하기도 한다. 둘째, 존재는 정의할 수 없다는 관점이다. 셋째, 존재가 자명한 개념이라고 보는 관점이다. 이제까지의 철학에서는 어떤 논의든 진행될 때마다 존재를 언급했기 때문에 굳이 그 이상의 사고를 전개할 필요가 없었다.

하이데거는 '존재Sein'와 '존재자das Seiende'를 중요하게 구분한다. 우리가 매일 접하는 것은 컵, 자동차, 나무, 구름과 같은 수많은 특수한 존재자들이다. 그러나 존재라는 것 자체는 특정 사물의 추상화된 공통 성질이 아니며, 존재자의 어떤 속성도 아니다. 존재 자체는 어떤 특수한 존재자가 아니다. 그러므로 존재에 대한 토론은, 존재자를 떠나서는 존재에 대해 논할 수 없다는 것과 구체적인 존재자로부터 존재에 대해 논하기 시작하면 존재를 제대로 파악할 수 없다고 하는 일종의 곤경에 빠져들게 된다. 그래서 하이데거의 사상은 인간이라고 하는 특수한 존재자로부터 존재에 대해 논하기 시작한다.《존재와 시간》에서 하이데거는 인간을 '현존재(독일어로는 Dasein)'로 칭한다. 독일어에서 'Da'는 아주 흔히 쓰이는 단어로 '여기' 혹은 '저기'라는 뜻이다. 그러므로 'Dasein'은 '여기에 혹은 저기에 있는 존재'라는 뜻이된다.

어째서 인간(이자 현존재)으로부터 존재를 논하기 시작한 것일까? 하이데거는 인간은 다른 존재자들과 달리, 존재에 대해 의식할 수 있는 존재이기 때문이라고 말한다. 바꾸어 말하면, 인간은 그 자신의 존재 안에서 존재 자체와 소통할 수 있다는 뜻이다. 인간은 존재에 대한 깨달음으로 인간이 되고, 인간으로 존재하게 된다. 인간이 동물과는 다른 특수성이 바로 여기에 있다. 인간은 존재를 탐구하고, 존재에 대해 묻는다. 그러므로 하이데거는 인간이라는 존재자는 자신의 존재 안에서 자기를 드러낸다고 말한다. 현대인의 근본 문제는 존재를 망각한다는 데 있다. 사람들은 존재자의 운동 법칙이라든가 구체적 양태와 같은 구체적인 존재자에 대해서만 연구하고, 존재 그 자체와 존재자 배후의 진정한 기초는 망각한다. 《햄릿》의 대사에 나오는 존재에 대한 물음을 현대인의 일상적 사고에서는 거의 찾아볼 수 없다.

던져진 '세계-내-존재'

✦✦✦

하이데거는 《존재와 시간》에서 '현존재'에 대해 '세계-내-존재'로 규정한다. 만년의 하이데거는 한 인터뷰에서 "사상이라는 과업은 '세계-내-존재'라는 단순한 사실에서 비롯된다"라고 말하기도 했다. '세계-내-존재'는 독일어로 'In-der-welt-sein'이라고 한다. 글자 그대로 풀이하면, 세계 안에 있는 존재라는 뜻이다. 하이데거는 우리가 이 세상에서 살아간다는 것, 이보다 더 단순할 수 없는 이 사실이 모든 존재자의 의의를 지배한다고 생각했다.

하이데거는 자신의 사상을 가장 적절히 표현하기 위해 전통 철학에서의 개념을 대체하는 새로운 단어를 많이 만들어냈다. 예를 들면, 그는 인간을 지칭하는 말로 '주체'를 쓰지 않고, '인간'과 '의식'을 철저히 분리시키지도 않고, 현존재Dasein라는 말로 인간과 존재와 존재에 대한 의식을 하나로 묶어 표현했다. 여기서 주의해야 할 것은 '현존재'는 고정된, 완성된 존재가 아니라 실현을 기다리는 존재라는 점이다. '실현을 기다린다'는 말은 독일어로 zu sein, 햄릿이 고뇌하며 물었던 바로 그 'to be'이다. 하이데거는 인간은 단지 존재할 뿐 아니라 존재하지 않으면 안 된다고 말한다. '현존재'는 존재의 사명을 부여받았다는 것. 이것이 바로 인간의 실존Existenz이다. 독일어 'Existenz'는 '지탱하며 서 있다'는 뜻이다. 이 말에 내포돼 있는, 존재를 직면하지 않을 수 없는 인간의 용기가 느껴지는가?

인간은 존재하지 않으면 안 된다. 또한 인간은 자기 존재를 위해 끊임없이 선택을 하지 않으면 안 되고, 자신의 모든 선택에 따르는 책임과 결과를 짊어지지 않으면 안 된다. 하이데거는 '현존재'가 언제나 그 자신의 가능성을 위해 존재한다고 말한다. 인간은 수많은 결단과 선택 속에서 수많은 가능성을 실현한다. '현존재'의 선택은 크게 두 가지 결과로 이어진다. 그중 하나는 본래성Eigentilchkeit을 실현하는 것이다. 본래성이란 자기 자신에게 충실한, 자신의 일을 하는, 자기 자신이 되는 것이다. 하이데거는 본래적 현존재만이 진정한 현존재라고 생각했다. 현존재의 선택에 따르는 또 다른 결과는 자신에게 주어지기로 돼 있는 선택에 복종하는 것이다. 이런 선택은 그의 비본래성 Uneigentlichkeit을 실현한다. 비본래성의 결과가 바로 '세인das Man'들이다. 북송 시대의 문인이자 정치가인 왕안석王安石이 빼어난 신동 중영이 학업을 방치해 둔재가 돼버린 현실을 슬퍼하며 쓴 글 「상중영傷仲永」에 나오는, '재능은 다 없어지고 그저 평범한 사람이 돼버렸다泯然衆人矣'는 구절 속 '그저 평범한 사람'과 비슷한 느낌이랄까. 이들에게는 개성이 없다. 남들이 무엇을 한다고 하면 자신도 그것을 따라 할 뿐이다. 그들에게는 입장이나 견해랄 것도 없다. 남들이 하는 말을 그대로 옮기는 게 전부다. 이들은 그저 세상 흐름에 떠밀리며 흘러갈 뿐이다.

'현존재'는 세계에 내던져진(독일어 : Geworfenheit, 영어 : thrownness) 존재다. 대단히 생동감 넘치는 표현이 아닐 수 없다. '내던져졌다'는 것은 버려졌다는 뜻이 아니라, 여건이나 타의에 의해 '스스로 어찌하지 못함'을 강조하는 말이다. 내던져진 물체는 원래 처음부터 스스로 무엇을 결정하는 상태가 아니었다. 그런데 인간이라는 존재 역시 '스스로도 어찌하지 못하는' 상태에 있다. '내던져졌다'는 말은 그 사람의 출생이 자신의 선택이 아니었음을 의미한다. 인간은 태어나기 전에 자신의 부모나 가정, 선천적 신체 조건 등을 선택할 기회가 없다. 그러나 이 세계 안에서 어떻게 존재할 것인지는 선택할 수 있다. 하이데거는 기획투사Entwurf라는 말로, '현존재'가 주도적으로 자신의 처지에 대응할 수 있음을 강조한다. '내던져짐'과 '기획투사', '본래성'과 '비본래성' 사이에는 중요한 관련성이 있다. 하이데거는 비본래적으로 존재하는 것을 '퇴락Verfall'이라고 표현했다. 퇴락에는 두 가지 의미가 담겨 있다. 하나는 '현존재'가 자신을 특정 성질을 갖는(특정 성질에 고정된-옮긴이) 실체로 이해하는 것이고, 다른 하나는 '현존재'가 다른 사람들 속에 섞여 자신만의 세계 없이, 고유한 자기 자신으로 살지 못하는 것이다. 첫 번째의 의미의 '퇴락'이 강조하는 것은 개체로서의 자아를 속박하는 것, 즉 타인이나 외부의 기준에 맞추어 제한된 삶 속에 자신을 가두는 것이다. 두 번째의 의미의 퇴락은 '무리지어 사는 동물'인 인간이 자신만의 고유한 세계를 지켜내지 못한다면, 자신이 진실로 무엇을 원하는지, 혹은 싫어하는지, 무엇을 이루고 싶은지 명확하게 알지 못한다면, 잡담이나 가벼운 호기심 등에 빠져든 채 그럭저럭 하루하루를 살아가게 된다는 뜻이다.

'죽음을 향해 있는 삶' : 무덤 앞에서 시간을 보내 보라

❖❖❖

하이데거는 현존재가 자신에게 앞서 있다고 말한다. 이 말은 '현존재'는 시시각각 여러 종류의 가능성에 직면해 있음을 의미한다. 그러나 그 모든 가능성 가운데 가장 마지막에 오는 것은 결국 죽음이다. 죽음은 언제든지 내려와 목을 쳐버리는 다모클레스의 칼Sword of Damokles(머리 위로 실 한 가닥에만 매달려 있는 칼로, 언제든 닥쳐올 수 있는 위험과 재난을 의미─옮긴이)처럼 모든 가능성을 한순간에 종결시켜버린다. 그래서 《존재와 시간》에서 하이데거는 생명이란 죽음이 '지연된' 상태이며, 모든 사람은 죽음을 빚진 존재라고 말한다. 세상의 모든 일, 모든 사물에는 일정한 수명의 한계가 있다. 그러나 인간만이 죽음의 의미를 인지하고, 죽음에 대한 불안과 공포 속에서 산다. 하이데거는 종종 죽음이라는 단어를 직접적으로 사용하지 않고, 많은 경우 무無(독일어 : Nichts, 영어 : nothing)라는 단어를 사용한다. 하이데거가 '죽음'이라는 필연적 사실보다 더 관심을 두었던 것은 '죽음'이라는 가능성에 대한 '현존재'의 이해였다.

사람들은 생명의 종결을 두려워하지만, 죽음이 없으면 삶도 의미를 잃는다. 삶에 대한 모든 이해와 자신의 행동 하나하나에 대한 결단이 바로 '언젠가는 죽는다'는 전제 위에서 이루어지는 것 아닌가? 만약 사람이 영원히 죽지 않고 산다면, 무궁무진한 시간 속에서 하고 싶은 대로 다 하고 살 수 있다면, 간절한 바람도 소원도 희망도 없을 것이다. 오히려 깊은 허무에 빠져들지 않을까? 1961년의 어느 강연장에서 한 청중이 하이데거에게 "존재를 어떻게 인식하죠?"라고 물었다.

하이데거의 대답은 간단했다. "무덤 앞에서 시간을 보내 보라"는 것. 하이데거는 '현존재'에게 죽음이 있기 때문에 의미라는 문제가 나타나는 것이라고 생각했다. 현존재는 대단히 취약하기 때문에 어떤 선택을 하고 어떻게 삶을 대하느냐가 매우 중요하다. 인간은 무無의 가능성을 의식할수록 더욱더 자신의 본래적 삶을 살 수 있게 된다. 이것이 바로 "죽음을 향해 있는 삶", 즉 죽음에 한없이 가까워질 때 비로소 깊이 삶의 의미를 깊이 깨닫게 된다.

더 읽으면 좋은 책

1   《존재와 시간》마르틴 하이데거, 까치, 1998
2   《언어의 본질에 대한 물음으로서의 논리학》마르틴 하이데거, 파라아카데미, 2021
3   《칸트와 형이상학의 문제》마르틴 하이데거, 한길사, 2001
4   《숲길》마르틴 하이데거, 나남, 2020

50

한스게오르크 가다머
《진리와 방법》

이해했다면
다인가?

‖ 대머리 지수 ‖

한스게오르크 가다머

Hans-Georg Gadamer, 1900~2002

이해란 이미 규정된 '대상'에 대한 주관적 행위가 아니라, 그 자체로 역사에 또다시 영향을 미치는 것이다. 다시 말해, 이해는 이해되는 대상 안에도 속해 있는 것이다.

— 가다머, 《진리와 방법》

들어가며

루브르박물관에서 소장하고 있는 〈모나리자의 미소〉는 세기의 명작 가운데 하나다. 너무나도 유명한 이 그림은 역사 속에서 여러 번 재창작되었다. 현대미술가 마르셀 뒤샹은 모나리자의 얼굴에 각양각색의 수염을 그려넣었고, 초현실주의 화가 달리는 모나리자의 얼굴 자리에 자신의 얼굴을 집어넣고는 달리 특유의 양 끝이 위로 올라가 있는 수염까지 포인트로 그려넣었다. 앤디 워홀은 팝아트 방식으로 여러 형태의 모나리자 이미지를 프린트했다. 그런가 하면, 모나리자의 얼굴을 다양한 표정의 미스터 빈 Mr. Bean(영국의 코미디언-옮긴이) 얼굴로 바꾸고 미스터 빈이 안고 다니는 곰인형까지 섬세하게 그려넣어 폭소를 자아낸 사람도 있다. 그런데⋯ 이런 모나리자도 모두 모나리자라고 할 수 있을까? 예술 작품에 대한 해석의 권한은 원작자에게만 있을까, 후대의 재창작자에게도 있을까? 아니면, 세상의 모든 대중들에게도 있을까? 여기에는 '이해'라고 하는 철학적 문제가 존재한다.

이해의 문제는 어디에나 존재한다. 책을 읽을 때, 당신은 책의 내용을 어떤 방법으로 이해하는가? 책에 들어 있는 모든 단어의 의미를 이해했다면 책의 내용을 다 이해한 것일까? 사람들은 흔히 인간관계에 대해 '이해와 공감'을 운운한다. 그런데 누군가가 이해했다, 공감했다 하면 그게 다인가? 그런 이해는 어떻게 해야 도달할 수 있는가?

우리는 지난 수천만 년의 문명사를 돌아볼 때에 과거를 어떻게 이해해야 할까? 역사와 전통은 오늘날 우리들의 이해에 어떤 식으로 도움이 될까?

20세기 독일의 철학자 한스게오르크 가다머는 평생에 걸쳐 '이해'라는 난제를 파고들었다. 가다머가 개척한 이 영역을 철학에서는 해석학이라고 부른다. 1960년에 출간된 《진리와 방법》이 바로 그의 대표작이다.

해석학 : 헤르메스의 사명

❖❖❖

현대 서양 철학의 전통은 마르크스주의, 분석·언어철학, 현상학–실존주의–해석학이라는 3대 전통으로 나뉜다. 이 가운데 세 번째 전통의 창시자에 해당하는 3명의 독일 철학자가 바로 후설, 하이데거, 가다머이다. 이들은 마치 후발주자가 선발주자의 바통을 받아 연구를 이어가는 철학의 릴레이 경주에 참가한 것처럼 보인다. 가다머의 철학적 해석학philosophical hermeneutics에 대해 설명하기 위해서는 먼저 해석학이란 무엇인가에 대해 알아볼 필요가 있다.

해석학이란, 말 그대로 해석에 관한 학문이다. 해석학에 해당하는 영어 단어 hermeneutics의 어근은 고대 그리스 신화에 나오는 전령의 신 헤르메스Hermes에서 나왔다. 헤르메스를 그린 그림이나 조각상을 보면 그의 두 다리에, 특히 발목에 날개가 돋아 있는 것을 볼 수 있다. 헤르메스는 고대 그리스 세계에서 속도를 상징했다. 오늘날 많은 서구의 우체국 앞에는 헤르메스 조각상이 있는 걸 볼 수 있다. 헤르메스의 임무는 올림포스산에 있는 신들의 말을 지상의 인간들에게 전하는 것이었다. 그런데 신들의 언어는 인간의 언어와 달랐기 때문에 헤르메스는 단순히 말을 전할 뿐만 아니라, 신들의 말을 인간이 알아들을 수 있게 통역도 해야 했다. 그래서 헤르메스라는 이름에서 '해석'이라는 뜻이 파생돼 나왔다. '해석'은 낯설고 난해한 것을 이해할 수 있게 바꾸어준다는 뜻이다. 고대 그리스 사람들은 아폴로 신전 앞에서 해설하는 사람을 헤르메네우스Hermeneus라 불렀고, 신전의 신탁, 호메로스의 서사시, 꿈, 점복 등에 대한 풀이를 '해석술'이라고 불렀다. 가다머는 해석 작업의 핵심이 '전환'이라고 생각했다. "해석학의 역할은 한 세계에서 다른 세계로의 전환, 신의 세계로부터 인간 세계로의 전환, 낯선 언어 세계로부터 자신의 언어 세계로의 전환이다."

'해석학'이라는 말은 17세기가 돼서야 나타났지만, 서양의 역사에서 해석학적 작업은 항상 존재해왔을 뿐 아니라 전문적인 학문 분야이기도 했다. 중세 사람들은 《성경》을 해석하기 위해 전문적인 성경 해석학을 발전시켰다. 종교 경전 외에도, 법률의 법조문이나 문학작품 등에도 관련 해석학이 존재했다.

해석학의 '코페르니쿠스적 혁명'
✦✦✦

19세기에 이르면서 해석학은 전문적인 이론으로 발전했다. 가다머이전에 이미 슐라이어마허Friedrich Schleiermacher, 딜타이Wilhelm Dilthey, 하이데거의 탁월한 공헌이 있었다. 현대의 프랑스 철학자이자 해석학자인 폴 리쾨르Paul Ricoeur에 따르면, 위의 세 철학자들은 해석학 영역에서 두 차례의 '코페르니쿠스적 혁명'을 이루었다.

해석학에서의 첫 번째 '코페르니쿠스적 혁명'은 '이해'에 대한 슐라이어마허의 질문에서 시작되었다. 목사이기도 했던 슐라이어마허는 19세기의 신학자이자 철학자로, '현대 신학의 아버지'로 불린다. 슐라이어마허는 온종일 성경을 보는 사람이었지만, 전문적으로 성경 해석학을 구축하기보다 사람들이 일반적으로 글을 읽거나 말을 하거나 다른 사람의 말을 들을 때 어떻게 '이해'하게 되는가에 더욱 관심을 기울였다. 글의 내용을 이해하기 위해서는 먼저 자의字意와 어법을 알고 있어야 한다. 그러나 이것만으로는 부족하다. 슐라이어마허는 '이해'란 단순히 기계적인 과정이 아닌 '이해의 예술'이라고 보았다. 사람과 사람 사이의 대화에는 직관이나 깨달음 같은 감성의 작용이 필요하다. 슐라이어마허에게 이해의 과정은 단순히 어법의 문제가 아니라 그보다 더 심리적인 것이었다. 이러이러한 글을 쓰기까지 저자가 거쳤던 심리적 과정을 다시 한번 느끼는 것과 같은 것이다. 구체적인 해석학 전통에서부터 문자에 대한 보편적 이해에 이르기까지, 많은 것들이 슐라이어마허의 독창적 견해를 통해 구축되었다.

슐라이어마허의 작업의 뒤를 이은 딜타이의 관심은 문자에 대한 이해에 그치지 않았다. 그는 전체 인문·사회과학에 방법론의 기초를 세우고자 했다. 당시 학술계는 과학 지상주의 내지 실증주의에 경도돼 있어서, 자연과학의 연구 방법을 인문·사회과학에도 그대로 적용하려 했다. 그러나 자연과학과 인문과학이 다루는 대상은 완전히 다르다. 딜타이는 자연과학이 외부로부터 세계를 설명하는 방식이라면, 인문과학은 내부로부터 정신 활동을 이해하는 학문이라고 생각했다. 인문과학이 반영하는 것은 삶에 대한 인간의 실제적 경험과 모든 복잡한 인지, 감각, 의지에 관한 정신생활의 동력 및 기제다. 인간은 인간 자신의 삶의 흐름만이 아니라 타인과의 교류 및 상호작용도 다루어야 한다. 이 모든 것은 인간에 대한 이해에 기반하고 있기에 순수하게 인과관계나 기계적 범주만으로는 해결하기 어렵다. 더욱이 인과적, 기계적 이해는 실제적인 삶에 뿌리 내리고 있는 이해도 아니었다. "삶은 살아 있는 경험"이라는 관점은 딜타이의 '생의 철학'의 핵심이다.

슐라이어마허와 딜타이는 해석학의 경지를 새로운 차원으로 끌어올렸지만, 여전히 방법론에만 머무르고 있었다. 하이데거에 이르면서 해석학은 일종의 형이상학으로 전환되는데, 이것이 해석학의 두 번째 '코페르니쿠스적 혁명'이다. 《존재와 시간》에서 하이데거가 파고든 문제는 '존재'다. 하이데거는 인간이 '현존재'이자 언어적 존재라고 생각했다. 세계는 언어를 통해서만 인간에게 드러난다. 그러므로 언어는 해석학의 근본 문제이며, 이해와 해석은 '현존재'의 생을 이루는— 단순히 기능적 도구가 아닌, 인간 존재의 전부를 이루는— 구조라 할 수 있었다. 하이데거 해석학의 노정을 따라, 가다머는 자신만의 '철학적 해석학'을 발전시킨다.

어떻게 자신의 한계를 넘어설 것인가 : 지평융합

❖❖❖

가다머는 《진리와 방법》 서문에서 이렇게 말한다. "해석학의 문제는 그 역사적 기원에서 보면 근대 학문의 방법 개념을 통해 설정된 경계를 넘어선다. 텍스트의 이해와 해석은 학문의 관심사일 뿐 아니라 명백히 인간의 세계 경험 전체에 속한다." 가다머는 인류 사회에서 삶의 최종 형태는 언어공동체라고 생각했다. 그 어떤 무엇도 언어공동체를 떠나서는 존재할 수 없다. 가다머의 철학적 해석학은 언어학의 특수 분과가 아니고, 전문적 기예도 아니며, 사람들이 통상적으로 말하는 '이론'과도 다르다. 이론은 사색을 동반하지만, 가다머의 해석학은 고도의 실천 기교를 갖춘 실천 활동이다. "언어는 존재의 집"(하이데거의 말-옮긴이)이기에 언어를 통한 해석은 모든 활동을 중개하고, '모든 사유의 사절使節'이 된다. 그러므로 해석이 사라진다면, 그 어떤 사유 활동도 진행할 수 없다. 해석학의 대상은 텍스트에 그치지 않고, 역사, 예술품, 문화 등 인류 사회의 경험 및 생활과 관련된 모든 실천적 내용을 포함한다. 해석은 인간의 근본적인 생명 활동이다.

가다머는 자신이 살고 있는 시대가 직면한 위기의 근본은 정치적·경제적 위기가 아니라 '근대적 형이상학의 주관주의(인식, 실천, 판단의 근거를 객관이 아닌 주관에 두는 주의-옮긴이)'의 위기라고 생각했다. 이런 위기의 가장 치명적인 표현이 바로 '상대주의'다. 상대주의란 그 무엇도 절대적으로 좋고 나쁘거나 옳고 그른 것은 없다고 하는 관점이다. 상대주의는 유럽 역사에서 '역사주의'로 표현되었다. 역사주의에서는 모든 것이 역사 속에서 그럴 만한 이유로 인해 나타나고 형성된 것이므로 함부로 비난할 수 없다고 주장한다. 이런 관점하에서 사람들은 빠르게 허무에 빠져들 수밖에 없었다. 이런 식의 상대주의를 극복하기 위해, 가다머는 《진리와 방법》 2장에서 해석학의 핵심 개념인 지평융합Horizontverschmelzung을 제시한다.

여기서 '지평(독일어 : Horizont, 영어 : horizon)'이란 '지평선', 즉 인간의 시력이 미치는 범위 전체이자 그 한계를 의미한다. 가다머는 이런 한계는 역사적으로 형성돼온 것이라고 보았다. 인간은 세계에 '내던져진' 존재라는 하이데거의 말은, 인간이 일정한 지평 안에 던져졌다는 의미이기도 하다. 인간은 바로 그 지평 내에 있는 사물까지만 이해할 수 있다. 그런데 근대 이후의 인식론은 인간이 이러한 지평의 한계에서 벗어나 모든 선입견을 극복할 수 있다고 생각했다. 그러나 인간은 언제나 나름의 한계 내에 있기 마련이기에, 지평 안에서의 인식을 완전히 뛰어넘기란 근본적으로 불가능하다. 인간은 다만 어느 한 지평에서 다른 지평으로 전환될 수 있을 뿐이다. 지평의 존재는 어떤 인간이라도 일정 정도 '선입견(독일어 : Vorurteil, 영어 : prejudice)'을 가질 수밖에 없음을 의미한다. 이러한 선입견은 나쁜 의미의 편견을 말하는 것이 아니라, 인간이 근본적으로 특정 전통 안에 속할 수밖에 없다는 의미다. 인간은 결코 전통에서 완벽히 벗어나 있을 수 없다. 인간이 지평선으로부터 완전히 벗어날 수 없는 것과 마찬가지다. 인간이 아무리 멀리 나아간다 해도 지평선은 단지 그만큼 더 확장될 뿐이다. 그러므로 가다머는 "지평은 우리가 그 안에서 활동하는 터전이자 우리와 함께 활동하는 대상"이라고 말한다.

가다머의 정의에 따르면, "이해란 서로 떨어져 있던 지평이 융합되는 과정", 즉 지평융합이다. 인간은 지평에서 완전히 벗어날 수 없지만, 지평은 고정불변하는 것이 아니다. 지평의 개방성은 예술 등의 영역에서 어렵지 않게 볼 수 있다. 앞에서 언급한 모나리자의 재창작도 바로 이런 지평융합의 한 방식이다. '원작'만을 편애하는 이들은 이런 식의 2차 창작을 도저히 받아들일 수 없을지 모르지만, 아카데미 예술과 현대예술의 지평융합을 시도해보면, 아카데미 미학만이 절대 기준은 아니며 현대예술가들의 창작에도 나름의 의미가 있다는 것을 발견하게 될 것이다. 가다머의 지평융합은 인간이 전통의 영향을 의식할 때 새로운 경험에 대해서도 개방성을 유지하도록 요구한다. 실존주의와 현상학의 전통을 계승하고 있는 가다머의 해석학은 다소 난해해 보일지 모르나, 우리로 하여금 적극적으로 과거를 이해하고 현재를 숙고하며 미래를 향해 열려 있도록 한다는 점에서 매우 실천적이다.

더 읽으면 좋은 책

1 《진리와 방법 1·2》한스게오르크 가다머, 문학동네, 2012
2 《과학 시대의 이성》한스게오르크 가다머, 책세상, 2009
3 《철학적 해석학 입문》장 그롱댕, 한울아카데미, 2012
4 《해석학이란 무엇인가》리차드 E. 팔머, 문예출판사, 2011

1강 —— 아리스토텔레스 《형이상학》

1 [영국] 조너선 반스Jonathan Barnes, 《아리스토텔레스 전집The Complete Works of Aristotle》, Bollingen Foundation, 1984

2 [미국] 크리스토퍼 실즈Christopher Shields, 《아리스토텔레스Aristotle》, Routledge, 2007

3 [영국] 데이비드 로스David Ross, 《아리스토텔레스의 작품들The Works of Aristotle》, Andesite Press, 2015

2강 —— 토마스 아퀴나스 《신학대전》

1 [영국] 길버트 K. 체스터턴Gilbert Keith Chesterton, 《성 토마스 아퀴나스와 아시시의 성 프란치스코 전기St. Thomas Aquinas & Saint Francis of Assisi(Two Biographies)》, Createspace Independent Publishing Platform, 2015

2 [미국] 켈리 제임스 클락Kelly James Clark, 《종교철학 독본Readings in the Philosophy of Religion》, Broadview Press, 2000

3강 — 쇠렌 키르케고르 《공포와 전율》

1 [영국] 패트릭 가디너Patrick Gardiner, 《키르케고르Kierkegaard : A Very Short Introduction》, Oxford University Press, 2002

4강 — 아우구스티누스 《고백록》

1 [미국] 폴 톰슨Paul Thomson, 샤론 카예Sharon M. Kaye, 《아우구스티누스에 대하여On Augustine》, Wadsworth Pub Co, 2000

5강 — 바뤼흐 스피노자 《지성 개선론》《에티카》

1 [영국] 레온 로스Leon Roth, 《스피노자spinoza》, Routledge, 2023

6강 — 고트프리트 빌헬름 라이프니츠 《모나드론》

1 [영국] 마리아 로사 안토그나짜Maria Rosa Antognazza, 《라이프니츠의 지적 생애 Leibniz : An Intellectual Biography》, Cambridge University Press, 2008

7강 — 르네 데카르트 《성찰》

1 [영국] 톰 소렐Tom Sorell, 《데카르트Descartes : A Very Short Introduction》, Oxford University Press, 2000

2 [프랑스] 프레데리크 피에르Frédéric Pierre, 《데카르트와 그의 시대Monsieur René Descartes En Son Temps》, Gallimard, 1959

9강 — 데이비드 흄 《인간 본성에 관한 논고》

1 [영국] 데이비드 흄David Hume, 《정치론Political Discourses (1752)》, Kessinger Publishing, 2009

2 [미국] 어니스트 캠벨 모스너Ernest Campbell Mossner, 《데이비드 흄의 생애The Life of David Hume》, Oxford University Press, 2001

10강 —— 이마누엘 칸트 《순수이성비판》

1 [미국] 만프레드 쿠언Manfred Kuehn, 《칸트Kant : A Biography》, Cambridge University Press, 2001

13강 —— 버트런드 러셀 《철학의 문제들》

1 [영국] 레이 몽크Ray Monk, 《버트런드 러셀 : 고독의 정신 1872~1921Bertrand Russell : The Spirit of Solitude 1872-1921》, Free Press, 1996

14강 —— 지그문트 프로이트 《꿈의 해석》

1 [미국] 조너선 리어Jonathan Lear, 《프로이트Freud》, Routledge, 2005

2 [영국] 어니스트 존스Ernest Jones, 《지그문트 프로이트 생애와 작품Freud The Life and Work of Sigmund Freud》, Basic Books, 1981

3 [영국] 앤서니 스토Anthony Storr, 《프로이트Freud》, Oxford University Press, 1989

16강 —— 토마스 쿤 《과학혁명의 구조》

1 [미국] 토마스 쿤Thomas Kuhn, 《구조 이후의 길 : 철학적 에세이, 1970~1993년 의 자전적 인터뷰The Road Since Structure : Philosophical Essays, 1970-1993, With an Autobiographical Interview》, University of Chicago Press, 2000

17강 —— 존 설 《마음, 두뇌, 프로그램》

1 [미국] 존 설John Searle, 〈마음, 두뇌, 프로그램Minds, brains, and programs〉, 《행동과 뇌과학THE BEHAVIORAL AND BRAIN SCIENCES》 vol.3 417-457, Cambridge University Press, 1980

2 [미국] 존 설John Searle, 《마음, 두뇌, 과학Minds, Brains and Science》, Harvard University Press, 1986

19강 —— 플라톤 《국가론》

1 [미국] 앨런 블룸Allan bloom, 《플라톤의 국가The Republic of Plato》, Basic Books, 1991

2 [미국] 데이브 로빈슨Dave Robinson, 주디 그로브스Judy groves, 《플라톤에 대하여Introducing Plato》, Icon Books Company, 1996

3 [미국] 리처드 크라우트Richard Kraut, 《케임브리지의 플라톤의 동반자들The Cambridge Companion to Plato》, Cambridge University Press, 1992

20강 —— 아리스토텔레스 《니코마코스 윤리학》

1 [미국] 리처드 크라우트Richard Kraut, 《아리스토텔레스의 '니코마코스 윤리학'에 대한 블랙웰의 가이드The Blackwell Guide to Aristotle's Nicomachean Ethics》, Blackwell Pub, 2005

21강 —— 니콜로 마키아벨리 《군주론》

1 [영국] 크리스토퍼 히버트Christopher Hiebert, 《메디치 스토리The House of medici its rise and fall0》, William Morrow Paperbacks, 1999

2 [이탈리아] 니콜로 마키아벨리Niccolo Machiavelli, 《피렌체사史(The Florentine Histories)》, Scholar's Choice, 2015

22강 —— 찰스 다윈 《종의 기원》

1 [네덜란드] 크리스 버스크스Chris Buskes, 《진화론적 사유Evolutionar denken : Darwins Einfluss auf unser Weltbild》, Primus Verlag, 2008

2 [러시아] 니콜라이 네크라소프Nikolai Alekseevich Nekrasov, 《다윈과 그의 가르침Дарвин и его Учение Тимирязев ; Darwin & His Teachings》, Timiryazev, 1922

23강 —— 토마스 홉스 《리바이어던》

1 [영국] 토마스 홉스Thomas Hobbes, Tonnies Ferdinand, 《비히모스Behemoth: The History of the Causes of the Civil Wars of England, and the Councils and Artifices by which

They Were Carried on from the Year 1640 to the Year 1660》, Hounskull Publishing, 2018

2　[미국] 퀜틴 스키너Quentin Skinner, 《홉스와 공화주의의 자유Hobbes and Republican Liberty》, Cambridge University Press, 2008

24강 ── 존 로크 《시민정부론》

1　[미국] 개럿 톰슨Garrett Thomson, 《로크에 대하여On Locke》, Cengage Learning, 2000

25강 ── 제러미 벤담 《도덕과 입법의 원칙에 대한 서론》

1　[영국] 제러미 벤담Jeremy Bentham, 《정치론 단편A fragment on government》, Kessinger Publishing, 2010

2　[호주] J. J. C. 스마트John Jamieson Carswel Smart, [영국] 버나드 윌리엄스Bernard Williams, 《공리주의 : 찬성과 반대Utilitarianism : For and Against》, Cambridge University Press, 1973

3　[영국] 팀 멀건Tim Mulgan, 《공리주의의 이해Understanding Utilitarianism》, Acumen Pub Ltd, 2007

26강 ── 존 스튜어트 밀 《공리주의》

1　[영국] 존 스튜어트 밀John Stuart Mill, 《대학 교육에 관한 세지윅 교수와의 토론Professor Sedgwick's Discourse on the Studies of the University of Cambridge》, Kessinger Publishing, 2010

27강 ── 장 자크 루소 《사회계약론》

1　[미국] 피터 게이Peter Gay, 《계몽주의 시대Age of Enlightenment : Great Ages Of Man Series》, Time Life Education, 1966

30강 ── 존 롤스 《정의론》

1 [미국] 존 롤스John Rawls, 《정치철학사 강의Lectures on the History of Political Philosophy》, Belknap Press, 2008

2 [미국] 토머스 포기Thomas Pogge, 《존 롤스 : 그의 생애와 정의론John Rawls : His Life and Theory of Justice》, Oxford University Press, 2007

31강 ── 로버트 노직 《아나키에서 유토피아로》

1 [미국] 로버트 노직Robert Nozick, 《소크라테스적 난제들Socratic Puzzles》, Harvard University Press, 1997

2 [미국] 데이비드 슈미츠David Schmidtz, 《로버트 노직Robert Nozick》, Cambridge University Press, 2002

3 [미국] 제럴드 앨런 코헨Gerald Allan Cohen, 《자기소유권, 자유, 평등Self-Ownership, Freedom, and Equality》, Cambridge University Press, 1995

32강 ── 아르투어 쇼펜하우어 《의지와 표상으로서의 세계》

1 [미국] 아르투어 쇼펜하우어Arthur Schopenhauer, 《윤리의 두 가지 근본적 문제 The Two Fundamental Problems of Ethics》, Cambridge University Press, 2014

2 [미국] 데이비드 E. 카트라이트David E. Cartwright, 《쇼펜하우어Schopenhauer : A Biography》, Cambridge University Press, 2010

3 [영국] 크리스토퍼 제너웨이Christopher Janaway, 《쇼펜하우어Schopenhauer : A Very Short Introduction》, Oxford University Press, 2002

34강 ── 막스 베버 《프로테스탄트 윤리와 자본주의 정신》

1 볼프강 J. 몸젠Wolfgang Justin Mommsen, 《막스 베버와 독일 정치 1890-1920Max Weber Und Die Deutsche Politik 1890-1920》, Mohr Siebrek Ek, 2004

35강 ── 에드문트 후설 《유럽학문의 위기와 선험적 현상학》

1 [아일랜드] 더멋 모란(Dermot Moran), 《현상학 도론導論(Introduction to

Phenomenology)》, Routledge, 1999

36강 —— 카를 마르크스 《경제학·철학 초고》

1 [영국] 데이비드 맥렐런(David McLellan), 《칼 마르크스 평전Karl Marx : A
Biography》, Palgrave Macmillan, 2006

39강 —— 위르겐 하버마스 《의사소통행위이론》

1 [독일] 스테판 뮐러-둠Stefan Muller-Doohm, 《위르겐 하버마스Jürgen Habermas》,
Suhrkamp Verlag, 2008

42강 —— 루키우스 안나이우스 세네카 《인생이 왜 짧은가》

1 [고대 로마] 루키우스 안나이우스 세네카Lucius Annaeus Seneca, 존 M. 쿠퍼
John M. Cooper, 《세네카 : 도덕과 정치에 관한 에세이Seneca : Moral and Political
Essays》, Cambridge University Press, 1995

43강 —— 프랜시스 베이컨 《신기관》

1 [영국] 프랜시스 베이컨Francis Bacon, 《헨리 7세 치세의 역사The History of Henry
VII, of England : Written in the Year 1616》, Palala Press, 2015

44강 —— 볼테르 《철학편지》

1 [프랑스] 볼테르Voltaire, 《여러 나라의 풍속에 관한 에세이Essai Sur Les Moeurs Et
L'esprit Des Nations》, Kessinger Publishing, 2010

2 [프랑스] 앙드레 모루아André Maurois, 《볼테르Voltaire : Aspects de la biographie》,
Grasset, 2005

47강 —— 장 폴 사르트르 《실존주의는 휴머니즘이다》

1 [미국] 윌리엄 E. 바렛William E. Barrett, 《비이성적 인간 : 실존철학에 관한 연구
Irrational Man : A Study in Existential Philosophy》, Anchor Books, 1958

2 [미국] 월터 A. 카우프만Walter Arnold Kaufmann, 《도스토옙스키에서 사르트르까지의 실존주의Existentialism from Dostoevsky to Sartre》, New American Library, 1975

48강 —— 알베르 카뮈 《시지프 신화》

1 [프랑스] 올리비에 토드Olivier Todd, 《알베르 카뮈 : 생애Albert Camus : A Life》, Da Capo Press, 2000

49강 —— 마르틴 하이데거 《존재와 시간》

1 [영국] 마이클 인우드Michael Inwood, 《하이데거Heidegger : A Very Short Introduction》, Oxford University Press, 2009

50강 —— 한스게오르크 가다머 《진리와 방법》

1 [독일] 한스게오르크 가다머Hans-Georg Gadamer, 《철학적 해석학Philosophischen Hermeneutik》, Mohr Siebrek Ek, 2010

2 [캐나다] 장 그롱댕Jean Grondin, 《한스게오르크 가다머 : 생애Hans-Georg Gadamer : A Biography》, Yale University Press, 2011

옮긴이 박주은 ―――――――――

이화여자대학교 중어중문학과를 졸업하고, 현재 바른번역에서 외서기획자 및 전문번역가로 활동하고 있다. 그동안 옮긴 책으로 《출근길엔 니체, 퇴근길엔 장자》《이렇게 재밌는 화학, 왜 몰랐을까?》《창작에 대하여》《품인록》《궁극의 맛은 사람 사이에 있다》《나의 중국현대사》 등이 있다.

감수 안광복 ―――――――――

대한민국에서 가장 유명한 철학교사이자 '일상에서 철학하기'를 실천하는 임상 철학자. 서강대학교 철학과에서 공부하고 동 대학원에서 '소크라테스 대화법' 연구로 박사학위를 받았다. 서울 중동고등학교에서 철학교사로 재직 중이다.

하루 10분, 철학이 필요한 시간

초판 1쇄 발행 2023년 9월 5일
초판 3쇄 발행 2023년 11월 20일

지은이 위저쿤
옮긴이 박주은

발행인 정동훈
편집인 여영아
편집국장 최유성
책임편집 양정희
편집 김지용 김혜정 김서연
마케팅 김경률
표지 디자인 형태와내용사이
본문 디자인 홍경숙

발행처 (주)학산문화사
등록 1995년 7월 1일
등록번호 제3-632호
주소 서울특별시 동작구 상도로 282
전화 편집부 02-828-8834 마케팅부 02-828-8832
인스타그램 @allez_pub

ISBN 979-11-411-1371-1 (03100)

값은 뒤표지에 있습니다.

알레는 (주)학산문화사의 단행본 임프린트 브랜드입니다.